FLORESCER

MARTIN E. P. SELIGMAN

FLORESCER

UMA NOVA COMPREENSÃO DA FELICIDADE E DO BEM-ESTAR

Tradução
Cristina Paixão Lopes

15ª reimpressão

Copyright © 2011 by Martin E. P. Seligman, ph.D.

Grafia atualizada segundo o Acordo Ortográfico da Língua Portuguesa de 1990, que entrou em vigor no Brasil em 2009.

Título original
Flourish

Capa
Helena Hennemann
Eduardo Foresti

Revisão técnica
Fernanda Hamann de Oliveira

Revisão
Raquel Correa
Fatima Fadel
Lilia Zanetti

Dados Internacionais de Catalogação na Publicação (CIP)
(Câmara Brasileira do Livro, SP, Brasil)

    Seligman, Martin E. P.
        Florescer : Uma nova compreensão da felicidade e do bem-estar / Martin E. P. Seligman ; tradução Cristina Paixão Lopes. — 1ª ed. — Rio de Janeiro : Objetiva, 2019.

        Título original: *Flourish*
        ISBN 978-85-390-0286-3

        1. Bem-estar 2. Felicidade 3. Psicologia 4. Satisfação I. Título.

19-23575   CDD-150.1988

Índice para catálogo sistemático:
1. Felicidade : Bem-estar : Psicologia positiva   150.1988
Cibele Maria Dias – Bibliotecária – CRB-8/9427

Todos os direitos desta edição reservados à
EDITORA SCHWARCZ S.A.
Praça Floriano, 19, sala 3001 — Cinelândia
20031-050 — Rio de Janeiro — RJ
Telefone: (21) 3993-7510
www.companhiadasletras.com.br
www.blogdacompanhia.com.br
facebook.com/editoraobjetiva
instagram.com/editora_objetiva
twitter.com/edobjetiva

Este livro é dedicado às minhas duas filhas mais novas,

Carly Dylan Seligman
e
Jenny Emma Seligman

Com todo o amor de um pai.

OBSERVAÇÃO AOS LEITORES
Os nomes e detalhes de identificação de algumas
pessoas retratadas neste livro foram trocados.

SUMÁRIO

Prefácio ... 11

PARTE I: UMA NOVA PSICOLOGIA POSITIVA ... 13

Capítulo 1: O que é bem-estar? ... 15
   O nascimento de uma nova teoria ... 19
   A teoria original: Felicidade autêntica ... 21
   Da teoria da felicidade autêntica à teoria do bem-estar ... 23
   A teoria do bem-estar ... 25
   Os elementos do bem-estar ... 26
      O exercício da gentileza ... 31
   Florescer: O objetivo da psicologia positiva ... 37

Capítulo 2: Criando a sua felicidade: Exercícios de psicologia positiva que funcionam ... 41
   A visita de gratidão ... 41
   O bem-estar pode ser modificado? ... 42
   O que correu bem? (Também chamado de "Três bênçãos") ... 44
   Intervenções e casos de psicologia positiva ... 46
   Exercício de forças pessoais ... 50
   Psicoterapia positiva ... 51

Capítulo 3: O segredinho sujo dos medicamentos e da psicoterapia ... 56
   Cura versus alívio de sintomas ... 57
   A barreira dos 65 por cento ... 58

Resposta ativa e construtiva 59
Lidando com as emoções negativas 62
Uma nova abordagem da cura 64
Psicologia aplicada versus psicologia básica:
  Problemas versus enigmas 66
Wittgenstein, Popper e Penn 67

Capítulo 4: Ensinando o bem-estar: A mágica do MAPP 75
O primeiro MAPP 76
Ingredientes da psicologia positiva aplicada 78
  Conteúdo aplicável e intelectualmente desafiador 78
  Transformação pessoal e profissional 82
Transformações 83
Chamado à psicologia positiva 88

Capítulo 5: Educação positiva: Ensinando o bem-estar aos jovens 91
O bem-estar deveria ser ensinado na escola? 92
  O Programa de Resiliência Penn: Uma forma de ensinar
  o bem-estar na escola 94
    Exercício das três coisas boas 97
    Usando as forças pessoais de novas maneiras 97
O projeto da Escola Secundária de Geelong 99
  O ensino da educação positiva (os cursos independentes) 102
  A incorporação da emoção positiva 103
  A vivência da educação positiva 105
Computação positiva 107
Um novo parâmetro de prosperidade 110

Parte II: As Formas de Florescer 113

**Capítulo 6: GARRA, caráter e realização: Uma nova teoria
da inteligência** 115
Sucesso e inteligência 116
Caráter positivo 118

Movido pelo futuro e não conduzido pelo passado	119
O que é inteligência?	121
Velocidade	121
A virtude da lentidão	125
Função executiva	127
Ritmo de aprendizagem: O primeiro derivado da velocidade	128
Autocontrole e GARRA	130
GARRA versus autodisciplina	133
Alta realização humana	134
Os benefícios da GARRA	138
Produzindo os elementos do sucesso	140
Capítulo 7: Forte como um exército: O Programa de Aptidão Abrangente para Soldados	142
Um exército psicologicamente preparado	142
Instrumento de Avaliação Global (IAG)	145
Cursos on-line	153
Módulo de aptidão emocional	155
Módulo de aptidão familiar	158
Módulo de aptidão social	160
Módulo de aptidão espiritual	166
Capítulo 8: Transformando o trauma em crescimento	169
Transtorno do estresse pós-traumático	169
Crescimento pós-traumático	176
Curso de crescimento pós-traumático	178
Inventário de Crescimento Pós-Traumático	179
Treinamento em resiliência	180
Produção de resistência mental	185
Na berlinda: Lutando contra os pensamentos catastróficos em tempo real	188
Cace as coisas boas	189

    Forças de caráter   190
    Produção de relacionamentos fortes   191
  A implantação   195

Capítulo 9: Saúde física positiva: A biologia do otimismo   201
  Uma reviravolta na medicina   201
  As origens da teoria da impotência aprendida   203
  Doenças cardiovasculares (DCV)   209
  Doenças infecciosas   214
  Câncer e mortalidade por todas as causas   219
  O bem-estar é causal? Como ele pode proteger?   223
  Saúde positiva   228
    O banco de dados do exército: Um tesouro nacional   231
  Recursos de saúde cardiovascular   233
  O exercício físico como recurso de saúde   234

Capítulo 10: A política e a economia do bem-estar   241
  Além do dinheiro   241
  A divergência entre o PIB e o bem-estar   242
  A recessão financeira   248
    Ética versus valores   248
    Otimismo e economia   253
    Realidade reflexiva e não reflexiva   254
  51 por cento   257

Anexo: Teste das Forças Pessoais   263
Agradecimentos   287
Notas   291
Índice remissivo   335

PREFÁCIO

Este livro vai ajudá-lo a florescer.

Pronto. Finalmente falei.

Passei toda a minha vida profissional evitando fazer promessas imprudentes como esta. Sou um cientista e pesquisador, e conservador, diga-se de passagem. O apelo das coisas que escrevo vem do fato de que estão fundamentadas numa ciência exata: testes estatísticos, questionários validados, exercícios cuidadosamente analisados e amostras amplas e representativas. Em contraste com a psicologia popular e a maior parte do material de autoaperfeiçoamento, meus escritos são críveis por causa da ciência subjacente a eles.

Minhas ideias sobre o objetivo da psicologia mudaram desde que publiquei meu livro anterior (*Felicidade Autêntica*, 2004). Mais do que isso, a própria psicologia também está mudando. Passei a maior parte de minha vida trabalhando com o nobre objetivo da psicologia de aliviar o sofrimento e eliminar as condições debilitantes da vida. Verdade seja dita, isso pode ser enfadonho. Levar a sério a psicologia do sofrimento — como é preciso fazer quando se trabalha com a depressão, o alcoolismo, a esquizofrenia, o trauma e a panóplia de sofrimentos que compõem a matéria-prima da psicologia tradicional — pode ser um tormento para a alma. Enquanto fazemos mais do que nos cabe pelo bem-estar de nossos clientes, a psicologia tradicional geralmente não faz muito pelo bem-estar de seus praticantes. Se algo muda no praticante, é uma mudança de personalidade no sentido da depressão.

Participei de um terremoto na psicologia chamado psicologia positiva, um movimento científico e profissional. Em 1998, como presidente da Associação Americana de Psicologia (APA, na sigla em inglês), instiguei esta ciência a complementar seu nobre objetivo com um novo: explorar aquilo que faz a vida valer a pena e produzir as condições para isso. O intuito de compreender o bem-estar e produzir as condições capacitadoras de vida de modo algum se iguala ao de compreender o sofrimento e desfazer as condições debilitantes da vida. Atualmente, milhares de pessoas em todo o mundo trabalham neste campo e se esforçam para promover esses objetivos. Este livro conta as histórias dessas pessoas, ou pelo menos a face pública dessas histórias.

A face privada também precisa ser mostrada. A psicologia positiva torna as pessoas felizes. Lecionar a psicologia positiva, pesquisá-la, usá-la na prática como *coach* ou terapeuta, oferecer exercícios de psicologia positiva a alunos em sala de aula, criar filhos a partir da psicologia positiva, ensinar sargentos a instruir sobre o crescimento pós-traumático, reunir-se com outros psicólogos positivos e apenas ler sobre a psicologia positiva — tudo isso *torna as pessoas mais felizes*. As pessoas que trabalham com a psicologia positiva são as que desfrutam do mais alto bem-estar que conheço.

O próprio conteúdo — felicidade, fluidez, sentido, amor, gratidão, realização, crescimento, melhores relacionamentos — constitui o florescimento humano. É transformador descobrir que você pode ter mais destas coisas. É transformador vislumbrar a imagem de um futuro florescimento humano.

E por isso este livro vai aumentar seu bem-estar — e o ajudará a florescer.

PARTE I

Uma Nova Psicologia Positiva

Capítulo 1

O que é bem-estar?

O verdadeiro modo como a psicologia positiva começou é um segredo até hoje. Quando fui eleito presidente da Associação Americana de Psicologia, em 1997, meus e-mails triplicaram. Raramente atendo telefonemas e nunca mantenho correspondência pelo correio, mas respondo a meus e-mails rápida e diligentemente. Minhas respostas têm o tamanho exato do tempo necessário para meu sócio assumir o jogo enquanto faço o papel de nerd. (Meu endereço é seligman@psych.upenn.edu, e você pode se sentir à vontade para me escrever, se não se importar em receber respostas de uma só frase.)

Um e-mail que recebi no fim de 1997, no entanto, me deixou confuso e o coloquei em minha caixa "hein?". Ele dizia simplesmente: "Por que você não vem me ver em Nova York?" e assinava apenas com iniciais. Algumas semanas depois, eu participava de um coquetel com Judy Rodin, então presidente da Universidade da Pensilvânia, onde leciono há quarenta anos. Judy, hoje presidente da Fundação Rockefeller, era aluna do último ano na Universidade da Pensilvânia quando eu era aluno do primeiro ano, e ambos trabalhávamos no laboratório de animais do professor de psicologia Richard Solomon. Rapidamente nos tornamos amigos e presenciei com admiração e não pouca inveja a ascensão de Judy, numa idade surpreendentemente jovem, de presidente da Associação de Psicologia do Leste a presidente de psicologia na Universidade de Yale, a reitora e diretora em Yale e depois a presidente da Universidade da Pensilvânia. Nesse meio-tempo, nós chegamos a colaborar em um estudo que investigava a correlação entre o otimismo e um sistema imunológico mais forte em idosos, enquanto Judy dirigia um grande projeto da Fundação MacArthur sobre psiconeuroimunologia — as vias pelas quais os eventos psicológicos influenciam os eventos neuronais, que, por sua vez, influenciam os eventos imunológicos.

— Você conhece algum "PT" que possa ter me enviado um e-mail convidando-me a ir a Nova York? — perguntei a Judy, que conhece todo mundo que seja alguém.

Engasgando, ela disse:

— Procure-o.

Então, duas semanas depois, me vi diante de uma porta sem identificação no oitavo andar de um edifício comercial pequeno e sombrio nas entranhas da parte sul de Manhattan. Fui conduzido a uma sala sem decoração nem janelas na qual estavam sentados dois homens grisalhos, vestidos com ternos cinzentos, e um viva-voz.

— Somos advogados de uma fundação anônima — explicou um deles, apresentando-se como PT. — Escolhemos vencedores, e você é um vencedor. Gostaríamos de saber que pesquisa você quer fazer e o financiamento de que precisa. Nós não praticamos microgestão. Devemos adverti-lo desde o início, no entanto, de que se você revelar nossa identidade, qualquer financiamento que lhe dermos cessará.

Expliquei rapidamente aos advogados e ao viva-voz uma de minhas iniciativas na APA, sobre a guerra etnopolítica (seguramente nenhum tipo de psicologia positiva), e disse que gostaria de me reunir com as quarenta pessoas mais importantes que trabalham com o tema do genocídio. Eu queria descobrir em que situação os genocídios ocorrem ou não, comparando as circunstâncias que cercaram os 12 genocídios do século XX com cinquenta cenários tão repletos de ódio que deveriam ter evoluído para um genocídio, mas não evoluíram. Depois eu publicaria um livro sobre como evitar o genocídio no século XXI.

— Obrigado por nos informar — disseram depois de apenas cinco minutos. — E quando chegar a seu escritório, por favor, envie-nos uma página sobre isso. E não se esqueça de incluir um orçamento.

Duas semanas depois, um cheque de 120 mil dólares apareceu sobre minha mesa. Foi um choque agradabilíssimo, já que quase todas as pesquisas acadêmicas que eu conhecia eram financiadas por meio de um tedioso requerimento, uma irritante avaliação de pareceristas, uma burocracia oficiosa, atrasos inconcebíveis, dolorosas revisões e então a rejeição ou, na melhor das hipóteses, cortes chocantes no orçamento.

Coordenei uma reunião de uma semana de duração, escolhendo Derry, na Irlanda do Norte, como local simbólico. Participaram dela quarenta acadêmicos, os papas da violência etnopolítica. Todos, com exceção de dois, se conheciam do circuito das ciências sociais. Um era meu padrasto, Dennis McCarthy, um industrial britânico aposentado. O outro era o tesoureiro da fundação anônima, um professor de engenharia aposentado da Universidade de Cornell. Mais tarde, Dennis comentou comigo que nunca tinha sido tão bem tratado. E a obra *Ethnopolitical Warfare* [*Guerra etnopolítica*], editada por mim e Daniel Chirot, foi efetivamente publicada em 2002. Vale a pena ser lida, mas não é disso que trata esta história.

Eu tinha quase me esquecido dessa generosa fundação, cujo nome eu ainda não conhecia, quando recebi um telefonema do tesoureiro, seis meses depois.

— Aquela reunião que você coordenou em Derry foi excelente, Marty. Conheci duas pessoas brilhantes lá, o antropólogo médico Mel Konner e aquele sujeito, o McCarthy. A propósito, o que ele faz? E o que você quer fazer agora?

— Agora? — gaguejei, totalmente despreparado para solicitar um novo financiamento. — Bem, eu estou pensando em algo 'que chamo de "psicologia positiva". — E expliquei-a por cerca de um minuto.

— Por que você não vem nos visitar em Nova York? — disse ele.

Na manhã dessa visita, minha esposa, Mandy, me ofereceu minha melhor camisa branca.

— Acho que eu deveria usar aquela com o colarinho puído — disse eu, pensando no escritório modesto ao sul de Manhattan.

O edifício comercial, no entanto, tinha se transformado em um dos mais elegantes de Manhattan, e agora a sala de reuniões no piso superior era grande e envidraçada — mas ainda com os mesmos dois advogados e o viva-voz, e ainda sem identificação na porta.

— O que é esta psicologia positiva? — perguntaram.

Depois de aproximadamente dez minutos de explicação, eles me conduziram à porta e disseram:

— Quando você voltar ao seu escritório, por favor, nos envie um documento de três páginas. E não se esqueça de incluir um orçamento.

Um mês depois, um cheque de 1,5 milhão de dólares apareceu.

Esta história tem um final tão estranho quanto seu começo. Com este financiamento, a psicologia positiva começou a prosperar e a fundação anônima deve ter percebido isso, pois dois anos depois recebi um e-mail de PT com uma única frase.

"A dimensão Mandela-Milosevic é um *continuum*?", dizia ela.

Hum... o que significaria isso?, fiquei imaginando. Sabendo, porém, que desta vez eu não estava lidando com um excêntrico, dei meu melhor palpite e enviei a PT uma resposta longa e erudita, delineando o que se sabia sobre a natureza e o caráter dos santos e dos monstros.

"Por que você não vem nos visitar em Nova York?", foi sua resposta.

Desta vez usei minha melhor camisa, e na porta havia uma placa que dizia: "Atlantic Philanthropies." A fundação, como se revelou, era uma dádiva de uma única pessoa generosa, Charles Feeney, que tinha feito fortuna em lojas de free shop e a doou inteiramente — 5 bilhões de dólares — a estes curadores, para fazerem boas ações. A legislação americana os obrigou a adotar um nome público.

— Gostaríamos que você reunisse os mais proeminentes cientistas e acadêmicos e respondesse à pergunta sobre Mandela-Milosevic, abordando desde a genética até a ciência política e a sociologia do bem e do mal — disseram. — E para isso nós pretendemos lhe dar 20 milhões de dólares.

Isso é muito dinheiro, certamente bem superior à remuneração da minha classe, e por isso eu o agarrei. Com unhas e dentes. Ao longo dos seis meses seguintes, os dois advogados e eu mantivemos reuniões com estudiosos, elaboramos e reelaboramos a proposta, a ser aprovada na semana seguinte pelo conselho de diretores. Ela continha ciência de alto nível.

— Estamos muito constrangidos, Marty — disse PT ao telefone. — O conselho recusou a proposta, pela primeira vez em nossa história. Eles não gostaram da parte da genética. Politicamente explosiva demais.

Em um ano, esses dois maravilhosos guardiões das boas obras — personagens saídos diretamente de *O Milionário* (uma série de televisão dos anos 1950 que me marcou quando eu era adolescente, na qual uma pessoa aparece na sua porta com um cheque de um milhão de dólares) — tinham se demitido.

Acompanhei o bom trabalho desenvolvido pela Atlantic Philanthropies ao longo dos três anos seguintes — financiando a África, o envelhecimento, a Irlanda e escolas — e decidi telefonar para o novo CEO. Ele atendeu o telefone e eu podia quase senti-lo se armando contra mais uma solicitação.

— Telefonei apenas para lhe agradecer e pedir que transmita minha mais profunda gratidão ao sr. Feeney — comecei. — Vocês chegaram na hora certa e fizeram o investimento certo na ideia arrojada de uma psicologia sobre o que faz a vida valer a pena. Vocês nos ajudaram quando acabávamos de nascer, e agora não precisamos mais de nenhum financiamento porque a psicologia positiva se autossustenta. Mas isso não teria acontecido sem a Atlantic.

— Eu nunca recebi esse tipo de telefonema — respondeu o CEO, com sua voz surpresa.

O nascimento de uma nova teoria

Meu encontro com aquela fundação anônima foi um dos pontos altos dos últimos dez anos na psicologia positiva, e este livro é a história do que esse começo forjou. Para explicar o que a psicologia positiva se tornou, inicio com um radical *re*pensar sobre o que é positividade e florescimento. Em primeiro lugar, no entanto, tenho de lhe contar sobre minhas novas ideias acerca do que é a felicidade.

Tales achava que tudo era água.
Aristóteles achava que toda ação humana visava encontrar a felicidade.
Nietzsche achava que toda ação humana visava obter poder.
Freud achava que toda ação humana pretendia evitar a ansiedade.

Todos estes gigantes cometeram o grande equívoco do monismo, pelo qual todas as motivações humanas se resumem a apenas uma. Os monismos vão longe a partir de pouquíssimas variáveis, e por isso passam com sucesso no teste da "parcimônia", a máxima filosófica de que a resposta mais simples é a melhor. Mas também há um limite mínimo para a parcimônia: quando as variáveis são muito poucas para explicar as ricas nuances do fenômeno em questão, nada é explicado. O monismo é fatal para as teorias destes quatro gigantes.

Destes monismos, minha visão original se aproximava mais à de Aristóteles — segundo a qual tudo o que fazemos tem como objetivo nos fazer felizes —, mas, na verdade, detesto a palavra *felicidade*, que é usada com tanto exagero que se tornou quase sem sentido. É um termo impraticável para a ciência, ou para qualquer objetivo prático, como a educação, a psicoterapia, a política pública ou a simples mudança da vida pessoal. O primeiro passo na psicologia positiva é dissolver o monismo da "felicidade" em termos mais exequíveis. Para fazer isso bem, é preciso muito mais do que um mero exercício de semântica. Compreender a felicidade requer uma teoria, e este capítulo traz minha nova teoria.

— Sua teoria de 2002 não pode estar certa, Marty — disse Senia Maymin quando discutíamos minha teoria prévia na Introdução à Psicologia Positiva, para a aula inaugural do Mestrado em Psicologia Positiva Aplicada, em 2005.

Aprovada com louvor em matemática pela Universidade de Harvard, fluente em russo e japonês, e administradora de um fundo de investimentos, Senia, 32 anos, é uma referência em psicologia positiva. Seu sorriso aquece até as turmas cavernosas, como as de Huntsman Hall, apelidadas de "estrela da morte" pelos alunos da Escola de Negócios Wharton, da Universidade da Pensilvânia, que a chamam de sua sede. Os alunos deste programa de mestrado são realmente especiais: 35 adultos bem-sucedidos que voam para a Filadélfia uma vez por mês, vindos de todas as partes do mundo, para um banquete de três dias ao redor do que há de mais avançado na psicologia positiva e de como eles podem aplicá-la em suas profissões.

— A teoria de 2002, no livro *Felicidade Autêntica*, deveria ser uma teoria sobre as escolhas do ser humano, mas há nela um grande furo: ela omite o sucesso e o domínio. As pessoas tentam se realizar para obter apenas a vitória pela vitória — continuou Senia.

Foi nesse momento que comecei a repensar a felicidade.

* * *

Quando escrevi o livro *Felicidade Autêntica*, uma década atrás, eu queria chamá-lo de *Psicologia Positiva*, mas a editora achou que a presença da palavra "felicidade" no título venderia mais livros. Tenho conseguido ganhar muitas batalhas com os editores, mas nunca em relação aos títulos. Por isso me vi atrelado à palavra. (Também não gosto de *autêntica*, estreitamente relacionada a um termo usado de modo abusivo, *eu*, num mundo de eus inflados.) O principal problema do título e da "felicidade" está no fato de que eles não apenas não explicam suficientemente o que escolhemos, mas também que, ao ouvir a palavra "feliz", o ouvido moderno escuta humor leve, alegria, bom ânimo e sorrisos. Igualmente perturbador é que o título me atrelava àquele horrível ícone do *smiley* sempre que a psicologia positiva era notícia.

Historicamente, a "felicidade" não está intimamente atrelada a tais hedonismos — sentir-se alegre ou animado está muito longe daquilo que Thomas Jefferson declarou que temos o direito de perseguir — e mais longe ainda de minhas intenções para a psicologia positiva.

A teoria original: Felicidade autêntica

A psicologia positiva, do modo como a concebo, tem a ver com aquilo que escolhemos por si mesmo. Decidi receber uma massagem nas costas no aeroporto de Minneapolis recentemente porque ela me fazia sentir bem. Escolhi a massagem por ela própria, não porque dava mais sentido à minha vida nem por qualquer outra razão. Nós frequentemente escolhemos o que nos faz sentir bem, mas é muito importante que percebamos que nossas escolhas frequentemente não têm a ver com o modo como nos sentimos. Optei por ouvir o torturante recital de piano de meu filho de 6 anos na noite passada, não porque ele me fazia sentir bem, mas porque é meu dever de pai e parte do que dá sentido à minha vida.

A teoria, em *Felicidade Autêntica*, é de que a felicidade poderia ser analisada segundo três elementos diferentes que escolhemos por eles mesmos: emoção positiva, engajamento e sentido. E cada um desses elementos é mais bem definido e mais mensurável do que a felicidade. O primeiro é a emoção positiva, aquilo que sentimos: prazer, entusiasmo, êxtase, calor, conforto e sensações afins. Uma vida conduzida com êxito em torno deste elemento eu chamo de "vida agradável".

O segundo elemento, engajamento, está ligado a uma posição de entrega: entregar-se completamente, sem se dar conta do tempo, e perder a consciência de si mesmo durante uma atividade envolvente. A uma vida vivida com esses objetivos eu me refiro como uma "vida engajada". O engajamento é algo diferente, até oposto, de uma emoção positiva; pois quando você pergunta às pessoas que se entregam a uma atividade o que estão pensando e sentindo, elas geralmente dizem: "Nada." No envolvimento nós nos fundimos com o objeto. Acredito que a atenção concentrada exigida pelo engajamento consome todos os recursos cognitivos e emocionais que formam nossos pensamentos e sentimentos.

Não há atalhos para o engajamento. Ao contrário, nele você tem de empregar suas forças pessoais e talentos para se envolver com o mundo. Existem atalhos fáceis para sentir uma emoção positiva, o que é ainda outra diferença entre o engajamento e a emoção positiva. Você pode se masturbar, ir às compras, usar drogas ou assistir à televisão. Daí a importância de identificar seus pontos mais fortes e aprender a usá-los com mais frequência para entrar no engajamento (www.authentichappiness.org).

Há ainda um terceiro elemento da felicidade, que é o sentido. Eu me envolvo quando jogo bridge, mas depois de um longo torneio, quando olho no espelho, percebo que estou morrendo de inquietação. A busca pelo engajamento e pelo prazer são esforços frequentemente solitários e solipsistas. Os seres humanos, indiscutivelmente, querem ter sentido e propósito na vida. A vida com sentido consiste em pertencer e servir a algo que você acredite ser maior do que o eu, e a humanidade cria todas as instituições positivas que permitem isso: a religião, o partido político, a família, fazer parte de um movimento ecológico ou de um grupo de escoteiros.

Portanto, essa é a teoria da felicidade autêntica: a psicologia positiva tem a ver com a felicidade em três aspectos — emoção positiva, engajamento e sentido. O desafio de Senia cristalizou dez anos de ensino, reflexão e avaliação desta teoria e me impulsionou a desenvolvê-la um pouco mais.

A partir daquela turma de outubro em Huntsman Hall, mudei de ideia acerca do *que é a psicologia positiva*. Também mudei de ideia em relação a *quais são os elementos da psicologia positiva* e *qual deveria ser seu objetivo*.

Teoria da felicidade autêntica	Teoria do bem-estar
Tema: felicidade	Tema: bem-estar
Padrão de mensuração: satisfação na vida	Padrão de mensuração: emoção positiva, engajamento, sentido, relacionamentos positivos e realização
Objetivo: aumentar a satisfação na vida	Objetivo: aumentar o florescimento pelo aumento da emoção positiva, do engajamento, do sentido, dos relacionamentos positivos e da realização

Da teoria da felicidade autêntica à teoria do bem-estar

Eu achava que o tema da psicologia positiva era a felicidade, que o principal critério para a mensuração da felicidade era a satisfação com a vida e que o objetivo da psicologia positiva era aumentar essa satisfação com a vida. Hoje penso que o tema da psicologia positiva é o bem-estar, que o principal critério para a mensuração do bem-estar é o florescimento, e que o objetivo da psicologia positiva é aumentar esse florescimento. Esta teoria, que chamo de teoria do bem-estar, é bastante diferente da teoria da felicidade autêntica, e essa diferença exige uma explicação.

Existem três deficiências na teoria da felicidade autêntica. A primeira é que a conotação popular de "felicidade" está inextricavelmente amarrada a um estado de boa disposição. A emoção positiva é o sentido mais básico da felicidade. Os críticos argumentam convincentemente que a teoria da felicidade autêntica redefine a felicidade, de forma arbitrária e preventiva, trazendo o engajamento e o sentido para complementar a emoção positiva. Nem o engajamento nem o sentido se referem a como nos sentimos, e embora possamos desejar o engajamento e o sentido, eles não são e jamais poderão ser parte daquilo que denota a "felicidade".

A segunda deficiência na teoria da felicidade autêntica é que a satisfação com a vida ocupa um lugar privilegiado demais na mensuração da felicidade. Na teoria da felicidade autêntica, a felicidade é operacionalizada segundo o critério principal da satisfação com a vida, uma medida de autoavaliação amplamente pesquisada que questiona, numa escala de 1 a 10, o quanto você está satisfeito com sua vida, indo desde o muito infeliz (com pontuação 1) até o ideal (10). O objetivo da psicologia positiva deriva da norma de aumentar a quantidade de satisfação com a vida no planeta. Acontece, no entanto, que a quantidade de satisfação com a vida relatada pelas pessoas é determinada, ela mesma, pelo quanto nos *sentimos* bem no momento em que somos questionados. Segundo um cálculo médio feito sobre um grande número de pessoas, o estado de ânimo em que uma pessoa está determina mais de 70 por cento da quantidade de satisfação com a vida que ela relata, e o *julgamento* que ela faz de como está sua vida nesse momento determina menos de 30 por cento.

Portanto, o antigo critério principal da psicologia positiva está desproporcionalmente vinculado ao estado de ânimo, a forma de felicidade que os antigos consideravam, esnobe mas acertadamente, vulgar. A razão pela qual eu nego ao estado de ânimo uma posição privilegiada não é esnobismo, mas libertação. Uma visão da felicidade a partir do humor condena à infelicidade os 50 por cento da população do mundo que têm um "baixo estado de ânimo positivo". Embora lhe falte alegria, esta metade da população mundial com estado de ânimo em baixa tem mais engajamento e sentido na vida do que as pessoas alegres. Os introvertidos são muito menos animados do que os extrovertidos, mas se a política pública se baseia (como verificaremos no último capítulo) em maximizar a felicidade no sentido do humor, os extrovertidos recebem uma atenção muito maior do que os introvertidos. A decisão de construir um circo em vez de uma biblioteca, com base em quanta felicidade extra ele produzirá, leva em conta muito mais aqueles que têm maior capacidade de bom humor do que os que têm uma capacidade menor. Uma teoria que leve em conta o aumento do engajamento e do sentido, juntamente com o aumento da emoção positiva, é moralmente libertadora, bem como mais democrática para a política pública. E acontece que a satisfação com a vida não leva em conta quanto sentido temos ou o quanto estamos empenhados em nosso trabalho ou o quanto estamos envolvidos com as pessoas que amamos. *A satisfação com a vida avalia essencialmente o bom humor, então não lhe cabe um lugar central em nenhuma teoria que pretenda ser mais do que uma alegrologia.*

A terceira deficiência na teoria da felicidade autêntica é que a emoção positiva, o engajamento e o sentido não esgotam as coisas que as pessoas escolhem por elas próprias. O lema é "a coisa pela coisa em si": para ser um elemento básico em uma teoria, aquilo que você escolhe não deve servir a outro mestre. Foi esse o desafio de Senia; ela afirmou que muitas pessoas vivem para realizar; realizar pela realização em si. Uma teoria melhor especificará mais completamente os elementos daquilo que as pessoas escolhem. E, portanto, eis a nova teoria e como ela soluciona esses três problemas.

A teoria do bem-estar

Bem-estar é um construto, e felicidade é uma coisa. Uma "coisa real" é uma entidade diretamente mensurável. Uma tal entidade pode ser "operacionalizada" — o que significa que é definida por um conjunto muito específico de medidas. Por exemplo, na meteorologia, a sensação térmica negativa é definida pela combinação de temperatura e vento diante da qual a água congela (e ocorre a geladura). A teoria da felicidade autêntica é uma tentativa de explicar uma *coisa real* — a felicidade —, definida pela satisfação com a vida, considerando que as pessoas classificam sua satisfação com suas vidas a partir de uma escala de 1 a 10. As pessoas que têm o máximo de emoção positiva, o máximo de engajamento e o máximo de sentido são as mais felizes e têm o máximo de satisfação com a vida. A teoria do bem-estar nega que o tema da psicologia positiva seja uma coisa real; ele é, antes, um *construto* — o bem-estar —, que por sua vez tem diversos elementos mensuráveis, cada um deles uma coisa real e cada um deles contribuindo para formar o bem-estar, *mas nenhum deles o definindo.*

Na meteorologia, o "tempo" é um construto. O tempo não é em si mesmo uma coisa real. Vários elementos — cada um deles operacionalizável e, portanto, uma coisa real — contribuem para formar o tempo: temperatura, umidade, velocidade do vento, pressão atmosférica e outros semelhantes. Imagine que nosso tema não fosse o estudo da psicologia positiva, mas o estudo da "liberdade". Como poderíamos estudar a liberdade cientificamente? Liberdade é um construto, não uma coisa real, e vários elementos diferentes contribuem para formá-la: o quanto os cidadãos se sentem livres, com que frequência a imprensa é alvo de censura, a frequência das eleições, a proporção de representantes em relação à população, quantos funcionários são corruptos, entre outros fatores. Cada um desses elementos é uma coisa mensurável, ao contrário da liberdade em si, mas obtemos uma visão global da quantidade de liberdade existente mensurando esses elementos.

Em sua estrutura, o bem-estar é exatamente como o "tempo" e a "liberdade": nenhuma medida o define exaustivamente (no jargão, "definir exaustivamente" é "operacionalizar"), mas diversas coisas contribuem para formá-lo; são os *elementos* do bem-estar, e cada um desses elementos é mensurável. A satisfação com a vida, por sua vez, operacionaliza a felicidade na teoria da felicidade autêntica, assim como a temperatura e a velocidade do vento definem a sensação térmica. Uma coisa importante: os elementos do bem-estar são eles próprios coisas diferentes; não são meras autoavaliações de pensamentos e sentimentos de emoção positiva, do quanto se é engajado e de quanto sentido se tem na vida, como na teoria original da felicidade autêntica. Portanto, o construto do bem-estar, e não a entidade de satisfação com a vida, é o tema focal da psicologia positiva. Nossa próxima tarefa é enumerar os elementos do bem-estar.

Os elementos do bem-estar

A teoria da felicidade autêntica aproxima-se perigosamente do monismo de Aristóteles, porque a felicidade é operacionalizada, ou definida, pela satisfação com a vida. O bem-estar, ao contrário, tem vários elementos que contribuem para nos afastar com segurança do monismo. A teoria do bem-estar é essencialmente uma teoria de livre escolha e seus cinco elementos abrangem as coisas que as pessoas livres escolherão, pelas coisas em si mesmas. E cada elemento do bem-estar deve possuir três propriedades para ser considerado um elemento:

1. Ele contribui para a formação do bem-estar;
2. Muitas pessoas o buscam por ele próprio, e não apenas para obter algum dos outros elementos;
3. É definido e mensurado independentemente dos outros elementos (exclusividade).

A teoria do bem-estar tem cinco elementos, e cada um deles tem estas três propriedades. Os cinco elementos são: emoção positiva, engajamento, sentido, relacionamentos positivos e realização. Vamos analisar cada um dos cinco, começando pela emoção positiva.

Emoção positiva. O primeiro elemento na teoria do bem-estar é a emoção positiva (a vida agradável). É também o primeiro na teoria da felicidade autêntica. Mas continua a ser a pedra angular da teoria do bem-estar, embora com duas mudanças cruciais. A felicidade e a satisfação com a vida, como medidas subjetivas, deixam de ser o objetivo de toda a teoria para ser apenas um dos fatores incluídos sob o elemento da emoção positiva.

Engajamento. O engajamento continua a ser um elemento. Como a emoção positiva, ele é avaliado apenas subjetivamente ("Você teve a sensação de que o tempo parou?", "Ficou completamente absorvido pela tarefa?", "Perdeu a consciência de si mesmo?"). A emoção positiva e o engajamento são as duas categorias na teoria do bem-estar em que os fatores são mensurados apenas subjetivamente. Como o elemento hedônico ou aprazível, a emoção positiva abrange todas as variáveis subjetivas do bem-estar: prazer, êxtase, conforto, afeição e outras afins. Tenha em mente, no entanto, que o pensamento e o sentimento estão geralmente ausentes durante o estado de envolvimento e só podemos dizer que "Aquilo foi divertido" ou "Foi maravilhoso" em retrospectiva. Enquanto o estado subjetivo para o prazer está no presente, o estado subjetivo para o engajamento é apenas retrospectivo.

A emoção positiva e o engajamento atendem facilmente aos três critérios para serem considerados elementos do bem-estar: (1) a emoção positiva e o engajamento contribuem para a formação do bem-estar; (2) as pessoas buscam essas coisas por elas mesmas e não necessariamente para obter qualquer um dos outros elementos (eu quero essa massagem nas costas mesmo que ela não traga nenhum sentido, nenhuma realização e nenhum relacionamento); (3) são mensurados independentemente do restante dos elementos. (Há, na verdade, um pequeno contingente de cientistas que mensuram todas as variáveis subjetivas do bem-estar.)

Sentido. Mantenho o sentido (pertencer e servir a algo que se acredita ser maior do que o eu) como terceiro elemento do bem-estar. O sentido tem um componente subjetivo ("Aquela conversa que tivemos ontem na república, durante a noite toda, não fez todo o sentido?") e, portanto, poderia ser englobado na emoção positiva. Lembre-se de que o componente subjetivo é *definitivo* para a emoção positiva. A pessoa que a sente não pode estar equivocada sobre seu próprio prazer, êxtase ou conforto. O que ela sente decide a questão. Mas isso não acontece com o sentido: você pode achar que aquele papo noite adentro fez todo o sentido, mas, quando se lembra dele anos mais tarde, quando já não está chapado de maconha, fica claro que foi apenas uma conversa sem nexo entre adolescentes.

    O sentido não é apenas um estado subjetivo. Uma apreciação desapaixonada e mais objetiva da história, da lógica e da coerência pode contradizer uma apreciação subjetiva. Em seu desespero, Abraham Lincoln, um profundo melancólico, pode ter julgado sua vida insignificante, mas nós a consideramos repleta de sentido. Jean-Paul Sartre e seus devotos do pós-Segunda Guerra Mundial podem ter considerado significativa sua peça existencialista *Sem Saída*, mas agora ela parece errônea ("O inferno são os outros") e quase sem sentido, já que hoje se aceita unanimemente que são os relacionamentos que dão sentido e propósito à vida. O sentido atende aos três critérios exigidos para ser um elemento do bem-estar: (1) contribui para a formação do bem-estar; (2) as pessoas o buscam por si só (por exemplo, sua defesa resoluta das pesquisas sobre a Aids aborrece os outros, torna-o subjetivamente miserável, e causou sua demissão de seu emprego de redator no *Washington Post*, mas você persiste sem se intimidar); (3) o sentido é definido e mensurado independentemente da emoção positiva ou do engajamento, e também dos outros dois elementos — realização e relacionamentos — dos quais tratarei agora.

Realização. Foi aqui que se forjou o desafio de Senia à teoria da felicidade autêntica — sua afirmação de que as pessoas perseguem o sucesso, a realização, a vitória, a conquista e o domínio por eles mesmos. Eu me convenci de que ela está correta e que os dois estados transitórios anteriores (emoção positiva e sentido, ou a vida agradável e a vida significativa em suas formas ampliadas) não esgotam as coisas que as pessoas comumente perseguem por elas próprias. Dois outros estados podem ser adequadamente exigidos pelo "bem-estar" e não precisam ser buscados nem por prazer nem por sentido.

A realização (ou conquista) é buscada por ela própria, mesmo quando não produz emoção positiva, sentido ou relacionamentos positivos. O que acabou por me convencer foi o seguinte: eu jogo bridge duplicado profissional. Já joguei com e contra muitos dos maiores jogadores. Alguns jogadores especializados em bridge jogam para melhorar, aprender, solucionar problemas e para estarem envolvidos no jogo. Quando ganham, é ótimo. Eles chamam de "ganhar bonito". Mas quando perdem é quase tão bom quanto — desde que tenham jogado bem. Esses especialistas jogam em busca de engajamento ou emoção positiva, ou até por franca alegria. Outros profissionais jogam apenas para ganhar. Para eles, a derrota é devastadora, por melhor que tenham jogado; mas se ganharem é ótimo, mesmo que tenham "jogado feio". Alguns até roubam para ganhar. Para eles, a vitória não parece se reduzir à emoção positiva (muitos dos profissionais mais durões negam sentir qualquer coisa quando ganham e rapidamente passam ao próximo jogo, ou jogam gamão até que a próxima partida de bridge seja organizada), nem a busca se reduz ao engajamento, já que a derrota anula tão facilmente a experiência. Nem tem a ver com sentido, uma vez que o bridge não é nem remotamente maior que o eu.

A vitória pela vitória também pode ser percebida na busca por riqueza. Alguns magnatas buscam a riqueza e depois doam boa parte dela, em gestos surpreendentes de filantropia. John D. Rockefeller e Andrew Carnegie deram o exemplo, e Charles Feeney, Bill Gates e Warren Buffett são o protótipo contemporâneo desta virtude: Rockefeller e Carnegie passaram a segunda metade de suas vidas doando à ciência, à medicina, à cultura e à educação boa parte das fortunas que tinham feito na primeira metade de suas vidas. Criaram sentido mais tarde na vida, depois de uma primeira fase vencendo apenas por vencer.

Em contraste com esses "doadores" há os "acumuladores", que acreditam que o vencedor é aquele que morre com mais brinquedos. Suas vidas são construídas em torno do vencer. Quando perdem, é devastador, e eles não doam seus brinquedos a não ser para ganhar mais brinquedos. É inegável que estes acumuladores e as empresas que eles constroem fornecem recursos para muitas outras pessoas construírem suas vidas, criar suas famílias e seu próprio sentido e propósito. Mas isso é apenas um efeito colateral da motivação que os acumuladores têm para vencer.

Portanto, a teoria do bem-estar requer um quarto elemento: a realização, em sua forma momentânea, e a "vida realizadora", em sua forma ampliada.

Reconheço plenamente que uma vida assim quase nunca é vista em seu estado puro (nem qualquer das outras três vidas). As pessoas que levam uma vida realizadora estão frequentemente absorvidas no que fazem, muitas vezes buscam o prazer avidamente e sentem emoção positiva (embora evanescente) quando ganham, e vencem a serviço de algo maior. ("Deus me fez rápido, e quando eu corro, sinto seu prazer", diz o ator que representa o corredor olímpico Eric Liddell no filme *Carruagens de Fogo*.) No entanto, acredito que a realização seja um quarto elemento, fundamental e distinguível, do bem-estar, e que este acréscimo leva a teoria do bem-estar um passo mais perto de uma descrição mais completa das coisas que as pessoas escolhem pelas coisas mesmas.

Acrescentei a realização pela própria realização por causa de um dos artigos mais formativos que já li. No início dos anos 1960, eu trabalhava no laboratório de ratos do professor de psicologia Byron Campbell, na Universidade de Princeton, e nessa época a teoria geral da motivação era a da "redução dos impulsos": a noção de que os animais agiam apenas para satisfazer suas necessidades biológicas. Em 1959, Robert White havia publicado um artigo herético, "Motivation Reconsidered: The Concept of Competence" ["Motivação reconsiderada: O conceito de competência"], que jogava um balde de água fria em toda a questão da redução dos impulsos, argumentando que os ratos e as pessoas frequentemente agem apenas para impor domínio sobre o ambiente. Na época nós desdenhamos da teoria, considerando-a uma idiotice, mas, como descobri durante meu longo e difícil percurso, White estava no caminho certo.

O acréscimo da vida realizadora também enfatiza que a tarefa da psicologia positiva é *descrever*, em vez de *prescrever*, o que as pessoas efetivamente fazem para obter bem-estar. O acréscimo desse elemento de modo nenhum endossa a vida realizadora nem sugere que você deva se desviar de seu próprio caminho para o bem-estar para vencer com mais frequência. Antes, incluo-o para melhor descrever as coisas que os seres humanos decidem fazer apenas por fazer, quando isentos de coerção.

Relacionamentos positivos. Quando solicitado a resumir, em duas ou três palavras, do que se trata a psicologia positiva, Christopher Peterson, um de seus fundadores, respondeu:

— *Das outras pessoas*.

Bem poucas coisas positivas são solitárias. Quando foi a última vez em que você gargalhou escandalosamente? Qual a última vez em que sentiu uma alegria indescritível? E quando foi a última vez em que se sentiu muito orgulhoso de uma realização? Mesmo sem conhecer os detalhes desses pontos altos em sua vida, sei que forma tinham: todos eles aconteceram em torno de outras pessoas.

As *outras pessoas* são o melhor antídoto para os momentos ruins da vida e a fórmula mais confiável para os bons momentos. Daí meu comentário sarcástico sobre a frase de Sartre, "O inferno são os outros". Meu amigo Stephen Post, professor de Humanidades Médicas em Stony Brook, conta uma história sobre sua mãe. Quando ele era menino e sua mãe percebia que ele estava de mau humor, ela dizia:

— Stephen, você parece irritado. Por que você não sai e vai ajudar alguém?

Empiricamente, a máxima da mãe de Post foi rigorosamente testada, e nós, cientistas, descobrimos que praticar um ato de bondade produz um aumento momentâneo no bem-estar maior do que qualquer outro exercício que já tenhamos testado.

O exercício da gentileza

— Mais um aumento de um centavo no preço dos selos!

Eu estava irritado, ali parado em uma fila enorme e sinuosa por 45 minutos para comprar uma folha de cem selos de um centavo. A fila arrastava-se enquanto o mau humor crescia à minha volta. Finalmente, cheguei ao balcão e pedi dez folhas de cem. Todas de dez dólares.

— Quem precisa de selos de um centavo? — gritei. — São de graça.

As pessoas explodiram em aplausos e se aglomeraram à minha volta enquanto eu distribuía esse tesouro. Em dois minutos, todos tinham ido embora, junto com a maioria dos meus selos. Foi um dos momentos mais agradáveis da minha vida.

O exercício é o seguinte: encontre uma coisa totalmente inesperada para fazer amanhã e faça. Observe o que acontece com o seu humor.

Próximo à Ilha da Madeira, em Portugal, há outra ilha no formato de um enorme cilindro. No topo do cilindro há um planalto que se estende por vários hectares, sobre o qual são plantadas as uvas mais valiosas que entram na produção do vinho da Madeira. Nesse planalto vive um único animal grande: um boi cujo trabalho é arar a terra. Há um único caminho até o topo, um caminho muito sinuoso e estreito. Como um novo boi chega até lá quando o velho morre? Um trabalhador carrega um bezerro nas costas até o alto da montanha, onde ele passa os próximos quarenta anos arando o campo sozinho. Se você ficou comovido com esta história, pergunte a si mesmo por quê.

Existe alguém em sua vida com quem você se sente suficientemente à vontade para telefonar às quatro horas da manhã a fim de falar de seus problemas? Se sua resposta for sim, você provavelmente viverá mais do que alguém cuja resposta seja não. Para George Vaillant, o psiquiatra de Harvard que descobriu este fato, o principal poder que alguém pode ter é a capacidade de *ser* amado. Inversamente, como argumentou o neurocientista social John Cacioppo, a solidão é uma condição tão debilitante que nos obriga a acreditar que a busca de relacionamentos é um fundamento básico para o bem-estar humano.

Não há como negar as influências profundas que os relacionamentos positivos ou sua falta têm sobre o bem-estar. A questão teórica, no entanto, é se os relacionamentos positivos se qualificam como um *elemento* do bem-estar. Os relacionamentos positivos atendem a dois dos critérios exigidos para ser um elemento: eles contribuem para o bem-estar e podem ser mensuráveis independentemente dos outros elementos. Mas será que nós vamos atrás dos relacionamentos *por eles mesmos*, ou os buscamos apenas porque nos trazem emoção positiva, engajamento, sentido ou realização? Será que nos daríamos ao trabalho de buscar relacionamentos positivos se eles não produzissem emoção positiva, engajamento, sentido ou realização?

Não tenho certeza absoluta da resposta a essa pergunta nem tenho conhecimento de um teste experimental decisivo, já que todos os relacionamentos positivos que conheço vêm acompanhados de emoção positiva, engajamento, sentido ou realização. Duas linhas de argumentação recentes acerca da evolução humana apontam para a importância dos relacionamentos positivos por si sós.

Para que serve o grande cérebro humano? Há 500 mil anos aproximadamente, a capacidade craniana de nossos ancestrais hominídeos dobrou de tamanho, passando de 600 centímetros cúbicos para seus atuais 1.200 centímetros cúbicos. A explicação em voga para todo esse cérebro extra diz que é para nos permitir fabricar ferramentas e armas; é preciso ser muito inteligente para lidar instrumentalmente com o mundo físico. Um teórico da psicologia, o inglês Nick Humphrey, apresentou uma alternativa: o grande cérebro é um solucionador de problemas sociais, e não de problemas físicos. Ao conversar com meus alunos, como soluciono o problema de dizer algo que Marge ache engraçado, que não ofenda Tom e que ainda persuada Derek de que ele está errado, sem lhe esfregar isso na cara? Esses problemas são extremamente complicados — problemas que os computadores, que podem projetar armas e ferramentas num instante, não conseguem solucionar. Mas os humanos conseguem e efetivamente solucionam problemas sociais durante o dia todo. Nosso grande córtex pré-frontal usa continuamente seus bilhões de conexões para simular possibilidades sociais e depois escolher o melhor curso de ação. Portanto, nosso grande cérebro é uma máquina de simulação de relacionamentos e foi selecionado pela evolução exatamente para a função de projetar e conduzir relacionamentos humanos harmoniosos, porém eficazes.

O outro argumento sobre a evolução que se articula com o grande cérebro como simulador social é o da *seleção de grupo*. O eminente biólogo e polemista Richard Dawkins popularizou a teoria do gene egoísta, que argumenta que o indivíduo é a unidade única da seleção natural. Dois dos mais proeminentes biólogos do mundo — não aparentados, mas ambos com sobrenome Wilson (Edmund O. e David Sloan) — reuniram evidências, recentemente, de que o grupo é uma unidade primária da seleção natural. Seu argumento começa com os insetos sociais: vespas, abelhas, cupins e formigas, todos os quais possuem fábricas, fortalezas e sistemas de comunicação, e dominam o mundo dos insetos assim como os humanos dominam o mundo dos vertebrados. Ser social é a forma mais bem-sucedida de adaptação superior que se conhece. Eu diria que é ainda mais adaptativa do que possuir olhos, e a matematização mais plausível da seleção de insetos sociais é que esta seleção é feita por grupos e não por indivíduos.

A intuição sobre a seleção de grupo é simples. Imagine dois grupos de primatas, cada qual formado por indivíduos geneticamente diferentes. Imagine que o grupo "social" tenha as estruturas cerebrais emocionais que facilitam o amor, a compaixão, a bondade, o trabalho em equipe e o sacrifício pessoal — as "emoções de grupo" —, assim como estruturas cerebrais cognitivas, como os neurônios-espelhos, que refletem outras mentes. O grupo "não social", igualmente inteligente em relação ao mundo físico e igualmente forte, não possui essas emoções de grupo. Esses dois grupos são agora colocados numa competição mortal que só pode ter um vencedor, como numa situação de guerra ou de fome. O grupo social vencerá, porque é capaz de cooperar, caçar em grupos e produzir agricultura. O conjunto não relacionado de genes do grupo social é preservado e replicado, e estes genes incluem os mecanismos cerebrais para as emoções de grupo e para a crença em outras mentes — a capacidade de compreender o que os outros estão pensando e sentindo.

Jamais saberemos se os insetos sociais possuem emoções de grupo e se esses artrópodes encontraram e exploraram maneiras não emocionais de sustentar a cooperação grupal. Mas a emoção positiva humana nós conhecemos bem: ela é amplamente social e voltada para o relacionamento. Emocionalmente, somos criaturas de grupo, criaturas que buscam, inevitavelmente, o relacionamento com outros membros de nosso grupo.

Portanto, o grande cérebro social, as emoções de grupo e a seleção de grupo me convencem de que os relacionamentos positivos são um dos cinco elementos básicos do bem-estar. O importante fato de que os relacionamentos positivos sempre têm benefícios emocionais, de engajamento, de sentido ou de realização não significa que os relacionamentos sejam conduzidos com o objetivo de obter emoção positiva, sentido ou realização. Antes, os relacionamentos positivos são tão fundamentais para o sucesso do *Homo sapiens* que a evolução os reforçou com o apoio adicional dos outros três elementos, para garantir que nós os busquemos.

RESUMO DA TEORIA DO BEM-ESTAR

Eis, então, a teoria do bem-estar: o bem-estar é um construto; e é o bem-estar, não a felicidade, o tema da psicologia positiva. O bem-estar possui cinco elementos mensuráveis (PERMA*), importantes para ele:

- Emoção positiva (felicidade e satisfação com a vida são aspectos dela)
- Engajamento
- Relacionamentos
- Sentido
- Realização

Nenhum elemento, isoladamente, o define, mas todos contribuem para ele. Alguns aspectos desses cinco elementos são avaliados subjetivamente pelo relato de uma pessoa, mas outros aspectos são mensurados objetivamente.

Na teoria da felicidade autêntica, em contrapartida, a felicidade é a peça central da psicologia positiva. É uma coisa real definida pela mensuração da satisfação com a vida. A felicidade tem três aspectos: emoção positiva, engajamento e sentido, cada um dos quais contribui para a satisfação com a vida e é medido inteiramente pelo relato subjetivo.

Há uma pendência a esclarecer: na teoria da felicidade autêntica, as forças e virtudes pessoais — bondade, inteligência social, humor, coragem, integridade etc. (existem 24 delas) — são o suporte do engajamento. Você entra no envolvimento quando seus pontos mais fortes são empregados para enfrentar os maiores desafios que surgem no seu caminho. Na teoria do bem-estar, essas 24 forças pessoais sustentam todos os cinco elementos,

---

* PERMA: sigla formada com as iniciais dos cinco elementos em inglês. Positive emotion, Engagement, Relationships, Meaning, Achievement. Utilizaremos, ao longo do livro, a sigla em inglês. [N. da T.]

não apenas o engajamento: o emprego de maiores forças leva a mais emoção positiva, mais sentido, mais realização e melhores relacionamentos.

A teoria da felicidade autêntica é unidimensional: tem a ver com se sentir bem e afirma que o modo como escolhemos nossa trajetória de vida é tentando maximizar o modo como nos sentimos. A teoria do bem-estar tem a ver com todos os cinco pilares, e o que sustenta os cinco elementos são as forças pessoais. A teoria do bem-estar é plural no método, bem como na substância: a emoção positiva é uma variável subjetiva, definida por aquilo que você pensa e sente. O engajamento, o sentido, os relacionamentos e a realização têm componentes subjetivos e objetivos, já que você pode acreditar que tem engajamento, sentido, bons relacionamentos e alta realização e estar *errado*, ou até iludido. A conclusão é que o bem-estar não pode existir apenas na sua cabeça: ele é uma combinação de sentir-se bem e efetivamente ter sentido, bons relacionamentos e realização. O modo como escolhemos nossa trajetória de vida é maximizando todos esses cinco elementos.

Esta diferença entre a teoria da felicidade e a teoria do bem-estar é de real importância. A teoria da felicidade afirma que nós fazemos escolhas estimando quanta felicidade (satisfação na vida) obteremos, e então seguimos a direção que maximiza a futura felicidade. Maximizar a felicidade é o caminho final comum da escolha individual. Como argumenta o economista Richard Layard, é assim que os indivíduos fazem escolhas e, portanto, maximizar a felicidade deveria ser o principal critério de todas as decisões políticas do governo. Richard, assessor dos primeiros-ministros Tony Blair e Gordon Brown na questão do desemprego, e meu bom amigo e professor, é um economista de carteirinha, e sua visão — para um economista — é incrível. Ela se afasta sensivelmente da típica visão de riqueza do economista, segundo a qual o propósito da riqueza é produzir mais riqueza. Para Richard, a única justificativa para aumentar a riqueza é o aumento da felicidade, por isso ele promove a felicidade, não apenas como critério pelo qual escolhemos o que fazer como indivíduos, mas como o único resultado final a ser considerado pelo governo para decidir quais políticas deve buscar. Embora essa evolução me agrade, ela é mais um monismo cru, e discordo da ideia de que a felicidade seja o objetivo último do bem-estar e sua melhor medida.

O último capítulo deste livro fala da política e economia do bem-estar, mas por ora quero deixar apenas um exemplo de por que a teoria da felicidade fracassa redondamente como explicação última sobre o modo pelo qual nós fazemos escolhas. Está comprovado que os casais com filhos têm em média menos felicidade e satisfação com a vida do que os casais sem filhos. Se a evolução dependesse da maximização da felicidade, a raça humana teria desaparecido há muito tempo. Portanto, está claro que ou os seres humanos estão muito iludidos em relação a quanta satisfação os filhos trarão ou usamos outro parâmetro para decidirmos nos reproduzir. De modo semelhante, se nosso único objetivo fosse a felicidade pessoal futura, deixaríamos nossos pais idosos sobre blocos de gelo para morrerem. Logo, o monismo da felicidade não apenas contraria os fatos, mas é também um guia moral pobre: se a teoria da felicidade fosse um guia para as escolhas na vida, alguns casais talvez optassem por não ter filhos. Quando ampliamos nossa visão do bem-estar de modo a incluir o sentido e os relacionamentos, torna-se óbvio por que decidimos ter filhos e por que optamos por cuidar de nossos pais idosos.

A felicidade e a satisfação com a vida são elementos do bem-estar e são parâmetros subjetivos úteis, mas o bem-estar não pode existir apenas na nossa cabeça. Uma política pública que tenha como objetivo apenas o bem-estar subjetivo é vulnerável à caricatura do *Admirável Mundo Novo* no qual o governo promove a felicidade apenas drogando a população com um euforizante chamado "soma". Assim como nós decidimos como viver a partir de critérios plurais, e não apenas para maximizar a felicidade, parâmetros de bem-estar verdadeiramente úteis para a política pública precisarão ser um conjunto de medidas subjetivas e objetivas de emoção positiva, engajamento, sentido, bons relacionamentos e realizações positivas.

Florescer: O objetivo da psicologia positiva

Na teoria da felicidade autêntica, o objetivo da psicologia positiva, assim como o alvo de Richard Layard, é aumentar a quantidade de felicidade na vida das pessoas e no planeta. Na teoria do bem-estar, em contrapartida, o objetivo da psicologia positiva é plural e significativamente diferente: é aumentar a quantidade de *florescimento* na vida das pessoas e no planeta.

O que é florescer?

Felicia Huppert e Timothy So, da Universidade de Cambridge, definiram e avaliaram o florescimento em cada um dos 23 países da União Europeia. Sua definição de florescimento segue o mesmo espírito da teoria do bem-estar: para florescer, um indivíduo deve ter todas as "características essenciais" a seguir e três das seis "características adicionais".

Características essenciais	Características adicionais
Emoções positivas	Autoestima
Engajamento, interesse	Otimismo
Sentido, propósito	Resiliência
	Vitalidade
	Autodeterminação
	Relacionamentos positivos

Eles aplicaram os itens a seguir a mais de 2 mil adultos em cada nação, de modo a descobrir a situação de cada país por meio do florescimento de seus cidadãos.

Emoção positiva	De modo geral, o quanto você se considera feliz?
Engajamento, interesse	Adoro aprender coisas novas.
Sentido, propósito	De modo geral, sinto que o que faço em minha vida é valioso e útil.
Autoestima	De modo geral, sinto-me muito positivo em relação a mim mesmo.
Otimismo	Sou sempre otimista em relação ao meu futuro.
Resiliência	Quando as coisas dão errado em minha vida, geralmente levo muito tempo para voltar ao normal. (Respostas contrárias indicam maior resiliência.)
Relacionamentos positivos	Em minha vida há pessoas que se importam comigo.

A Dinamarca lidera a Europa: 33 por cento de seus cidadãos estão florescendo. O Reino Unido tem cerca de metade desse índice, com 18 por cento; e a Rússia aparece em último lugar, com apenas 6 por cento de seus cidadãos florescendo.

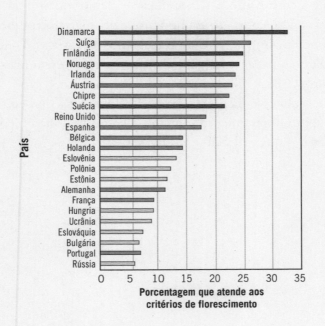

Este tipo de estudo conduz ao grande desafio da psicologia positiva, que é o verdadeiro objetivo deste livro e do qual trata seu último capítulo. Conforme melhora a nossa capacidade de avaliar a emoção positiva, o engajamento, o sentido, a realização e os relacionamentos positivos, podemos questionar com rigor quantas pessoas em um país, cidade ou corporação estão florescendo. Podemos questionar com rigor quando um indivíduo está florescendo ao longo de sua vida. Podemos questionar com rigor se uma campanha de caridade está aumentando o florescimento de seus beneficiários. Podemos questionar com rigor se nossos sistemas escolares estão ajudando nossos filhos a florescer.

A política pública deriva daquilo que avaliamos — e até recentemente nós avaliávamos apenas o dinheiro, o produto interno bruto (PIB). Portanto, o sucesso do governo podia ser quantificado apenas pela quantidade de riqueza que ele produz. Mas para que serve a riqueza, afinal de contas? O objetivo da riqueza, no meu entender, não é apenas produzir mais riqueza, mas produzir florescimento. Nós agora podemos questionar a política pública: "A construção desta nova escola vai aumentar o florescimento mais do que a construção deste parque?" Podemos questionar se um programa de vacinação contra o sarampo produzirá mais florescimento do que um programa igualmente caro de transplante de córneas. Podemos questionar o quanto o pagamento aos pais para permanecerem mais tempo em casa cuidando de seus filhos aumenta o florescimento.

Assim, o objetivo da psicologia positiva na teoria do bem-estar é avaliar e produzir o florescimento humano. O alcance deste objetivo começa por questionar o que realmente nos faz felizes.

Capítulo 2

Criando a sua felicidade: Exercícios de psicologia positiva que funcionam

Aqui está um pequeno exercício que aumentará seu bem-estar e diminuirá sua depressão.

A visita de gratidão

Feche os olhos. Traga à mente o rosto de alguém ainda vivo que anos atrás fez ou disse algo que mudou sua vida para melhor. Alguém a quem você nunca tenha agradecido adequadamente; alguém que você poderia encontrar cara a cara na semana que vem. Já pensou nesse rosto?

A gratidão pode tornar sua vida mais feliz e satisfatória. Quando sentimos gratidão, nos beneficiamos da lembrança agradável de um acontecimento positivo em nossa vida. Igualmente, quando expressamos nossa gratidão aos outros, fortalecemos nosso relacionamento com eles. Mas às vezes expressamos nossa gratidão de uma forma tão casual e rápida que ela se torna quase sem sentido. Neste exercício, chamado "Visita de gratidão", você terá a oportunidade de experimentar como é expressar sua gratidão de uma forma atenciosa e intencional.

Sua tarefa é escrever uma carta de gratidão a esta pessoa e entregá-la pessoalmente. A carta deve ser concreta e ter cerca de trezentas palavras: seja específico sobre o que ela fez por você e como isso afetou sua vida.

Informe-a sobre o que você está fazendo agora e mencione que se lembra frequentemente do que ela fez. Faça uma carta especial.

Uma vez que você tenha escrito esse testemunho, ligue para a pessoa e diga-lhe que gostaria de visitá-la, mas seja vago sobre o propósito do encontro; esse exercício é muito mais divertido quando é uma surpresa. Quando você se encontrar com ela, leia a carta sem pressa. Observe as reações dela e as suas. Se ela o interromper enquanto você está lendo, diga que realmente gostaria que ela ouvisse até o final. Depois de terminar a leitura (cada palavra dela), discutam o conteúdo e seus sentimentos um pelo outro.

Daqui a um mês você estará se sentindo mais feliz e menos deprimido.

O bem-estar pode ser modificado?

Se a psicologia positiva tem como objetivo produzir o bem-estar no planeta, o bem-estar deve ser passível de ser produzido. Parece banal, mas não é. Os comportamentalistas da primeira metade do século XX eram otimistas: eles acreditavam que se fosse possível livrar o mundo das condições debilitantes da vida — pobreza, racismo, injustiça —, a vida humana seria transformada para melhor. Ao contrário de seu otimismo despreocupado, o que acontece é que muitos aspectos do comportamento humano não mudam de forma duradoura. A cintura é um exemplo perfeito. A dieta é uma farsa que surrupia dos americanos 50 bilhões de dólares anualmente. Você pode seguir qualquer dieta que aparecer na lista dos livros mais vendidos e em um mês perder 5 por cento de seu peso. Fiz a dieta da melancia por trinta dias e perdi 9 quilos. Tive diarreia por um mês. Mas como 80 por cento a 95 por cento dos que fazem dieta, recuperei todo o peso (e mais) em três anos. Semelhantemente, como veremos no próximo capítulo, a maior parte das psicoterapias e muitos medicamentos são apenas cosméticos, aliviando os sintomas por um curto período de tempo, seguido de um frustrante retorno ao ponto de partida.

Será que o bem-estar é como a sua cintura — sofre apenas uma melhora temporária, seguida de uma recaída no estado miserável de costume — ou pode ser modificado de modo duradouro? Antes do surgimento da psicologia positiva, uma década atrás, a maioria dos psicólogos era pessimista em relação às mudanças duradouras na felicidade. A esperança de que fatores externos pudessem tornar as pessoas felizes de modo duradouro foi desencorajada por um estudo sobre ganhadores da loteria, que eram felizes por alguns meses após o ganho inesperado, mas logo voltavam a seu nível habitual de rabugice ou alegria. Nós nos adaptamos rapidamente ao ganho inesperado, à promoção no emprego ou ao casamento, argumentam os teóricos, e logo queremos trocar estes prazeres por outros maiores, para cultivar nossa felicidade que está despencando. Se tivermos êxito nessa troca, permaneceremos na esteira hedonista, mas sempre precisaremos de outra dose.

Um quadro não muito animador para a busca do bem-estar.

Se o bem-estar não pudesse ser aumentado de modo duradouro, então o objetivo da psicologia positiva teria de ser abandonado, mas acredito que ele possa ser firmemente elevado. Portanto, este capítulo trata de minha busca por exercícios que efetivamente nos tornem felizes de forma permanente. De Buda à moderna psicologia popular, foram propostas pelo menos duzentas tentativas de, alegadamente, fazer isso. Quais delas produzem aumentos permanentes no bem-estar, se é que alguma delas o faz? Quais são aumentos temporários? E quais são apenas uma tapeação?

Sou uma pessoa com o "polegar maroto da ciência"* — em outras palavras, um empirista que apalpa e cutuca as pessoas para chegar a uma verdade que de outro modo não podemos enxergar —, e alguns de meus trabalhos anteriores envolveram a verificação de terapias e drogas que tornam as pessoas menos deprimidas. Existe uma norma para a verificação de terapias em pesquisa: os estudos com distribuição aleatória, controlados por placebo. Eles distribuem aleatoriamente alguns voluntários para o grupo de tratamento (o que recebe a terapia que está sendo testada) e outros sujeitos para o assim chamado grupo de controle (que recebe ou um tratamento inativo ou a terapia-padrão no momento da realização da pesquisa).

---

* Alusão ao poema de E. E. Cummings, *Oh Sweet Spontaneous*. No poema, Cummings escreve que a filosofia e a ciência são dois ramos de um método inepto para descrever algo tão belo quanto a primavera. O poeta se refere aos dedos da filosofia e ao polegar da ciência, que apalpam e exploram a verdadeira natureza da beleza. [N. da T.]

A distribuição aleatória de alguns indivíduos para o tratamento e outros para o grupo de controle restringe os fatores internos que podem causar confusão, como estar altamente motivado para melhorar: em princípio, pessoas muito desmotivadas e pessoas muito motivadas acabam se espalhando igualmente em ambos os grupos, devido à seleção aleatória. E a utilização do placebo no grupo de controle restringe os fatores externos: um igual número de indivíduos em cada grupo fará seu respectivo tratamento, faça chuva ou faça sol. Assim, se o tratamento funcionar, e o grupo experimental melhorar mais que o grupo aleatório controlado por placebo, o tratamento é considerado "eficaz" e a verdadeira causa da melhora.

Esta mesma lógica se aplica à avaliação de exercícios que pretendem aumentar o bem-estar. Por isso, a partir de 2001, o Centro de Psicologia Positiva da Universidade da Pensilvânia (sob minha direção; visite o site: www.ppc.sas.upenn.edu/) começou a questionar o que efetivamente nos faz mais felizes. Nestes estudos, não mensuramos todos os elementos do bem-estar, mas apenas o emocional — aumento da satisfação com a vida e redução da depressão.

Aqui está um segundo exercício, para lhe dar o gosto das intervenções que validamos por meio de modelos de distribuição aleatória, controlados por placebo.

O que correu bem?
(Também chamado de "Três bênçãos")

Nós pensamos demais nas coisas que dão errado e não o suficiente nas que dão certo em nossas vidas. Claro, às vezes faz sentido analisar os acontecimentos ruins para que possamos aprender com eles e evitá-los no futuro. No entanto, as pessoas tendem a passar mais tempo pensando no que é ruim na vida do que no que é útil. Pior ainda, este foco nos acontecimentos negativos nos predispõe à ansiedade e à depressão. Uma forma de evitar que isso aconteça é começar a pensar e saborear o que correu bem.

Por sensatos motivos evolutivos, a maioria de nós não tem tanta facilidade em enfatizar os acontecimentos bons quanto temos para analisar os acontecimentos ruins. Aqueles nossos ancestrais que passaram muito tempo deitados ao sol dos bons acontecimentos, quando deveriam estar se preparando para o desastre, não sobreviveram à Era do Gelo. Portanto, para superar a tendência natural e catastrófica de nossos cérebros, precisamos trabalhar e praticar esta habilidade de pensar naquilo que deu certo.

Toda noite, ao longo da próxima semana, reserve dez minutos antes de ir dormir. *Escreva três coisas que deram certo hoje e por que deram certo.* Você pode usar um diário ou seu computador para escrever sobre os acontecimentos, mas é importante que tenha um registro físico daquilo que escreveu. Essas três coisas não precisam ser nada de espetacular em termos de importância ("Ao voltar para casa do trabalho, meu marido trouxe meu sorvete preferido para a sobremesa"), mas podem ser importantes ("Minha irmã deu à luz um menino saudável").

Ao lado de cada evento positivo, responda à pergunta: "Por que isso aconteceu?" Por exemplo, se você tiver escrito que seu marido trouxe o sorvete, escreva "porque meu marido às vezes é realmente atencioso" ou "porque me lembrei de telefonar para ele do trabalho e pedir-lhe para parar no supermercado". Ou, se você tiver escrito: "Minha irmã deu à luz um menino saudável", você pode escolher como causa: "Deus estava cuidando dela" ou "Ela fez tudo certo durante sua gravidez".

A princípio, o registro dos acontecimentos positivos em sua vida pode parecer esquisito, mas, por favor, faça-o por uma semana. Vai ficar mais fácil. A probabilidade é que daqui a seis meses você esteja menos deprimido, mais feliz e viciado nesse exercício.

Além de ser um sujeito com polegar maroto, eu provo do meu próprio remédio. Quando fiz experiências com choques elétricos e cães, 45 anos atrás, apliquei choque em mim mesmo e provei a ração da qual os cachorros se alimentavam — que era pior do que o choque. Portanto, quando desenvolvi o exercício sobre o que dá certo, primeiro o testei em mim mesmo. Funcionou. Depois, testei-o em minha esposa e em meus filhos. Mais uma vez, funcionou. Em seguida, meus alunos o experimentaram.

Ao longo dos últimos 45 anos, lecionei quase todos os temas da psicologia. Mas nunca me diverti tanto ao lecionar nem recebi notas tão altas na avaliação de minhas aulas do que quando lecionei psicologia positiva. Quando eu lecionava psicopatologia, o que fiz por 25 anos, não podia passar aos meus alunos tarefas de casa significativas e experimentais — eles não podiam se tornar esquizofrênicos por um fim de semana! Eles aprendiam por meio de livros e jamais podiam experimentar a loucura por si mesma. Mas ao lecionar psicologia positiva, posso pedir a meus alunos para fazerem uma visita de gratidão ou fazerem o exercício do que correu bem.

Muitos desses exercícios que funcionam começaram efetivamente em meus cursos. Por exemplo, depois de estudarmos a literatura acadêmica sobre a gratidão, pedi a meus alunos que desenvolvessem um exercício sobre isso: foi aí que surgiu a visita de gratidão, desenvolvida por Marisa Lascher. Em cinco cursos de psicologia positiva, pedi que meus alunos praticassem em suas próprias vidas aquilo que tínhamos desenvolvido. O que aconteceu foi incrível. Nunca testemunhei tantas mudanças positivas em meus alunos, nem ouvi a palavra mais agradável que um professor pode ouvir — *transformador* — usada com tanta frequência para descrever o curso.

Então tentei uma nova abordagem. Em vez de ensinar psicologia positiva a estudantes universitários, ensinei-a a profissionais da saúde mental de todo o mundo. Dei quatro cursos ao vivo por telefone sob o patrocínio do dr. Ben Dean, que se especializou em dar cursos de educação continuada a psicólogos clínicos profissionais por telefone. Cada curso tinha a duração de duas horas semanais por seis meses, e mais de oitocentos profissionais participaram deles (incluindo psicólogos, *life coaches*, conselheiros e psiquiatras). Toda semana eu dava uma aula e depois escolhia um dentre os 12 exercícios de psicologia positiva para eles fazerem com seus pacientes e clientes, e para praticarem em suas próprias vidas.

Intervenções e casos de psicologia positiva

Fiquei surpreso com o bom resultado que essas intervenções tiveram até mesmo com pacientes com depressão grave. Sei que testemunhos são suspeitos, mas, mesmo assim, como terapeuta e formador de terapeutas por trinta anos e diretor de formação clínica por 14 anos, nunca encontrei uma quantidade tão grande de relatos positivos. Aqui vão três, de terapeutas que conheciam a psicologia positiva havia pouco tempo e estavam experimentando os exercícios pela primeira vez.

RELATO DE CASO

A cliente é uma mulher de 36 anos e atualmente está em tratamento ambulatorial e tomando antidepressivos (e está trabalhando em tempo integral). Estou trabalhando com ela há oito semanas e a tenho acompanhado conforme o curso por telefone basicamente na mesma sequência que nós seguimos. Um exercício funcionou especialmente bem.

"Três momentos felizes" (o que correu bem). Ela mencionou que tinha se esquecido de todas essas coisas positivas do passado. Usamos isso para passar às "bênçãos", que descrevemos como "momentos felizes de cada dia", que a ajudaram a ver sua vida de uma maneira mais positiva.

Resumindo, tudo "funcionou" muito bem. Suas escalas a partir do site estão muito mais positivas que antes, e ela atribui isso, muito fortemente, ao processo de treinamento.

RELATO DE CASO

A cliente é uma mulher deprimida de meia-idade, com obesidade mórbida, depressão subjacente e bloqueios à sua saúde e redução de peso. Entre outras intervenções, ela se submeteu, após três meses em terapia, ao teste de "abordagens à felicidade" (AHI, disponível on-line, em inglês e espanhol, em www.authentichappiness.org). Ela estava buscando equilibrar sua vida usando as ideias de engajamento, sentido e gratificação. Ela observou que sabia desde o início que não tinha engajamento em sua vida e que todo o sentido era definido por ajudar os outros e certamente não tinha nada a ver com ela própria, suas necessidades e seus desejos (gratificações). Depois de trabalhar muito durante esses três meses, ela fez o teste e ficou satisfeita ao notar que as três áreas estavam absolutamente equilibradas em torno de 3,5 numa escala de 5. Ficou empolgada e animada por haver uma avaliação que lhe desse o feedback de seu progresso. Imediatamente fez novos planos para trabalhar com as três áreas, acrescentando toda sorte de maneiras de trazer mais engajamento e sentido para sua vida.

Terapeutas têm me relatado que foi particularmente benéfico fazer com que seus pacientes entrassem em contato com suas forças pessoais em vez de apenas tentar corrigir suas fraquezas. O passo crucial nesse processo é sistemático: começa quando os pacientes fazem o questionário VIA de Forças Pessoais (disponível aqui em versão resumida no Anexo e em versão completa no site Felicidade Autêntica, em www.authentichappiness.org).

RELATO DE CASO

Venho trabalhando com Emma por cerca de seis anos, com uma interrupção de um ano. Ela voltou dois anos atrás, após a morte de uma de suas poucas amigas. Recentemente, usei alguns exercícios/intervenções de psicologia positiva com Emma, uma cliente com depressão grave e comportamento suicida, que tem sido vítima de abusos de todo tipo desde que era bebê. Nos últimos poucos meses, decidi usar alguns dos materiais da psicologia positiva. Comecei pelo teste VIA de Forças Pessoais, num esforço para ajudá-la a enxergar a verdade de quem ela é na essência, em vez de quem ela pensa ser (não mais que uma escória). Esse questionário foi a base de lançamento e o alicerce sobre o qual se construiu uma reflexão clara. Foi uma ferramenta na qual usei a metáfora de uma imagem nítida refletida de um espelho que eu segurava para ela. Foi um processo lento, mas logo ela foi capaz de falar de cada força pessoal, ver cada uma delas como uma "verdade" sobre si mesma, enxergar como algumas das forças a colocavam em apuros, perceber quando ela usa as forças em benefício próprio e dos outros, e identificar quais forças poderiam ajudá-la a aumentar forças menos desenvolvidas. Três dias depois, ela chegou para a consulta com duas folhas de papel na mão [...] com sete itens e os passos que estava disposta a dar. Chorei durante toda a leitura daquelas duas páginas e ela sorriu o tempo todo. Esta é uma mulher que raramente sorri, se é que alguma vez o fez. Foi um momento de comemoração, e, além disso, ela estava saltando alguns dos "obstáculos" mais salientes e desafiadores, associados à sua impotência aprendida e todas as outras questões pessoais que estavam sendo trabalhadas em terapia.

Eu gostaria que você fizesse o teste que Emma fez, o teste VIA de Forças Pessoais, seja o do Anexo ou o que se encontra em meu site, e depois faremos o exercício que colocou Emma no caminho da recuperação.

Mas primeiro deixe-me contar por que desenvolvi o site, que tem todos os testes validados sobre o lado positivo da vida, com feedbacks de onde você se encontra. O site é gratuito e pretende ser um serviço público. É também uma mina de ouro para os pesquisadores da psicologia positiva, muito melhor para obter resultados válidos do que fazer perguntas — como os pesquisadores geralmente fazem — a alunos do segundo ano da faculdade ou voluntários clínicos.

No momento em que escrevo, 1,8 milhão de pessoas já se registraram no site e fizeram os testes. Entre quinhentas a 1.500 novas pessoas se registram todos os dias, e de vez em quando coloco um novo link. Um desses links é sobre os exercícios. As pessoas que clicam nele são convidadas a nos ajudar a testar novos exercícios. Primeiro, elas fazem os testes sobre depressão e felicidade, como a Escala de Depressão do Centro de Estudos Epidemiológicos e o Inventário de Felicidade Autêntica, ambos os quais se encontram em www.authentichappiness.org. Em seguida, nós as encaminhamos aleatoriamente a um único exercício, que é ou ativo ou placebo. Todos os exercícios exigem duas a três horas ao longo de uma semana. Em nosso primeiro estudo pela internet, testamos seis exercícios, incluindo a visita de gratidão e "o que correu bem".

Dos 577 participantes que completaram os questionários de base, 471 concluíram todas as cinco avaliações de acompanhamento. Descobrimos que os participantes, em todas as condições (incluindo a de placebo, que tinha de escrever uma lembrança de infância todas as noites durante uma semana), estavam mais felizes e menos deprimidos uma semana depois de receberem o exercício proposto. Daí para a frente, as pessoas no grupo de controle não se tornaram mais felizes e menos deprimidas do que estavam no início.

Dois dos exercícios — "o que correu bem" e o exercício de forças pessoais a seguir — reduziram significativamente os indicativos de depressão, três e seis meses depois. A visita de gratidão produziu uma grande diminuição na depressão e um grande aumento na felicidade um mês depois, mas o efeito desapareceu três meses depois. Como previsto, descobrimos que o grau com que os participantes continuam ativamente seus exercícios, além do período prescrito de uma semana, predizia a duração das alterações na felicidade.

Exercício de forças pessoais

O propósito deste exercício é encorajá-lo a tomar posse de suas forças pessoais encontrando formas novas e mais frequentes de usá-las. Uma força pessoal tem as seguintes características:

- Um senso de propriedade e autenticidade ("É assim que eu realmente sou");
- Uma sensação de excitação ao exibi-la, principalmente no início;
- Uma rápida curva de aprendizagem à medida que a força é praticada pela primeira vez;
- Um sentimento de anseio por encontrar novas maneiras de usá-la;
- Uma sensação de inevitabilidade no uso da força ("Você não pode me impedir");
- Fortalecimento, em vez de exaustão, ao usar a força;
- A criação e busca de projetos pessoais que girem em torno dela;
- Alegria, prazer, entusiasmo e até êxtase durante seu uso.

Agora, por favor, responda ao questionário de forças pessoais. Se você não tiver acesso à internet, vá ao Anexo e faça a versão abreviada do teste. No site, você terá os resultados imediatamente e poderá imprimi-los, se quiser. Este questionário foi desenvolvido por Chris Peterson, professor na Universidade de Michigan, e já foi respondido por mais de um milhão de pessoas de duzentos países. Você terá a vantagem de poder se comparar a outras pessoas como você.

Ao completar o questionário, preste atenção à ordem de classificação de suas forças. Alguma coisa o surpreendeu? Em seguida, tome suas cinco principais forças e pergunte a si mesmo: "Esta é uma força que me *identifica*?"

Depois de completar o teste, faça o seguinte exercício: esta semana, defina uma hora em sua agenda na qual você exercitará uma ou mais de suas forças pessoais de uma nova forma, seja no trabalho, em casa ou num momento de lazer — apenas se certifique de criar uma oportunidade claramente definida para usá-la. Por exemplo:

• Se sua força pessoal for a criatividade, você pode optar por reservar duas horas à noite para começar a trabalhar em um roteiro.

• Se identificar a esperança/otimismo, você pode escrever uma coluna para o jornal local a fim de expressar sua esperança no futuro do programa espacial.

• Se identificou o autocontrole como força, você pode malhar na academia em vez de assistir à TV uma noite.

• Se sua força for a apreciação da beleza e excelência, você talvez possa ir para o trabalho por um caminho mais bonito, mesmo que ele acrescente vinte minutos ao seu tempo de viagem.

A melhor coisa a fazer é criar você mesmo uma nova maneira de usar sua força. Como se sentiu antes, durante e depois de fazer a atividade? A atividade foi desafiadora? Fácil? O tempo passou rápido? Você perdeu a consciência de si mesmo? Pretende repetir o exercício?

Estes exercícios de psicologia positiva funcionaram comigo, funcionaram com minha família, funcionaram com meus alunos, foram ensinados a profissionais e funcionaram com os clientes deles — mesmo os mais deprimidos. E os exercícios funcionaram até no estudo aleatório controlado por placebo.

Psicoterapia positiva

Nós, psicólogos positivos, continuamos a trabalhar apenas esses exercícios com pessoas normais, e cerca de uma dúzia deles se provaram eficazes. Incluo alguns em pontos adequados ao longo deste livro.

Nosso próximo passo na pesquisa, no entanto, era testar os melhores exercícios em pessoas deprimidas. Acacia Parks, então minha aluna de mestrado, hoje lecionando no Reed College, criou um pacote com seis exercícios, aplicados durante seis semanas em terapia de grupo, como meio de tratar sintomas depressivos em adultos jovens com depressão leve a moderada. Os efeitos que encontramos foram incríveis: os exercícios baixaram significativamente sua depressão até a faixa da não depressão em relação aos deprimidos aleatoriamente distribuídos no grupo de controle. E eles permaneceram sem depressão durante o ano em que os acompanhamos.

Finalmente, o dr. Tayyab Rashid criou a psicoterapia positiva (PPT, sigla em inglês) para pacientes deprimidos em busca de tratamento no departamento de Serviços Psicológicos e Aconselhamento da Universidade da Pensilvânia. Como outras psicoterapias, a psicoterapia positiva é um conjunto de técnicas que são mais eficazmente utilizadas quando associadas aos princípios terapêuticos básicos, como acolhimento, empatia, confiança, sinceridade e relacionamento profissional. Acreditamos que esses princípios permitem o ajuste das técnicas às necessidades individuais dos clientes deprimidos. Primeiro, fazemos uma cuidadosa avaliação das pontuações dos sintomas depressivos e de bem-estar do cliente em www.authentichappiness.org. Então, discutimos como os sintomas depressivos são potencialmente explicados pela falta de bem-estar: ausência de emoção positiva, engajamento e sentido na vida. Como mostrado no esboço a seguir, seguem outras 13 sessões nas quais ajustamos os exercícios de psicologia positiva ao cliente. Os detalhes podem ser encontrados em meu livro *Positive Psychotherapy: A Treatment Manual* [*Psicoterapia positiva: Manual de tratamento*], em coautoria com o dr. Rashid (Rashid e Seligman, 2011).

Resumo das 14 Sessões de PPT
(Rashid e Seligman, 2011)

Sessão 1: A ausência ou falta de recursos positivos (emoções positivas, forças de caráter e sentido) pode causar e manter a depressão, e pode gerar uma vida vazia. Lição de casa: O cliente escreve uma "introdução positiva" de uma página (mais ou menos trezentas palavras), na qual conta uma história concreta mostrando a si mesmo em sua melhor forma e ilustrando como usa suas mais altas forças de caráter.

Sessão 2: O cliente identifica suas forças de caráter a partir da introdução positiva e discute situações nas quais essas forças o ajudaram no passado. Lição de casa: O cliente completa o questionário VIA on-line para identificar suas forças de caráter.

Sessão 3: Concentramo-nos em situações específicas nas quais as forças de caráter possam facilitar o cultivo do prazer, engajamento e sentido. Lição de casa (começando agora e continuando ao longo de toda a terapia): O cliente inicia um "diário de bênçãos", no qual ele escreve, todas as noites, três coisas boas (muito ou pouco importantes) que aconteceram naquele dia.

Sessão 4: Discutimos o papel das boas e más lembranças na manutenção da depressão. O apego à raiva e à amargura mantém a depressão e mina o bem-estar. Lição de casa: O cliente escreve sobre sentimentos de raiva e amargura, e sobre como eles alimentam sua depressão.

Sessão 5: Introduzimos o perdão como uma ferramenta poderosa que pode transformar sentimentos de raiva e amargura em neutralidade, ou até, em alguns casos, em emoções positivas. Lição de casa: O cliente escreve uma carta de perdão descrevendo uma transgressão e as emoções relacionadas a ela, e se compromete a perdoar o transgressor (apenas se apropriado), mas não entrega a carta.

Sessão 6: Discutimos o agradecimento como gratidão duradoura. Lição de casa: O cliente escreve uma carta de agradecimento a alguém a quem nunca tenha agradecido apropriadamente e é estimulado a entregá-la pessoalmente.

Sessão 7: Revemos a importância de cultivar as emoções positivas, pelos registros no diário de bênçãos, e do uso das forças de caráter.

Sessão 8: Discutimos o fato de os "*satisficers*"* ("Isso é suficientemente bom") terem mais bem-estar do que os "maximiza-

---

* *Satisficer*: termo cunhado por Herbert Simon para designar o indivíduo que se acomoda num nível "suficiente" de aspiração. *Satisficing*, neologismo do mesmo autor, criado a partir da junção de *satisfy* e *suffice*, significa "suficientemente satisfatório". [N. da T.]

dores" ("Preciso encontrar a esposa perfeita, o melhor lava-louça, o local de férias ideal"). Encorajamos o *satisficing* acima da maximização. Lição de casa: O cliente revê meios de aumentar o *satisficing* e projeta um plano pessoal para alcançá-lo.

Sessão 9: Discutimos o otimismo e a esperança, usando um estilo explanatório: o estilo otimista consiste em ver os maus acontecimentos como temporários, mutáveis e locais. Lição de casa: O cliente pensa em três portas que se fecharam para ele. Que portas se abriram?

Sessão 10: O cliente é convidado a reconhecer as forças de caráter de pessoas que lhe são significativas. Lição de casa: Orientamos o cliente a reagir ativa e construtivamente a eventos positivos relatados por outras pessoas e o cliente determina uma data para celebrar suas forças de caráter e as de seu parceiro/a.

Sessão 11: Discutimos como reconhecer as forças de caráter de familiares e onde suas próprias forças de caráter se originaram. Lição de casa: O cliente pede a familiares para fazerem o questionário VIA na internet e em seguida desenha uma árvore que inclua as forças de caráter de todos os membros da família.

Sessão 12: Introduzimos a apreciação como técnica para aumentar a intensidade e a duração da emoção positiva. Lição de casa: O cliente planeja atividades agradáveis e as pratica conforme o planejado. O cliente recebe uma lista de técnicas específicas de apreciação.

Sessão 13: O cliente tem o poder de dar uma das maiores dádivas possíveis — a dádiva do tempo. Lição de casa: O cliente deve doar seu tempo fazendo algo que exija uma quantidade razoável dele e demande o uso de suas forças de caráter.

Sessão 14: Discutimos a vida plena, que integra o prazer, o engajamento e o sentido.

Em nosso único teste da psicoterapia positiva com depressão grave, os pacientes foram aleatoriamente designados para uma psicoterapia positiva individual, seguindo o esquema descrito anteriormente, ou para um tratamento de praxe. Um grupo combinado, mas não aleatório, de pacientes igualmente deprimidos foi submetido a um tratamento comum com uso de antidepressivos. (Não creio que designar pacientes aleatoriamente a uso de medicação seja ético, por isso a combinação foi feita a partir de dados demográficos e da intensidade da depressão.) A psicoterapia positiva aliviou os sintomas depressivos em todas as avaliações de resultados, melhor do que o tratamento de praxe e melhor do que os medicamentos. Descobrimos que 55 por cento dos pacientes em psicoterapia positiva, 20 por cento dos pacientes em tratamento tradicional e apenas 8 por cento em tratamento com uso de medicação alcançaram a remissão.

A psicoterapia positiva está apenas nos estágios iniciais de prática e aplicação, e estes resultados são preliminares, precisando ser replicados. Será importante ajustar a ordem e a duração dos exercícios às reações dos clientes. No entanto, embora eles sejam novos como um conjunto, os exercícios, individualmente, foram todos validados.

Provavelmente o resultado mais surpreendente dos exercícios aconteceu em janeiro de 2005. A revista *Time* trouxe uma matéria de capa sobre a psicologia positiva e, antecipando uma avalanche de pedidos, nós abrimos um site oferecendo um exercício grátis: "o que correu bem". Milhares de pessoas se registraram. Eu estava particularmente interessado nas cinquenta pessoas mais gravemente deprimidas que procuraram o site, responderam aos testes de depressão e felicidade, e então fizeram o exercício "o que correu bem". Essas pessoas apresentavam uma pontuação média de depressão de 34, o que as colocava na categoria dos "extremamente" deprimidos, que mal conseguem sair da cama, ir até o computador e depois voltar para a cama. Cada uma delas fez o exercício "o que correu bem" — registrando três coisas que deram certo a cada dia, por uma semana, e depois enviando os relatórios pelo site. Em média, sua pontuação de depressão caiu de 34 para 17, do extremo ao nível "leve a moderado", e sua pontuação de felicidade saltou do percentil 15 para o 50. Das cinquenta pessoas, 47 estavam agora menos deprimidas e mais felizes.

Este não foi, de modo algum, um estudo controlado, como os outros dois estudos anteriores; não houve designação aleatória nem placebo, e havia uma potencial tendenciosidade porque as pessoas, em sua maioria, procuravam o site, em primeiro lugar, para melhorar. Por outro lado, tenho trabalhado com psicoterapia e medicamentos para depressão há quarenta anos e nunca tive resultados como este. Tudo isso me leva ao próximo assunto: o segredinho sujo da psicoterapia e dos medicamentos.

Capítulo 3

O segredinho sujo dos medicamentos e da psicoterapia

Sou um perito em obter financiamentos para a ciência. Passei boa parte dos últimos quarenta anos implorando verbas ao governo, e meus joelhos já estão um tanto desgastados. Mas nesses quarenta anos tenho sido continuamente financiado pelo Instituto Nacional de Saúde Mental (NIMH, em inglês), e sei identificar uma descoberta importante quando vejo uma. As descobertas apresentadas no último capítulo deste livro são um avanço: não conclusivas, claro, mas suficientemente intrigantes para merecerem grandes somas pelo esforço de tentar descobrir se um tratamento tão pouco custoso da depressão funciona de modo confiável.

Segundo a Organização Mundial da Saúde (OMS), a depressão é a doença mais onerosa do mundo, e os tratamentos preferidos são os medicamentos e a psicoterapia. Em média, o tratamento de um caso de depressão custa aproximadamente 5 mil dólares ao ano, e há cerca de 10 milhões de casos todos os anos nos Estados Unidos. A indústria dos medicamentos antidepressivos é multibilionária. Imagine um tratamento — oferecendo exercícios de psicologia positiva pela internet — barato, amplamente disseminado e pelo menos tão eficaz quanto as terapias e os medicamentos. Pensando nisso fiquei chocado quando solicitei financiamento ao NIMH por três vezes para investigar estas descobertas, e as propostas foram todas rejeitadas. (Este capítulo não é um apelo especial por financiamento pessoal, pois fico feliz em dizer que tenho mais do que preciso. Na verdade, tem a ver com as prioridades equivocadas do governo e da indústria.) Para que você possa compreender por que esta proposta foi rejeitada, tenho de lhe contar um pouco sobre o domínio esmagador que duas indústrias — as empresas farmacêuticas e a corporação das psicoterapias — têm sobre o tratamento dos transtornos do humor, incluindo a depressão.

Cura versus alívio de sintomas

O primeiro segredinho sujo da psiquiatria biológica e da psicologia clínica é que ambas desistiram da noção de cura. A cura demora demais, se é que é possível, e somente os tratamentos breves são reembolsados pelas empresas de seguro. Portanto, a terapia e os medicamentos envolvem apenas a gestão de crises de curto prazo e a aplicação de tratamentos cosméticos.

Existem dois tipos de medicamentos: as drogas cosméticas e as curativas. Se você tomar um antibiótico por tempo suficiente, ele cura matando os invasores bacterianos. Quando você acaba de tomá-lo, a doença não volta, porque os patógenos estão mortos. Os antibióticos são drogas curativas. Por outro lado, se você tomar quinina por causa de malária, você obtém temporariamente a supressão dos sintomas. Quando você deixa de tomar quinina, a malária volta com toda a força. A quinina é uma droga cosmética — um paliativo — e todos os medicamentos podem ser classificados como de intenção curativa ou cosmética. A paliação é uma coisa boa (eu uso aparelho auditivo), mas não é o bem maior nem é o objetivo final da intervenção. O alívio de sintomas deveria ser apenas uma estação na estrada da cura.

Mas, no alívio de sintomas, a estrada chegou a um beco sem saída. *Todo medicamento na prateleira da farmacopeia psiquiátrica é cosmético.* Não existem remédios curativos, e que eu saiba não há nenhum medicamento em desenvolvimento que tenha a cura como objetivo. A psicologia biológica desistiu da cura. Não sou, de modo algum, um freudiano, mas há algo em Freud que acho exemplar: ele buscava a cura. Freud queria uma psicoterapia que funcionasse como um antibiótico; sua cura pela fala era uma tentativa de curar o paciente livrando-o dos sintomas para sempre por meio do insight e da catarse. Freud não procurava aliviar sintomas — certos alívios de sintomas podem até ser vistos como uma defesa chamada de "fuga para a saúde", que mantém a doença intacta —, e a paliação não é um objetivo significativo na psicoterapia psicodinâmica. O rigor dos serviços de saúde, muito mais do que o declínio da influência freudiana, seduziu a psicologia e a psiquiatria a trabalhar apenas pelo alívio de sintomas, e não pela cura.

A barreira dos 65 por cento

Passei boa parte da minha vida avaliando os efeitos da psicoterapia e dos medicamentos, e aqui está o segundo segredinho sujo. Os efeitos são, quase sempre, o que tecnicamente se chama de "pequenos". A depressão é típica. Imagine dois tratamentos que a vasta literatura assegura "funcionarem": a terapia cognitiva para a depressão (que modifica o modo como você vê os acontecimentos ruins) e os inibidores seletivos de recaptação de serotonina (os ISRSs, como o Prozac, Zoloft, Lexapro, para mencionar alguns). Considerando uma média na ampla literatura sobre o assunto, tem-se um índice de alívio de 65 por cento, acompanhado por um efeito placebo que varia de 45 a 55 por cento. Quanto mais realista e elaborado o placebo, maior sua porcentagem. A resposta ao placebo é tão alta que em metade dos estudos nos quais a Food and Drug Administration (FDA) norte-americana baseia sua aprovação oficial de antidepressivos não havia diferença entre o placebo e o medicamento.

Estudos recentes sobre antidepressivos são ainda mais desanimadores. Um prestigiado consórcio de psicólogos e psiquiatras tomou os dados de 718 pacientes dos seis melhores estudos sobre medicamento versus placebo e dividiram os pacientes por gravidade da depressão. Para cada depressão grave (se você tivesse depressão com essa gravidade, provavelmente não estaria lendo um parágrafo tão desafiador quanto este), os medicamentos mostraram efeitos confiáveis, mas para a depressão moderada ou leve, não houve efeitos. A grande maioria das receitas de antidepressivos é prescrita apenas para esses pacientes — com depressão moderada ou leve. Portanto, uma vantagem de 20 por cento dos medicamentos sobre o placebo seria uma estimativa máxima e generosa de seu benefício. Esse número de 65 por cento surge repetidamente, quer você esteja analisando a porcentagem de pacientes que obtêm alívio ou a porcentagem de alívio de sintomas nos pacientes. Este problema eu chamo de "barreira dos 65 por cento".

Por que há uma barreira de 65 por cento, e por que os efeitos são tão reduzidos?

Desde o primeiro dia em que comecei a esquiar até cinco anos depois, quando desisti, eu estava sempre lutando contra a montanha. Esquiar nunca foi fácil. Toda forma de psicoterapia que conheço, cada exercício, é uma "luta contra a montanha". Em outras palavras, essas terapias não se autorreforçam, e, portanto, os benefícios desaparecem com o tempo. De modo geral, as técnicas das terapias pela palavra partilham da característica de serem complicadas, nada divertidas e difíceis de serem incorporadas na vida. Na verdade, o modo como avaliamos a eficácia das terapias da palavra é pelo tempo que ela dura antes de desaparecer, quando o tratamento chega ao fim. Todos os medicamentos têm exatamente a mesma característica: quando você deixa de tomá-los, você volta à estaca zero, e a recorrência e a recaída são a regra.

Em contrapartida, tente este outro exercício de psicologia positiva. É divertido de fazer e autossustentador, uma vez que você pegue o jeito.

Resposta ativa e construtiva

Por estranho que pareça, a terapia de casal geralmente consiste em ensinar os parceiros a brigar melhor. Isso pode transformar um relacionamento insuportável em pouco mais que tolerável. Isso não é ruim. A psicologia positiva, no entanto, está mais interessada em como transformar um relacionamento bom em excelente. Shelly Gable, professora de psicologia na Universidade da Califórnia, em Santa Barbara, demonstrou que o modo como você comemora é mais preditivo de relações fortes do que o modo como você briga. As pessoas com quem nos importamos com frequência nos contam sobre uma vitória, um triunfo, e coisas menos significativas que aconteceram com elas. O modo como respondemos pode fortalecer o relacionamento ou miná-lo. Existem quatro formas básicas de responder, e apenas uma delas fortalece os relacionamentos.

RESPOSTA ATIVA E CONSTRUTIVA
Esta tabela ilustra dois exemplos dos quatro estilos.

SEU PARCEIRO CONTA UM ACONTECIMENTO POSITIVO	TIPO DE RESPOSTA	SUA RESPOSTA
"Fui promovido no trabalho e ganhei um aumento!"	Ativa e construtiva	"Que ótimo! Estou tão orgulhosa de você! Sei o quanto essa promoção era importante para você. Me fale como tudo aconteceu. Onde você estava quando seu patrão lhe contou? O que ele disse? Como você reagiu? Devíamos sair para celebrar!" Não verbal: mantém contato visual, dá demonstrações de emoções circunstanciais, como um sorriso sincero, um toque, uma risada.
	Passiva e construtiva	"Que boa notícia. Você merece!" Não verbal: pouca ou nenhuma expressão emocional.
	Ativa e destrutiva	"Parece muita responsabilidade para assumir. Você agora vai passar menos noites em casa?" Não verbal: dá demonstrações de emoções negativas, como testa franzida e semblante carrancudo.
	Passiva e destrutiva	"O que tem para o jantar?" Não verbal: pouco ou nenhum contato visual, dá as costas e sai da sala.
"Acabei de ganhar quinhentos dólares numa rifa de caridade."	Ativa e construtiva	"Nossa, que sorte! Vai comprar alguma coisa legal para você? Como você comprou a rifa? É maravilhoso ganhar alguma coisa, não é?" Não verbal: mantém contato visual, mostra emoções circunstanciais.
	Passiva e construtiva	"Que bom!" Não verbal: pouca ou nenhuma expressão emocional.
	Ativa e destrutiva	"Aposto que você vai precisar pagar imposto sobre isso! Eu nunca ganho nada." Não verbal: mostra emoções negativas.
	Passiva e destrutiva	"Tive um dia ruim no trabalho." Não verbal: pouco contato visual; dá as costas.

RESPOSTA ATIVA E CONSTRUTIVA

Eis a sua tarefa para a semana: ouça atentamente cada vez que uma pessoa importante para você contar algo bom que lhe aconteceu. Pare o que estiver fazendo para responder ativa e construtivamente. Peça à pessoa para lhe contar o fato em detalhes; quanto mais tempo ele ou ela passar revivendo-o, melhor. Passe bastante tempo respondendo. (Não é bom ser lacônico.) Cace os bons acontecimentos durante toda a semana, registrando-os à noite da seguinte forma:

ACONTECIMENTO DO OUTRO	MINHA RESPOSTA (LITERAL)	RESPOSTA DO OUTRO A MIM

Se você perceber que não se sai muito bem nisso, planeje com antecedência. Escreva alguns acontecimentos positivos que lhe foram contados recentemente. Escreva como deveria ter respondido. Quando acordar pela manhã, passe cinco minutos visualizando quem você encontrará ao longo do dia e que boas coisas ele ou ela provavelmente lhe contará sobre si. Planeje sua resposta ativa e construtiva. Use variações dessas respostas ativas e construtivas ao longo da semana.

Ao contrário da "luta contra a montanha", esta técnica é autossustentadora. Mas ela não vem naturalmente para a maioria de nós, e precisamos praticá-la com diligência até que se torne um hábito.

Fiquei encantado ao ver meu filho Darryl, de 16 anos, sentado na primeira fila de um workshop que dei em Berlim, em julho de 2010. Finalmente, era uma chance de mostrar a ele como eu realmente ganhava a vida, em vez de estar diante do meu computador, escrevendo e jogando bridge! Durante a primeira hora, dei aos seiscentos participantes o exercício da resposta ativa e construtiva, dividindo-os em pares, com a pessoa A apresentando um acontecimento bom e a pessoa B respondendo, e depois trocando as posições. Percebi que meu filho tinha encontrado uma pessoa desconhecida e estava fazendo o exercício com ela.

No dia seguinte, a família inteira foi ao enorme mercado de pulgas em Tiergarten. Nós nos separamos, comprando bugigangas e várias lembranças de nossa viagem pela Europa Oriental. Minhas duas filhinhas, Carly, de 9 anos, e Jenny, de 6, estavam encantadas com a aventura e corriam de uma barraca a outra. Nesse dia o calor era recorde em Berlim — quase 38 graus — e em pouco tempo estávamos esgotados e sem dinheiro, por isso nos reunimos para buscar um ar condicionado e um café gelado na lanchonete mais próxima. Carly e Jenny estavam usando tiaras douradas, feitas de plástico e incrustadas com pedras de fantasia.

— Nós as compramos por 13 euros — disse Carly com orgulho.

— Vocês não pechincharam? — respondi sem pensar.

— Esse, sim, é um grande exemplo de resposta ativa e destrutiva, pai — comentou Darryl.

Portanto, ainda estou praticando e recebendo muita orientação.

Uma vez que você comece a fazê-lo, no entanto, outras pessoas começam a gostar mais de você, passam mais tempo ao seu lado e partilham mais detalhes íntimos de suas vidas. Você se sente melhor em relação a si mesmo e tudo isso fortalece a capacidade de responder ativa e construtivamente.

Lidando com as emoções negativas

No século terapêutico que acabamos de encerrar, a tarefa do terapeuta era minimizar a emoção negativa: oferecer remédios ou intervenções terapêuticas que tornassem as pessoas menos ansiosas, raivosas ou deprimidas. Hoje, também, é função do profissional da cura minimizar a ansiedade, a raiva e a tristeza. Pais e professores assumiram a mesma função, e isso me preocupa porque existe outra abordagem mais realista a essas disforias: aprender a funcionar bem mesmo quando se está triste, ansioso ou bravo — em outras palavras, *enfrentando-as.*

Minha abordagem vem da mais importante (e politicamente bastante incômoda) descoberta no campo da personalidade no último quarto do século XX. Esta sólida descoberta desiludiu toda uma geração de pesquisadores ambientalistas (a mim, inclusive), mas a verdade é que a maioria dos traços de personalidade é altamente herdável, o que significa dizer que uma pessoa pode ter herdado geneticamente uma forte predisposição à tristeza, à ansiedade ou à religiosidade. As disforias com frequência — mas nem sempre — brotam desses traços de personalidade. Fortes fundamentos biológicos predispõem alguns de nós à tristeza, ansiedade e raiva. Os terapeutas podem modificar essas emoções, mas apenas dentro de certos limites. É provável que a depressão, a ansiedade e a raiva venham de traços de personalidade herdados que só podem ser aliviados, mas não inteiramente eliminados. Isso significa que, como um pessimista nato, mesmo conhecendo e usando todos os truques terapêuticos do livro para enfrentar meus pensamentos catastróficos automáticos, ainda ouço as vozes que frequentemente me dizem: "Eu sou um fracasso" e "A vida não vale a pena". Em geral consigo baixar seu volume por meio da contestação, mas elas sempre estarão lá no fundo, à espreita, prontas para se aproveitarem de qualquer revés.

O que pode um terapeuta fazer se a herdabilidade da disforia é uma causa da barreira dos 65 por cento? Por estranho que pareça, os terapeutas podem usar informações tiradas do modo como os atiradores de elite e os pilotos de caça são treinados. (A propósito, não estou endossando a artilharia de elite; quero apenas descrever o modo como é feito o treinamento.) Para entrar em posição, um atirador deste tipo pode levar 24 horas. E pode levar outras 36 horas para dar o disparo. Isso significa que os atiradores com frequência ficam sem dormir por dois dias antes de atirar. Eles estão exaustos. Agora, digamos que o exército tenha procurado um psicoterapeuta e lhe perguntado como ele treinaria um atirador de elite. Ele usaria medicamentos (Provigil é uma boa opção) ou intervenções psicológicas que aliviassem a sonolência (uma boa opção seria usar um elástico apertando o pulso para provocar um estado de alerta temporário).

Mas não é assim que os atiradores de elite são treinados. Em vez disso, eles são mantidos acordados por três dias e praticam tiro quando estão exaustos. Isto é, eles são ensinados a *lidar* com o estado negativo em que estão: para funcionar bem mesmo na presença da fadiga. De modo semelhante, os pilotos de caça são selecionados entre os indivíduos durões que não se assustam facilmente. Mas os pilotos de caça têm de enfrentar muitas coisas que fazem até os mais durões morrerem de medo. Mais uma vez, os instrutores não pedem aos terapeutas que lhes ensinem truques para reduzir a ansiedade (e há uma legião desses truques), com isso treinando os candidatos a se tornarem pilotos de caça relaxados. Antes, o treinador faz o jato mergulhar direto para o chão até que o treinando esteja apavorado, e então, nesse estado de terror, ele tem de aprender a levantar o avião.

As emoções e os traços de personalidade negativos têm limites biológicos muito fortes, e o máximo que um clínico pode fazer com a abordagem cosmética é levar seus pacientes a viver na melhor parte de sua faixa definida de depressão, ansiedade ou raiva. Veja o caso de Abraham Lincoln e Winston Churchill, dois deprimidos graves. Ambos eram seres humanos que funcionavam muitíssimo bem e que lidavam com seus "cães pretos"* e seus pensamentos suicidas. (Lincoln chegou perto de se matar em janeiro de 1841.) Ambos aprenderam a funcionar extremamente bem mesmo quando estavam em depressão profunda. Portanto, uma coisa que a psicologia clínica precisa desenvolver à luz da teimosia herdada das patologias humanas é a psicologia do "enfrentamento". Precisamos dizer a nossos pacientes: "Olhe, a verdade é que em muitos dias — por mais bem-sucedidos que sejamos na terapia — você vai acordar se sentindo triste e achando que a vida não tem esperança. O que você tem de fazer é não apenas lutar contra esses sentimentos, mas também viver heroicamente: funcionar bem mesmo quando está muito triste."

Uma nova abordagem da cura

Até agora tenho argumentado que todos os medicamentos e a maior parte das psicoterapias são apenas cosméticos e que o melhor que podem fazer é chegar a 65 por cento de alívio. Uma forma de conseguir mais que 65 por cento é ensinando os pacientes a lidar com isso. Porém, mais importante é a possibilidade de as intervenções positivas conseguirem romper a barreira dos 65 por cento, levar a psicoterapia para além do alívio cosmético dos sintomas e chegar à cura.

---

* Apelido usado por Winston Churchill para se referir à sua depressão. [N. da T.]

A psicoterapia e os remédios, do modo como são usados hoje, são insuficientes. Nas raras ocasiões em que são completamente bem-sucedidos, eles livram o paciente do sofrimento, da miséria e dos sintomas negativos. Resumindo, eles removem as condições debilitantes da vida. Remover essas condições debilitantes, no entanto, não é o mesmo que construir as condições propícias da vida. Se quisermos florescer e ter bem-estar, precisamos, sim, minimizar nosso sofrimento; mas além disso precisamos ter emoção positiva, sentido, realização e relacionamentos positivos. As práticas e os exercícios que produzem isso são inteiramente diferentes das práticas que minimizam nosso sofrimento.

Eu cultivo rosas. Passo muito tempo limpando a vegetação rasteira e as ervas daninhas. As ervas daninhas prejudicam as rosas; são uma condição debilitante. Mas, se você quiser ter rosas, não basta roçar e arrancar as ervas daninhas. Você tem de fertilizar o solo, plantar uma boa roseira, regá-la e alimentá-la com nutrientes. (Na Pensilvânia, você também precisa banhá-la com os recentes produtos milagrosos da moderna química agrícola.) Você tem de oferecer as condições propícias para o florescimento.

De modo semelhante, como terapeuta, eu de vez em quando ajudava um paciente a se livrar de sua raiva, ansiedade e tristeza. Eu achava que então teria um paciente feliz. Mas isso nunca aconteceu. O que eu tinha era um paciente *vazio*. E isso porque as práticas que produzem o florescimento — emoções positivas, sentido, boas obras e relacionamentos positivos — estão acima e além das práticas que minimizam o sofrimento.

Quando comecei a trabalhar como terapeuta, quase quarenta anos atrás, era comum um paciente me dizer: "Eu só quero ser feliz, doutor." Transformei isso em "Você quer dizer que quer se livrar da depressão". Naquela época eu não tinha à mão os instrumentos para construir o bem-estar e estava cego pelas ideias de Sigmund Freud e Arthur Schopenhauer (que ensinavam que o melhor que o ser humano pode alcançar é a minimização do sofrimento); essa diferença nem ao menos tinha me ocorrido. Eu só tinha os instrumentos para aliviar a depressão. Mas toda pessoa, todo paciente, quer "ser feliz" e este objetivo legítimo associa alívio do sofrimento e produção do bem-estar. A cura, no meu modo de pensar, utiliza todo o arsenal para a minimização do sofrimento — medicamentos e psicoterapia — e acrescenta a psicologia positiva.

Portanto, esta é a minha visão da terapia do futuro, minha visão da cura.

Primeiro, os pacientes precisam ser informados de que os remédios e as terapias apenas aliviam temporariamente os sintomas e que eles devem esperar a recorrência quando o tratamento se encerrar. Consequentemente, aprender explícita e exitosamente a lidar com isso e a funcionar bem mesmo na presença dos sintomas deve ser uma parte séria da terapia.

Segundo, o tratamento não deve terminar quando o sofrimento for aliviado. Os pacientes precisam aprender as práticas específicas da psicologia positiva: como ter mais emoção positiva, mais engajamento, mais sentido, mais realização e melhores relações humanas. Ao contrário das práticas para minimizar o sofrimento, estas se autossustentam. Elas tratam adequadamente a depressão e a ansiedade, e também ajudam a preveni-las. Mais importante que aliviar a patologia, estas práticas são o próprio florescimento e são cruciais à busca do bem-estar.

Mas quem disseminará essas práticas pelo mundo?

Psicologia aplicada versus psicologia básica: Problemas versus enigmas

Quando a alta administração da Universidade da Pensilvânia estava discutindo, em 2004, a possibilidade de oferecer um novo curso de pós-graduação para tirar proveito da demanda pública por psicologia positiva, o diretor do departamento de ciências naturais disse, com uma gota de veneno:

— Vamos nos assegurar de colocar um *A* no título do curso. Afinal, o departamento de psicologia faz ciência pura, e não queremos que as pessoas fiquem confusas, não é?

— Será que o prof. Seligman concordará? — perguntou o diretor do departamento de ciências sociais. — É meio insultuoso. Um *A* para "aplicada": mestre em psicologia positiva aplicada?

Longe de me sentir insultado, recebi o *A* de bom grado. Embora a Universidade da Pensilvânia tenha sido fundada por Benjamin Franklin para lecionar tanto as matérias "aplicadas" como as "ornamentais", com isso querendo dizer "atualmente inúteis", o ornamental há muito levou a melhor, e tenho trabalhado por quatro décadas como o dissidente "aplicado" em um departamento quase inteiramente ornamental. Condicionamento pavloviano, visão colorida, escaneamento mental serial versus paralelo, modelos matemáticos de aprendizagem de ratos no labirinto em T, ilusão lunar — estes são os empreendimentos de alto prestígio em meu departamento. Pesquisar o mundo real tem um odor ligeiramente fétido nos altos escalões da psicologia acadêmica, um odor que permeou o debate dos diretores acerca da criação de um novo curso.

Originalmente, fui para a psicologia para aliviar o sofrimento e aumentar o bem-estar humano. Achava que estava bem preparado para fazer isso, mas na verdade fui *des*educado para cumprir esta tarefa. Levei décadas para me recuperar e deixar de solucionar enigmas para resolver problemas, como explico a seguir. Na verdade, esta é a história do meu desenvolvimento intelectual e profissional.

Minha deseducação é instrutiva. Fui para Princeton no início da década de 1960 incendiado pela esperança de fazer diferença no mundo. Fui vítima de uma emboscada tão sutil que, por quase vinte anos, não soube que tinha caído nela. Eu me sentia atraído pela psicologia, mas as pesquisas nesse departamento pareciam prosaicas: estudos de laboratório de alunos do segundo ano da faculdade e ratos brancos como cobaias. Em Princeton, os grandes pesos-pesados estavam no departamento de filosofia. Por isso me formei em filosofia, e, como tantos jovens brilhantes, fui seduzido ali pelo fantasma de Ludwig Wittgenstein.

Wittgenstein, Popper e Penn

Senhor supremo da filosofia na Universidade de Cambridge, Wittgenstein (1889-1951) foi a figura mais carismática da filosofia no século XX. Ele deu origem a dois grandes movimentos. Nasceu em Viena, lutou valentemente pela Áustria e foi capturado pelos italianos. Quando prisioneiro de guerra, em 1919, ele terminou o *Tractatus Logico-Philosophicus*, uma coleção de epigramas sequenciais e numerados que levavam à criação do atomismo lógico e do positivismo lógico. O atomismo lógico é a doutrina de que a realidade pode ser compreendida como uma hierarquia de fatos básicos, e o positivismo lógico é a doutrina de que somente as tautologias e as afirmações empiricamente verificáveis têm sentido. Vinte anos depois, ele mudou de ideia sobre o que a filosofia deveria fazer, argumentando em *Investigações Filosóficas* que a tarefa não era analisar os elementos essenciais da realidade (atomismo lógico), mas analisar os "jogos de linguagem" usados pelos seres humanos. Esse foi o toque de trombeta para a filosofia da linguagem comum, a análise sistemática das palavras conforme proferidas pelos leigos.

No centro de ambas as encarnações do movimento wittgensteiniano está a análise. A função da filosofia é analisar em detalhes rigorosos e precisos os fundamentos básicos da realidade e da linguagem. As questões maiores que interessam à filosofia — livre-arbítrio, Deus, ética, beleza — não podem ser tratadas, a menos que esta análise preliminar aconteça (se é que podem ser tratadas). "Sobre o que não podemos falar, devemos silenciar", conclui o *Tractatus*.

Tão importante quanto as ideias de Wittgenstein foi o fato de ele ser um professor encantador. Os mais brilhantes alunos de Cambridge apareciam às multidões para vê-lo caminhar por sua sala singela, falando seus epigramas, lutando por pureza moral, respondendo às questões de seus alunos e o tempo todo se rebaixando por ser tão desarticulado. A combinação entre seu brilhantismo, sua boa aparência, sua sexualidade magnética e incomum, e seu exótico visionarismo (ele renunciou a uma imensa fortuna de família) era sedutora, e seus alunos se apaixonavam pelo homem e por suas ideias. (É lugar-comum que os alunos aprendam melhor quando se apaixonam por seu professor.) Esses alunos então saíram pelo mundo intelectual durante os anos 1950 e dominaram a filosofia acadêmica de língua inglesa pelos quarenta anos seguintes, transmitindo sua paixão a seus próprios alunos. Os wittgensteinianos certamente dominaram o departamento de filosofia de Princeton, e nós, alunos, nos impregnamos do dogma wittgensteiniano.

Chamo-o de dogma porque éramos recompensados por fazer rigorosas análises linguísticas. Por exemplo, meu trabalho de conclusão de curso, mais tarde tema de uma publicação estranhamente similar de meu orientador, em seu nome, foi uma análise cuidadosa de *igual* versus *idêntico*. Éramos punidos por tentar falar do "que não podíamos falar". Os alunos que levavam Walter Kaufmann, o carismático professor de Nietzsche ("a função da filosofia é mudar sua vida"), a sério eram considerados confusos e superficiais. Não fazíamos ao "imperador nu" perguntas como: "Por que nos dar ao trabalho de fazer análises linguísticas, para começo de conversa?"

Certamente não nos ensinavam sobre o histórico encontro entre Ludwig Wittgenstein e Karl Popper no Clube de Ciência Moral, em Cambridge, em outubro de 1947. (Este acontecimento é recriado no fascinante livro de David Edmonds e John Eidinow, *O Atiçador de Wittgenstein*.) Popper acusou Wittgenstein de subornar toda uma geração de filósofos fazendo-os trabalhar com *enigmas* — o preliminar dos preliminares. A filosofia, argumentou Popper, não devia tratar de enigmas, mas de *problemas*: moralidade, ciência, política, religião e lei. Wittgenstein ficou tão furioso que empunhou um atiçador de brasas diante de Popper e saiu, batendo a porta.

Como eu gostaria de ter suspeitado, em meus anos de faculdade, que Wittgenstein não era o Sócrates, mas o Darth Vader da filosofia moderna. Como eu gostaria de ter tido a sofisticação para reconhecê-lo como um afetado acadêmico. Acabei por me dar conta de que tinha sido levado para a direção errada e comecei a corrigir meu rumo entrando na Penn* para a pós-graduação em psicologia, em 1964, recusando uma bolsa em Oxford para estudar filosofia analítica. A filosofia era um jogo alucinante, mas a psicologia não era um jogo e podia — assim eu esperava ardentemente — ajudar de fato a humanidade. Quem me ajudou a perceber isso foi Robert Nozick (meu professor de René Descartes na faculdade), a quem pedi orientação quando ganhei a bolsa. No mais cruel — e mais sábio — conselho profissional que já recebi, Bob disse:

— A filosofia é uma boa preparação para algo mais, Marty.

Mais tarde, como professor de Harvard, Bob desafiaria o desfile de enigmas wittgensteinianos e forjaria seu próprio método de solucionar problemas filosóficos em vez de desvendar enigmas linguísticos. E ele o fez de modo tão sagaz que ninguém o ameaçou com um atiçador de brasas, e assim ele ajudou a empurrar a filosofia acadêmica na direção proposta por Popper.

---

* Penn = University of Pennsylvania, universidade localizada na cidade de Filadélfia, no estado da Pensilvânia, Estados Unidos. [N. da R.]

O SEGREDINHO SUJO DOS MEDICAMENTOS E DA PSICOTERAPIA

Eu também tinha recusado a oportunidade de me tornar um jogador profissional de bridge pelo mesmo motivo — porque também era um jogo. Embora eu tivesse mudado de campo, passando da filosofia à psicologia, ainda tinha formação wittgensteiniana e acabei por entrar em um departamento bastante apropriado, que era e é um santuário do conhecimento ornamental e da solução de enigmas psicológicos. O prestígio acadêmico na Penn vinha do trabalho rigoroso em cima de enigmas, mas meu anseio por trabalhar com os problemas da vida real, como a realização e o desespero, me inquietava incessantemente.

Fiz meu ph.D. com ratos brancos, mas embora ele satisfizesse os mestres do enigma que editavam as revistas, seu objetivo subjacente eram os problemas: o choque imprevisível produzia mais medo do que o choque previsível, porque o rato nunca sabia quando estava seguro. Eu também tinha trabalhado com a impotência aprendida, a passividade induzida pelo choque incontrolável. Este também era um modelo de laboratório, aceitável, portanto, às grandes revistas, mas seu objetivo subjacente também era um problema humano. O divisor de águas veio pouco depois de eu ter assumido o equivalente a uma residência psiquiátrica, sob a orientação dos professores de psiquiatria Aaron (Tim) Beck e Albert (Mickey) Stunkard, de 1970 a 1971. Por um protesto político, eu havia me demitido da função de professor assistente em Cornell — meu primeiro emprego depois de concluir o doutorado em 1967 — e estava tentando aprender com Tim e Mickey algo sobre os verdadeiros problemas psiquiátricos de modo a levar minha solução de enigmas para mais perto dos problemas do mundo real. Tim e eu nos encontramos para um almoço ocasional na Kelly & Cohen, nossa delicatéssen local, depois que retornei ao Departamento de Psicologia da Penn, em 1972.

— Marty, se você continuar a trabalhar como psicólogo experimental com animais, vai desperdiçar sua vida — disse Tim, dando-me o segundo melhor conselho que já recebi e vendo-me engasgar com meu sanduíche Reuben. E assim me tornei psicólogo aplicado, trabalhando explicitamente com os problemas. Desde aquele momento eu soube que estava fadado ao papel de dissidente, "popularizador" e lobo em pele de cordeiro entre meus pares. Meus dias como cientista acadêmico de base estavam contados.

Para minha surpresa, a Penn ainda assim me nomeou professor adjunto com estabilidade, provocando um debate secreto na faculdade, dizem, em torno da horrível possibilidade de que meu trabalho seguisse numa direção aplicada. Desde então tenho vivido uma batalha difícil na Penn, mas eu nunca soube o quanto era difícil até o dia em que me vi em uma comissão para contratar um psicólogo social em 1995. Meu colega Jon Baron deu a revolucionária sugestão de que procurássemos alguém que fizesse pesquisas sobre o trabalho, o amor ou o jogo.

— É disso que se trata a vida — disse ele, e concordei com entusiasmo.

Então tive uma noite insone.

Mentalmente repassei (em série) o corpo docente dos dez principais departamentos de psicologia do mundo. Nenhum deles focava o trabalho, o amor ou o jogo. Todos eles trabalhavam em processos "de base": cognição, emoção, teoria da decisão, percepção. Onde estavam os acadêmicos que ajudariam a nos orientar em relação ao que faz a vida valer a pena?

No dia seguinte, almocei com o psicólogo Jerome Bruner. Aos oitenta e tantos anos na época e quase cego, Jerry é uma história ambulante da psicologia nos Estados Unidos. Perguntei-lhe por que todo o corpo docente das grandes universidades trabalha apenas nos assim chamados processos de base e não no mundo real.

— Aconteceu num momento específico, Marty — disse Jerry —, e eu estava lá. Foi numa reunião da Sociedade de Psicólogos Experimentais, em 1946. [Sou membro não participante desta elitista fraternidade — hoje também uma irmandade — de professores ligados às universidades da Ivy League.*] Edwin Boring, Herbert Langfeld e Samuel Fernberger, presidentes de Harvard, Princeton e Penn, respectivamente, reuniram-se para almoçar e concordaram que a psicologia devia ser mais como a física e a química — que só faziam pesquisa de base — e que eles não contratariam psicólogos aplicados. O resto da academia concordou imediatamente.

Esta decisão foi um equívoco significativo. Para uma ciência insegura como a psicologia em 1946, imitar a física e a química podia render alguns

---

* A Ivy League é um grupo de faculdades e universidades de alto prestígio acadêmico no nordeste dos Estados Unidos, formado por Yale, Harvard, Princeton, Colúmbia, Dartmouth, Cornell, Universidade da Pensilvânia e Brown. [N. da T.]

pontos com os diretores, mas não fazia o menor sentido cientificamente. A física era precedida por uma antiga ciência de engenharia, que efetivamente solucionava problemas, antes de ser enxertada na pesquisa de base, abstrata. A física aplicada previa eclipses, enchentes e os movimentos dos corpos celestes — e isso dava dinheiro. Isaac Newton dirigiu a casa da moeda britânica em 1696. Os químicos fizeram a pólvora e aprenderam uma enorme quantidade de fatos científicos enquanto tentavam inutilmente descobrir o que transformava chumbo em ouro. Os problemas e as aplicações do mundo real determinaram os limites para os enigmas de base que a física aplicada tentaria elucidar. A psicologia, em contrapartida, não tinha engenharia — nada que se provasse funcionar no mundo real —, nenhum fundamento que guiasse e restringisse o que sua pesquisa de base deveria ser.

A boa ciência requer a interação entre a análise e a síntese. Não é possível saber se a pesquisa básica é realmente básica a menos que se saiba a que ela fornece uma base. A física moderna ganhou reconhecimento não por causa de suas teorias — que podem ser muitíssimo contraintuitivas (múons, partículas-ondas, supercordas, o princípio antrópico e tudo o mais) —, mas porque os físicos construíram a bomba atômica e as modernas usinas de energia atômica. A imunologia, um empreendimento estagnado na pesquisa médica nos anos 1940, ganhou reconhecimento à custa das vacinas de Salk e Sabin contra a pólio. O crescimento da pesquisa básica veio em consequência.

No século XIX, surgiu na física uma discussão sobre como os pássaros voavam. A controvérsia foi resolvida em 12 segundos, no dia 17 de dezembro de 1903, quando os irmãos Wright conseguiram fazer voar um avião que haviam construído. Portanto, muitos concluíram, é assim que os pássaros devem voar. Esta é, efetivamente, a lógica do esforço da inteligência artificial: se a ciência de base pode construir um computador que consegue compreender a linguagem, ou falar, ou perceber objetos apenas interligando circuitos de comutação binários, deve ser assim que os seres humanos fazem essas coisas maravilhosas. A aplicação frequentemente mostra o caminho para a pesquisa de base, enquanto a pesquisa de base que não tem noção de como pode ser aplicada geralmente não passa de masturbação.

O princípio de que a boa ciência necessariamente envolve a interação ativa entre aplicação e ciência pura é desconfortável tanto para os cientistas puros como para os principais aplicadores. O fato de ser até hoje um dissidente no Departamento de Psicologia da Penn me lembra a cada semana de como os cientistas puros olham torto para a aplicação, mas só descobri o quanto os aplicadores são céticos em relação à ciência quando me tornei presidente da Associação Americana de Psicologia (APA, na sigla em inglês) em 1998. Fui eleito pela mais ampla maioria da história desta associação e atribuo isso ao fato de que meu trabalho se encaixa bem no meio do caminho entre a ciência e a aplicação, e por isso atraiu um grande número de cientistas e clínicos. O trabalho emblemático que eu havia feito tinha sido colaborar com um estudo da *Consumer Reports* sobre a eficácia da psicoterapia, em 1995. Usando ferramentas estatísticas sofisticadas, a revista, a partir de um grande levantamento, descobriu bons resultados da psicoterapia de modo geral, mas, surpreendentemente, os benefícios não eram específicos a um único tipo de terapia ou a um único tipo de transtorno. Isso foi bem recebido pela classe e pelos arquivos dos psicólogos aplicados, que praticam todo tipo de terapia para todo tipo de transtorno.

Quando cheguei a Washington para presidir a Associação Americana de Psicologia, me vi entre os líderes dos esforços aplicados exatamente na mesma situação em que vivo entre meus colegas da ciência pura: um lobo em pele de cordeiro. Minha primeira iniciativa como presidente — psicoterapia fundamentada em evidências — nunca deslanchou. Steve Hyman, então diretor do Instituto Nacional de Saúde Mental, disse-me que poderia obter 40 milhões de dólares para financiar o trabalho em torno desta iniciativa. Muito encorajado, reuni-me com a Comissão para a Promoção da Prática Profissional, o conselho supremo dos clínicos independentes, que, a não ser no caso da minha eleição, tinha domínio sobre a eleição dos presidentes da APA. Esbocei minha iniciativa para um grupo desses vinte formadores de opinião, com semblantes cada vez mais impassíveis, falando sobre as virtudes de fundamentar a terapia nas evidências científicas de sua eficácia. Stan Moldawsky, um dos veteranos mais convictos, pôs fim à minha iniciativa ao dizer:

— E se as evidências não nos beneficiarem?

Depois disso, Ron Levant, um dos aliados de Stan, disse-me enquanto tomávamos um drinque:

— Você está muito encrencado, Marty.

Na verdade, foi desse golpe que nasceu a psicologia positiva — um esforço não tão hostil à prática clínica independente quanto a terapia fundamentada em evidências.

Portanto, foi exatamente com esta tensão entre a aplicação e a ciência em mente que, em 2005, aceitei de bom grado dirigir o Centro de Psicologia Positiva na Universidade da Pensilvânia e criar um novo curso — o mestrado de psicologia positiva aplicada (MAPP, em inglês) — que associaria o conhecimento de ponta com a missão de aplicar o conhecimento no mundo real.

Capítulo 4

Ensinando o bem-estar: A mágica do MAPP

...Cheguei a uma encruzilhada
Onde só procurava abrigo por pouco tempo.
Mas ao pousar minha mala e tirar os sapatos,
Notei que esta encruzilhada era diferente de todas as outras que eu já tinha encontrado.

Nesse lugar o ar tinha um calor convidativo
E uma vibração permeava todas as coisas.
Ao me apresentar aos viajantes ali,
Não sentia hesitação ou desânimo
Mas sinceridade e otimismo.
Em seus olhos eu via algo que não conseguia identificar
Mas me fazia sentir como se estivesse em casa.
Nesse lugar, juntos, nós partilhávamos e nos encorajávamos
E regozijávamos na abundância da vida.
— *"Crossroads"*, Derrick Carpenter

Eu quero uma revolução na educação mundial. Todos os jovens precisam aprender competências profissionais, e esse tem sido o tema do sistema educacional dos últimos duzentos anos. Além disso, hoje podemos ensinar as competências do bem-estar — como ter mais emoções positivas, mais sentido, melhores relacionamentos e realizações mais positivas. As escolas, em todos os níveis, devem ensinar essas competências, e os próximos cinco capítulos giram em torno dessa ideia. Neste capítulo, discorro sobre a formação em psicologia positiva aplicada em nível universitário e sobre quem ensinará o bem-estar. O Capítulo 5 trata do ensino do bem-estar nas escolas. O Capítulo 6 é sobre uma nova teoria da inteligência e os Capítulos 7 e 8 tratam do ensino do bem-estar no exército norte-americano. O objetivo é que os jovens da próxima geração floresçam.

Embora eu tenha lecionado nos níveis fundamental, médio e universitário, minhas experiências mais extraordinárias têm acontecido apenas nos últimos dez anos, com o ensino da psicologia positiva. E não sou só eu: outras pessoas que têm ensinado psicologia positiva ao redor do mundo relatam histórias semelhantes de admiração. Ao narrar estas histórias estou tentando compreender por que esta experiência é tão extraordinária e também por que o ensino comum falha com tanta frequência. O que segue são considerações sobre o programa do MAPP, o mestrado em psicologia positiva aplicada, e revela por que seus ingredientes são "mágicos". Entre estes componentes mágicos, podemos citar três. Primeiro, o *conteúdo* é desafiador, informativo e inspirador. Segundo, a psicologia positiva é *pessoal e profissionalmente transformadora*. O terceiro ingrediente é que a psicologia positiva é um *chamado*.

O primeiro MAPP

Em fevereiro de 2005, a Universidade da Pensilvânia aprovou oficialmente, com alguma hesitação, o novo mestrado em psicologia positiva aplicada. A data-limite para as inscrições foi marcada para o dia 30 de março de 2005. Nós buscávamos não os jovens recém-saídos da graduação ou psicólogos, mas pessoas maduras e bem-sucedidas no mundo e que quisessem aplicar a psicologia positiva em suas profissões. Elas também precisariam apresentar credenciais acadêmicas de destaque. O curso tem um formato típico da educação executiva — nove longos fins de semana por ano, além de um projeto de conclusão — e é muito caro: mais de 40 mil dólares apenas pela formação, além de hotéis, alimentação e passagens aéreas.

Nós começamos com uma vitória: a Penn atraiu um proeminente professor de religião, filosofia e psicologia na Universidade de Vanderbilt, o dr. James Pawelski. Ele, por sua vez, recrutou Debbie Swick, que tinha acabado de concluir seu MBA lá. Eles dirigem o programa do MAPP. Debbie, James e eu esperávamos, otimisticamente — com apenas um mês de antecedência —, conseguir convencer, de algum modo, 11 candidatos a frequentar nosso primeiro programa, sendo 11 o limiar de rentabilidade financeira para o programa, como os diretores nos haviam lembrado mais de uma vez.

Surpreendentemente, tivemos mais de 120 candidatos — um número cinco vezes maior do que havíamos esperado, quase sem publicidade e em tempo muito curto —, sendo que cerca de sessenta deles atendiam aos altíssimos padrões admissionais da Ivy League exigidos pela Penn. Aceitamos 36 deles, dos quais 35 aceitaram nossa oferta.

Às oito horas da manhã do dia 8 de setembro, os 35 se reuniram na sala Benjamin Franklin, do Houston Hall. Esse grupo de alunos incluía:

- Tom Rath, escritor conceituado e executivo sênior da Gallup Corporation;
- Shawna Mitchell, pesquisadora em finanças na Tanzânia e finalista da série de reality show *Survivor*;
- Angus Skinner, diretor de serviço social para o governo da Escócia, locomovendo-se desde Edimburgo;
- Yakov Smirnoff, conhecido comediante e artista, tendo acabado de sair de seu novíssimo espetáculo solo na Broadway;
- Senia Maymin, uma animada mestre em matemática por Harvard e administradora de um fundo de investimentos (que você conheceu no Capítulo 1);
- Peter Minich, neurocirurgião e ph.D. do Canadá;
- Juan Humberto Young, locomovendo-se desde Zurique, Suíça; diretor de uma bem-sucedida empresa de consultoria financeira.

Ingredientes da psicologia positiva aplicada

CONTEÚDO APLICÁVEL E INTELECTUALMENTE DESAFIADOR

Com o intuito de lecionar para estes alunos, tínhamos reunido os principais professores de psicologia positiva de todo o mundo. Eles, assim como os alunos, têm de se locomover até a Filadélfia para o banquete intelectual mensal. Barbara Fredrickson, o gênio do laboratório de psicologia positiva e vencedora do primeiro Prêmio Templeton de 100 mil dólares por pesquisas em psicologia positiva, oferece um suporte constante na "semana de imersão", este período de cinco dias de introdução ao conteúdo da disciplina que acontece em setembro. O *conteúdo* da disciplina de psicologia positiva é o primeiro ingrediente na alquimia que é a mágica do MAPP.

Barb começou por detalhar sua teoria da "produção e ampliação" da emoção positiva. Ao contrário das emoções negativas de enfrentamento, que identificam, isolam e combatem os fatores externos de irritação, as emoções positivas produzem e ampliam recursos psicológicos duradouros de que podemos usufruir mais tarde na vida. Portanto, quando estamos envolvidos numa conversa com nosso melhor amigo, estamos estabelecendo as competências sociais que poderemos utilizar pelo resto de nossas vidas. Quando uma criança sente alegria em brincadeiras de luta, ela está construindo a coordenação motora que lhe será útil nos esportes na escola. A emoção positiva é muito mais do que uma sensação agradável; ela é um sinal evidente de que está havendo crescimento, de que está havendo um acúmulo de capital psicológico.

— Eis a nossa última descoberta — explicou Barb aos 35 alunos e cinco membros do corpo docente, todos nós já ansiosos. — Entramos em empresas e transcrevemos todas as palavras ditas em suas reuniões de negócios. Fizemos isso em sessenta empresas. Um terço delas está prosperando economicamente, um terço está numa situação razoável e um terço está indo mal. Nós codificamos cada frase segundo as palavras positivas ou negativas e em seguida levantamos a razão simples entre afirmações positivas e negativas.

"Há uma clara linha divisória", continuou Barb. "As empresas com uma razão superior a 2,9:1 para afirmações positivas e negativas estão prosperando. Abaixo desta razão, as empresas não estão bem economicamente. A isso nós chamamos de 'razão Losada', batizada com o nome de meu colega brasileiro, Marcel Losada, que descobriu este fato.

"Mas não exagere na positividade. A vida é um navio com velas e leme. Acima de 13:1, sem um leme negativo, as velas positivas batem sem rumo, e você perde credibilidade."

— Espere um minuto — objetou Dave Shearon em seu tranquilo sotaque do Tennessee. Dave, advogado e um dos novos alunos, dirige o programa educacional da Associação de Advogados do Tennessee. — Nós, advogados, brigamos o dia todo. Aposto que nossas razões são negativas, talvez 1:3. Isso faz parte da própria natureza do litígio. Você está dizendo que deveríamos nos obrigar a passar o dia falando manso?

— Uma razão Losada negativa pode produzir um advogado eficiente — disparou Barb em resposta —, mas o custo pessoal pode ser imenso. A advocacia é a profissão com os mais altos índices de depressão, suicídio e divórcio. Se seus colegas levarem essa razão do trabalho para casa, eles estão encrencados. John Gottman computou a mesma estatística ouvindo conversas de casais por fins de semana inteiros. Uma razão de 2,9:1 significa que se está indo na direção de um divórcio. É preciso uma razão de 5:1 para prever um casamento forte e amoroso — cinco afirmações positivas para cada afirmação crítica que você faça de seu cônjuge. O hábito de 1:3 em um casal é uma catástrofe total.

Outra aluna me confessou mais tarde:

— Embora a Barb estivesse falando de equipes de trabalho, eu só conseguia pensar na minha "equipe" lá em casa: minha família. Enquanto ela falava, meus olhos se encheram de lágrimas porque me dei conta, num instante, de que eu estava numa razão de 1:1 com meu filho mais velho. Nós tínhamos entrado numa dinâmica na qual eu só me concentrava naquilo que ele não tinha feito direito, em vez de no que tinha feito certo. Enquanto Barb falava, tudo o que eu conseguia ver em minha mente era um filme de um relacionamento fácil e amoroso que fosse pelo menos 5:1, justaposto às tensas trocas diárias que eu estava tendo com meu filho de 16 anos. Eu só queria agarrar meus livros e voltar imediatamente para casa, porque Barb também me deu uma ideia sobre como lidar com a coisa de maneira diferente. Eu me vi iniciando conversas com elogios sinceros e um tanto despreocupados, seguidos por algo sobre as lições de casa, sobre dirigir depressa demais, ou outra coisa que eu estivesse a ponto de criticar. Eu queria ir para casa e tentar isso imediatamente.

Recentemente perguntei a esta aluna sobre os resultados. Ela respondeu:

— Ele agora tem 20 anos, e nosso relacionamento está melhor do que nunca. A razão de positividade o transformou.

E não são só os alunos que têm as vidas modificadas com base nas aulas.

— *Paaaii!* Você pode me levar à casa da Alexis? É importante. Por *favooooor*! — implora minha filha Nikki, de 14 anos. Em *Felicidade Autêntica* contei uma conversa significativa que tivemos pouco depois de ela completar 5 anos, enquanto me ajudava a limpar as ervas daninhas do jardim. Naquela ocasião, ela me repreendeu por mandá-la estudar aos gritos. Explicou que tinha sido uma chorona, mas havia resolvido mudar de atitude no dia do seu quinto aniversário.

— Foi a coisa mais difícil que já fiz — disse ela com orgulho —, e se eu posso parar de chorar, você também pode parar de ser tão rabugento.

A psicologia positiva surgiu da repreensão de Nikki. Eu me dei conta de que de fato tinha sido um rabugento por cinquenta anos, que a educação de meus filhos se baseava apenas em corrigir fraquezas em vez de produzir forças pessoais, e que a psicologia — a profissão que eu tinha escolhido para seguir — baseava-se exclusivamente em remover as condições debilitantes em vez de criar as condições propícias para as pessoas florescerem.

Entretanto, eram 23h15 de uma sexta-feira e eu tinha esquentado a cabeça o dia todo tentando pensar em todas as implicações de uma nova teoria que Barbara Fredrickson tinha acabado de introduzir em sua palestra do MAPP. Eu não conseguia deixar de pensar em suas ideias sobre uma razão minimamente positiva para induzir o florescimento e tinha falado obsessivamente sobre isso com minha família durante o jantar.

— Nikki, já é quase meia-noite. Você não vê que estou trabalhando? Vá fazer sua lição de casa ou então vá dormir! — gritei. Vi aquele olhar retornar ao rosto de Nikki, a mesma avaliação desmoralizadora que eu tinha visto dez anos antes, no jardim.

— Pai, você tem uma péssima razão Losada — disse ela.

Portanto, o primeiro ingrediente da mágica do MAPP é o próprio *conteúdo* da psicologia positiva. Ele é intelectualmente desafiador, como a maioria dos temas acadêmicos, mas, ao contrário da maioria deles, ele é pessoalmente informativo, até transformador, e é também divertido. Ensinar sobre a depressão e o suicídio, coisa que fiz por 25 anos, é deprimente. Se você levar a coisa a sério, seu ensino e sua aprendizagem baixam seu humor. Você passa muito tempo desanimado. Aprender sobre a psicologia positiva, em contrapartida, é divertido; não se trata apenas da alegria comum de aprender, mas da alegria de aprender um conteúdo alegre.

Por falar em diversão, o MAPP redescobriu a importância de uma pausa para exercícios, com atividades tão físicas em sala de aula que constrangeriam meus austeros diretores. O "ciclo básico de atividade-repouso", ou BRAC,* é característico dos seres humanos e de outros animais diurnos (acordados durante o dia). Em média, estamos em nosso estado mais alerta no fim da manhã e ao anoitecer. Estamos na parte mais baixa de nosso ciclo — cansados, irritáveis, desatentos e pessimistas — no meio da tarde e nas primeiras horas da manhã. Este ciclo é tão biológico que a morte ocorre desproporcionalmente no momento mais baixo do BRAC. O momento mais baixo do BRAC é exagerado no MAPP, já que as aulas acontecem uma vez por mês durante fins de semana de três dias, nove horas por dia, e após uma exaustiva viagem de lugares tão distantes quanto Kuala Lumpur, Londres ou Seul. (Um de nossos alunos atingiu o recorde de milhas da Air New Zealand no ano passado, e no ano anterior, outro atingiu o recorde da Qantas.)

Portanto, nós nos tornamos fisicamente ativos quando estamos no ponto mais baixo do BRAC. Desde o seu início, a psicologia positiva atraiu, em grande parte, intelectuais de meia-idade. No entanto, pelo menos metade da psicologia positiva acontece do pescoço para baixo, e é importante que vários dos integrantes do MAPP, todos os anos, sejam pessoas que lidam com o corpo: instrutores de ioga, terapeutas que trabalham com dança, técnicos esportivos, maratonistas e triatletas. Todos os dias, às três horas da tarde, uma legião de profissionais corporais nos conduz em atividades de dança, exercícios vigorosos, meditação ou uma caminhada em ritmo rápido. A princípio os intelectuais se evadiam, enrubescendo, mas à

---

* BRAC — *Basic rest and activity cycle.* [N. da T.]

medida que percebemos a aniquilação da fadiga e o retorno imediato da energia intelectual, todos nós nos tornamos participantes ávidos. Hoje não me canso de enaltecer as frequentes pausas para exercícios em sala de aula. Não são só as crianças do jardim da infância que precisam deles: quanto mais velhos nos tornamos, mais eles nos ajudam a aprender e ensinar.

TRANSFORMAÇÃO PESSOAL E PROFISSIONAL

O primeiro ingrediente mágico do MAPP é seu conteúdo desafiador, pessoalmente aplicável e divertido. O segundo ingrediente é que o MAPP é transformador, tanto pessoal como profissionalmente.

Uma forma de perceber isso é observando o efeito que a psicologia positiva tem sobre os *coaches*. Hoje há mais de 50 mil profissionais nos Estados Unidos ganhando a vida como *coaches*: *coaches* de vida, *coaches* profissionais, *coaches* pessoais. Temo que o *coaching* esteja desenfreado. Cerca de 20 por cento dos alunos do MAPP são *coaches*, e um de nossos objetivos é adestrar e transformar o *coaching*.

O *coaching* e a psicologia positiva

O *coaching* é uma prática em busca de um suporte. *Dois*, na verdade: um suporte científico, fundamentado em evidências, e um suporte teórico. A psicologia positiva pode oferecer os dois. Ela pode oferecer ao *coaching* um âmbito delimitado de prática, com intervenções e avaliações que efetivamente funcionam e as credenciais adequadas para ser um *coach*.

Do modo como o *coaching* está hoje, eu disse a meus alunos de mestrado, o âmbito de sua prática é ilimitado: como arrumar seu armário, como organizar suas lembranças num álbum de recordações, como pedir um aumento, como ser um líder mais assertivo, como inspirar um time de vôlei, como obter mais engajamento no trabalho, como enfrentar pensamentos sombrios, como ter mais propósito na vida. Ele também usa um conjunto ilimitado de técnicas: afirmações, visualizações, massagens, ioga, treinamento assertivo, correção de distorções cognitivas, aromaterapia, feng shui, meditação, contagem das bênçãos e assim por diante. O direito de se autointitular *coach* não é regulamentado, e é por isso que os suportes científicos e teóricos são uma necessidade urgente.

Para esta transformação do *coaching*, você primeiro precisa da teoria; em seguida, da ciência; e depois, das aplicações.

Primeiro, a teoria: a psicologia positiva é o estudo das emoções positivas, do engajamento, do sentido, das realizações positivas e dos bons relacionamentos. Ela procura avaliar, classificar e produzir esses cinco aspectos da vida. A prática desses esforços trará ordem ao caos, definindo o âmbito de sua prática e distinguindo-a de profissões afins, como a psicologia clínica, a psiquiatria, o serviço social e a terapia de família e de casal.

Segundo, a ciência: a psicologia positiva está alicerçada em evidências científicas de sua eficácia. Utiliza métodos testados e comprovados de avaliação, experimentação, pesquisas longitudinais e estudos com distribuição aleatória, controlados por placebo, para avaliar quais intervenções efetivamente funcionam e quais são fajutas. Descarta aquelas consideradas ineficazes segundo estes critérios e aprimora as que passam nesse controle. O *coaching*, com estas intervenções fundamentadas em evidências e avaliações validadas do bem-estar, estabelecerá os limites de uma prática responsável.

Finalmente, o que estamos fazendo no MAPP ajudará a estabelecer as diretrizes para o treinamento e o reconhecimento. Você certamente não precisa ser um psicólogo licenciado para praticar a psicologia positiva ou ser um *coach*. Os seguidores de Freud cometeram o erro de restringir a psicanálise aos médicos, e a psicologia positiva não pretende dar cobertura para mais um grupo corporativista. Se você estiver adequadamente treinado nas técnicas de *coaching*, nas teorias da psicologia positiva, em avaliações fundamentadas de estados e traços positivos, nas intervenções que funcionam, e souber quando deve encaminhar um cliente a alguém com uma formação mais adequada, você será, no meu entender, um genuíno disseminador da psicologia positiva.

Transformações

Caroline Adams Miller, talvez o membro mais surpreendente da primeira turma do MAPP — 1,82 metro de altura, musculosa e não facilmente intimidável —, concordou comigo.

— Eu sou *coach* profissional. Mas uma coisa que detesto é que não obtemos respeito. Somos praticamente objeto de riso em alguns encontros profissionais. Quero trazer mais respeitabilidade ao *coaching*, e você me deu exatamente as ferramentas de que precisava.

Caroline alcançou seu objetivo. Nos anos seguintes à sua formação no MAPP, ela acrescentou uma importante peça que faltava ao mundo do *coaching*. O MAPP a apresentou à teoria da definição de metas, que nunca tinha feito parte de nenhum programa de treinamento de *coaches* que ela conhecesse. Em seu projeto de conclusão de curso, ela associou a teoria da definição de metas às pesquisas sobre a felicidade e às técnicas de *coaching*. Então publicou *Creating Your Best Life: The Ultimate Life List Guide* [*Criando sua melhor vida: O guia definitivo de metas de vida*], o primeiro livro na sessão de autoajuda de qualquer livraria a discutir a definição de metas com base em pesquisa para *coaches* e para o público em geral. Ela agora só fala para plateias lotadas, e seu livro é usado em grupos de estudo em todo o mundo.

Sobre sua transformação profissional, Caroline diz: "O MAPP transformou meu trabalho num chamado e me deu a competência para ajudar outros a perseguirem metas significativas e compreenderem seu papel em sua própria felicidade diária. Sinto que tenho feito uma enorme diferença, de uma forma que nunca senti antes, e acordo pensando que sou a profissional de mais sorte no mundo."

David Cooperrider, cofundador da Investigação Apreciativa, é um dos professores preferidos no MAPP. Sua história explica bem como a psicologia positiva pode ser profissionalmente transformadora.

— Quando é que mudamos como indivíduos? Quando as organizações mudam? — perguntou David à turma.

Uma aluna respondeu ao desafio:

— Nós mudamos quando damos uma topada, quando as coisas dão completamente errado. É a crítica implacável dos outros que nos faz mudar.

— Era exatamente o que eu queria ouvir, Gail — respondeu David. — É isso que a maioria das pessoas pensa sobre a mudança: a visão da noite negra da alma. É exatamente por isso que muitas empresas utilizam a avaliação de desempenho 360 graus, na qual todos os seus colegas contam histórias desagradáveis sobre os seus piores momentos. Essa visão de 360 graus de seus erros é então repassada para você ler, e quando você está se sentindo oprimido com tantas críticas, espera-se que você mude.

"A Investigação Apreciativa, no entanto, nos diz exatamente o contrário. A crítica implacável com frequência nos provoca resistência, por defesa, ou pior, nos torna impotentes. Nós não mudamos. Mas mudamos quando descobrimos o que há de melhor em nós e quando percebemos maneiras específicas de usar mais as nossas forças pessoais. Eu entro em grandes organizações e coloco todo o corpo de funcionários para se concentrar no que estão fazendo bem. Eles detalham os pontos fortes da empresa e contam histórias sobre as melhores atuações de seus colegas. O Centro de Estudos Organizacionais Positivos da Universidade de Michigan chegou a desenvolver uma avaliação de 360 graus positiva.

"Estar em contato com o que fazemos bem sustenta a disposição para a mudança", continuou David. "Isso está associado à razão Losada. Para que posamos ouvir as críticas de maneira não defensiva e agir criativamente em relação a elas, precisamos nos sentir seguros."

Essa foi uma visão transformadora para Michelle McQuaid, que vinha de Melbourne, Austrália, onde trabalha como braço direito do CEO da PricewaterhouseCoopers.

— Por que a PWC não pode operar com os princípios da psicologia positiva e da Investigação Apreciativa? — perguntou ela ao CEO.

— Vamos trabalhar nisso.

Então Michelle e Bobby Dauman, seu colega no MAPP e um dos maiores representantes de vendas da Land Rover no mundo, acrescentaram um dia ao MAPP e deram uma conferência que acolheu um grande público: "De que serve uma empresa positiva?" Sua conferência estruturou-se em torno da ideia de que nós entramos em uma economia de satisfação com a vida — além e acima do dinheiro — e, para que uma empresa possa florescer, ela deve cultivar relacionamentos e criar sentido. Com esse objetivo, eles deram workshops sobre a produção de uma melhor razão Losada, usando a gratidão e a resposta ativa e construtiva, criando oportunidades para o engajamento, a definição de metas e a esperança, e transformando os empregos em chamados. A recepção foi tão entusiástica que eles deram outra conferência em Melbourne, patrocinada pela PWC, em dezembro de 2009.

A aprendizagem da psicologia positiva é *profissionalmente transformadora*. Eis o que Aren Cohen me escreveu sobre sua *transformação pessoal*.

Quando eu era aluna de psicologia positiva, em 2006-2007, eu era solteira. Com frequência me sentia frustrada quando nossos professores citavam a pesquisa sobre os benefícios do casamento. Adultos casados, particularmente os que têm casamentos estáveis, tendem a ser mais saudáveis e a viver mais do que os solteiros. Marty explicou que o casamento nos proporciona três tipos de amor: um amor no qual recebemos cuidados, um amor no qual cuidamos de alguém e o amor romântico.

Eu não precisava de maior convencimento — era isso que eu queria. Mas sendo uma entre uma minoria de mulheres solteiras com mais de 30 anos em uma sala de aula com psicólogos positivos felizes, fui obrigada a me perguntar... como posso casar para ter todos esses benefícios emocionais e físicos?

Claro, eu não era assim tão calculista, mas era uma nova-iorquina de 34 anos, madura, que tinha assistido a demasiados episódios de Sex and the City, e começava a imaginar se estava perto de me tornar uma solteirona. Eu tinha tido muitos encontros ao longo dos anos, e por algum motivo a coisa ainda não estava acontecendo. Então, tendo aprendido intervenções positivas no MAPP, decidi colocar em prática meu conhecimento de psicologia positiva, e, surpreendentemente, André, meu marido, apareceu em minha vida no momento exato.

Como modifiquei minha vida para torná-la o "momento exato"? Primeiro, graças ao que eu tinha aprendido no programa do MAPP, estava me tornando uma pessoa mais feliz, mais afinada com minha própria espiritualidade e com os motivos que eu tinha para celebrar a gratidão. Iniciei um diário de gratidão e comecei a usar a definição de metas para o futuro e a visualizar o que eu queria. Fiz minha lista, começando com frases desde "Vou encontrar um homem que é..." até "Meu homem será...", achando que talvez o uso de expressões linguísticas diferentes fosse mais favorável à minha perspectiva e busca. E também parei de assistir a Sex and the City.

Usei técnicas de visualização, incluindo meditação e colagem. Minha colagem tinha palavras e imagens que resumiam como eu queria que minha vida fosse. Finalmente, escolhi minha música de amor preferida, a versão de James Taylor de "How Sweet It Is (To Be Loved by You)", e todas as noites antes de ir para a cama, durante os três meses antes de eu conhecer meu marido, eu a ouvia religiosamente, como uma serenata para trazer o amor à minha vida. As palavras "How Sweet It Is" [Como é doce] também estavam em minha colagem, logo acima das palavras "Suíte nupcial".

Portanto, foram essas as mudanças que fiz para trazer o amor romântico à minha vida. Hoje estamos comemorando nosso primeiro aniversário de casamento. E qual é a grande mudança em minha vida hoje? Bem, algumas coisas. Eu faço mais concessões. Dou e recebo muito mais abraços. Sorrio mais. Digo e ouço as palavras "Eu te amo" com muito mais frequência. Tenho um novo apelido. E mais importante: tenho alguém em quem posso confiar, a quem amo e que me ama.

E mais uma coisa: eu cozinho mais! Nada produz mais emoções positivas do que preparar uma refeição caseira com amor. Parte da psicologia positiva que praticamos juntos, sempre que podemos, é jantar em casa. Na tradição da psicologia positiva, nós sempre damos graças para lembrar que temos muito por que ser gratos. Particularmente, temos um ao outro.

O MAPP é *pessoal e profissionalmente transformador*, além de ter um *conteúdo* desafiador, aplicável e divertido. O último ingrediente do MAPP é que os alunos são *chamados* à psicologia positiva.

Chamado à psicologia positiva

Eu não escolhi a psicologia positiva. Foi ela que me chamou. Era o que eu queria desde o início, mas a psicologia experimental e depois a psicologia clínica eram as únicas coisas que se aproximavam do que estava me chamando. Não tenho uma forma menos mística de dizer isso. *Vocação* — ser chamado a agir em vez de optar por agir — é uma palavra antiga, mas é real. A psicologia positiva me chamou assim como a sarça ardente chamou Moisés.

Os sociólogos fazem distinção entre trabalho, carreira e chamado. Você desenvolve um trabalho por dinheiro, e quando ele deixa de vir, você para de trabalhar. Você desenvolve uma carreira pelas promoções, e quando as promoções cessam, depois de você chegar ao topo, você desiste ou se torna um cumpridor de horário. Um chamado, ao contrário, é cumprido por ele mesmo. Você o faria de qualquer jeito, mesmo sem pagamento ou promoções. "Ninguém pode me impedir!" é o que grita seu coração quando você encontra oposição.

Todos os meses faço uma noite opcional de cinema com pipoca, vinho, pizza e travesseiros no chão. Passo filmes que transmitem a psicologia positiva melhor do que aulas cheias de palavras, mas sem fundo musical e paisagens cinematográficas. Sempre comecei com *O Feitiço do Tempo* e, mesmo depois de assistir a ele pela quinta vez, ainda me admiro com o quanto nos pressiona, com ardor, à transformação pessoal positiva. Passei *O Diabo Veste Prada*, um filme sobre a integridade — a de Meryl Streep, a patroa infernal, e não de Anne Hathaway, a "gorda"; *Os Condenados de Shawshank*, e não é Andy Dufresne (Tim Robbins), o banqueiro falsamente acusado, que é redimido, mas o narrador, Red (Morgan Freeman); *Carruagens de Fogo*, com a personificação de três motivos para vencer: Eric Liddell correndo por Deus; lorde Andrew Linley, pela beleza; e Harold Abrahams, por si mesmo e pelo grupo; *Domingo no Parque com George*, que mesmo depois de assistir 25 vezes, ainda me traz lágrimas aos olhos durante a transcendente última cena do primeiro ato, em que a arte, crianças, Paris, o que é permanente e o que é efêmero se mesclam.

No ano passado encerrei a série com *Campo dos Sonhos,* uma obra-prima, melhor ainda do que o inesquecível romance de W. P. Kinsella,

Shoeless Joe [Joe "Descalço"], no qual se baseou. Assisti a esse filme pela primeira vez em circunstâncias estranhas e comoventes. Ao voltar para casa numa noite chuvosa de inverno, em 1989, encontrei nos degraus de minha casa um psicólogo molhado e exausto. Apresentando-se, num inglês muito ruim, como Vadim Rotenberg, de Moscou, ele explicou que tinha acabado de fugir da União Soviética e que eu era a única pessoa que ele conhecia na América. O "conhecimento" que tínhamos um do outro consistia numa correspondência que lhe enviei pedindo cópias de seu fascinante trabalho sobre a morte súbita em animais, e em seu convite para que eu desse uma palestra em Baku, Azerbaijão, em 1979 — uma viagem abruptamente cancelada por recomendação do Departamento de Estado dos Estados Unidos durante um repentino momento de pico da Guerra Fria.

Ofegante, ele explicou que havia escapado por pouco da URSS. Contou-me fragmentos de sua história: foi o único judeu a receber um laboratório inteiro sob o governo de Leonid Brezhnev, já que o comitê executivo comunista considerava seu trabalho sobre a impotência aprendida e a morte súbita militarmente significativo. Quando Brezhnev morreu, em 1982, a estrela de Rotenberg perdeu o brilho, o antissemitismo estava novamente em ascensão e as coisas começaram a desmoronar.

Eu me sentia ainda mais desconfortável do que normalmente me sinto com pessoas desconhecidas, por isso o levei ao cinema. Estava passando *Campo dos Sonhos*. Encantados, vimos um campo de beisebol brotar de um milharal em Iowa, o Chicago Black Sox se materializar do milho e o placar no Parque de Fenway piscar "Moonlight Graham". Rotenberg curvou-se na minha direção quando o pai morto de Ray Kinsella (Kevin Costner) lhe pergunta se ele gostaria de agarrar uma jogada. Em lágrimas, o psicólogo sussurrou:

— Eze filme não sobre bizbol!

De fato, não sobre bizbol. Esse filme é sobre vocação, sobre ser chamado, sobre construir algo onde antes não havia nada. "Se você construir, eles virão." Chamado, foi o que aconteceu comigo. Apesar das objeções dos diretores, de meu próprio departamento e dos curadores, o programa do MAPP se ergueu nos campos áridos da Filadélfia. ("Isso é o paraíso?", pergunta Shoeless Joe. "Não, é Iowa", responde Ray Kinsella.) E quem veio?

— Quantos de vocês aqui foram chamados? — arrisquei, timidamente. As mãos se levantaram. As mãos de todos.

— Eu vendi meu Mercedes para vir para cá.

— Eu era como um personagem de *Contatos Imediatos*, esculpindo a torre com a qual sonhava recorrentemente. Então vi o anúncio do MAPP e aqui estou eu na torre.

— Eu deixei a minha prática clínica e meus pacientes.

— Eu detesto voar, mas pego um maldito avião e voo por sessenta horas para vir e voltar à Nova Zelândia, uma vez por mês, para poder estar aqui.

O MAPP tem sido mágico, mais do que qualquer outra experiência de ensino que tive em 45 anos de magistério. Eis os ingredientes resumidos:

- Conteúdo intelectual: desafiador, pessoalmente aplicável e divertido.
- Transformador: pessoal e profissionalmente.
- Chamado: os alunos e o corpo docente são chamados.

Esses ingredientes sugerem a possibilidade de uma educação positiva para alunos de todas as idades, e é a essa visão maior que eu agora me volto.

Capítulo 5

Educação positiva: Ensinando o bem-estar aos jovens

Primeiro, uma pesquisa. Pergunta número um: em uma ou duas palavras, o que você mais deseja para seus filhos?

Se você for como os milhares de pais que pesquisei, você terá respondido: "felicidade", "confiança", "contentamento", "realização", "equilíbrio", "coisas boas", "bondade", "saúde", "satisfação", "amor", "ser civilizado", "sentido" e coisas do tipo. Resumindo, sua maior prioridade para seus filhos é *bem-estar*.

Pergunta número dois: em uma ou duas palavras, o que a escola ensina?

Se você for como os outros pais, terá respondido: "realização", "capacidade de raciocínio", "sucesso", "conformidade", "alfabetização", "matemática", "trabalho", "avaliação", "disciplina" e coisas afins. Resumindo, a escola ensina a ter êxito no trabalho.

Observe que quase não há superposição entre as duas listas.

Por mais de um século, a escolarização tem pavimentado o caminho para o trabalho adulto. Sou totalmente a favor do sucesso, da alfabetização, da perseverança e da disciplina, mas quero que você imagine que as escolas poderiam ensinar tanto as habilidades do bem-estar quanto as da realização, e sem comprometer nenhuma das duas. Quero que você imagine uma educação positiva.

O bem-estar deveria ser ensinado na escola?

A prevalência de depressão entre jovens é assustadoramente alta em todo o mundo. Segundo algumas estimativas, a depressão é aproximadamente dez vezes mais comum hoje do que cinquenta anos atrás. Isso não é consequência de uma maior consciência das pessoas de que a depressão é uma doença mental, já que boa parte dos dados vem de pesquisas feitas de porta em porta, perguntando a dezenas de milhares de pessoas: "Você já tentou se matar alguma vez?", "Você já chorou todos os dias por duas semanas?", e outras semelhantes, sem jamais mencionar a depressão. A depressão hoje assola os adolescentes: há cinquenta anos, o surgimento acontecia, em média, por volta dos 30 anos. Hoje acontece abaixo dos 15. Embora haja controvérsias sobre se isso atinge a assustadora denominação de *epidemia*, todos nós que pertencemos à área estamos assombrados com a quantidade de depressão que existe hoje e com o fato de a maior parte dela não ser tratada.

Isso é um paradoxo, particularmente se você acreditar que o bem-estar é decorrente de um bom ambiente. É preciso estar cego pela ideologia para não perceber que em todas as nações ricas quase tudo está melhor do que há cinquenta anos: nos Estados Unidos o poder de compra é três vezes maior. A casa mediana dobrou de tamanho, passando de 111 metros quadrados para 232 metros quadrados. Em 1950 havia um carro para cada dois motoristas; hoje há mais carros do que motoristas com habilitação. Uma em cada cinco crianças chegava ao ensino superior; hoje uma em cada duas crianças chega lá. As roupas — e mesmo as pessoas — parecem mais fisicamente atraentes. O progresso não se limitou ao aspecto material: há mais música, mais direitos para a mulher, menos racismo, mais entretenimento e mais livros. Se você tivesse dito a meus pais, que viveram numa casa de 111 metros quadrados comigo e com Beth, minha irmã mais velha, que tudo isso seria alcançado em apenas cinquenta anos, eles teriam dito: "Será o paraíso."

Não é o paraíso.

Há muito mais depressão atingindo pessoas muito mais jovens, e a média nacional de felicidade — que tem sido avaliada com competência por meio século — não acompanhou mesmo que remotamente a melhora do mundo objetivo. A felicidade aumentou apenas irregularmente, se é que aumentou. Os dinamarqueses, italianos e mexicanos estão um pouco mais satisfeitos com a vida do que cinquenta anos atrás, mas os americanos, japoneses e australianos, em média, não estão mais satisfeitos com a vida do que cinquenta anos atrás, e os ingleses e alemães estão menos satisfeitos. Os russos, em média, estão muito mais infelizes.

Ninguém sabe o motivo disso. Certamente não é um fator biológico ou genético; nossos genes e cromossomos não mudaram em cinquenta anos; nem é ecológico: os amish da velha ordem que vivem no condado de Lancaster, a apenas 45 quilômetros de minha casa, têm apenas um décimo do índice de depressão da Filadélfia, apesar de respirarem o mesmo ar (sim, com gases de escape), de beberem a mesma água (sim, com flúor), e de se alimentarem da comida que nós comemos (sim, com conservantes). Tem tudo a ver com a modernidade e talvez com aquilo que chamamos equivocadamente de "prosperidade".

Há duas razões para que o bem-estar seja ensinado nas escolas: a avalanche de depressão e o aumento nominal da felicidade ao longo das duas últimas gerações. Uma terceira razão é que um bem-estar maior melhora a aprendizagem, o objetivo tradicional da educação. Um estado de humor positivo produz maior atenção e um pensamento mais criativo e holístico. Isso contrasta com o humor negativo, que produz uma atenção diminuída e um pensamento mais crítico e analítico. Quando você está de mau humor, você questiona melhor "o que está errado aqui?". Quando está de bom humor, questiona melhor "o que está certo aqui?". E o que é pior: quando você está de mau humor, você recorre, defensivamente, ao que já conhece e se torna mais obediente. Tanto o modo positivo de pensar quanto o negativo são importantes na situação certa, mas com muita frequência as escolas enfatizam o pensamento crítico e o seguimento de regras em vez do pensamento criativo e da aprendizagem de coisas novas. A consequência é que as crianças classificam o apelo para ir à escola pouco acima de uma ida ao dentista. No mundo moderno, acredito que tenhamos chegado finalmente a uma era na qual terá cada vez mais êxito o pensamento criativo — sim, e até a alegria — do que o seguimento mecânico de ordens.

Concluo que, se fosse possível, o bem-estar deveria ser ensinado nas escolas, porque ele seria um antídoto à incidência galopante da depressão, um modo de aumentar a satisfação com a vida e um auxílio a uma melhor aprendizagem e a um pensamento mais criativo.

O PROGRAMA DE RESILIÊNCIA PENN: UMA FORMA DE ENSINAR O BEM-ESTAR NA ESCOLA

Minha equipe de pesquisa, conduzida por Karen Reivich e Jane Gillham, tem dedicado boa parte dos últimos vinte anos a descobrir, por meio de métodos rigorosos, se o bem-estar pode ser ensinado às crianças na escola. Nós acreditamos que os programas de bem-estar, como qualquer intervenção médica, *têm de estar fundamentados em evidências*, por isso testamos dois programas diferentes para as escolas: o Programa de Resiliência Penn (PRP) e o Curso de Psicologia Positiva de Strath Haven. Eis o que descobrimos.

Primeiro, deixe-me falar sobre o Programa de Resiliência Penn (PRP). Sua meta principal é aumentar a capacidade dos alunos de lidar com problemas do dia a dia que são comuns durante a adolescência. O PRP promove o otimismo ao ensinar os alunos a pensar mais realista e flexivelmente sobre os problemas com que se deparam. O programa também ensina a assertividade, o brainstorming criativo, a tomada de decisão, o relaxamento e diversas outras habilidades de enfrentamento. O PRP é o mais pesquisado programa de prevenção à depressão no mundo. Durante as últimas duas décadas, 21 estudos o avaliaram em comparação com grupos de controle. Muitos desses estudos incluem mais de 3 mil crianças e adolescentes com idades entre 8 e 22 anos. Os estudos sobre os resultados do PRP incluem:

• Amostras diversificadas. Os estudos do Programa de Resiliência Penn incluem adolescentes de uma variedade de contextos raciais e étnicos, ambientes comunitários (urbano, suburbano e rural; brancos, negros e hispânicos; ricos e pobres) e países (por exemplo, Estados Unidos, Reino Unido, Austrália, China e Portugal);

• Uma variedade de líderes de grupo. Estes incluem professores, orientadores, psicólogos, assistentes sociais, sargentos do exército e alunos de pós-graduação em educação e psicologia;

• Avaliações independentes do Programa de Resiliência Penn. Nós conduzimos muitas das avaliações do PRP; no entanto, várias equipes de pesquisa independentes também o avaliaram, incluindo uma grande experiência feita pelo governo do Reino Unido, envolvendo cem professores e 3 mil alunos.

Eis algumas descobertas básicas:

• O Programa de Resiliência Penn reduz e previne os sintomas da depressão. Uma metanálise calcula a média de todos os estudos metodologicamente sólidos de um tema em toda a literatura científica, e uma metanálise de todos os estudos do PRP revelou seus benefícios significativos, em comparação com os controles, em todas as avaliações de acompanhamento (imediatamente após a intervenção e também aos seis e 12 meses após o programa). Os efeitos duram pelo menos dois anos.

• O Programa de Resiliência Penn reduz o sentimento de impotência. A metanálise também descobriu que o PRP reduziu significativamente o sentimento de impotência e aumentou o otimismo e o bem-estar.

• O Programa de Resiliência Penn previne os níveis clínicos de depressão e ansiedade. Em vários estudos, o PRP preveniu sintomas de depressão nos níveis moderado a grave. Por exemplo, no primeiro estudo realizado, o programa baixou pela metade o índice de sintomas depressivos nos níveis moderado a grave ao longo de dois anos de acompanhamento. Em ambiente médico, o PRP preveniu os transtornos de depressão e ansiedade entre adolescentes que apresentavam altos níveis de sintomas depressivos no início.

• O Programa de Resiliência Penn reduz e previne a ansiedade. Há menos pesquisas sobre os efeitos do PRP nos sintomas da ansiedade, mas a maioria dos estudos encontrou efeitos significativos e de longa duração.

• O Programa de Resiliência Penn reduz os problemas de conduta. Há ainda menos pesquisas sobre os efeitos do PRP nos problemas de conduta dos adolescentes (como agressão e delinquência), mas a maioria dos estudos encontrou efeitos significativos. Por exemplo, um programa recente de larga escala encontrou benefícios significativos nos relatos de pais sobre os problemas de conduta dos adolescentes três anos depois que seus filhos completaram o programa.

- O Programa de Resiliência Penn funciona igualmente bem para crianças de diferentes contextos raciais e étnicos.
- O Programa de Resiliência Penn melhora o comportamento associado à saúde, e os jovens adultos que completaram o programa apresentaram menos sintomas de doenças físicas, menos visitas ao médico em virtude de enfermidades, uma dieta melhor e uma maior prática de exercícios.
- O treinamento e a supervisão dos líderes de grupo são decisivos. A eficácia do PRP varia consideravelmente ao longo dos estudos. Isso está associado, pelo menos em parte, à quantidade de treinamento e supervisão que os professores recebem. Os efeitos são fortes quando os professores são membros da equipe do PRP ou são treinados e supervisionados de perto por ela. Os efeitos são menos robustos e consistentes quando os professores recebem treinamento e supervisão mínimos.
- A fidelidade na participação no programa é decisiva. Por exemplo, um estudo do Programa de Resiliência Penn em um ambiente de cuidados primários revelou reduções significativas nos sintomas de depressão em grupos com alta aderência ao programa. Em contrapartida, o PRP não reduziu os sintomas depressivos em grupos de pacientes com baixa aderência ao programa. Portanto, recomendamos que os professores do PRP recebam treinamento intensivo e muita supervisão.

Assim, o Programa de Resiliência Penn previne, de forma confiável, a depressão, a ansiedade e os problemas de conduta em jovens. A resiliência, no entanto, é apenas um aspecto da psicologia positiva — o aspecto emocional. Nós projetamos um programa mais abrangente que desenvolve forças de caráter, relacionamentos e sentido, bem como aumenta as emoções positivas e reduz as negativas. Com uma subvenção de 2,8 milhões de dólares do Departamento de Educação dos Estados Unidos, fizemos uma ampla avaliação randômica e controlada deste programa de psicologia positiva no ensino médio. Na Strath Haven High School, nas cercanias da Filadélfia, designamos aleatoriamente 347 alunos da nona série (entre 14 e 15 anos) em aulas de língua inglesa e literatura. Metade da turma incorporou o programa de psicologia positiva; a outra metade, não. Os alunos, seus pais e professores responderam a questionários padronizados antes e depois do programa e ao longo de dois anos de acompanhamento. Testamos as forças pessoais dos alunos (por exemplo, gosto pela aprendizagem, bondade), habilidades sociais, problemas de comportamento e o quanto apreciavam a escola. E analisamos suas notas.

Os principais objetivos deste programa global são: (1) ajudar os alunos a identificar suas forças de caráter; e (2) aumentar o emprego delas em suas vidas diárias. Além desses objetivos, a intervenção procura promover a resiliência, a emoção positiva, o sentido e o propósito, e os relacionamentos sociais positivos. O programa consiste em mais de vinte sessões de oitenta minutos conduzidas com os alunos do nono ano. Elas envolvem discussões sobre as forças de caráter e os outros conceitos e habilidades da psicologia positiva, uma atividade semanal em classe, lição de casa de vida real, na qual os alunos aplicam estas habilidades em suas próprias vidas, e reflexões em diários.

Seguem dois exemplos de exercícios que usamos no programa.

Exercício das três coisas boas

Instruímos os alunos a escreverem, diariamente, três coisas boas que aconteceram no dia, durante uma semana. As três coisas podem ser de pequena importância ("Eu respondi certo a uma pergunta realmente difícil de literatura hoje") ou de grande importância ("O cara que eu gosto há meses me chamou para sair!"). Ao lado de cada evento positivo, eles devem escrever sobre uma das seguintes questões: "Por que essa coisa boa aconteceu?" "O que isso significa para você?" "Como você pode obter mais disso no futuro?"

Usando as forças pessoais de novas maneiras

Honestidade. Lealdade. Perseverança. Criatividade. Bondade. Sabedoria. Coragem. Justiça. Estas e outras 16 forças de caráter são valorizadas em todas as culturas do mundo. Nós acreditamos que você obtenha mais satisfação com a vida se identificar quais dessas forças de caráter você tem em abundância e então usá-las o máximo possível na escola, nos hobbies, e com amigos e familiares.

Os alunos fazem o teste VIA de Forças Pessoais (veja o site www.authentichappiness.org) e usam sua maior força de uma nova maneira na escola, durante a semana seguinte. Várias sessões do programa concentram-se em os alunos identificarem forças de caráter em si mesmos, em seus amigos e em figuras literárias sobre as quais leem, e usarem-nas para vencer desafios.

Eis algumas descobertas básicas do programa de psicologia positiva em Strath Haven:

Engajamento na aprendizagem, prazer na escola e realização

O programa de psicologia positiva aumentou as forças pessoais da curiosidade, do gosto pela aprendizagem e da criatividade, segundo os relatórios de professores que não sabiam se os alunos estavam no grupo da psicologia positiva ou no grupo de controle. (Isso é chamado de estudo "cego" porque os classificadores não sabem qual é a situação dos alunos a quem estão classificando.) O programa também aumentou o prazer e o engajamento dos alunos na escola. Isso foi particularmente forte nas turmas regulares (não especiais), em que a psicologia positiva aumentou as notas dos alunos em línguas e em redação até o 11º ano. Nas classes especiais prevalecem as notas altas e quase todos os alunos tiram A, por isso há pouco espaço para a melhora. Um dado importante: o aumento do bem-estar não minou as metas tradicionais de aprendizagem em classe; antes, tornou-as ainda melhores.

Habilidades sociais e problemas de conduta

O programa de psicologia positiva melhorou as habilidades sociais dos alunos (empatia, cooperação, assertividade, autocontrole), segundo os relatórios das mães e os relatórios "cegos" dos professores. Também segundo os relatórios das mães, o programa reduziu a má conduta.

Portanto, concluo que o bem-estar deveria e pode ser ensinado em salas de aula. Mas seria possível que *uma escola inteira* fosse impregnada pela psicologia positiva?

O projeto da Escola Secundária de Geelong

Eu estava em uma viagem de palestras pela Austrália, em janeiro de 2005, quando recebi um telefonema com uma voz que nunca tinha ouvido antes.

— Bom dia, colega — dizia a voz. — Quem fala aqui é seu aluno, dr. Trent Barry.

— Meu aluno? — questionei, sem reconhecer seu nome.

— Sim. Sabe aquele curso ao vivo por telefone? Acordei às quatro horas da manhã todas as semanas para ouvir suas aulas da periferia de Melbourne, onde moro. Foi fantástico, e eu estava alucinado, mas nunca me manifestei.

"Nós queremos levá-lo de helicóptero até a Escola Secundária de Geelong. Faço parte do conselho da escola e estamos no meio de uma campanha para levantamento de fundos para um centro de bem-estar. Queremos que você fale aos ex-alunos e nos ajude a levantar o dinheiro para a campanha."

— O que é a Escola Secundária de Geelong? — perguntei.

— Para começar, pronuncia-se Giilong, e não Gelong, Marty. É um dos internatos mais antigos da Austrália, fundado há mais de 150 anos. Ele possui quatro campi, incluindo Timbertop (no alto das montanhas, onde todos os alunos do nono ano passam o ano inteiro). Se eles quiserem tomar banho quente lá, têm de cortar sua própria lenha. O príncipe Charles frequentou Timbertop, a única escola da qual ele tem boas recordações. O campus principal, Corio, fica 75 quilômetros ao sul de Melbourne. No total são 1.200 alunos e duzentos professores. É incrivelmente rica.

"A escola precisa de um novo ginásio", continuou, "mas o conselho disse que queremos bem-estar para as crianças tanto quanto um prédio. Falei a eles sobre você, Seligman — eles nunca tinham ouvido falar de você —, e eles querem que venha e convença os ex-alunos ricos de que é possível ensinar o bem-estar e de que é possível montar um programa para dar ao novo prédio — chamado de centro de bem-estar — um significado real. Nós conseguimos levantar 14 milhões de dólares em apenas seis meses e precisamos de mais 2 milhões."

Então minha família e eu embarcamos num helicóptero numa plataforma precária no meio do rio Yarra, em Melbourne, e seis minutos depois pousamos no gramado da frente da casa palaciana de Trent. Minha esposa, Mandy, sussurrou enquanto pousávamos:

— Tenho a estranha sensação de que vamos passar um período de licença aqui.

Naquela tarde falei a um grupo um tanto carrancudo de oitenta professores. Notei, particularmente, que uma das pessoas mais reservadas era o novo diretor, Stephen Meek. Alto, bonito, extremamente bem-vestido, muito britânico, um orador suave com uma voz um tanto grave, como a minha, ele era a pessoa mais rígida ali presente. Naquela noite, apresentado por Stephen, falei sobre a psicologia positiva para um público de cerca de cinquenta ex-alunos, todos vestidos com idêntica elegância, e vi suficientes cheques serem preenchidos ali mesmo para completar a marca dos 16 milhões de dólares. Contaram-me que Helen Handbury, irmã de Rupert Murdoch, tinha doado boa parte dos 16 milhões. Em seu leito de morte, pouco tempo depois, ela disse:

— Outro ginásio, não; eu quero bem-estar para os jovens.

Uma semana depois que retornei à Filadélfia, Stephen Meek me telefonou.

— Marty, eu gostaria de enviar uma delegação à Filadélfia para se reunir com você e tratar da possibilidade de ensinar o bem-estar à escola inteira — disse ele.

Após algumas semanas, três dos mais antigos e influentes membros do corpo docente chegaram para uma semana de aquisição de bem-estar na Penn: Debbie Cling, chefe de currículo, John Hendry, diretor de alunos, e Charlie Scudamore, diretor de Corio (o campus principal).

— O que vocês fariam — perguntaram a mim e a Karen Reivich — para impregnar uma escola inteira com a psicologia positiva, se tivessem carta branca e recursos ilimitados?

— Em primeiro lugar — respondeu Karen —, eu treinaria todo o corpo docente, por duas semanas inteiras, nos princípios e exercícios da psicologia positiva. Nós temos feito isso com um grande número de professores ingleses. Os professores primeiro aprendem a usar essas técnicas em suas próprias vidas e depois aprendem como ensiná-las aos alunos.

— Certo — disse Charlie. — E depois?

— Depois — continuou Karen —, eu deixaria um ou dois dos principais professores de psicologia positiva para o ensino médio em residência na escola, para corrigir a trajetória do corpo docente enquanto eles ensinam o bem-estar pelas turmas de todos os anos.

— Certo. Mais alguma coisa?

— Na verdade — interrompi, agora querendo a lua —, convoque todos os bambambás da psicologia positiva (Barb Fredrickson, Stephen Post, Roy Baumeister, Diane Tice, George Vaillant, Kate Hays, Frank Mosca e Ray Fowler) um por mês, criando uma série de palestras para o corpo docente, os alunos e a comunidade. Depois deixe cada um deles morar no campus por duas semanas, ensinar os alunos e professores, e orientá-los sobre o programa.

— Tudo bem.

— E se a Escola de Geelong puder arcar com tudo isso, eu irei em licença com minha família, para viver na escola e dirigir o projeto. Ninguém me segura.

Tudo aconteceu exatamente assim. Em janeiro de 2008, Karen, eu e 15 dos nossos instrutores na Penn (a maioria pós-graduados no MAPP) voamos para a Austrália para lecionar a cem membros do corpo docente da Escola Secundária de Geelong. Em um curso de nove dias, ensinamos os professores a usarem as competências em suas próprias vidas — pessoal e profissionalmente — e depois demos exemplos e um programa detalhado sobre como ensiná-las às crianças. Os princípios e as habilidades foram ensinados em sessões plenárias e reforçados por meio de exercícios e aplicações em grupos de trinta, bem como em pares e pequenos grupos. Além das notas altíssimas que recebemos dos professores (4,8 em 5,0) *e* do fato de os professores terem aberto mão de duas semanas de suas férias de verão, sem remuneração, a transformação de Stephen Meek foi emblemática.

O diretor abriu o primeiro dia com um discurso superformal e frio de boas-vindas, expondo francamente seu ceticismo em relação a todo o projeto. Filho de um vigário, Stephen é absolutamente honesto. Mas eu ainda não conhecia essa sua característica, e minha vontade, durante suas "boas-vindas", foi fazer as malas e voltar diretamente para casa. Mas, mergulhando de cabeça em tudo, no segundo dia Stephen já estava animado com o projeto. Ao fim dos nove dias, ele estava radiante e abraçando meus professores. (Eles são eminentemente "abraçáveis", mas não por diretores britânicos.) Ele queria mais e disse a seus professores que este era o quarto grande acontecimento na história da escola: o primeiro tinha sido a mudança da cidade de Geelong para o campus de Corio, numa zona rural, em 1910; o segundo, a fundação de Timbertop em 1955; o terceiro, a educação mista, em 1978; e agora o que ele denominou "educação positiva".

Após o treinamento, vários de nós ficamos em residência pelo ano inteiro, e cerca de 12 acadêmicos visitantes vieram, cada um por uma semana ou mais, para instruir o corpo docente em suas especialidades na psicologia positiva. Eis o que concebemos, dividido essencialmente em "Ensino", "Incorporação" e "Vivência".

O ENSINO DA EDUCAÇÃO POSITIVA
(OS CURSOS INDEPENDENTES)

Módulos e cursos independentes agora são dados nas várias séries para ensinar os elementos da psicologia positiva: resiliência, gratidão, forças pessoais, sentido, engajamento, relacionamentos positivos e emoção positiva. Os duzentos alunos do décimo ano no campus Corio (a escola superior) frequentaram uma aula de educação positiva duas vezes por semana, ministrada pelos diretores de cada um dos dez internatos. Os alunos assistiram a várias conferências dadas pelos acadêmicos visitantes, mas a espinha dorsal do curso foi a descoberta e o uso de suas próprias forças pessoais.

Durante a primeira lição, antes de fazerem o teste VIA de Forças Pessoais, os alunos escreveram histórias sobre situações nas quais estavam em seu melhor desempenho. Quando receberam os resultados de seus VIAs, eles releram suas histórias, procurando exemplos de suas forças pessoais. Quase todos os alunos encontraram ao menos duas, e a maioria encontrou três.

Outras lições sobre forças pessoais incluíram entrevistas com familiares para criarem uma "árvore genealógica" de forças, aprenderem a usá-las para vencer desafios e desenvolverem uma força que não estava entre as cinco primeiras. Para a última aula sobre esse tema, os alunos nomearam líderes no campus a quem consideravam modelos de cada uma das forças. Os professores e alunos agora têm uma língua comum para discutir suas vidas.

Após as forças pessoais, a próxima série de lições para o décimo ano enfocou a criação de mais emoção positiva. Os alunos escreveram cartas de gratidão a seus pais, aprenderam a saborear as boas lembranças, a vencer as tendências à negatividade, e descobriram o quanto a bondade é gratificante para o doador. O diário de bênçãos, no qual os alunos registram, todas as noites, aquilo que correu bem no dia, é agora um produto importante em todas as séries da escola.

No campus de Timbertop, construído em uma montanha perto de Mansfield, Victoria, todos os 220 alunos do nono ano levam uma vida dura de tarefas ao ar livre por um ano inteiro, o que corresponde a uma verdadeira maratona pelas montanhas. O curso independente de educação positiva em Timbertop enfatiza a resiliência. Primeiro os alunos aprendem o modelo CAR: como as crenças (C) em relação a uma adversidade (A) — e não a adversidade em si — causam os sentimentos resultantes (R). Esse é um ponto de grande discernimento para os alunos: as emoções não resultam inexoravelmente dos acontecimentos externos, mas daquilo que a pessoa *pensa* sobre esses acontecimentos, e é possível, efetivamente, mudar o que se pensa. Os alunos aprendem a desacelerar esse processo por meio de um pensamento mais flexível e mais preciso. Finalmente, aprendem a "resiliência em tempo real", de modo a lidar com as adversidades "intempestivas" que os alunos do nono ano enfrentam com tanta frequência em Timbertop.

Após a resiliência, as próximas lições em Timbertop abordam a resposta ativa e construtiva (RAC) com um amigo e a importância de uma razão Losada de 3:1 entre positividade e negatividade. A primeira e a segunda unidades são dadas pelos professores de saúde e educação física, um ajuste natural, tendo em vista os objetivos austeros de Timbertop.

Embora esses cursos independentes ensinem conteúdos e habilidades, há muito mais na educação positiva do que apenas os cursos independentes.

A INCORPORAÇÃO DA EMOÇÃO POSITIVA

Os professores de Geelong incorporam a educação positiva nos cursos acadêmicos, no campo de esportes, no aconselhamento pastoral, na música e na capela. Vamos a alguns exemplos de sala de aula.

Os professores de língua inglesa usam as forças pessoais e a resiliência para discutir romances. Embora *Rei Lear*, de Shakespeare, seja uma leitura um tanto deprimente (recentemente me arrastei mais uma vez nesta tarefa), os alunos identificam as forças dos personagens principais e como elas têm um lado bom e um lado sombra. Professores de inglês usam a resiliência para demonstrar o pensamento catastrófico dos personagens em *A Morte de um Caixeiro-Viajante*, de Arthur Miller, e *A Metamorfose*, de Franz Kafka.

Os professores de retórica alteraram os trabalhos, passando de uma situação de "Faça um discurso sobre uma ocasião em que você fez papel de bobo" para "Faça um discurso sobre uma ocasião em que foi valioso para alguém". A preparação dos alunos para esses discursos leva menos tempo, eles falam com mais entusiasmo e os alunos que estão ouvindo não se tornam tão impacientes durante os discursos positivos.

Os professores de religião questionam os alunos sobre a relação entre ética e prazer. Os alunos refletem sobre os filósofos Aristóteles, Jeremy Bentham e John Stuart Mill à luz das mais recentes pesquisas sobre o cérebro no que diz respeito ao prazer e ao altruísmo, as quais sugerem que o altruísmo e a compaixão têm um circuito cerebral subjacente que foi favorecido pela seleção natural. Os alunos analisam perspectivas (incluindo as suas próprias) sobre o que dá propósito à vida. Os alunos e seus pais entram em um "diálogo sobre o sentido", no qual escrevem uma série de e-mails sobre o que torna a vida mais significativa, estimulados por um pacote de sessenta citações famosas sobre o sentido.

Os professores de geografia normalmente avaliam variáveis sombrias: pobreza, seca, malária; mas os professores de geografia de Geelong também pedem que os alunos avaliem o bem-estar de nações inteiras, e como o critério de bem-estar difere na Austrália, no Irã e na Indonésia. Eles também investigam como a geografia física de um lugar (por exemplo, o espaço verde) pode contribuir para o bem-estar. Os professores de línguas estrangeiras pedem que os alunos avaliem as forças de caráter no folclore e cultura japoneses, chineses e franceses.

Professores do ensino fundamental iniciam cada dia perguntando "O que correu bem?", e os alunos indicam os colegas que demonstraram a "força da semana". Os professores de música usam as habilidades de resiliência para produzir otimismo quando as execuções não foram boas. Professores de artes, de todos os níveis, ensinam a apreciação da beleza.

Treinadores de atletismo ensinam a "abandonar os ressentimentos" contra companheiros de equipe que tiveram mau desempenho. Alguns treinadores usam a reorientação de competências para lembrar aos membros das equipes as coisas boas que fizeram e observam um melhor desempenho entre alunos que superam a tendência à negatividade.

Um técnico desenvolveu um exercício sobre forças de caráter para fazer um balanço da equipe após cada jogo. Durante a sessão de avaliação, os alunos reveem os êxitos e desafios pela lente das forças de caráter. Os membros da equipe identificam — em si mesmos, nos colegas e em seus técnicos — exemplos em que determinadas forças foram exigidas durante o jogo. Além disso, os alunos identificam "oportunidades perdidas" de usar certas forças; a ideia é que a identificação dessas oportunidades perdidas aumente a atenção às futuras oportunidades para usá-las.

A capela é outro local de educação positiva. Passagens bíblicas sobre a coragem, o perdão, a persistência e praticamente todas as outras forças são mencionadas durante o culto diário, reforçando as discussões que estão ocorrendo em sala de aula no momento. Por exemplo, quando o tema na sala de aula do décimo ano era a gratidão, o sermão de Hugh Kempster na capela e as passagens bíblicas eram também sobre a gratidão.

Além dos cursos independentes e da incorporação da educação positiva no cotidiano escolar, os alunos e professores percebem-se vivendo-a de maneiras que não haviam imaginado.

A VIVÊNCIA DA EDUCAÇÃO POSITIVA

Como todos os alunos de 6 anos da Escola de Geelong, Kevin inicia seu dia em um semicírculo junto com seus colegas uniformizados do primeiro ano. De frente para sua professora, Kevin levanta a mão quando ela pergunta à turma:

— Crianças, o que correu bem na noite passada?

Ansiosos para responder, vários alunos do primeiro ano partilham histórias breves.

— Ontem nós jantamos minha comida preferida: espaguete.
— Eu joguei damas com meu irmão mais velho e ganhei.
Kevin diz:
— Minha irmã e eu limpamos o pátio depois do jantar, e minha mãe nos abraçou quando terminamos.
A professora acompanha Kevin.
— Por que é importante partilhar aquilo que correu bem?
Ele não hesita.
— Porque me faz sentir bem.
— Mais alguma coisa, Kevin?
— Ah, sim. Minha mãe me pergunta o que correu bem quando eu chego em casa todos os dias, e quando eu conto ela fica contente. E quando a mamãe fica contente, todo mundo fica contente.

Elise acabou de retornar de um lar para idosos onde ela e seus colegas do quinto ano concluíram seu projeto de "padaria", no qual Jon Ashton, chefe famoso da televisão e um de nossos acadêmicos visitantes, ensinou a todo o quarto ano a fazer a receita de pão de sua avó. Depois todos eles visitaram um lar para idosos e doaram os pães aos residentes. Elise explica o projeto.
— Primeiro nós aprendemos sobre a boa alimentação — disse ela. — Depois aprendemos a cozinhar uma refeição saudável, mas em vez de comê-la, nós demos a comida a outras pessoas.
— Você se incomodou de não comer a comida que levou tanto tempo para preparar? Ela cheirava tão bem!
— Não, ao contrário — declara ela com um sorriso escancarado. — No começo eu fiquei com medo dos idosos, mas depois foi como se uma luzinha se acendesse dentro de mim. Quero fazer de novo.
A melhor amiga de Elise rapidamente acrescenta:
— Fazer algo pelos outros é melhor que qualquer videogame.
Kevin e Elise são dois dos fios entrelaçados na tapeçaria da "vivência" na Escola de Geelong. Kevin começa seu dia escolar com "O que correu bem?", mas quando vai para casa, ele vive a educação positiva. O exercício "o que correu bem" não toma o lugar de nenhuma aula, mas com esse re-

forço, os dias começam melhor. Até as reuniões do corpo docente começam melhor.

A educação positiva na Escola Secundária de Geelong é um trabalho em andamento e não é um experimento controlado. A Escola de Melbourne, rua acima, não se ofereceu como grupo de controle. Portanto, só o que posso fazer é relatar histórias sobre o antes e o depois. Mas a mudança é palpável e transcende as estatísticas. A escola já não é mais carrancuda. Em 2009, passei mais um mês lá. Nunca vi uma escola com um moral tão elevado. Detestei ter de partir e voltar para minha própria universidade carrancuda. Nenhum dos duzentos membros do corpo docente deixou a escola no fim do ano escolar. Admissões, solicitações de ingresso e doações estão em alta.

A educação positiva, em si mesma, é uma forma lenta e gradual de espalhar o bem-estar por todo o planeta. Está limitada pelo número de professores treinados e pelo número de escolas dispostas a adotá-la. A computação positiva talvez seja o pulo do gato.

Computação positiva

— Nós temos 500 milhões de usuários, e metade deles se conecta pelo menos uma vez por dia — disse Mark Slee, o charmoso diretor de pesquisas do Facebook. — Cem milhões deles são usuários de celulares.

Nossos queixos caíram. Os queixos pertenciam aos principais pesquisadores da Microsoft, do laboratório de mídia do Instituto de Tecnologia de Massachusetts, do laboratório Stanford Persuasion, além de dois designers de video games e meia dúzia de psicólogos positivos. O local era o Centro de Psicologia Positiva da Universidade da Pensilvânia, numa reunião sobre computação positiva no início de maio de 2010. O tema da reunião era como ir além do lento avanço na educação positiva para disseminar o florescimento em massa. As novas tecnologias da computação talvez tivessem a solução.

O organizador era Tomas Sanders, um visionário profissional envolvido em pesquisas sobre privacidade da Hewlett-Packard. Ele deu o tom do encontro.

— Para que haja um florescimento em larga escala, particularmente entre jovens, é condição necessária que a psicologia positiva desenvolva um modelo de serviço para suas intervenções de promoção do bem-estar com alcance global. A tecnologia da informação está em posição privilegiada para assessorar as pessoas em seu florescimento de uma forma eficaz, crescente e eticamente responsável — ele declarou. Tomas então definiu a computação positiva: o estudo e desenvolvimento de uma tecnologia da informação e comunicação conscientemente projetada para apoiar o florescimento psicológico das pessoas, de um modo que respeite as diferentes ideias de indivíduos e comunidades sobre o que é uma vida boa.

Passamos grande parte do nosso tempo discutindo como adaptar concretamente a tecnologia existente ao florescimento individual. Rosalind Picard, principal pesquisadora da computação afetiva — o uso de computadores para produzir uma vida emocional melhor —, apresentou a ideia de um "assistente pessoal de florescimento" (APF). O APF é um aplicativo de telefonia móvel que mapeia onde a pessoa está, com quem está, e qual o seu nível de excitação emocional. Ele então fornece informações e exercícios relevantes; por exemplo: "A última vez em que você esteve aqui, sua felicidade estava no nível máximo. Tire uma foto do pôr do sol e transmita-a a Becky e Lucius." O APF vai registrar suas experiências e elas poderão ser levantadas depois — "Mostre-me os quatro pontos mais altos da semana passada" —, montando um "portfólio positivo".

Por acaso, enquanto essa discussão acontecia, o major-general Chuck Anderson vinha descendo o quarteirão, vindo de nosso programa de aptidão abrangente para soldados (veja os Capítulos 7 e 8).

— É incrível — disse ele. — A primeira coisa que meus soldados no Afeganistão me pedem quando saem de combate não é um hambúrguer, mas Wi-Fi. O general [George] Casey decidiu tornar a aptidão psicológica tão importante para o exército quanto a aptidão física. Mas meus soldados são obrigados a se lembrar todos os dias, por meio de flexões e corridas, da importância da aptidão física. Venho quebrando a cabeça, tentando descobrir como tornar o condicionamento psicológico tão proeminente para eles quanto a aptidão física. Pensei em transformar as manhãs de quinta-feira em manhãs de aptidão psicológica e fazer com que minhas brigadas façam exercícios de psicologia positiva. Meus soldados estão todos conectados; todos eles têm um telefone celular e a maioria tem BlackBerrys ou iPhones. Ao ouvi-los falando, acho que o exército pode fazer melhor; podemos criar os "aplicativos de resiliência" corretos, ou talvez vocês pudessem criar os jogos certos para ensinar forças pessoais, habilidades sociais e resiliência.

Então Jane McGonigal interveio.

— Eu crio jogos sérios, jogos que produzem aspectos positivos na vida — disse ela. (Jogue um deles em www.avantgame.com.) Nos jogos de Jane, por exemplo, Gaming to Save the World [Jogando para salvar o mundo], os jogadores resolvem problemas do mundo real, como a escassez de alimentos e a paz mundial. — Nós podemos ensinar as forças pessoais por meio do jogo — disse ela. — As crianças podem identificar suas forças pessoais e depois, nos jogos, enfrentar problemas que desenvolverão essas forças.

Junto com os desenvolvimentos criativos nos jogos, o Facebook tem o público, a capacidade e está produzindo aplicativos destinados ao desenvolvimento e à avaliação do bem-estar em todo o mundo. Pode o bem-estar ser monitorado diariamente em todo o mundo? Eis um começo: Mark Slee contou o número de ocorrências da palavra *demitido* no Facebook todos os dias e colocou num gráfico comparando com o número de demissões em todo o mundo. E, com efeito, eles se moviam em sincronia. Você pode pensar que não há nada de emocionante nisso.

Mas agora pense nos cinco elementos do bem-estar: emoção positiva, engajamento, sentido, relacionamentos positivos e realização. Cada elemento tem um léxico, um vocabulário extenso. Por exemplo, a língua inglesa tem apenas umas oitenta palavras que descrevem a emoção positiva. (Pode-se determinar isso indo ao dicionário e procurando uma palavra como *alegria*; depois procurando todas as palavras relacionadas e contando os sinônimos de todas elas, acabando por retornar ao núcleo de oitenta.) O gigantesco banco de dados do Facebook poderia ser acessado diariamente para uma contagem de palavras relacionadas à emoção positiva — palavras que indiquem sentido, relacionamentos positivos e realização — como uma primeira aproximação ao bem-estar em determinado país ou como função de algum acontecimento importante.

O Facebook e seus similares podem não apenas mensurar o bem-estar, mas também aumentá-lo.

— Nós temos um novo aplicativo: o goals.com — continuou Mark. — Nele, as pessoas registram seus objetivos e seu progresso para atingi-los.

Comentei sobre as possibilidades de o Facebook promover o bem-estar.

— Do modo como está hoje, o Facebook pode estar efetivamente produzindo quatro dos elementos do bem-estar: emoção positiva, engajamento (partilhando todas aquelas fotos de acontecimentos bons), relacionamentos positivos (o que está no âmago das amizades) e agora realização. Tudo isso é positivo. O quinto elemento do bem-estar, no entanto, precisa ser trabalhado, e no ambiente narcisista do Facebook isso é urgente. É o pertencer e servir a algo que se acredite maior que o próprio eu: o elemento do sentido. O Facebook poderia de fato ajudar a produzir sentido nas vidas de seus 500 milhões de usuários. Pense nisso, Mark.

Um novo parâmetro de prosperidade

Afinal, para que serve toda a nossa riqueza? Certamente não é, como defende a maioria dos economistas, apenas para produzir mais riqueza. O Produto Interno Bruto (PIB) foi, durante a Revolução Industrial, uma primeira estimativa aceitável do quanto um país estava se saindo bem. Hoje, no entanto, toda vez que construímos uma prisão, cada vez que há um divórcio, um acidente de trânsito ou um suicídio, o PIB — apenas uma medida de quantos bens e serviços são usados — sobe. O objetivo da riqueza não deveria ser produzir cegamente um PIB mais alto, mas produzir mais bem-estar. O bem-estar geral — emoção positiva, engajamento no trabalho, relacionamentos positivos e uma vida cheia de sentido — hoje é quantificável e complementa o PIB. A política pública pode estar voltada para o aumento do bem-estar geral, e os êxitos ou fracassos da política podem ser avaliados segundo esse padrão.

A prosperidade comum tem sido equiparada à riqueza. Com base nessa formulação, diz-se comumente nas nações ricas que esta talvez seja a última geração a se sair melhor do que seus pais. Isso talvez seja verdade em relação ao dinheiro, mas será que o que os pais querem para seus filhos é mais dinheiro? Não acredito. Acho que o que os pais querem para seus filhos é mais bem-estar do que eles próprios tiveram. E por este parâmetro, há uma grande esperança de que os filhos se saiam melhor que seus pais.

É chegada a hora de uma nova prosperidade; uma prosperidade que leve a sério o florescimento como alvo da educação e dos cuidados parentais. Aprender a valorizar e alcançar o bem-estar deve começar cedo — nos primeiros anos de escolarização — e é essa nova prosperidade, alimentada pela educação positiva, que o mundo pode agora escolher. Um dos quatro componentes do florescimento é a realização positiva. O próximo capítulo explora os ingredientes subjacentes da realização e apresenta uma nova teoria do sucesso e da inteligência.

PARTE II

As Formas de Florescer

Capítulo 6

GARRA, caráter e realização: Uma nova teoria da inteligência

O Departamento de Psicologia da Universidade da Pensilvânia tem um programa de doutorado extremamente competitivo. Todos os anos, recebemos centenas de candidatos e aceitamos apenas uns dez. A psicologia positiva recebe cerca de trinta candidatos por ano e aceita apenas um. O candidato-modelo tem graduação em psicologia, um GPA* próximo à perfeição em uma importante universidade americana ou europeia, notas no exame GRE** bem acima de 700 e três cartas de recomendação — cada uma delas confirma que este candidato é "realmente excepcional, o melhor em anos". O comitê de admissão é tradicional, mas inflexível (nunca participei dele), e rejeitou alguns candidatos incrivelmente bons.

Um desses candidatos que me vem à mente foi uma das primeiras mulheres a ganhar um importante campeonato de pôquer. Em sua redação, ela disse que tinha economizado muito dinheiro, tomado um avião para Las Vegas e entrado no campeonato mundial, e havia ganhado o torneio. O presidente da universidade, Sheldon Hackney, e eu argumentamos que ela devia

---
* GPA = *Grade Point Average*. O GPA é um parâmetro de avaliação do nível acadêmico do aluno, a partir de suas notas finais por matéria. [N. da T.]
** GRE = *Graduate Record Examination*. Teste usado como critério de admissão em diversos programas de mestrado dos Estados Unidos e em algumas universidades europeias. [N. da T.]

ser admitida por ter demonstrado não um mero potencial, mas um desempenho verdadeiramente superior — mas não adiantou. Os GREs dela, disseram-nos, não eram suficientemente altos. Ainda sou grato a ela, no entanto, por passar parte de sua entrevista corrigindo meus erros de pôquer, com isso fazendo-me economizar milhares de dólares ao longo da década seguinte.

— Coragem — disse ela — é a chave para o pôquer de apostas altas. Você deve tratar a ficha branca simplesmente como uma ficha branca, quer ela valha uma moeda de um níquel ou mil dólares.

Sucesso e inteligência

O período de candidatura se encerra em 1º de janeiro e, após uma extenuante série de entrevistas pessoais, as aceitações saem no fim de fevereiro. Este tem sido o procedimento operacional durante os 45 anos em que estou neste departamento. Até onde sei, em todo esse tempo houve apenas uma única exceção: Angela Lee Duckworth.

Em junho de 2002, recebemos um requerimento tardio para a turma que começaria em setembro daquele ano. Ele teria sido sumariamente descartado não fosse pela intervenção do diretor de formação superior, John Sabini. John — que Deus o tenha (ele faleceu repentinamente em 2005, aos 59 anos) — sempre tinha sido um dissidente. Trabalhava em temas tão pouco convencionais quanto a fofoca, afirmando que ela é uma forma legítima de sanção moral, mas num nível menos punitivo que o da sanção legal. Em tudo o que ele fazia, seguia na contramão da psicologia social acadêmica. Eu tinha sido sempre o outro dissidente do departamento, geralmente leal ao argumento impopular, aquele que precisava de ouvintes. John e eu podíamos pressentir outro dissidente a quilômetros de distância.

"Sei que é intoleravelmente tarde, mas você precisa ler esta carta de candidatura, Marty", disse ele por e-mail. Era escrita por Angela Lee Duckworth. Eis parte do conteúdo:

> *Durante a graduação, passei pelo menos o mesmo número de horas trabalhando como voluntária nas salas de aula das escolas públicas de Cambridge quanto nas salas de aula e nos laboratórios de Har-*

vard. Testemunhando pessoalmente a realidade de estudantes urbanos malsucedidos em escolas urbanas malsucedidas, optei pela consciência acima da curiosidade. Assumi o compromisso de buscar a reforma da educação pública após a graduação. Durante meu último ano, fundei uma escola de verão, sem fins lucrativos, para alunos de baixa renda. [...] Summerbridge Cambridge transformou-se num modelo para outras escolas públicas em todo o país, foi citada na rádio NPR e em muitos jornais, foi usada como estudo de caso para a Escola de Governo Kennedy e ganhou o Better Government Competition [Concurso do Melhor Governo] pelo estado de Massachusetts.

Passei os dois anos seguintes na Universidade de Oxford com uma bolsa de estudos Marshall. Minha pesquisa focou as vias magnocelular e parvocelular de informação visual na dislexia. [...] Optei por não fazer um doutorado naquele momento de minha carreira. [...] Passei os seis anos seguintes como professora de escola pública, líder sem vencimentos, consultora de escola charter* e escritora sobre políticas educacionais.

Após anos de trabalho com alunos em ambos os extremos do espectro da realização, hoje tenho uma visão bastante diferente da reforma escolar. O problema, penso eu, não está apenas nas escolas, mas também nos próprios alunos. O motivo é que aprender é difícil. Claro, aprender é divertido, estimulante e gratificante — mas com frequência também é intimidante, exaustivo e às vezes desanimador. Em geral, os alunos que já não querem aprender, que não acreditam que podem aprender e que não veem sentido em aprender simplesmente não aprendem — por mais maravilhosa que seja a escola ou o professor. [...]

Para ajudar alunos com desempenho cronicamente baixo, mas inteligentes, os educadores e pais devem primeiro reconhecer que o caráter é no mínimo tão importante quanto o intelecto.

Decidi não exumar minha carta de admissão à pós-graduação na Penn, em 1964, e compará-la a esta.

---

* Espécie de escola pública independente nos Estados Unidos, não ligada ao distrito escolar. [N. da T.]

Por quase um século, a sabedoria convencional e a visão politicamente correta culparam os professores, as escolas, o tamanho das turmas, os livros didáticos, o financiamento, os políticos e os pais pelo fracasso dos alunos — jogando a culpa em tudo e todos, menos nos próprios alunos. O quê? Culpar a vítima? Jogar a culpa no caráter dos alunos? Que atrevimento! Há muito o caráter tinha saído de moda nas ciências sociais.

Caráter positivo

No século XIX, a política, a moralidade e a psicologia tinham a ver com o caráter. O primeiro discurso inaugural de Lincoln, apelando aos "melhores anjos de nossa natureza", foi representativo do modo como os americanos explicavam o bom e o mau comportamento. A Revolta da Praça Haymarket, em Chicago, em 1886, foi um divisor de águas. Havia uma greve geral e alguém, até hoje não se sabe quem, lançou uma bomba; os policiais abriram fogo e, numa luta de cinco minutos, oito policiais e um número incerto de civis foram mortos. A culpa caiu sobre os imigrantes alemães, e a imprensa os condenou como "animais sangrentos", "monstros" e "demônios". No entendimento popular, as mortes foram causadas pelo mau caráter dos imigrantes, e eles foram rotulados de anarquistas. Quatro deles foram enforcados; um quinto se suicidou antes de sua execução.

Houve uma enorme reação da esquerda contra os enforcamentos. A reboque desse protesto veio uma grande ideia: uma explicação alternativa para o mau caráter. Todos os condenados vinham das classes mais baixas de trabalhadores. Eram analfabetos em inglês, estavam desesperados, viviam com salários de fome e moravam amontoados com suas famílias em cortiços de um cômodo. A grande ideia afirmava que não era o mau caráter, mas o ambiente maligno, que produzia o crime. Os teólogos e filósofos assumiram esse clamor e o resultado final foi a "ciência social": uma ciência que demonstraria que o ambiente, e não o caráter nem a hereditariedade, era uma melhor explicação para o que as pessoas faziam. Quase toda a história da psicologia do século XX e suas disciplinas irmãs — a sociologia, a antropologia e a ciência política — desenvolveram essa premissa.

MOVIDO PELO FUTURO E NÃO CONDUZIDO PELO PASSADO

Observe a cascata de mudanças que resultam do abandono do caráter como explicação para o mau comportamento humano em favor do ambiente. Primeiro, os indivíduos já não são mais responsáveis por suas ações, já que as causas não estão na pessoa, mas na situação. Isso significa que as intervenções devem mudar: se você quiser produzir um mundo melhor, deve aliviar as circunstâncias que produzem más ações em vez de desperdiçar seu tempo tentando mudar o caráter ou punindo o mau comportamento e recompensando o bom. Segundo, a ciência progressiva deve isolar as situações que moldam o crime, a ignorância, o preconceito, o fracasso e todos os outros males que acontecem aos seres humanos, para que essas situações possam ser corrigidas. Usar o dinheiro para corrigir problemas torna-se a principal intervenção. Terceiro, o foco das investigações deve ser os maus acontecimentos, e não os bons. Na ciência social, faz sentido desculpar o fracasso de Sammy na escola porque ela estava com fome, ou tinha sofrido abuso, ou vinha de um lar no qual não se valorizava a aprendizagem. Em contrapartida, não tiramos o crédito das pessoas que fazem coisas boas, porque faz pouco sentido "desculpar" o bom comportamento a partir das circunstâncias que levaram a ele. É estranho dizer que Sammy fez um discurso tão bom porque frequentou boas escolas, porque tem pais amorosos e é bem alimentada. Finalmente — e isso é tão básico que quase se torna invisível —, a visão da situação propõe a premissa de que *somos conduzidos pelo passado e não movidos pelo futuro.*

A psicologia tradicional — a psicologia das vítimas, das emoções negativas, da alienação, da patologia e da tragédia — é filha ilegítima da praça Haymarket. A postura da psicologia positiva em relação a tudo isso é bastante diferente da postura da psicologia comum: às vezes as pessoas são realmente vítimas (estou escrevendo isso no dia seguinte ao horrível terremoto no Haiti, onde hoje centenas de milhares de vítimas genuínas estão sofrendo ou mortas), mas com frequência elas são responsáveis por suas ações, e suas escolhas inconvenientes brotam de seu caráter. Responsabilidade e livre-arbítrio são processos necessários dentro da psicologia positiva. Quando a culpa recai sobre as circunstâncias, a responsabilidade e a vontade do indivíduo são minimizadas, se não eliminadas. Quando, ao contrário, a ação emana do caráter e da escolha, a responsabilidade individual e o livre-arbítrio são, pelo menos em parte, suas causas.

Isso tem implicações diretas no modelo de intervenção: na psicologia positiva, o mundo pode ser melhorado não apenas pela anulação das circunstâncias ruins (não defendo, nem remotamente, o abandono das reformas), mas também identificando e depois moldando o caráter, tanto o bom quanto o mau. A recompensa e a punição moldam o caráter, não só o comportamento. Para a psicologia positiva, os bons acontecimentos, as grandes realizações e as emoções positivas são objetos da ciência tão legítimos quanto as emoções negativas. Quando levamos a sério os acontecimentos positivos como objetos da ciência, percebemos que não criamos pretextos nem tiramos o crédito de Sammy por seu desempenho brilhante, pelo fato de ela estar bem alimentada, ter bons professores ou pais que valorizam o aprendizado. Nós nos preocupamos com o caráter de Sammy, seus talentos, suas forças e virtudes. Finalmente, os seres humanos são frequentemente — talvez mais do que frequentemente — movidos pelo futuro em vez de conduzidos pelo passado, e por isso a ciência que avalia e produz expectativas, planejamentos e escolhas conscientes será mais potente que a ciência dos hábitos, das motivações e circunstâncias. O fato de sermos movidos pelo futuro em vez de apenas conduzidos pelo passado é extremamente importante e diretamente contrário à herança da ciência social e à história da psicologia. É, no entanto, uma premissa básica e implícita da psicologia positiva.

A proposta de Angela de que o fracasso escolar pode brotar, em parte, do caráter dos alunos, e não apenas do sistema que os vitimiza, atraiu o psicólogo positivo que há em mim e a atenção dos dissidentes, que era a pedra angular da pedagogia de John Sabini. Ali estava o tipo certo de dissidente: alguém com altíssimas credenciais intelectuais e uma excelente formação, mas não suficientemente domesticada pela política a ponto de evitar fazer pesquisas sérias sobre as forças e virtudes do caráter de alunos bem-sucedidos e as deficiências do caráter de alunos que fracassam.

O que é inteligência?

VELOCIDADE

Entrevistamos Angela imediatamente. A primeira impressão que tive dela disparou uma lembrança que preciso contar. Nos anos 1970, eu era um dos dois professores na Penn a fundar um sistema de residência universitária; Alan Kors, professor de história intelectual europeia moderna, acreditava que a formação universitária tinha verdadeiramente a ver com a vida mental. Mas quando lecionávamos a nossos alunos da graduação, percebíamos o abismo que separava a sala de aula do que eles consideravam suas vidas reais: eles podiam simular paixão intelectual em sala de aula para obter boas notas, mas uma vez liberados, era festa, festa, festa. Alan e eu tínhamos vivenciado esta vida animal em primeira mão nos dormitórios de Princeton, no início dos anos 1960, mas ganhamos um abrigo seguro que transformou nossas vidas: Wilson Lodge, um espaço de alimentação existente em Princeton naquela época. Até hoje, após uma vida inteira de banquetes intelectuais, esta continua a ser a melhor experiência intelectual que tive em toda a minha vida. O presidente da turma de último ano, Darwin Labarthe, sobre quem você ouvirá muito no próximo capítulo, inspirado pelo presidente da universidade, Robert Goheen, liderou um protesto contra o entrincheirado sistema clubista anti-intelectual e antissemita de Princeton. Juntos eles criaram o Wilson Lodge, aberto a qualquer aluno ou professor, e mais de cem alunos dos mais intensamente intelectualizados se juntaram a eles, assim como quarenta dos mais dedicados professores.

Alan e eu achamos que um sistema como este, em que professores dedicados se reunissem com os universitários, ofereceria o mesmo antídoto à vida animal nos dormitórios da Penn. Por isso fundamos as residências universitárias da Penn, em 1976. A primeira foi a Van Pelt, e Alan, que era solteiro — nenhum professor que pudéssemos recrutar era suficientemente dedicado para abrir mão de sua vida familiar para viver com 180 universitários —, concordou em se tornar o primeiro dirigente. Sucedi-o em 1980, após meu divórcio. Não vou fingir que foi um trabalho fácil; na verdade, foi meu único trabalho que considero ter sido um fracasso. Minhas próprias inadequações para assumir o lugar dos pais, 24 horas por dia, com jovens no início da vida adulta, tentando apaziguar as intermináveis brigas entre os colegas de quarto, as tentativas de suicídio, os estupros, as brincadeiras maldosas, a falta de privacidade e, pior, uma administração insensível que tratava os professores residentes não como professores, mas como empregados horistas, tornavam a vida do dirigente uma confusão sem fim.

Mas a vida intelectual que criamos foi um avanço e sobrevive até hoje. E as festas eram ótimas. Os alunos as chamavam de "arrasa-mestres". A figura central dessas festas era uma aluna chamada Lisa, que dançava muito graciosamente. A música era o rock, geralmente com uma batida pesada e muito rápida. Lisa de algum modo conseguia dar dois passos para cada batida, dançando duas vezes mais rápido que qualquer outra pessoa, desde o início da festa até bem tarde da noite.

Isso me traz de volta à minha primeira impressão sobre Angela Lee Duckworth: ela era o equivalente verbal de Lisa — falando duas vezes mais rápido que qualquer outra pessoa que eu conhecesse, infatigavelmente, e o que dizia ainda fazia todo o sentido.

A velocidade é algo que ao mesmo tempo atrai e repele na vida acadêmica, e ela tem um papel central naquilo que penso ser, efetivamente, a inteligência. A velocidade intelectual era muito valorizada por meus pais e professores: os protótipos a serem imitados eram Dickie Freeman e Joel Kupperman, dois prodígios que estrelaram o *Quiz Kids*, um programa de rádio semanal no início dos anos 1950. Eles respondiam a perguntas factuais mais rapidamente do que os outros concorrentes, perguntas como: "Que estado termina com *ut*?" Sei disso porque concorri na versão do programa na rádio local quando eu estava no quarto ano, acertando essa e adivinhando corretamente que eram cinco os pequenos Peppers (uma antiga série de livros). Mas fiquei em segundo lugar, depois de Rocco Giacomino, e por isso não consegui chegar ao programa nacional, quando me confundi ao responder "Quem escreveu o poema 'Flow Gently, Sweet Afton'?".

A inclinação de meus pais e dos professores para a velocidade não era uma convenção social acidental. Acontece que a velocidade e o QI têm uma relação surpreendentemente forte. No procedimento experimental chamado "tempo de reação de escolha", sujeitos foram colocados de frente para um painel com uma luz e dois botões. Eles foram orientados a pressionar o botão da esquerda quando a luz fosse verde e a pressionar o da direita quando a luz fosse vermelha, e para fazer isso o mais rápido possível. A correlação entre o QI e a rapidez com que as pessoas fazem isso chega a +0,5. Mas ser rápido no tempo de reação de escolha não é simples atletismo, já que sua correlação com o "tempo de reação simples" ("Quando eu disser 'Já', aperte o botão o mais rápido possível") é insignificante.

Por que a inteligência estaria tão intimamente relacionada à velocidade mental? Meu pai, Adrian Seligman, era vice-relator de estado no Tribunal de Recurso de Nova York. Seu trabalho era levantar os pareceres difíceis e agramaticais dos setes juízes da suprema corte e traduzi-los numa linguagem jurídica legível que se assemelhasse ao inglês. Ele era incrivelmente rápido. Segundo minha mãe, Irene, que, sendo uma estenógrafa de tribunal, era uma observadora atenta, Adrian era capaz de fazer em uma hora o que outros advogados levavam o dia inteiro para fazer. Isso lhe dava sete horas para conferir e corrigir seu trabalho, reescrevê-lo, para que o produto final fosse muito melhor que o de qualquer outro relator.

Qualquer tarefa mental complexa — reescrever pareceres legais, multiplicar números com três dígitos, contar mentalmente as janelas de sua casa de infância, decidir qual vaso sanguíneo suturar primeiro ou se a próxima colina é um provável ponto de emboscada — tem componentes automáticos rápidos e componentes voluntários mais lentos, que exigem muito mais esforço. Você é um experiente sargento aproximando-se de uma colina no Afeganistão. Você estuda a aproximação e, a partir de seus encontros prévios, sabe instantaneamente que a terra recém-movimentada, o silêncio e a ausência de sons de animais são sinais de perigo. Quanto mais componentes de uma tarefa você tiver automatizados, mais tempo terá para o trabalho pesado. Você gasta dois minutos para chamar a base pelo rádio e pedir os últimos relatórios sobre a presença de combatentes estrangeiros. Você é informado de que pessoas na aldeia mais próxima avistaram três desconhecidos esta manhã. Tudo isso indica uma emboscada ou um equipamento explosivo improvisado; logo, você toma o caminho mais longo circundando a colina. Os dois minutos a mais salvam vidas.

A velocidade mental do sargento é um substituto para a proporção da tarefa que ele já tinha no automático. Percebo isso nos jogos de bridge a cada vez que jogo (uma média de três horas por dia pela internet). Já joguei mais de 250 mil mãos durante toda a minha vida e todas as combinações de quatro em 13 (no bridge, cada jogador segura 13 cartas compostas de quatro naipes) já são automáticas para mim. Deste modo, se eu descobrir que um oponente tem seis espadas e cinco copas, sei — instantaneamente — que ele tem dois ouros e nenhuma carta de paus, ou dois paus e nenhum copas, ou um de cada. Jogadores menos experientes têm de calcular esse resto e alguns têm até de dizê-lo para si mesmos. Eu realmente tive de dizer "dois ouros e nenhum paus, ou dois paus e nenhum ouros, ou um paus e um ouros", silenciosamente, até por volta de minha mão de número 100 mil. Uma mão de bridge é um evento cronometrado. Você tem apenas sete minutos para cada mão numa partida de bridge, e, portanto, quanto mais combinações você tiver no automático, mais tempo tem para o trabalho pesado e para descobrir se a jogada vencedora mais provável é um finesse simples, ou um squeeze, ou a jogada final.

O que distingue um grande jogador de bridge, um grande cirurgião ou um grande piloto do restante de nós, mortais, é a sua vasta capacidade de desempenho automático. Quando a maior parte do que um especialista faz está automatizada, as pessoas dizem que ele tem "grandes intuições". Portanto, levo muito a sério a velocidade.

Angela (cuja teoria estrutura este capítulo) coloca a coisa da seguinte maneira:

> *A maioria de nós se lembra, das aulas de física na escola, de que o movimento dos objetos é descrito nos seguintes termos: distância = velocidade x tempo. Esta equação especifica que os efeitos da velocidade e do tempo são interdependentes e multiplicativos, em vez de independentes e aditivos. Se o tempo for zero, qualquer que seja a velocidade, a distância será zero. [...]*
>
> *A distância me pareceu uma boa metáfora para a realização. O que é realização, afinal, senão um avanço a partir de um ponto inicial em direção a um alvo? Quanto mais distante o alvo do ponto de partida, maior a realização. Assim como a distância é um produto da multiplicação da velocidade pelo tempo, parece plausível que, mantendo-se constante a oportunidade, a realização é o produto da multiplicação da habilidade pelo esforço. Coeficientes de lado, realização = habilidade x esforço.*

> *Um enorme esforço pode compensar uma habilidade modesta, assim como uma tremenda habilidade pode compensar esforços moderados, mas não se um dos dois for zero. Além disso, o retorno pelo esforço adicional é maior para indivíduos altamente capacitados. Um mestre carpinteiro fará muito mais em duas horas do que um amador no mesmo período de tempo.*

Portanto, um importante componente da habilidade é o quanto você tem de automatizado, o que determina a rapidez com que você é capaz de completar os passos básicos de uma tarefa. Quando eu era jovem, tornei-me rápido, incrivelmente rápido, e comecei minha carreira acadêmica com quase o mesmo índice de velocidade que Angela. Disparei no mestrado, não apenas falando rápido, mas conduzindo pesquisas rapidamente. Completei meu doutorado apenas dois anos e oito meses após a conclusão da graduação, e recebi um aborrecido bilhete de John Corbit, meu ex-professor na Universidade de Brown, por ter quebrado seu antigo recorde de três anos completos.

A VIRTUDE DA LENTIDÃO

Na inteligência e na realização, no entanto, há mais do que pura velocidade. O que a velocidade faz é proporcionar mais tempo para as partes não automáticas da tarefa. O segundo componente da inteligência e da realização é a lentidão e *o que você faz com todo o tempo extra* que a rapidez lhe proporcionou.

A velocidade mental tem um custo. Eu me vi perdendo nuanças e tomando atalhos quando deveria estar me detendo no equivalente mental de uma respiração profunda. Vi-me passando os olhos quando deveria estar lendo cada palavra. Vi-me ouvindo mal os outros: eu descobria para onde a pessoa estava indo após suas primeiras palavras e então interrompia. E estava ansioso boa parte do tempo — velocidade e ansiedade caminham juntas.

Em 1974, contratamos Ed Pugh, um psicólogo da percepção que trabalhava precisando questões como quantos fótons de luz são necessários para disparar um único receptor visual. Ed era lento. Não era fisicamente lento (tinha sido zagueiro no time de futebol americano de sua escola, em Louisiana), e não me refiro apenas à sua fala arrastada, mas à velocidade de sua fala e também ao seu tempo de reação a uma pergunta. Nós o chamávamos de "Ed pensativo".

Ed era a encarnação na Penn do lendário William K. Estes, o maior dos teóricos da aprendizagem matemática e o psicólogo mais lento que já conheci. As conversas com Bill eram uma agonia. Eu havia trabalhado por alguns anos no estudo dos sonhos — pesquisando particularmente o que o sonho realizava para o *Homo sapiens*, já que nós ficamos ali deitados, fisicamente paralisados e vulneráveis a predadores durante o sono REM por cerca de duas horas por noite. Encontrei Bill em um congresso, cerca de trinta anos atrás, e lhe perguntei:

— Qual é, na sua opinião, a função evolutiva do sonho?

Bill ficou olhando para mim sem piscar por cinco segundos, dez segundos, trinta segundos (foi tão bizarro que eu realmente contei). Depois de um minuto inteiro, ele disse:

— Qual é, na sua opinião, Marty, a função evolutiva do estado desperto?

Encontrei Ed em uma festa e, após uma longa pausa — que me fez lembrar da profundidade que podia emergir de Bill depois de uma pausa assim —, perguntei-lhe:

— Como você se tornou tão lento?

— Eu não era lento, Marty. Costumava ser rápido; quase tão rápido quanto você. Aprendi a ser lento. Antes do meu doutorado, eu era um jesuíta. Meu *socius* [o mentor que socializa o aluno jesuíta, em contrapartida ao outro mentor que o avalia] me disse que eu era rápido demais. Por isso, todos os dias ele me dava uma única frase para ler, e depois me fazia sentar debaixo de uma árvore durante a tarde para pensar nela.

— Você pode me ensinar a ser lento, Ed?

De fato, ele podia. Lemos juntos *Temor e Tremor*, de Søren Kierkegaard, mas à velocidade de uma página por semana. E para completar, minha irmã, Beth, me ensinou meditação transcendental. Pratiquei a MT religiosamente, quarenta minutos por dia, durante vinte anos. Cultivei a lentidão e hoje sou mais lento do que Ed era.

O que a lentidão alcança na equação realização = habilidade x esforço?

Função executiva

Adele Diamond, professora de psicologia do desenvolvimento na Universidade da Colúmbia Britânica e uma de minhas neurocientistas preferidas, desacelera as crianças do jardim de infância. Há muito se sabe que as crianças impulsivas têm um desempenho cada vez pior à medida que crescem: o clássico estudo do marshmallow, de Walter Mischel, demonstrou que as crianças que engoliam o único marshmallow diante delas, em vez de esperar por dois marshmallows dois minutos depois, eram malsucedidas. Mais de uma década depois, elas tiveram notas mais baixas na escola e uma pontuação mais baixa no SAT* do que as crianças que conseguiram esperar. Adele acredita que a incapacidade das crianças de controlar seus rápidos impulsos emocionais e cognitivos é a semente da qual brota uma enxurrada de fracassos na escola. Os professores ficam aborrecidos e frustrados com essas crianças, e a escola passa a ser menos divertida para elas. Elas têm dificuldade em cumprir regras e tornam-se mais ansiosas e esquivas. Os professores esperam cada vez menos dessas crianças, a escola torna-se um sofrimento e o círculo vicioso do fracasso começa.

Adele defende que é essencial interromper esses processos rápidos e fazer essas crianças desacelerarem. A desaceleração permite que a função executiva assuma o controle. A função executiva consiste em focar na tarefa e ignorar distrações, recordando e usando a nova informação, planejando ações e revisando o plano, e inibindo pensamentos e ações rápidos e impulsivos.

Adele usa as técnicas do programa "Ferramentas da Mente", de Deborah Leong e Elena Bodrova, para desacelerar crianças impulsivas. Uma de suas técnicas é o jogo estruturado. Quando uma professora pede a uma criança de 4 anos para permanecer parada pelo máximo de tempo que conseguir, a média será de um minuto. Em contrapartida, no contexto de um jogo de faz de conta, em que a criança é o vigia de uma fábrica, ela consegue ficar parada por quatro minutos. Adele descobriu que as crianças que utilizam as Ferramentas da Mente alcançam pontuações mais altas nos testes que fazem uso da função executiva.

---

* SAT = *Scholastic Aptitude Test*. Teste de avaliação para admissão na universidade, equivalente ao vestibular no Brasil. [N. da R.]

Que outros processos lentos, além do maior uso da função motora, são facilitados quando se consegue fazer uma grande quantidade de tarefas de maneira rápida e automática? A criatividade certamente é um deles. Na equação realização = habilidade x esforço, a realização é definida não apenas por algum movimento, mas pelo movimento em direção a um alvo específico e fixo — um vetor —, ao contrário da pura distância. Em geral há muitos caminhos para se chegar ao alvo. Alguns levam até ele com rapidez, outros, lentamente, e alguns caminhos são becos sem saída. Decidir qual caminho tomar é o processo lento ao qual chamamos "planejamento", e, além dele, a invenção de novos caminhos envolve muito do que entendemos como criatividade.

Ritmo de aprendizagem: O primeiro derivado da velocidade

A velocidade mental em qualquer tarefa reflete quanto material relevante a ela já está automatizado. Este material nós chamamos de "conhecimento" — o quanto a pessoa já sabe do que é relevante à tarefa. A velocidade em uma tarefa pode mudar com o tempo, e isso se equipara à "aceleração", o primeiro derivado da velocidade na mecânica. Existe tal coisa como a aceleração mental, o aumento da velocidade mental com o tempo, a rapidez com que se adquirem novos conhecimentos — o aumento do quanto de uma dada tarefa pode ser colocado no automático com o tempo e a experiência? Isso nós chamamos de "ritmo de aprendizagem": o quanto pode ser aprendido por unidade de tempo.

Angela era rápida, tão mentalmente rápida quanto um ser humano é capaz de ser, e ela nos surpreendeu na entrevista. Numa quebra de precedentes, o comitê de admissão cedeu e a aceitou. Ela começou a trabalhar imediatamente em seu grande projeto de analisar o caráter dos bons e maus alunos, mas então algo constrangedor aconteceu. Para explicar isso, precisamos mergulhar mais fundo na natureza da realização.

Embora Angela fosse rápida, ela era ignorante em psicologia, terrivelmente ignorante, provavelmente porque toda a sua educação anterior tenha sido fora desse campo. Para socializá-la na psicologia positiva, convidei-a, em agosto de 2002, para um evento da elite. Todos os verões eu promovia um encontro de uma semana reunindo vinte estudantes avançadíssimos do mestrado e do pós-doutorado de todo o mundo com vários psicólogos positivos importantes. A concorrência pelos convites era feroz e o nível de sofisticação era altíssimo. Sem jamais relutar em falar, Angela participou das conversas, mas o feedback que recebi sobre ela foi decepcionante.

— Quem é essa furreca que você empurrou para cima de nós? — foi o comentário de uma figura ilustre.

Um dos critérios da qualidade de um carro é sua velocidade. A velocidade mental é uma qualidade excelente, porque indica quanto conhecimento antigo está automatizado. Mas a aquisição de novos conhecimentos ainda não automatizados pode ser lenta ou rápida. A aceleração, o quanto a velocidade aumenta por unidade de tempo, é o primeiro derivado da velocidade, e é um critério a mais sobre a qualidade de um carro. A aceleração mental, o ritmo com que novos materiais são aprendidos por unidade de tempo dedicada à aprendizagem, é outra parte do pacote que chamamos de "inteligência". Acontece que a aceleração mental de Angela era tão espantosa quanto sua velocidade.

Todo mundo aprende na pós-graduação, e dos alunos se espera que se tornem especialistas em seu campo restrito bastante rapidamente. Mas nenhum aluno que eu tenha conhecido aprendia no ritmo de Angela; ela tornou-se mestre na imensa e metodologicamente complexa literatura sobre inteligência, motivação e sucesso. Em meses, meus outros alunos (e eu) estávamos pedindo conselhos a ela sobre a literatura e metodologia na psicologia da inteligência. Ela passou de furreca a Ferrari (modelo Enzo) em aproximadamente 12 meses.

Em nossa teoria da realização, até agora exploramos o seguinte:

• Velocidade: quanto mais rápida, quanto mais material tiver automatizado, mais a pessoa sabe sobre a tarefa.

• Lentidão: os processos voluntários e árduos da realização, como planejamento, refinamento, verificação de erros e criatividade. Quanto maior a velocidade, mais conhecimento, e, portanto, mais tempo para essas funções executivas serem usadas.

• Ritmo de aprendizagem: com que velocidade as novas informações podem ser depositadas no banco do conhecimento automático, permitindo ainda mais tempo para os processos executivos lentos.

AUTOCONTROLE E GARRA

Os três processos cognitivos descritos anteriormente formam a "habilidade" em nossa equação básica: realização = habilidade x esforço. Mas Angela estava à espreita de uma caça maior: não os processos cognitivos na realização acadêmica, mas o papel do caráter, e o lugar onde ele entra na equação é no elemento "esforço". Esforço é a quantidade de tempo despendido na tarefa. Como declarou em sua carta, ela estava determinada a explorar os ingredientes não cognitivos. Os ingredientes não cognitivos da realização são resumidos pelo esforço, e o esforço, por sua vez, simplifica o "tempo dedicado a uma tarefa". O grande expert no campo do esforço é o professor Anders Ericsson, um sueco alto, tímido, mas obstinado, da Universidade Estadual da Flórida.

Ericsson argumentou que a pedra angular da alta especialização não é um dom concedido por Deus, mas a prática deliberada: a quantidade de tempo e energia despendida na prática deliberada. Mozart foi Mozart, em primeiro lugar, não porque tivesse um dom singular para a música, mas porque passou todo o seu tempo usando seu dom, desde que era bebê. Os exímios jogadores de xadrez não têm pensamento mais rápido, nem possuem memórias inusitadamente boas para as manobras. Antes, eles têm tanta experiência que são incrivelmente melhores no reconhecimento de padrões nas posições do xadrez do que jogadores inferiores — e isso vem da pura quantidade de experiência que possuem. Os exímios solistas do piano acumulam 10 mil horas de prática solo à idade de 20 anos, em contraste com 5 mil horas do próximo nível de pianista e em contraste com 2 mil horas dos pianistas amadores minimamente sérios. O protótipo da prática deliberada é um dos alunos de mestrado de Ericsson, Chao Lu, que detém o recorde mundial no Guinness para o incrível número de dígitos de pi que ele memorizou: 67.890! O conselho a seguir é direto: se você quiser se tornar excelente em alguma coisa, deve dedicar sessenta horas por semana a isso durante dez anos.

O que determina quanto tempo e prática deliberada uma criança está disposta a dedicar à realização? Nada menos que caráter? Autodisciplina é o traço do caráter que engendra a prática deliberada, e o primeiro mergulho de Angela nas pesquisas sobre a autodisciplina se deu com os alunos da Masterman High School, a grande escola-ímã* no centro da Filadélfia. A Masterman aceita alunos promissores a partir do quinto ano, mas muitos deles se evadem, e a verdadeira competição começa no nono ano. Angela queria descobrir como a autodisciplina se compara ao QI na previsão de quem terá êxito.

O QI e o desempenho acadêmico são parte de um campo bastante trabalhado, com muitas medidas estabelecidas, mas a autodisciplina não. Por isso, Angela criou um conjunto de medidas que envolviam os diferentes aspectos da autodisciplina mostrada por alunos do oitavo ano: a Escala de Impulsividade Eysenck Junior (perguntas de tipo sim/não sobre fazer e dizer coisas impulsivamente), uma escala de classificação do autocontrole para pais e professores ("comparada com a criança mediana [4], a criança avaliada pode ser desde impulsiva ao máximo [7] a autocontrolada ao máximo [1]"), e de adiamento na gratificação (numa variação de dólares e tempos; por exemplo: "Você preferiria que eu lhe desse um dólar hoje ou dois dólares daqui a duas semanas?"). Observados ao longo do ano seguinte, os alunos do oitavo ano classificados como muito autodisciplinados:

- tiveram maiores GPAs;
- obtiveram pontuações mais altas nos testes de conhecimentos;
- apresentaram maior probabilidade de ingressarem numa escola de ensino médio seletiva;
- despenderam mais tempo em suas lições de casa e as iniciaram mais cedo ao longo do dia;
- estiveram ausentes com menos frequência;
- assistiram a menos televisão.

Como o QI se compara à autodisciplina na previsão de notas? O QI e a autodisciplina não se correlacionam significativamente; em outras palavras, há praticamente a mesma quantidade de crianças com baixo QI e elevada autodisciplina quanto crianças com alto QI e autodisciplina eleva-

---

* *Magnet school*. O objetivo das "magnet schools" é reunir em uma mesma escola alunos de vários estratos sociais e de diferentes bairros. O que elas querem provar é que os bons exemplos, as boas condutas, os bons comportamentos e os bons desempenhos se atraem, como os ímãs. [N. da T.]

da, e vice-versa. A autodisciplina prevê o êxito acadêmico melhor do que o QI por um fator de aproximadamente 2 pontos.

Este projeto foi a tese do primeiro ano de Angela, e eu a encorajei a submetê-la para publicação — o que ela fez. Tenho grande experiência em publicação de artigos em revistas, mas esta foi a primeira vez que vi uma revista de destaque aceitar um artigo de imediato e sem solicitação de nenhuma revisão significativa. Angela conclui o artigo com as seguintes frases retumbantes:

> *O baixo desempenho entre jovens americanos geralmente é atribuído a professores inadequados, material didático desinteressante e turmas muito grandes. Nós sugerimos outra razão para os alunos terem um rendimento aquém de seu potencial intelectual: sua incapacidade de exercer a autodisciplina. [...] Acreditamos que muitas crianças americanas têm dificuldade em tomar decisões que lhes exijam o sacrifício do prazer imediato em favor de um ganho de longo prazo, e que programas que desenvolvem a autodisciplina podem ser a via régia para a construção do êxito acadêmico.*

Isso também soluciona um dos eternos enigmas sobre a lacuna entre o desempenho escolar de meninas e meninos. As meninas têm notas mais altas na escola do que os meninos, desde a escola fundamental até a universidade, em todas as matérias de importância, embora não tenham QIs mais altos, em média, do que eles. Na verdade, os meninos se saem ligeiramente melhor do que as meninas nos testes de inteligência e desempenho. O teste de QI superestima as notas dos meninos e subestima as notas das meninas. Será a autodisciplina a peça que falta nesse quebra-cabeça?

Angela usou sua bateria de medidas de autodisciplina com meninas e meninos desde o início do oitavo ano para prever suas notas em álgebra, sua frequência e suas pontuações em testes de desempenho em matemática no fim do ano. As meninas efetivamente tiveram notas mais altas na escola do que os meninos, mas a pontuação no desempenho em matemática não diferiu significativamente. Como esperado, o teste de desempenho não previu com precisão as notas das meninas em sala de aula. Um dado importante é que as meninas foram mais autodisciplinadas que os meninos em todas as medidas da bateria. A questão, portanto, é: Será a autodisciplina superior das meninas a responsável por sua superioridade nas notas escolares? Uma técnica estatística chamada "regressão múltipla hierárquica" resolve a questão. Ela pergunta, basicamente: Eliminando-se a diferença na autodisciplina, desaparece a diferença nas notas? A resposta é sim.

Angela então repetiu este estudo usando o teste de QI no ano seguinte em Masterman. As meninas mais uma vez tiveram notas mais altas em álgebra, inglês e estudos sociais, e mostraram muito mais autodisciplina. Os meninos apresentaram QIs significativamente mais altos do que este grupo de meninas, e mais uma vez as notas delas em sala de aula não foram previstas com precisão pelos testes padronizados e de QI. Usando a regressão múltipla, a autodisciplina das meninas foi mais uma vez o principal fator determinante de suas notas superiores.

Embora isso explique por que as mulheres obtêm notas mais altas até a faculdade, certamente não diz por que os homens alcançam níveis profissionais e educacionais mais elevados e têm salários mais altos do que as mulheres. O maior autocontrole das mulheres não diminui com a maturidade, mas, após a faculdade, muitas são esmagadas por fatores culturais que amortecem a vantagem da autodisciplina feminina.

O autocontrole permite predições sobre questões acadêmicas, mas como poderá predizer outros resultados? A obesidade, por exemplo, pode ter origem em um período crítico: o ganho de peso durante o início da puberdade. Na enfermaria da escola, Angela analisou os registros de peso dos alunos do quinto ano cuja autodisciplina ela tinha avaliado em 2003 e verificou quanto peso eles haviam acumulado até o oitavo ano. A autodisciplina fez pelo ganho de peso o mesmo que fez pelas notas. As crianças com maior autodisciplina não ganharam tanto peso quanto as com pouca autodisciplina. O QI não teve qualquer impacto sobre o ganho de peso.

GARRA VERSUS AUTODISCIPLINA

Se quisermos maximizar o desempenho das crianças, precisamos promover a autodisciplina. Meu psicólogo social preferido, Roy Baumeister, acredita que ela seja a rainha de todas as virtudes, a força que possibilita todas as outras. No entanto, a autodisciplina tem um traço extremo: a GARRA. Angela, de fato, seguiu adiante para explorar a garra, a combinação de uma persistência elevadíssima e uma grande paixão por um objetivo. Uma pequena quantidade de autodisciplina, como vimos, é responsável por um desempenho considerável, mas o que produz um desempenho realmente extraordinário?

A realização extraordinária é muito rara. É provável que isso soe como uma verdade por definição, uma tautologia: "muito raro" significa o mesmo que "extraordinário", mas não é uma tautologia, e o motivo pelo qual não é revela a estrutura oculta por trás da genialidade. A maioria das pessoas acredita que a "genialidade", um termo que usarei como sinônimo de realização realmente extraordinária, consiste simplesmente em estar no ponto extremo da curva de distribuição "normal"* do sucesso. A curva normal funciona bem para coisas comuns, como charme, beleza, notas escolares e altura, mas não consegue, de forma alguma, descrever a distribuição estatística da realização humana.

Alta realização humana

Em sua *magnum opus, Human Accomplishment* [*Realização humana*], o eminente sociólogo Charles Murray começa pelos esportes. Quantos torneios da PGA** um jogador de golfe mediano ganha em toda a sua vida? A média fica entre zero e um. (O valor mais frequente é zero.) Mas quatro jogadores profissionais ganharam trinta ou mais vezes, sendo que Arnold Palmer ganhou 61 vezes e Jack Nicklaus, 71 (assim como Tiger Woods até a data em que este livro foi escrito). A distribuição dos números de torneios da PGA conquistados por um jogador nem de longe tem a forma de uma curva normal, mas tem a forma côncava ascendente e é extremamente inclinada (como um penhasco) para a esquerda.

---

* No campo da estatística, a chamada *curva de distribuição normal* ou *curva normal* é representada graficamente por uma parábola, caracterizada por dois parâmetros: a média e o desvio padrão (ou a variância). [N. da R.]
** PGA = *Professional Golfers Association*, a Associação dos Golfistas Profissionais dos Estados Unidos. [N. da R.]

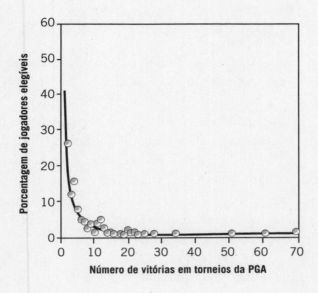

O nome técnico para este tipo de curva é log-normal, o que quer dizer que o logaritmo da variável é normalmente distribuído. O mesmo padrão se aplica ao tênis, à maratona, ao xadrez e aos campeonatos de rebatidas no beisebol, e conforme a realização se torna mais exigente a curva torna-se ainda mais íngreme. Há excelentes competidores em cada um desses campos, mas apenas dois ou três gigantes. Eles atraem todas as atenções e não estão em um continuum com os jogadores meramente bons. O mesmo se aplica à riqueza em toda sociedade: bem poucas pessoas têm muito mais do que todas as outras. O mesmo se pode dizer dos negócios, onde se afirma generalizadamente que 20 por cento dos empregados são responsáveis por 80 por cento dos lucros.

Para documentar essa tendência, Murray quantifica o modelo da genialidade em 21 campos intelectuais, incluindo astronomia, música, matemática, filosofia ocidental e oriental, pintura e literatura. Em cada um desses campos, a taxa de citação das principais figuras nem remotamente se representa por uma curva normal; antes, há apenas dois ou três gigantes que detêm o filé-mignon da glória e da influência. Na filosofia chinesa há um: Confúcio. Na tecnologia há dois: James Watt e Thomas

Edison. Na música ocidental, dois: Beethoven e Mozart. Na literatura ocidental, um: Shakespeare.

Dito isso, sua reação, como a minha, provavelmente será: "Claro, eu já sabia disso — pelo menos intuitivamente." Mas por que isso acontece e por que acontece de modo universal, em diferentes campos?

O modelo da genialidade — com os melhores deixando para trás os excelentes por uma margem muito maior do que fariam numa distribuição normal — deriva da multiplicação, em vez da soma, das causas subjacentes da genialidade. William Shockley, o ganhador do prêmio Nobel que inventou o transistor, encontrou esse padrão na publicação de artigos científicos: bem poucas pessoas publicaram muitos artigos, mas a maioria dos cientistas publicou pelo menos um. Shockley escreveu:

> *Considere, por exemplo, os fatores que podem estar envolvidos na publicação de um artigo científico. Uma lista parcial, não por ordem de importância, poderia ser: (1) habilidade de pensar em um bom problema, (2) habilidade em trabalhar nele, (3) habilidade em reconhecer um resultado pertinente, (4) habilidade em tomar uma decisão sobre quando parar para redigir os resultados, (5) habilidade em escrever adequadamente, (6) habilidade em tirar proveito construtivo da crítica, (7) determinação em submeter o artigo a uma revista, (8) persistência em fazer alterações (se necessário, em consequência de uma ação da revista). [...] Agora, se um homem exceder o outro em 50 por cento em cada um desses oito fatores, sua produtividade será maior segundo um fator de 25. (p. 286)*

Este é o princípio subjacente da GARRA, a forma de autodisciplina que nunca cede. Um esforço muito elevado é causado por uma característica da personalidade: a persistência extrema. Quanto mais GARRA você tem, mais tempo você despende na tarefa, e todas essas horas não apenas se somam a qualquer habilidade inata que você tenha, elas multiplicam seu progresso rumo ao objetivo. Por isso, Angela desenvolveu um teste de GARRA. Faça o teste agora e aplique-o também a seus filhos.

Por favor, responda aos oito itens a seguir usando a seguinte escala:

*1 = Nada parecido comigo, 2 = Pouco parecido comigo,
3 = Algo parecido comigo, 4 = Bastante parecido comigo,
5 = Muito parecido comigo*

1. Novas ideias e projetos às vezes me distraem dos anteriores.* _____
2. Os contratempos não me desanimam. _____
3. Fiquei obcecado(a) por uma ideia ou projeto por um curto período de tempo, mas depois perdi o interesse.* _____
4. Sou muito trabalhador(a). _____
5. Com frequência me proponho uma meta que depois substituo por outra.* _____
6. Tenho dificuldade em manter a atenção focada em projetos que exijam mais do que uns poucos meses para serem concluídos.* _____
7. Eu termino tudo o que começo. _____
8. Sou esforçado(a). _____

* Itens marcados com asterisco devem ser pontuados ao contrário.

Para obter sua pontuação:
1. Some sua pontuação nas afirmações 2, 4, 7 e 8.
2. Depois, some os itens 1, 3, 5 e 6 e subtraia esse total de 24.
3. Finalmente, some os dois passos e divida por 8.

Aqui estão as normas por sexo:

DECIL (DÉCIMOS)	HOMEM (N = 4,169)	MULHER (N = 6,972)
1º	2,50	2,50
2º	2,83	2,88
3º	3,06	3,13
4º	3,25	3,25

DECIL (DÉCIMOS)	HOMEM (N = 4.169)	MULHER (N = 6.972)
5º	3,38	3,50
6º	3,54	3,63
7º	3,75	3,79
8º	3,92	4,00
9º	4,21	4,25
10º	5,00	5,00
Média, DP (desvio padrão)	3,37; 0,66	3,43; 0,68

O que Angela descobriu sobre a GARRA? Quanto mais educação, mais GARRA. Isso não é de surpreender. Mas o que vem primeiro? Será que mais educação produz mais GARRA ou, mais provavelmente, pessoas com mais GARRA perseveram em seus muitos fracassos e humilhações e prosseguem para obter mais educação? Não se sabe ainda. Mais surpreendente é o fato de que, controlando-se a educação, pessoas com mais idade têm mais GARRA do que pessoas mais jovens, e aqueles acima dos 65 anos têm muito mais que qualquer outra faixa etária.

OS BENEFÍCIOS DA GARRA

Grade Point Average (GPA)

Cento e trinta e nove psicólogos da Penn fizeram o teste GARRA. Conhecíamos suas pontuações no SAT, que são uma boa estimativa de seu QI. Angela acompanhou-os ao longo de seus estudos e foi registrando as notas que eles tiravam. SATs mais elevados previam notas altas — na verdade, este é o único benefício de se ter SATs altos — e pontuações altas no GARRA também previam notas altas. Importante: mantendo-se os SATs constantes, pontos de GARRA mais altos continuavam a prever notas mais altas. Em todos os níveis do SAT, alunos com mais determinação conseguiram notas melhores do que os outros, e alunos com SATs mais baixos tendiam a ter mais GARRA.

West Point
Em julho de 2004, 1.218 calouros da Academia Militar dos Estados Unidos fizeram o teste GARRA juntamente com uma montanha de outros testes. O exército gosta de avaliações e é muito sério em relação a prever desempenhos por meio de testes psicológicos. O interessante foi que o GARRA mostrou-se um teste singular, pois não correspondeu à "pontuação total do candidato" — a soma de SATs, avaliações de potencial de liderança e aptidão física. O GARRA previu quais calouros completariam o duro treinamento de verão (que costumava ser chamado de "quartel de animais"), e quais desistiriam, melhor do que qualquer outro teste e melhor do que todos os outros testes combinados. O GARRA também previu o GPA e as avaliações de desempenho militar ao longo do primeiro ano, mas outros testes mais tradicionais também o fizeram, e o resultado do GARRA não foi melhor que o deles. Na verdade, uma breve escala de autocontrole (uma versão menos radical do GARRA) previu o GPA melhor do que o GARRA. Angela repetiu esse estudo em West Point em 2006 e descobriu que o GARRA previa a retenção de soldados das Forças Especiais Norte-Americanas tão bem quanto as vendas de imóveis.

Concurso Nacional de Ortografia
O Concurso Nacional de Ortografia Scripps reúne milhares de crianças com idades entre 7 e 15 anos de todo o mundo. Em 2005, 273 delas conseguiram chegar às extenuantes provas finais em Washington, e Angela aplicou um teste de QI e o teste GARRA a uma grande subamostra. Ela também registrou o tempo que as crianças passaram estudando a ortografia de palavras obscuras. O GARRA previu a chegada à rodada final, enquanto o autocontrole, não. O QI verbal, o componente do QI relacionado às palavras, também previu a chegada à rodada final. Os finalistas que estavam muito acima da média no GARRA equiparavam-se em idade, e os que estavam muito acima da média no QI tinham uma vantagem de 21 por cento na chegada às rodadas finais. As estatísticas mostraram que finalistas obstinados tiveram desempenho melhor que o restante, pelo menos em parte porque passaram mais tempo estudando palavras. Angela repetiu o experimento no ano seguinte e dessa vez descobriu que o tempo a mais de prática foi responsável por toda a vantagem conferida pelo GARRA.

Produzindo os elementos do sucesso

Vamos rever os elementos da realização que emergiram da teoria de que realização = habilidade x esforço.

1. Rapidez. A simples velocidade do raciocínio em uma tarefa reflete o quanto dela está automatizado; quanta habilidade ou conhecimento relevante à tarefa uma pessoa tem.
2. Lentidão. Ao contrário da habilidade ou do conhecimento subjacente, as funções executivas de planejamento, conferência do trabalho, evocação de lembranças e criatividade são processos lentos. Quanto mais conhecimento e habilidade você tiver (adquiridos anteriormente pela velocidade e prática deliberada), mais tempo lhe restará para usar seus processos lentos e, consequentemente, melhores serão os resultados.
3. Ritmo de aprendizagem. Quanto mais rápido seu ritmo de aprendizagem — e isso não é o mesmo que a simples velocidade de raciocínio sobre a tarefa —, mais conhecimento você poderá acumular em cada unidade de tempo dedicada à tarefa.
4. Esforço = tempo despendido na tarefa. O simples tempo despendido na tarefa multiplica a habilidade que você tem para alcançar seu objetivo. Ele também contribui para o primeiro fator (rapidez): quanto mais tempo dedicado à tarefa, mais conhecimentos e habilidades se agregam ou "grudam" em você. Os principais determinantes do caráter que interferem no tempo que uma pessoa dedica à tarefa são a autodisciplina e a GARRA.

Portanto, se seu objetivo for uma maior realização para si mesmo ou seu filho, o que você deveria fazer?

Não se sabe muito sobre como produzir o primeiro fator: a aceleração do raciocínio. O que a velocidade conquista, no entanto, é o conhecimento; quanto mais rápido você é, mais conhecimento você adquire e automatiza em cada unidade de tempo dedicada à prática. Consequentemente, despender mais tempo na tarefa produzirá realização. Por isso, mesmo que seu filho não seja talentoso por natureza, a prática deliberada ajudará muito porque produzirá sua base de conhecimento. A ideia é praticar, praticar, praticar.

Produzir lentidão dá espaço para a função executiva — planejamento, lembrança, inibição de impulsos e criatividade para crescer. Como diz o psiquiatra dr. Ed Hallowell a crianças com transtorno de déficit de atenção e hiperatividade (TDAH): "A mente de vocês é uma Ferrari e eu sou o especialista em freios. Estou aqui para ajudá-las a usar os freios." A meditação e o cultivo da deliberação — falar devagar, ler devagar, comer devagar, não interromper —, tudo isso funciona. No caso das crianças pequenas, as Ferramentas da Mente podem funcionar. Ainda precisamos aprender muito mais sobre como produzir paciência, uma virtude que está em desuso, mas é crucial.

Até onde sei, o ritmo de aprendizagem — quanto conhecimento se adquire por unidade de tempo — quase nunca é avaliado isoladamente da quantidade de conhecimento em si. Portanto, nada se sabe sobre como aumentar o ritmo da aprendizagem.

O que realmente alavanca uma maior realização é um esforço maior. Esforço é nada mais nada menos do que a quantidade de tempo que você dedica à prática da tarefa. O tempo despendido na tarefa age de duas maneiras para aumentar a realização: ele multiplica a habilidade e o conhecimento já existentes, e também age diretamente para aumentá-los. A grande notícia é que o esforço é muito maleável. A quantidade de tempo que você dedica a uma tarefa vem do exercício da escolha consciente; vem do livre-arbítrio. A decisão de dedicar tempo a uma atividade deriva de pelo menos dois aspectos do caráter positivo: autocontrole e GARRA.

Uma maior realização humana é um dos quatro componentes do florescimento e é também o motivo pelo qual a vontade e o caráter são objetos indispensáveis da ciência da psicologia positiva. Minha esperança (na verdade, minha previsão) é que nesta década haja importantes descobertas sobre como aumentar a GARRA e o autocontrole.

Até recentemente, eu considerava a educação positiva um ideal valioso, mas ficava pensando se ela poderia se concretizar no mundo real. Algo importante aconteceu e se tornou um divisor de águas para a educação positiva. Esta é a história dos próximos dois capítulos.

Capítulo 7

Forte como um exército: O Programa de Aptidão Abrangente para Soldados

— Escrevam sua filosofia de vida em até 25 palavras — instruiu Pete Carroll, o mais entusiasmado técnico de futebol americano universitário, pouco depois de sua vitória no Rose Bowl, em 2009, com os Trojans da Universidade do Sul da Califórnia.

Tínhamos dois minutos para dedicar à tarefa, e, juntamente com a maioria das centenas de convidados — soldados das forças especiais, oficiais da inteligência, psicólogos e alguns generais —, fiquei ali sentado, estarrecido. Uma das únicas pessoas que realmente estavam escrevendo era a brigadeiro-general Rhonda Cornum.

Pete pediu a Rhonda que dissesse qual era sua filosofia de vida:

— Priorize. A. B. C. Descarte o C.

Uma das grandes alegrias de minha vida tem sido trabalhar com Rhonda. Nossa colaboração começou em agosto de 2008, depois que recebi em minha casa a visita de Jill Chambers, chefe do programa do Pentágono para os soldados que retornam de guerra.

Um exército psicologicamente preparado

Jill, uma coronel pequena e magra, explicou:

— Não queremos que nossa herança sejam as ruas de Washington cheias de veteranos mendigando, com transtorno do estresse pós-traumático, depressão, vício, divórcio e suicídio. Lemos seus livros e queremos saber o que você sugere para o exército.

Eu tinha quase me esquecido da visita de Jill quando, no fim de novembro de 2008, fui convidado para almoçar no Pentágono com o chefe do Estado-Maior, o lendário George Casey, ex-comandante da força multinacional no Iraque e antigo herói da Força Delta. O general Casey, ágil, baixo, com seus cinquenta e tantos anos, cabelos grisalhos e cortados à máquina, entrou e todos nós nos colocamos em posição de sentido. Sentamo-nos e notei que o general de três estrelas à minha esquerda tinha intitulado suas anotações como "Almoço Seligman".

— Quero criar um exército que esteja tanto psicológica quanto fisicamente apto — começou o general Casey. — Vocês estão aqui para me aconselhar sobre como produzir esta transformação cultural.

Transformação cultural, de fato, pensei. Isso mesmo. Minha visão leiga do futuro da guerra foi moldada pelo major-general Bob Scales, comandante aposentado da Escola de Guerra do Exército dos Estados Unidos, historiador militar e autor do brilhante artigo "Clausewitz and World War IV" ["Clausewitz e a Quarta Guerra Mundial"], no *Armed Forces Journal*. O general Scales argumentou que a Primeira Guerra Mundial foi uma guerra química, a Segunda Guerra Mundial foi uma guerra física e matemática, a Terceira Guerra Mundial foi uma guerra informática e a Quarta Guerra Mundial (na qual já entramos) é uma guerra humana. Nenhum inimigo sensato confrontaria os Estados Unidos no ar, no mar ou com mísseis. Somos invencíveis nesse tipo de guerra. Infelizmente, todas as guerras que lutamos recentemente são guerras humanas, e nelas nós perdemos de sete a zero. O Vietnã e o Iraque são exemplos paradigmáticos. Portanto, é hora de o exército levar a sério as ciências humanas, conclui Scales. O pontapé inicial seria ter um exército psicológica e fisicamente apto.

— A chave para a aptidão psicológica é a resiliência — continuou o general Casey — e, daqui para a frente, ela será ensinada e avaliada em todo o exército dos Estados Unidos. O dr. Seligman, aqui presente, é o perito em resiliência e vai nos dizer como vamos fazer isso.

Quando fui convidado, esperava que fossem me falar de transtorno do estresse pós-traumático (TEPT) e de como o exército estava tratando seus veteranos. Surpreso pela virada que a reunião tinha dado, disse algumas palavras sinceras sobre a honra que eu sentia por estar sentado a uma mesa com esse grupo. Recuperando-me, repeti o que já havia dito a Jill: que se concentrar nas patologias da depressão, ansiedade, suicídio e TEPT era tratar o problema como se o rabo abanasse o cachorro. O que o exército podia fazer era conduzir toda a distribuição da reação à adversidade na direção da resiliência e do crescimento. Isso não apenas ajudaria a prevenir o TEPT, mas também aumentaria o número de soldados que se recuperam da adversidade. Mais importante, aumentaria o número de nossos soldados que cresceriam psicologicamente a partir da provação do combate.

A resiliência pode ser ensinada, pelo menos entre os civis. Este foi o principal impulso da educação positiva, e descobrimos que a depressão, a ansiedade e os problemas de conduta poderiam ser reduzidos entre crianças e adolescentes por meio do treinamento da resiliência.

— Isso é compatível com a missão do exército, general Casey — interveio Richard Carmona, cirurgião geral dos Estados Unidos no governo do presidente George W. Bush. — Nós gastamos 2 trilhões de dólares por ano com investimentos em saúde, e 75 por cento desse valor vai para o tratamento de doenças crônicas e para atender os idosos, como eu e o dr. Seligman aqui. A medicina civil é perversamente incentivada. Se quisermos saúde, deveríamos nos concentrar em produzir resiliência — psicológica e fisicamente —, em especial entre os jovens. Queremos uma força de combate que possa se recuperar e enfrentar o persistente estado de guerra que esta próxima década promete. A medicina militar é incentivada exatamente dessa forma. Se o treinamento da resiliência funcionar, ele será um modelo para a medicina civil.

— Vamos tirar esse programa do serviço médico do exército, remover o estigma da psiquiatria e inserir a resiliência no campo da educação e do treinamento — sugeriu o tenente-general Eric Schoomaker, cirurgião geral do exército e comandante do serviço médico. — Se funcionar e prevenir o adoecimento, sei que cortará meu orçamento, já que as pessoas são pagas pela quantidade de doenças que elas tratam. Mas é a coisa certa a fazer.

— É exatamente o que começamos a fazer — explicou o chefe do Estado-Maior. — Dr. Seligman, o Programa de Aptidão Abrangente para Soldados começou dois meses atrás. Está sob o comando da general Cornum. O soldado americano tem se alternado entre o combate e sua casa por mais de oito anos. O exército provocou um nível cumulativo de estresse que degrada o desempenho de nossos soldados e, em muitos casos, arruína seus relacionamentos em casa e no front. Não sei quando essa era de conflitos persistentes vai terminar, mas tenho certeza de que, num futuro breve, os soldados americanos, homens e mulheres, estarão em perigo. É minha responsabilidade assegurar que nossos soldados, suas famílias e civis do exército estejam física e psicologicamente aptos para continuar a servir e apoiar os que estão em combate nos próximos anos. General Cornum, quero que a senhora e Marty [Marty!] coloquem suas cabeças para funcionar juntas, coloquem carne no esqueleto do Programa de Aptidão Abrangente para Soldados, e me deem um retorno em sessenta dias.

Na semana seguinte, Rhonda foi ao meu escritório na Penn.

— Sessenta dias — ela me informou — não é muito tempo para avançar nas três partes do Programa de Aptidão Abrangente para Soldados que pretendo criar. Os três componentes que quero que você me ajude a criar são um teste de aptidão psicológica, cursos de autoaprimoramento para acompanhar o teste e um estudo-piloto de treinamento em resiliência.

Instrumento de Avaliação Global (IAG)

Começamos por recrutar pessoas para criar o Instrumento de Avaliação Global, um questionário de autoavaliação projetado para medir o bem-estar psicossocial de soldados de todas as linhas em quatro campos: aptidão emocional, aptidão social, aptidão familiar e aptidão espiritual. A proposta é que o IAG seja usado para direcionar soldados para diferentes programas de treinamento — básicos ou avançados —, e também como um meio de avaliar o sucesso desses programas. Ele também servirá de indicador da aptidão psicossocial do exército como um todo.

O rigoroso modelo de Rhonda para o IAG é o trabalho que ela desenvolveu sobre a "aptidão financeira". Era comum que soldados enfrentassem problemas financeiros após deixarem o serviço militar. Rhonda projetou e disseminou um teste de aptidão financeira, atrelado a um curso de reforço sobre finanças, e descobriu que ele reduzia o número de empréstimos predatórios entre veteranos. Então, nosso trabalho era projetar um teste para esses quatro campos de aptidão e depois encontrar meios de elevar cada uma das quatro aptidões paralelamente ao modo como o exército avalia e treina a aptidão física.

O exército tem um histórico extraordinário na criação de testes psicológicos e estes depois se tornam referência para a sociedade civil. A Primeira Guerra Mundial teve o teste Alfa do Exército para soldados alfabetizados e o teste Beta do Exército para os não alfabetizados. Dois milhões de soldados fizeram os testes e seu propósito era separar os mentalmente "competentes" dos "incompetentes", e depois selecionar os competentes para cargos de responsabilidade. Embora controverso, o teste de inteligência em grupo rapidamente se espalhou pela sociedade civil e, quase um século depois, continua a ser uma referência no mundo contemporâneo. Na Segunda Guerra Mundial, o exército desenvolveu uma variedade de testes de habilidades mais específicas. Um deles foi o Programa de Psicologia da Aviação, que desenvolveu novos procedimentos para seleção e classificação de pilotos de aeronaves. O programa foi desenvolvido por um grupo de notáveis da psicologia americana do século XX. Antes da Segunda Guerra, os pilotos eram selecionados pela educação, mas não havia homens suficientes para preencher as vagas usando apenas a educação como critério. Portanto, desenvolveu-se uma bateria abrangente, incluindo testes de inteligência, inventários de personalidade, de interesses específicos e biográficos, juntamente com testes laboratoriais de atenção, acuidade observacional, velocidade perceptual e coordenação. Esta bateria funcionou: ela previa erros do piloto, embora não fosse tão útil na identificação de pilotos exemplares quanto era na identificação de ineptos.

Quando bem-feitas, a pesquisa de base e a pesquisa aplicada são simbióticas. Talvez não por coincidência, a psicologia teve um grande surto de crescimento após as duas guerras. Durante a Primeira Guerra Mundial, a avaliação concentrou-se na habilidade geral; durante a Segunda Guerra Mundial, concentrou-se nas atitudes e habilidades específicas. O Programa de Aptidão Abrangente para Soldados concentra-se nos recursos e é possível que um surto semelhante aconteça se este programa tiver êxito na avaliação e previsão de quais soldados são bem-sucedidos. Se assim for, esperamos que o IAG venha a se tornar útil em empresas, escolas, departamentos de polícia e de bombeiros, hospitais ou qualquer outro espaço onde a ideia de fazer alguma coisa bem-feita — em oposição à pura eliminação ou remediação da má atuação — seja reconhecida, celebrada e encorajada.

Era essa a esperança que Rhonda e eu tínhamos em mente para um teste de aptidão psicológica. Então montamos um grupo de trabalho composto por dez especialistas em desenvolvimento de testes — metade civis e metade militares — conduzido por Chris Peterson, um renomado professor da Universidade de Michigan e criador do teste VIA de Forças Pessoais, juntamente com o coronel Carl Castro. Com Nansook Park, um colega de Chris em Michigan, eles se arrebentaram de trabalhar nos poucos meses seguintes. Passaram um pente-fino nos milhares de itens relevantes usados em testes anteriores bem validados e criaram o IAG, que leva apenas vinte minutos para ser respondido.

A liderança de Rhonda, combinando a orientação de um cirurgião urologista com a intuição-relâmpago de um general, destacou-se muito durante a criação do Instrumento de Avaliação Global. Pouco depois de ele ser produzido e testado, numa experiência-piloto, com milhares de soldados, uma bem-intencionada psicóloga civil escreveu suas queixas, sugerindo uma melhoria em algumas questões. Num e-mail conciso a todos nós, a general Cornum escreveu: "O inimigo do bom é o melhor."

A seguir, há uma amostra dos itens do Instrumento de Avaliação Global. Observe que, ao contrário de muitos testes psicológicos, o IAG investiga as forças e as fraquezas, os pontos altos e os problemas, os aspectos positivos e os negativos. E é inteiramente confidencial: apenas o soldado vê seus resultados. Nenhum superior terá acesso aos resultados individuais, por duas razões: para preservar o direito legal à privacidade, até mesmo no exército, e para aumentar as chances de respostas honestas.

Primeiro, o Instrumento de Avaliação Global tira amostras da *satisfação global* (amostras):

De modo geral, o quanto você se sente satisfeito com as seguintes partes de sua vida ao longo das últimas quatro semanas?
(Circule um número.)

Muito insatisfeito   *Neutro*   *Muito satisfeito*
1   2   3   4   5   6   7   8   9   10

Minha vida como um todo
Meu trabalho
Meus amigos
O moral da minha unidade
Toda a minha família

Pense em como você agiu em situações reais descritas a seguir durante as últimas quatro semanas. Por favor, responda apenas a partir do que você realmente fez. (Você pode preencher uma versão mais completa da parte de forças pessoais do Instrumento de Avaliação Global no Anexo.)

Nunca   *Sempre*
1   2   3   4   5   6   7   8   9   10

— *Forças* —

Pense em situações reais em que você teve a oportunidade de fazer algo novo ou inovador. Com que frequência você usou a criatividade ou engenhosidade nessas situações?

Pense em situações reais em que você precisou tomar uma decisão complexa e importante. Com que frequência você usou o raciocínio crítico, a receptividade ou uma opinião positiva nessas situações?

Pense em situações reais em que você tenha experimentado medo, ameaça, constrangimento ou desconforto. Com que frequência você recorreu à bravura ou à coragem nessas situações?

Pense em situações reais em que você tenha enfrentado uma tarefa difícil e demorada. Com que frequência você recorreu à persistência nessas situações?

Pense em situações reais em que você tenha tido a oportunidade de mentir, enganar ou corromper. Com que frequência você mostrou honestidade nessas situações?

Pense em sua vida do dia a dia. Com que frequência você demonstrou prazer ou entusiasmo quando lhe era possível fazê-lo?

Pense em sua vida do dia a dia. Com que frequência você expressou seu amor ou apego aos outros (amigos, familiares) e aceitou amor dos outros quando lhe era possível fazê-lo?

Pense em situações reais em que você precisava compreender o que outras pessoas necessitavam ou queriam, e como responder a elas adequadamente. Com que frequência você recorreu a habilidades sociais, à consciência social ou à malandragem nessas situações?

Pense em situações reais em que você era membro de um grupo que precisava da sua ajuda e lealdade. Com que frequência você se demonstrou capaz de trabalhar em equipe nessas situações?

Pense em situações reais em que você tinha poder ou influência sobre duas ou mais pessoas. Com que frequência você usou de justiça nessas situações?

Pense em situações reais em que você era membro de um grupo que precisava de orientação. Com que frequência você usou de liderança nessas situações?

Pense em situações reais em que você se sentiu tentado a fazer algo de que mais tarde poderia se arrepender. Com que frequência você usou de prudência ou cuidado nessas situações?

Pense em situações reais em que você tenha vivenciado desejos, impulsos ou emoções que você gostaria de controlar. Com que frequência você usou de autocontrole nessas situações?

— *Aptidão Emocional (amostras)* —

Responda em termos de como você geralmente pensa.

Nada parecido comigo
Pouco parecido comigo
Algo parecido comigo
Bastante parecido comigo
Muito parecido comigo

Quando coisas ruins acontecem comigo, imagino que mais coisas ruins acontecerão.
Não tenho controle sobre as coisas que acontecem comigo.
Reajo ao estresse tornando as coisas piores do que já estão.

Estes três últimos itens são importantes para a ocorrência de TEPT e de depressão. São itens de "catastrofização", uma armadilha do pensamento cognitivo que temos especial interesse em modificar no treinamento de resiliência, e que discutirei no próximo capítulo. Se você classificar esses itens como "Muito parecidos comigo", estará em risco de sofrer por ansiedade, depressão e TEPT.

Outros itens da aptidão emocional são:

Em momentos de incerteza, geralmente espero o melhor.
Se algo puder dar errado comigo, vai dar.
Raramente acredito que coisas boas acontecerão comigo.
De modo geral, acredito que mais coisas boas acontecerão comigo do que coisas ruins.

Os quatro itens a seguir são relativos ao otimismo e prováveis prognosticadores de perseverança sob pressão e saúde física:

Meu trabalho é uma das coisas mais importantes da minha vida.
Eu escolheria meu atual trabalho novamente se tivesse a chance.
Sou comprometido com meu trabalho.
O modo como me saio no trabalho influencia o modo como me sinto.

Os próximos quatro itens são relativos ao engajamento e prováveis prognosticadores de desempenho no trabalho:

Fiquei obcecado/(a) por uma ideia ou projeto por um curto período de tempo, mas depois perdi o interesse [um item do GARRA].
Tenho dificuldade em me adaptar a mudanças.
Geralmente guardo meus sentimentos para mim mesmo(a).
Em momentos de incerteza, geralmente espero o melhor.

— *Aptidão Social (amostras)* —

Indique o quanto você concorda ou discorda de cada uma das afirmações a seguir.

1 = Discordo totalmente
2 = Discordo
3 = Indiferente
4 = Concordo
5 = Concordo totalmente

Meu trabalho faz do mundo um lugar melhor.
Tenho confiança de que meus colegas soldados cuidarão do meu bem-estar e segurança.
Meus amigos mais íntimos são pessoas da minha unidade.
De modo geral, confio em meu superior imediato.

— Aptidão Espiritual (amostras) —
Minha vida tem um sentido perene.
Acredito que, de alguma maneira, minha vida está intimamente conectada a toda a humanidade e a todo o mundo.
O trabalho que estou fazendo no exército tem um sentido perene.

— Aptidão Familiar (amostras) —
Sou muito próximo à minha família.
Tenho certeza de que o exército cuidará de minha família.
O exército impõe um fardo muito grande à minha família.
O exército facilita que minha família fique bem.

Por ser baseado nas forças pessoais, o Instrumento de Avaliação Global introduz um vocabulário comum para descrever o que há de positivo com relação aos soldados, e quando esse vocabulário tornar-se familiar, ele se converterá em uma forma de o soldado falar sobre seus próprios recursos, ou sobre os recursos dos seus companheiros. Uma vez que todos têm de fazer o IAG, isso pode reduzir o estigma em torno dos serviços de saúde mental. Nenhum soldado se sentirá discriminado e todos eles receberão um feedback a respeito de suas forças pessoais. Finalmente, o IAG será usado para encaminhar os soldados para cursos on-line preparados segundo seu perfil pessoal de aptidão psicológica.

O teste foi concluído no outono de 2009, quando teve início a avaliação em massa. Todos os soldados farão o teste pelo menos uma vez por ano ao longo de suas carreiras. No momento em que escrevo sobre isso (setembro de 2010), mais de 800 mil soldados já o fizeram. As descobertas iniciais demonstram a validade do IAG: conforme o posto e a experiência aumentam, o mesmo acontece à aptidão psicológica. Conforme a aptidão emocional cresce, os sintomas de TEPT diminuem. Conforme a aptidão emocional sobe, os custos com serviços de saúde diminuem. Hoje, um quinto do exército é composto por mulheres, e elas estão psicologicamente aptas tanto quanto os homens. Há apenas uma diferença visível: a pontuação das mulheres é mais baixa que a dos homens em questões relacionadas à confiança.

Como há 1,1 milhão de soldados no exército, e um número ainda maior de familiares, a aplicação contínua do IAG criará um dos maiores e mais completos bancos de dados da história. Com o tempo, o exército juntará os perfis psicológicos com os resultados de desempenho e médicos. Isso envolverá o enorme trabalho de fundir 29 bancos de dados imensos. É surpreendente imaginar as respostas definitivas que obteremos a perguntas que ninguém até hoje foi capaz de responder, como:

- Que forças pessoais servem de barreira contra o suicídio?
- Uma alta percepção de sentido na vida resultará em uma melhor saúde física?
- Soldados com alta pontuação em emoções positivas curam-se mais rapidamente dos ferimentos?
- A força da bondade prediz mais medalhas por bravura?
- A alta aptidão familiar prediz promoções rápidas?
- Um bom casamento protege contra doenças infecciosas?
- A aptidão psicológica resulta em custos mais baixos com serviços médicos, mantendo-se constantes todos os fatores de risco?
- Existem soldados "supersaudáveis", caracterizados por uma altíssima aptidão física e psicológica, que raramente adoecem, recuperam-se rapidamente e têm excelente desempenho em situações de estresse?
- O otimismo do comandante contagia as tropas?

O Instrumento de Avaliação Global está atrelado ao Rastreador de Aptidão do Soldado (RAS), criado especialmente para ele, com um custo de 1,3 milhão de dólares. O Rastreador de Aptidão do Soldado, um enorme sistema de registro de dados, fornece uma inigualável plataforma de tecnologia da informação para sustentar a visão que o chefe do Estado-Maior tem para o Programa de Aptidão Abrangente para Soldados. O RAS oferece um ágil mecanismo de execução para o Instrumento de Avaliação Global, bem como uma poderosa coleta de dados e capacidade de comunicação. Ele foi construído para mensurar, rastrear e avaliar a aptidão psicológica de todos os soldados do exército dos Estados Unidos — não apenas os que estão na ativa, mas também os que estão na Guarda Nacional e na Reserva. Após a conclusão da avaliação, há um treinamento on-line imediato para melhorar a aptidão do soldado em cada campo, e eu discutirei esses módulos de treinamento em breve. Uma versão modificada do IAG, assim como os módulos de treinamento, estão disponíveis a familiares adultos e ao Departamento de empregados civis do Exército. O Rastreador de Aptidão do Soldado avalia os soldados desde o momento em que eles entram no exército como recrutas, com reavaliações em intervalos apropriados, e continua durante a fase de transição que caracteriza o retorno à vida civil.

Completar o Instrumento de Avaliação Global é uma exigência para todos os soldados, e, para assegurar o cumprimento dela, os comandantes poderão "ver" quem completou o IAG, apesar de se manter a confidencialidade das pontuações dos indivíduos. Os comandantes poderão rastrear as porcentagens de conclusão por unidade, bem como visualizar o cumprimento individual. O Rastreador de Aptidão do Soldado também rastreará o uso dos módulos de treinamento on-line (veja a seguir) para as diferentes dimensões de aptidão. No nível do Departamento do Exército, poderão ser gerados relatórios adicionais segundo posto, sexo e idade; o tempo médio para a conclusão do IAG; e a distribuição da pontuação por localização.

Tenha em mente este fantástico banco de dados e tecnologia quando discutirmos a saúde positiva, no Capítulo 9. Este banco de dados permitirá à ciência identificar com precisão quais recursos da saúde permitem predições sobre a saúde e a doença, além e acima dos fatores de risco comuns.

Cursos on-line

O exército oferece crédito universitário para cursos sobre história militar, economia e afins. O segundo estímulo do Programa de Aptidão Abrangente para

Soldados envolve um curso on-line sobre cada uma das quatro aptidões, bem como um curso sobre crescimento pós-traumático para todos os soldados. A general Cornum convidou um importante psicólogo positivo para conduzir o desenvolvimento de cada curso: Barbara Fredrickson para a aptidão emocional, John Cacioppo para a aptidão social, John e Julie Gottman para aptidão familiar, Ken Pargament e Pat Sweeney para aptidão espiritual, e Rick Tedeschi e Rich McNally para o crescimento pós-traumático. Quando um soldado se submete ao Instrumento de Avaliação Global, ele recebe um retorno a respeito de sua pontuação e seu perfil, junto com recomendações sobre que curso fazer.

Aqui estão as pontuações no Instrumento de Avaliação Global de um tenente do sexo masculino e o modo como suas pontuações se comparam aos padrões.

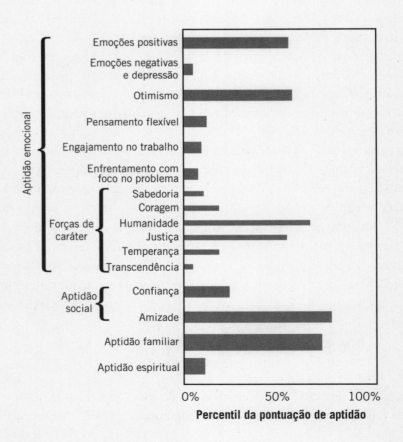

A partir dessas pontuações, este soldado recebe o seguinte perfil:

Ele é uma pessoa alegre e otimista, e está fortemente voltado para os amigos e a família. Esses são seus recursos evidentes, mas quando comparado a outros soldados, não está firmemente engajado em seu trabalho, e parece lhe faltar um sólido senso de propósito. Seu modo de enfrentar os problemas não é ativo e ele não é um pensador flexível. Estas características podem limitar sua capacidade de lidar eficientemente com o estresse e a adversidade.

Portanto, este soldado poderia se beneficiar de um treinamento que encoraje o pensamento flexível e a solução ativa de problemas, como ensinado no Programa de Resiliência Penn para o exército, bem como do curso on-line de treinamento de aptidão espiritual que o ajudará a perceber o significado maior de seu trabalho. Como já possui relacionamentos fortes com amigos e familiares, ele poderia se beneficiar ainda mais do curso de treinamento on-line avançado de aptidão familiar, com o objetivo de usar esses recursos para aumentar sua aptidão em outros campos.

Módulo de aptidão emocional

Sara Algoe e Barbara Fredrickson conduzem os soldados num passeio pelas nossas emoções, falando sobre o que elas podem fazer por nós e sobre como usá-las para nosso maior benefício. As emoções negativas nos advertem sobre uma ameaça específica: quando sentimos medo, ele é quase sempre precedido por um pensamento de perigo. Quando nos sentimos tristes, há quase sempre um sentimento de perda. Quando sentimos raiva, há quase sempre um pensamento de transgressão. Isso nos dá espaço para parar e identificar o que está acontecendo quando nossa reação emocional negativa é desproporcional à realidade do perigo, perda ou transgressão. Então, podemos ajustar a proporção de nossa reação emocional. Esta é a essência da terapia cognitiva, mas numa forma preventiva.

O que este módulo ensina aos soldados a respeito da emoção positiva está na vanguarda da pesquisa de Fredrickson sobre a razão Losada. Produzir uma razão Losada sadia (mais pensamentos positivos do que negativos), pela vivência de mais emoções positivas com maior frequência, dá origem a capital psicológico e social. Esta estratégia é tão importante em um ambiente militar quanto numa sala de reuniões, num casamento ou na educação de adolescentes. Assim, este módulo orienta os soldados sobre táticas para desenvolverem mais emoções positivas que funcionem como "produtoras de recursos". Eis alguns fragmentos da lição de Algoe e Fredrickson sobre como produzir emoção positiva.

— Tire vantagem de suas emoções —
Hoje vamos discutir sobre como você pode tirar vantagem de suas emoções positivas.

"Tirar vantagem" das emoções positivas não significa que você vá sair pela vida vendo apenas os aspectos positivos em tudo e tendo sempre um grande sorriso no rosto, o tempo todo. Nosso objetivo não é o ícone do smiley *amarelo. Sabendo como elas agem e o que sinalizam, você aprenderá a: (a) tornar-se um participante ativo na capitalização das oportunidades que derivam das emoções positivas, (b) encontrar meios de aumentar o número de ocasiões e a duração da positividade e (c) ser um bom cidadão de sua comunidade.*

Este treinamento pretende dar as ferramentas para você se tornar um participante ativo de sua própria vida emocional. [...] Na verdade, as emoções positivas são pesos-pesados no sistema emocional: é pelo cultivo do positivo que somos capazes de aprender, crescer e florescer. Note que isso não é a busca de algum conceito longínquo de "felicidade". É o simples cultivo de momentos de diferentes tipos de emoções positivas, que podem levá-lo ao caminho do sucesso.

Emoções positivas: as produtoras de recursos
A chave para tirar vantagem das emoções positivas é considerá-las "produtoras de recursos". Pense num exemplo bem claro de uma ocasião em que você sentiu uma emoção positiva — orgulho, gratidão, prazer, satisfação, interesse, esperança —, quer ela tenha acontecido hoje ou na semana passada. Depois de se recordar de alguns detalhes desse acontecimento, dê-lhe um nome (por exemplo, "pensando no futuro") e especifique de que emoção se trata.

Agora que você tem um exemplo em mente, vamos voltar ao que sabemos sobre as emoções: o sentimento (a emoção) funciona para nós de duas maneiras: (1) chamando atenção e (2) coordenando uma resposta. As emoções positivas lançam luz sobre coisas que estão correndo particularmente bem para nós ou que têm o potencial de correr bem — isto é, situações que se coadunam com nossos objetivos. Estas podem ser consideradas oportunidades para a produção de recursos; por exemplo, se você estiver interessado ou inspirado, ou se você sentir que alguém foi particularmente gentil.

Vejamos alguns exemplos.

- *Se você sentir admiração por alguém, isso significa que você acha que essa pessoa demonstrou grande habilidade ou talento em algo. Como modelo de sucesso (pelo menos nesse campo), se você prestar atenção nessa pessoa, poderá perceber como ela realiza essa habilidade. Certamente lhe pouparia muito tempo de tentativa e erro para realizá-la. Sua admiração o alerta para a chance de rapidamente aprender uma habilidade culturalmente valorizada.*
- *Se você sentir grande alegria, isso significa que obteve (ou está obtendo) o que deseja. Talvez você tenha recebido uma promoção, tido seu primeiro filho ou esteja simplesmente desfrutando da companhia de bons amigos no jantar. A alegria representa um estado de satisfação, que oferece oportunidade de crescimento. Nesse momento, você não está preocupado com outras coisas; está se sentindo seguro e aberto. Sua alegria o alerta para a oportunidade de novas experiências.*
- *Se você sentir orgulho, significa que você acredita que demonstrou pessoalmente alguma habilidade ou talento culturalmente valorizado. O orgulho tem má reputação porque, como todas as coisas em excesso, as pessoas podem se empolgar demais com seu orgulho e ele se transformar em arrogância e autoengrandecimento. No entanto, em doses apropriadas, o orgulho o alerta para suas próprias habilidades e talentos, permite que você leve o crédito por eles e o prepara para futuros sucessos.*

> • *Finalmente, o sentimento de gratidão significa que você acha que alguém acaba de demonstrar que se importa com você e o ajudará no futuro. A gratidão marca oportunidades para solidificar relacionamentos com pessoas que parecem se importar com você.*

> *Tendo estabelecido que as emoções positivas podem ser muito úteis, é essencial que você volte sua atenção para o fato de que as pessoas com frequência não sabem que têm tal poder dentro de si. Você tem em si a força para descobrir o que o inspira, o que o faz rir, ou o que lhe dá esperança, e cultivar essas emoções. [...] Isso poderá ajudá-lo a otimizar sua vida estabelecendo momentos de genuína positividade para si mesmo. Não subestime os benefícios disso. Esses momentos podem ajudá-lo a produzir seus próprios recursos pessoais e sociais, que poderão ser usados no futuro. Além disso, os efeitos positivos de suas emoções podem se espalhar para as outras pessoas. Quando você se torna mais feliz e satisfeito com sua vida e com as coisas que fazem parte dela, você tem mais para oferecer aos outros.*

Módulo de aptidão familiar

Os Estados Unidos estão hoje envolvidos na primeira guerra em que quase todos os soldados têm celulares, acesso à internet e webcams. Isso significa que eles podem manter contato com suas famílias a qualquer hora. Por isso, mesmo na arena de combate, o soldado está virtualmente na presença dos confortos e, infelizmente, dos espinhos da vida familiar. Esses espinhos são uma importante causa de depressão, suicídio e TEPT para os soldados. A maioria dos suicídios dos soldados americanos no Iraque tem a ver com um relacionamento fracassado com um cônjuge ou parceiro.

John e Julie Gottman são os principais terapeutas de casais atualmente nos Estados Unidos e concordaram em criar o módulo de aptidão familiar para o Programa de Aptidão Abrangente para Soldados. Eis o que eles relatam.

> *O atendimento clínico ao estresse de combate descobriu que um importante incidente crítico que precede o pensamento suicida*

e homicida no Iraque e no Afeganistão é um acontecimento emocional associado a um relacionamento estressante. Incidentes críticos que coletamos incluem situações como: ligações telefônicas que terminam em fortes discussões; brigas pelo controle e poder em casa; comunicações que deixam ambos os parceiros se sentindo abandonados, sós e alienados; uma incapacidade dos parceiros de serem simplesmente bons amigos em conversas solidárias; não saber como lidar com o mau comportamento dos filhos porque eles sentem demais a falta do pai ou da mãe; ameaças de rompimento do relacionamento por um ou ambos os parceiros; e grandes crises súbitas e periódicas de desconfiança e traição. A pornografia pela internet, para gratificação masturbatória imediata do soldado, e uma série de oportunidades sexuais reais pela internet, para o soldado em serviço, são um grande problema para os parceiros em casa. Desconfiança e traição são motivos comuns de brigas entre soldados e seus parceiros.

O módulo dos Gottman ensina habilidades matrimoniais e de relacionamento validadas por eles na vida civil. Elas incluem: "Criar e manter a confiança e a segurança; criar e manter a amizade e a intimidade; aumentar a confiança e a honestidade; ser capaz de manter conversas telefônicas solidárias; administrar o conflito construtiva e delicadamente; evitar que o conflito aumente a ponto de levar à violência; autoapaziguamento cognitivo; conter e administrar a sobrecarga fisiológica e cognitiva; apaziguar o parceiro; administrar tensões exteriores ao relacionamento; enfrentar e recuperar-se da traição; converter o transtorno do estresse pós-traumático em crescimento pós-traumático por meio do relacionamento; criar e manter um sentido partilhado; produzir e manter um relacionamento positivo com cada filho; praticar a educação eficaz dos filhos; ajudar cada filho a aprender em casa; dar apoio ao filho para formar relacionamentos saudáveis com seus pares; habilidades para romper um relacionamento doente, como identificar os sinais de uma relação deste tipo; buscar apoio nos familiares e amigos; buscar apoio profissional quando necessário; proteger os filhos dos efeitos negativos de um rompimento; e fazer escolhas novas e positivas de relacionamento com os filhos e com o eu."

Módulo de aptidão social

> *Uma tribo que incluísse muitos membros que, possuindo um alto grau de espírito de patriotismo, fidelidade, obediência, coragem e compaixão, estivessem sempre prontos a ajudar-se uns aos outros e a sacrificar-se pelo bem comum, seria vitoriosa sobre a maioria das outras tribos; e isso seria seleção natural.*
> — *Charles Darwin*

John Cacioppo, professor de psicologia na Universidade de Chicago, é um dos principais psicólogos sociais da América, um neurocientista e o maior especialista do mundo no tema da solidão. Foi por meio de suas pesquisas que os efeitos devastadores da solidão — muito mais que da depressão — sobre a saúde mental e física tornaram-se absolutamente claros. Em uma sociedade que supervaloriza a privacidade, seu trabalho começa a restabelecer o equilíbrio entre o indivíduo solitário e a comunidade florescente. John concordou em trazer seu conhecimento para o Programa de Aptidão Abrangente para Soldados, criando o módulo de aptidão social on-line, que ele chama de Resiliência Social.

Resiliência social é "a capacidade de promover, se engajar e sustentar relacionamentos sociais positivos, e suportar e se recuperar de eventos estressores e do isolamento social". É a cola que mantém os grupos unidos, fornece um propósito maior do que o eu solitário, e permite que grupos inteiros se mobilizem para superar os desafios.

Por cinquenta anos, tem sido uma tendência na teoria da evolução considerar os seres humanos básica e inexoravelmente egoístas. Richard Dawkins, em seu livro *O Gene Egoísta*, de 1976, é representativo do dogma de que a seleção natural funciona apenas através do talento superior de sobrevivência e reprodução de um indivíduo solitário empurrando outros indivíduos concorrentes para fora do acervo genético. A seleção individual funciona muito bem para explicar a motivação e o comportamento, mas o altruísmo é um enigma bombástico para os teóricos do gene egoísta. A saída que eles encontraram foi postular o "altruísmo de parentesco": quanto mais genes em comum você tiver com o objeto do seu altruísmo, mais provavelmente você agirá altruisticamente. Você pode dar a vida por um gêmeo idêntico, mas o fará menos prontamente por um irmão não idêntico (ou gêmeo bivitelino) ou por um de seus pais, e apenas remotamente por um primo de primeiro grau, e em nenhuma hipótese por uma pessoa não aparentada.

Este argumento complicado está em absoluta contradição com o altruísmo comum (o fato de que nada nos faz sentir melhor do que ajudar outra pessoa) e o altruísmo heroico (por exemplo, cristãos escondendo judeus em seus sótãos nos países europeus ocupados pelos alemães durante a Segunda Guerra Mundial). O altruísmo para com pessoas desconhecidas é tão comum que levou Dacher Keltner a afirmar em seu livro revelador que nós "nascemos para ser bons".

Darwin, citado anteriormente, considerava outra pressão evolutiva, que eu acredito ser capaz de completar este panorama: a seleção de grupo. Ele postulava que se um grupo (composto de indivíduos geneticamente não aparentados) sobreviver e se reproduzir melhor que outro grupo concorrente, o acervo genético de todo o grupo vencedor se multiplicará. Portanto, imagine que a cooperação — e as emoções de grupo, como o amor, a gratidão, a admiração e o perdão, que sustentam a cooperação — leve a uma vantagem na sobrevida desse grupo. Um grupo cooperativo derrubará um mastodonte mais prontamente do que um grupo antissocial. Um grupo cooperativo pode formar a "tartaruga" na batalha: uma formação ofensiva romana que sacrifica os homens nas fileiras exteriores, mas derrota facilmente um grupo egoísta de soldados. Um grupo cooperativo pode produzir agricultura, cidades, tecnologia e música (cantar, marchar e rir são ações que *afinam* o grupo). Uma vez que a cooperação e o altruísmo têm uma base genética, todo esse grupo passará seus genes mais facilmente do que um grupo onde não haja cooperação e altruísmo. David Sloan Wilson e E. O. Wilson (geneticamente não aparentados), os mais enérgicos defensores da seleção de grupo como um complemento à seleção individual, propõem que consideremos o exemplo das humildes galinhas.

Como você selecionaria galinhas para maximizar a produção de ovos? A teoria do gene egoísta diz aos fazendeiros para selecionar as galinhas que produzem mais ovos na primeira geração, cruzá-las e repetir a mesma estratégia por várias gerações. Na sexta geração, o fazendeiro deverá ter uma produção de ovos muito melhor. Certo? Errado! Usando esse esquema, na sexta geração quase não haverá produção de ovos, e a maioria das galinhas terá sido morta a unhadas por suas concorrentes hiperagressivas e hiperpoedeiras de ovos.

As galinhas são sociais e vivem em bandos; por isso, a seleção de grupo sugere uma forma diferente de maximizar a produção de ovos. Cruze todo o bando que produz mais ovos em cada geração sucessiva. Com o uso desse método, a produção de ovos torna-se efetivamente enorme. A mesma lógica da seleção natural parece se aplicar também aos insetos sociais. Essas espécies muitíssimo bem-sucedidas (metade da biomassa de todos os insetos é social) têm fábricas, fortes e sistemas de comunicação, e sua evolução é mais compatível com a seleção de grupo do que com a seleção individual. Os seres humanos, neste sentido, são inelutavelmente sociais e nossa sociabilidade é nossa arma secreta.

No módulo de resiliência social, Cacioppo enfatiza que "nós não somos animais particularmente imponentes. Não temos o benefício de armas naturais, armaduras, força, voo, camuflagem ou velocidade que muitas outras espécies têm. É nossa capacidade de raciocínio, planejamento e trabalho conjunto que nos distingue dos outros animais. A sobrevivência humana depende de nossas habilidades coletivas, nossa habilidade de nos juntar a outros para perseguir um objetivo, e não de nossa força individual. A coesão e a resiliência social do grupo, portanto, são importantes. Os guerreiros que se compreendem e se comunicam bem uns com os outros, que são um grupo coeso, que gostam uns dos outros e trabalham bem juntos, que tiram proveito das diferenças em vez de usá-las para evitarem-se mutuamente e que se arriscam uns pelos outros são os que têm maior probabilidade de sobreviver e ser vitoriosos".

O módulo de resiliência social enfatiza a empatia: a capacidade de identificar as emoções que outro soldado está sentindo. Primeiro, os soldados aprendem sobre os neurônios-espelho e sobre os paralelos entre a atividade cerebral de uma pessoa quando experimenta ela própria o sofrimento e a atividade cerebral dos neurônios-espelho quando se observa que *outra* pessoa está sofrendo. A atividade é semelhante, mas não idêntica, permitindo-nos sentir empatia, mas também identificar a diferença entre nosso próprio sofrimento e o dos outros. Depois, os soldados recebem fotos para praticar a identificação precisa das emoções nos outros. O módulo enfatiza a diversidade racial e cultural. No exército norte-americano, a diversidade tem uma tradição longa e consagrada que é a espinha dorsal da força do exército, não apenas um slogan político conveniente.

Outro tópico do módulo de aptidão social são as novas e importantes descobertas sobre o contágio da emoção. Há mais de cinquenta anos, mais de 5 mil residentes de Framingham, Massachusetts, foram alvo de uma pesquisa sobre saúde física. Eles foram acompanhados ao longo do século XX, tendo como principal foco as doenças cardiovasculares, e foi este estudo que nos deu os conhecimentos sobre os perigos da pressão sanguínea alta e do colesterol para os ataques cardíacos. Uma vez que esses residentes foram acompanhados tão intensamente, pesquisadores de outros campos, que não incluíam as doenças cardíacas, também exploraram esse conjunto de dados.

Além dos dados físicos, alguns itens eram psicológicos (tristeza, felicidade, solidão etc.) e foram aplicados várias vezes; e, é claro, a localização real da residência de cada participante era conhecida. Isso permitiu aos pesquisadores traçar um "sociograma" emocional: um mapa de como a proximidade física influencia a emoção no futuro. Quanto mais perto uma pessoa vivia de alguém que se sentia solitário, mais solitária ela se sentia. O mesmo acontecia com a depressão, mas a grande surpresa foi em relação à felicidade. A felicidade era ainda mais contagiosa que a solidão ou a depressão, e funcionava ao longo do tempo. Se a felicidade da pessoa A aumentasse no tempo 1, a felicidade da pessoa B — vizinha de porta — subia no tempo 2. E o mesmo acontecia com a pessoa C, duas casas abaixo, num tempo um pouco menor. E até a pessoa D, três casas abaixo, sentia mais felicidade.

Isso tem implicações significativas para o moral entre grupos de soldados e para a liderança. Do lado negativo, este fato sugere que uns poucos indivíduos tristes, solitários ou raivosos podem estragar o moral de sua unidade inteira. Os comandantes sempre souberam disso. Mas a novidade é que o moral positivo é ainda mais poderoso e pode aumentar o bem-estar e o desempenho de toda a unidade. Isso torna o cultivo da felicidade — um lado muito negligenciado na liderança — importante, talvez crucial.

Levantei esta questão para a Agência Espacial Europeia, em um encontro de psicólogos espaciais nos Países Baixos, que planejavam a missão europeia para Marte, programada para o ano 2020. Os psicólogos espaciais geralmente se preocupam em minimizar aspectos negativos no espaço: suicídio, assassinato, medo e rebelião. Eles ficam de plantão — em terra — esperando para dar orientações quando um astronauta tem algum problema emocional. Fomos informados de que um astronauta americano quase abortou toda uma missão em órbita terrestre ao desligar a comunicação por várias órbitas, irritado porque seu leitor de música ainda não tinha sido consertado, apesar de seus repetidos pedidos. A missão de Marte, no entanto, não pode se beneficiar muito de psicólogos de plantão no Centro de Controle de Missão em Noordwijk ou Houston: Marte está tão distante que há uma lacuna de noventa minutos de comunicação entre a Terra e a estação na órbita de Marte.

Astronauta: "Esse filho da p** desse capitão! Eu vou desligar o oxigênio dele!"
[Noventa minutos depois.]
Psicólogo em Houston: "Talvez você devesse pensar criticamente em como o capitão pode ter transgredido algum direito importante para você."
Controle de missão: "Capitão. Capitão! ... Responda, Capitão!"

Agir contra as emoções negativas, talvez por meio de módulos pré-carregados ("Aperte um se estiver com raiva. Aperte dois se estiver ansioso. Aperte três se estiver desesperado"), é importante, mas, no meu entender, quase igualmente importante é a felicidade no espaço. A tônica deste livro é que o desempenho ótimo está atrelado ao bem-estar; quanto maior o moral positivo, melhor o desempenho. Isso significa que estimular a felicidade no espaço, particularmente numa missão de três anos — pôquer, engajamento, amizades fortes, um elevado senso de propósito, realizações de alto nível —, pode significar a diferença entre o sucesso e o fracasso. É particularmente escandaloso que na atualidade a escolha dos seis tripulantes não seja ditada por uma bem analisada compatibilidade psicológica, mas por política: um preciso equilíbrio nacional, racial e de gênero.

Eu enrubesço ao contar que mencionei o tópico do sexo gratificante e vinculativo no espaço — afinal, são três anos longe da Terra com seis mulheres e homens dotados de altos níveis de testosterona. Parece-me bastante importante planejar uma compatibilidade sexual. Essa é uma questão complicada em Houston — ninguém se atreve a levantá-la —, mas pelo menos era discutível em Noordwijk (que fica a apenas uma hora de Amsterdã). Depois de rotularem o assunto de "questão Seligman", passamos a discuti-lo extensamente. Explorações na Antártica, escaladas ao Himalaia e missões espaciais russas, informaram-nos, foram abaladas — completamente destruídas — por conflitos sexuais. Portanto, o que fazer? Que uniões planejar, o que proibir, que sexualidades escolher? Sexo grupal, homossexualidade, bissexualidade, monogamia ou assexualidade? Não ouvi nenhuma solução para a questão Seligman, que particularmente vai de encontro à pré-seleção de um equilíbrio internacional politicamente popular, sem qualquer preocupação com o que acontece do pescoço para baixo. Mas pelo menos os europeus estão pensando nisso, e o bem-estar no espaço agora faz parte de uma agenda de treinamento.

Tendo em vista os novos dados sobre o efeito contagioso do moral positivo, torna-se crucial ter a liderança certa entre as unidades do exército. Vinte anos atrás, Karen Reivich e eu queríamos prever quais equipes da Associação Nacional de Basquete se sairiam bem da derrota e quais desmoronariam. Para isso, pegamos todas as declarações de todos os membros das equipes publicadas nas páginas de esportes durante uma temporada inteira. Depois, classificamos cada declaração segundo o otimismo ou pessimismo. ("Nós perdemos porque somos péssimos" levou um 7 em pessimismo, enquanto "Nós perdemos por causa daquela intimação estúpida do juiz" levou um 7 em otimismo.) Então, formamos um perfil médio da equipe e tentamos prever como cada uma se sairia em relação à margem de pontos na temporada seguinte. A margem de pontos é a diferença entre as pontuações finais das equipes vencedora e perdedora em um jogo, conforme previsto pelos prognosticadores especialistas em Las Vegas. Na temporada seguinte, como previmos, o Boston Celtics (um time otimista) superava consistentemente a margem de pontos após uma derrota, enquanto o Philadelphia 76ers (um time pessimista) perdia consistentemente para a margem após a derrota. Os times otimistas se saíam melhor do que o esperado após uma derrota; times pessimistas se saíam pior.

Foi extremamente difícil conduzir este estudo: extrair e classificar cada declaração no jornal de cada jogador desses dois times durante uma temporada inteira. O trabalho era grande demais até para o mais dedicado cientista ou apostador. Depois do ocorrido, decidimos analisar apenas as citações dos técnicos. Efetivamente, o otimismo do técnico predizia a resiliência tão bem quanto o otimismo de todo o time. Talvez soubéssemos disso, mas agora estamos convencidos de que o contágio da felicidade e o papel poderoso do líder tornam crucial escolher a positividade e nutrir o bem-estar dos que estão no comando de uma unidade do exército.

Módulo de aptidão espiritual

O dia 16 de março de 1968 foi altamente crítico para as forças armadas americanas. O tenente William Calley e seus pelotões massacraram 347 civis desarmados na aldeia sul-vietnamita de My Lai. O suboficial Hugh Thompson estava pilotando um helicóptero sobre a aldeia no momento em que o massacre estava acontecendo. Arriscando-se a ser levado à corte marcial e pondo em perigo a vida de sua tripulação de dois homens, ele pôs fim ao massacre ao pousar e ordenar a seu atirador e seu chefe de tripulação que abrissem fogo contra os soldados americanos se eles continuassem a atirar em civis. O indignado Thompson então relatou o horrível incidente a seus oficiais comandantes e mais tarde testemunhou diante do Congresso e na corte marcial de Calley. A tragédia em My Lai ressalta os terríveis dilemas enfrentados pelos soldados tanto quando são ordenados a praticar ações abomináveis como quando desafiam as regras para atender a um apelo superior.

Há duas razões lógicas para o módulo de aptidão espiritual do Programa de Aptidão Abrangente para Soldados. Primeira, o exército decidiu que realmente quer que seus soldados atendam a uma ordem moral superior, de modo que, ao fortalecer os valores morais e éticos dos soldados, as operações do exército — que com frequência apresentam complicados dilemas morais — sejam conduzidas eticamente. Segunda, há consideráveis evidências de que um nível mais elevado de espiritualidade caminha de mãos dadas com um maior bem-estar, menos doenças mentais, menos uso de substâncias químicas e casamentos mais estáveis, sem mencionar um melhor desempenho militar — uma vantagem que fica particularmente evidente quando as pessoas enfrentam uma adversidade maior como o combate. O conflito espiritual de Hugh Thompson ao se preparar para atirar contra soldados americanos em My Lai foi, provavelmente, uma bifurcação na estrada de sua vida. Sua decisão foi uma pré-condição para o crescimento, e se ele tivesse deixado o massacre continuar, isso provavelmente teria dado início a um processo de declínio espiritual e pessoal. Devemos ter isso em mente quando discutirmos o crescimento pós-traumático no próximo capítulo.

A Primeira Emenda da Constituição dos Estados Unidos proíbe o governo de estabelecer uma religião, e por isso, nesse módulo, a aptidão espiritual não é teológica, mas humana. Ela não toma posição quanto à validade de estruturas religiosas ou seculares. Antes, apoia e encoraja os soldados a buscarem a verdade, o autoconhecimento, a ação correta e o propósito na vida: viver por um código enraizado no pertencimento e no serviço a algo que o soldado acredite ser maior do que o eu.

O módulo foi projetado por Ken Pargament, professor de psicologia na Universidade Estadual de Bowling Green, e pelo coronel Pat Sweeney, professor de ciência comportamental e liderança em West Point. Ele se concentra no "núcleo espiritual" do soldado, constituído por autoconsciência, senso de agência, autorregulação, automotivação e percepção social.

> *O núcleo espiritual forma o alicerce do espírito humano e é composto pelos valores e crenças mais essenciais de um indivíduo com relação ao propósito e ao sentido na vida, às verdades sobre o mundo e à visão para a realização de seu pleno potencial. [...]*
>
> *A autoconsciência envolve reflexão e introspecção para obter discernimento sobre as questões prementes da vida. Estas questões referem-se à identidade, ao propósito, ao sentido, à verdade no mundo, à autenticidade, à produção de uma vida digna de ser vivida e à realização do próprio potencial de um indivíduo. [...]*
>
> *O senso de agência refere-se à percepção individual de responsabilidade para com a jornada contínua de desenvolvimento do próprio espírito. Isso requer que as pessoas aceitem suas fraquezas e imperfeições e entendam que elas são as principais autoras de suas vidas. [...]*

> *A autorregulação envolve a habilidade de compreender e controlar as próprias emoções, pensamentos e comportamentos. [...]*
>
> *A automotivação com relação ao espírito humano requer a expectativa de que a trajetória do indivíduo conduzirá à realização de suas aspirações mais profundas. [...]*
>
> *A percepção social refere-se à compreensão de que os relacionamentos têm um papel importante no desenvolvimento do espírito humano. [...] Particularmente importante é o reconhecimento de que outras pessoas têm o direito de cultivar diferentes valores, crenças e costumes, e de que cada ser humano precisa, sem abrir mão de suas próprias crenças, demonstrar aos outros a devida consideração e abertura a pontos de vista distintos.*

O módulo consiste em três níveis com dificuldade crescente. O primeiro começa com a redação de um discurso fúnebre a um amigo morto em batalha, destacando os valores e o propósito pelos quais o amigo viveu. Ele é interativo, e o soldado produz um discurso paralelo sobre si próprio, identificando suas forças pessoais e enfatizando os valores de seu núcleo espiritual. O segundo nível envolve navegar pelas encruzilhadas morais por meio de histórias militares interativas nas quais o resultado de um conflito espiritual conduz ao crescimento ou ao declínio. O terceiro nível ajuda os soldados a encontrarem uma ligação mais profunda com os valores e crenças de outras pessoas e outras culturas. O soldado é apresentado a pessoas de diferentes contextos e trabalha interativamente para encontrar uma base comum com suas experiências de vida e com as coisas que elas valorizam.

Estes quatro módulos são eletivos: os soldados podem usar versões básicas e cada vez mais avançadas à sua escolha. Mas um módulo é considerado tão essencial que é exigido de todos os soldados. Ele trata do transtorno do estresse pós-traumático e do crescimento pós-traumático.

Capítulo 8

Transformando o trauma em crescimento

— Essa é uma grande ideia, dr. Seligman — disse o general David Petraeus —, produzir mais crescimento pós-traumático, em vez de apenas focar no transtorno do estresse pós-traumático, e desenvolver o treinamento a partir das forças de nossos soldados, em vez de apenas treiná-los para eliminar suas fraquezas. — Eu tinha acabado de resumir para os 12 generais de quatro estrelas, liderados pelo general Casey, o treinamento de resiliência e o efeito que ele deveria ter sobre a reação de um soldado ao combate.

Portanto, vamos aprender sobre o transtorno do estresse pós-traumático. Isso elucidará um dos princípios básicos do Programa de Aptidão Abrangente para Soldados e explicará o que eu quis dizer quando falei aos quatro estrelas que focar no TEPT era tratar o problema como se o rabo abanasse o cachorro.

Transtorno do estresse pós-traumático

Choque de guerra e fadiga de combate eram diagnósticos psiquiátricos da Primeira e da Segunda Guerras Mundiais. Mas o pensamento moderno sobre o dano psicológico causado pelo combate começa não numa guerra, mas numa inundação. No início da manhã do dia 26 de fevereiro de 1972, a barragem de Buffalo Creek, na região carbonífera da Virgínia Ocidental, ruiu e em poucos segundos mais de 500 milhões de litros de água negra e lodosa desceram rugindo sobre os moradores das cavidades dos Montes Apalaches. Kai Erikson, filho do famoso psicólogo Erik Erikson, escreveu um livro de referência sobre este desastre. *Everything in Its Path* [*Tudo em seu caminho*], publicado em 1976, marca o ponto de inflexão para o pensamento sobre o trauma. Nele, Erikson articula o que logo viriam a se tornar os critérios para o diagnóstico do TEPT na terceira edição do *Manual Diagnóstico e Estatístico* da Associação Psiquiátrica Americana, e viria a ser liberal (alguns diriam "promíscua") e imediatamente aplicados aos veteranos da Guerra do Vietnã. Ouça os sobreviventes de Buffalo Creek, na crônica do jovem Erikson.

Wilbur, sua esposa, Deborah, e seus quatro filhos conseguiram sobreviver.

> *Por alguma razão, abri a porta interna e olhei para o alto da estrada — e ali vinha ela. Apenas uma grande nuvem negra. Pareciam 4 ou 5 metros de água. [...]*
>
> *Bem, a casa de meu vizinho vinha direto para onde nós moramos, descendo o riacho. [...] Vinha devagar, mas minha esposa ainda estava dormindo com a bebê — ela tinha cerca de 7 anos à época — e as outras crianças ainda estavam dormindo no andar de cima. Gritei para minha mulher num péssimo tom de voz para que eu conseguisse obter sua atenção muito rapidamente. [...] Não sei como ela trouxe as crianças para baixo tão rápido, mas ela correu lá para cima ainda de camisola, tirou as crianças da cama e as trouxe para baixo. [...]*
>
> *Subimos a estrada. [...] Minha esposa e algumas das crianças entraram entre as gôndolas [carros da estrada de ferro]; eu e minha bebê entramos debaixo delas, porque não tínhamos muito tempo. [...] Olhei para trás e nossa casa já não estava lá. Ela não saiu arrastando tudo. Desceu por quatro ou cinco lotes residenciais de onde estava e parou, completamente destruída.*

Dois anos depois do desastre, Wilbur e Deborah descrevem suas cicatrizes psicológicas, os sintomas definidores de um transtorno do estresse pós-traumático. Primeiro, Wilbur *revive* o trauma recorrentemente em seus sonhos.

A causa de meu problema foi o que eu passei em Buffalo Creek. A coisa toda se repete para mim até mesmo em meus sonhos, quando me retiro para dormir. Em meus sonhos, corro da água o tempo todo. A coisa toda simplesmente se repete várias vezes nos meus sonhos. [...]

Segundo, Wilbur e Deborah tornam-se psicologicamente *entorpecidos*. O afeto fica embotado e eles permanecem emocionalmente anestesiados para as tristezas e alegrias do mundo à sua volta. Wilbur diz:

Eu nem fui ao cemitério quando meu pai morreu [cerca de um ano depois da inundação]. A ficha simplesmente não caiu, não me dei conta de que ele tinha desaparecido para sempre. E aquelas pessoas que morrem à minha volta, isso simplesmente não me incomoda como costumava incomodar antes do desastre. [...] Simplesmente não me incomodou que meu pai tivesse morrido e nunca mais fosse voltar. Não tenho o sentimento que costumava ter com coisas como a morte. Simplesmente não me afetam mais como costumavam afetar antes.

E Deborah diz:

Tenho negligenciado meus filhos. Eu deixei completamente de cozinhar. Não faço o serviço de casa. Não faço nada. Não consigo dormir. Não consigo comer. Quero apenas tomar um monte de comprimidos e ir para a cama, dormir e não acordar. Eu gostava da minha casa e da minha família, mas com exceção deles, para mim, tudo o mais na vida que antes me interessava está destruído. Eu adorava cozinhar. Adorava costurar. Adorava cuidar da casa. O tempo todo eu estava trabalhando e fazendo melhorias na casa. Mas agora cheguei ao ponto em que isso não significa nada para mim. Não preparo uma refeição quente e a coloco na mesa para meus filhos há quase três semanas.

Terceiro, Wilbur experimenta sintomas de *ansiedade*, incluindo hiperatenção e reações fóbicas a eventos que o fazem lembrar a inundação, como chuva e o iminente mau tempo.

Ouço o noticiário, e se houver um aviso de tempestade, bem, não vou para a cama nessa noite. Fico sentado, acordado. Digo à minha esposa:

— Não troque a roupa das meninas; deixe que se deitem e durmam do jeito que estão vestidas, e se eu vir que algo vai acontecer, acordo vocês com tempo suficiente para saírem de casa.

Não vou para a cama. Fico acordado.

Meus nervos são um problema. Sempre que chove, sempre que há uma tempestade, eu simplesmente não aguento. Fico andando para lá e para cá. Fico tão nervoso que me explodem erupções cutâneas. Estou tomando injeções contra isso agora. [...]

Wilbur também sofre de *culpa* de sobrevivência.

Naquele momento, bem, eu ouvi alguém me chamar, olhei em volta e vi a sra. Constable. [...] Ela tinha um bebezinho nos braços e gritava:

— Ei, Wilbur, venha me ajudar; se não puder me ajudar, pegue meu bebê. [...]

Mas eu nem ao menos considerei voltar para ajudá-la. Ainda me culpo muito por isso. Ela tinha o bebê nos braços e me olhava como se fosse jogá-lo para mim. Bem, eu nem pensei em ir ajudar aquela senhora. Eu estava pensando em minha própria família. Todos os seis daquela casa morreram afogados. Ela tinha água até a cintura, e todos se afogaram.

Esses sintomas foram oficialmente ratificados como um *transtorno* em 1980, na terceira edição do *Manual Diagnóstico e Estatístico*. Eis os mais recentes critérios para o diagnóstico de TEPT extraídos da quarta edição:

— *309.81 DSM-IV Critérios de diagnóstico de transtorno do estresse pós-traumático* —

A. Exposição a um evento traumático.
B. O evento traumático é persistentemente revivido.

C. Evitação persistente de estímulos associados com o trauma e entorpecimento da responsividade geral.
D. Sintomas persistentes de excitabilidade aumentada.
E. A duração da perturbação (sintomas dos critérios B, C e D) é superior a um mês.
F. A perturbação causa sofrimento clinicamente significativo ou prejuízo no funcionamento social, ocupacional ou em outras áreas importantes de vida do indivíduo.

Um importante qualificador, amplamente negligenciado, é que os sintomas não existiam antes do trauma.

O diagnóstico de TEPT começou a fazer seu début próximo ao fim da Guerra do Vietná e foi amplamente aplicado de imediato. Eis um caso composto de TEPT da Guerra do Iraque.

O sr. K., 38 anos, soldado da Guarda Nacional, foi avaliado em um ambulatório psiquiátrico vários meses após seu retorno de uma mobilização de 12 meses no Triângulo de Sunni, no Iraque, onde foi exposto ao combate, pela primeira vez, em seus dez anos de serviço na Guarda Nacional. Antes da mobilização, ele era um bem-sucedido vendedor de automóveis, com um casamento feliz, pai de dois filhos, com 10 e 12 anos, sociável, com um grande círculo de amigos, e participava ativamente de atividades cívicas e religiosas. Enquanto estava no Iraque, sofreu extensa exposição a combate. Seu pelotão sofreu bombardeios pesados e ataques em muitas ocasiões, resultando, frequentemente, em morte e ferimentos de seus companheiros. Ele era passageiro em patrulhas e comboios quando bombas na beira da estrada destruíram veículos e feriram ou mataram pessoas de quem ele havia se tornado íntimo. Tinha consciência de que havia matado vários combatentes inimigos e temia também ter sido responsável pelas mortes de transeuntes civis. Culpava-se por não ter conseguido impedir a morte de seu melhor amigo, que foi baleado por um franco-atirador. Quando indagado sobre o pior momento durante sua mobilização, afirmou prontamente que foi quando não pôde interceder, apenas assistir, impotente, quando um pequeno grupo de mu-

lheres e crianças iraquianas morreram no fogo cruzado de um assalto particularmente sangrento.

Desde a sua volta para casa, ele tem estado ansioso, irritadiço e saturado a maior parte do tempo. Passou a se preocupar com a segurança pessoal de sua família, mantendo consigo, o tempo todo, uma pistola 9 mm carregada e debaixo do travesseiro à noite. O sono tem sido difícil e quando acontece é frequentemente interrompido por pesadelos vívidos durante os quais ele se debate, chuta sua esposa, ou pula da cama e acende as luzes. Seus filhos reclamaram que ele se tornou superprotetor, a ponto de não perdê-los de vista. Sua esposa relatou que ele tem estado emocionalmente distante desde a sua volta. Ela também acha que se tornou perigoso dirigir o carro quando ele é passageiro, porque às vezes, de repente, ele agarra o volante por achar que viu uma bomba à beira da estrada. Seus amigos se cansaram de convidá-lo para encontros sociais porque ele recusa constantemente todos os convites. Seu patrão, que o tem apoiado pacientemente, relatou que seu trabalho sofreu muitíssimo, que ele parece preocupado com seus próprios pensamentos e irritado com os clientes; comete erros com frequência e não funciona com eficiência na concessionária onde antes era um excelente vendedor. O sr. K. reconhece que mudou desde sua mobilização. Relata que às vezes experimenta fortes ataques de medo, pânico, culpa e desespero, e que em outras ocasiões sente-se emocionalmente morto, incapaz de retribuir o amor e a cordialidade de familiares e amigos. A vida tornou-se um fardo terrível. Embora não tenha apresentado comportamento suicida, relata que às vezes pensa que todos estariam muito melhor se ele não tivesse sobrevivido à sua passagem pelo Iraque.

O diagnóstico de TEPT tem sido um recurso básico do corpo médico dos Estados Unidos durante as atuais guerras do Iraque e do Afeganistão: 20 por cento dos soldados sofrem dele. E foi exatamente por isso que fui convidado a almoçar com os generais.

Eu disse aos generais que a resposta humana à alta adversidade tem uma curva de distribuição normal. Na ponta extremamente vulnerável, o resultado é a patologia: depressão, ansiedade, abuso de substâncias químicas, suicídio e o que hoje entrou no manual diagnóstico oficial como TEPT. Todo soldado que vai para o Iraque ou Afeganistão já ouviu falar de TEPT. Mas a espécie humana evoluiu ao longo de milênios de traumas, e a reação normal à alta adversidade é, de longe, a resiliência — um período relativamente breve de depressão com ansiedade, seguido de um retorno ao nível anterior de funcionamento.

Em West Point, descobrimos que mais de 90 por cento dos cadetes já tinham ouvido falar do transtorno do estresse pós-traumático, que, na realidade, é relativamente incomum, mas menos de 10 por cento tinham ouvido falar do crescimento pós-traumático, que não é incomum. Esse é um importante desconhecimento médico. Se um soldado só sabe do TEPT e desconhece a resiliência e o crescimento, isso cria uma espiral descendente autorrealizável. Seu colega foi morto ontem no Afeganistão. Hoje você irrompe em lágrimas e pensa: *Estou desmoronando; tenho TEPT; minha vida está arruinada.* Esses pensamentos aumentam os sintomas de ansiedade e depressão — na verdade, o TEPT é uma combinação particularmente ruim de ansiedade e depressão —, que por sua vez aumenta a intensidade dos sintomas. O simples fato de saber que a crise de choro não é um sintoma de TEPT, mas um sintoma normal de tristeza e luto, geralmente seguido de resiliência, ajuda a pôr um freio na espiral descendente.

O transtorno do estresse pós-traumático certamente aumenta em probabilidade por causa da natureza autorrealizadora da espiral descendente engendrada pela catastrofização e pela crença de que se tem TEPT. Indivíduos que já de início são catastrofistas são muito mais suscetíveis ao TEPT. Um estudo acompanhou 5.410 soldados ao longo de suas carreiras militares, de 2002 até 2006. Durante esse período de cinco anos, 395 receberam diagnóstico de TEPT. Mais da metade deles estava, já de início, na faixa mais baixa de 15 por cento nas estatísticas de saúde mental e física. Esse é um dos fatos mais confiáveis — e um dos menos citados — em toda a literatura sobre o TEPT: as pessoas que estão em má condição já de início têm um risco muito maior de ter TEPT do que pessoas psicologicamente aptas, e o TEPT com frequência pode ser visto mais como uma exacerbação de sintomas preexistentes de ansiedade e depressão do que uma primeira ocorrência. São justamente estas descobertas que sustentam um princípio do treinamento em resiliência do Programa de Aptidão Abrangente para Soldados (a seguir): ao fortalecer psicologicamente nossos soldados antes do combate, podemos prevenir alguns casos de TEPT.

Nesse ponto, preciso assumir uma posição ranzinza. Os moradores estavam processando a Pittston Company, proprietária da barragem, em mais de um bilhão de dólares. Em minha opinião, esse tipo de dinheiro pode levar a sintomas exagerados e prolongados, apesar de a literatura sugerir que os sobreviventes não estavam se fingindo de doentes. Eles acabaram por ganhar o processo, portanto jamais saberemos que efeito o incentivo financeiro teve. Infelizmente, um sistema paralelo está em ação no TEPT militar. Um diagnóstico de TEPT avançado garante a um veterano uma pensão por invalidez de 3 mil dólares ao mês pelo resto da vida. Uma atividade remunerada ou a remissão dos sintomas põem fim à pensão. Uma vez que os veteranos recebem o diagnóstico e os pagamentos começam, 82 por cento deles não retornam à terapia. Não sabemos que efeito esse substancial incentivo está tendo no diagnóstico de TEPT de nossas guerras, mas a taxa de 20 por cento frequentemente relatada no Iraque e no Afeganistão está muito acima das taxas em guerras anteriores ou das taxas apresentadas em outros exércitos que não reembolsam o TEPT como invalidez. Os soldados britânicos que retornam do Iraque e do Afeganistão têm um índice de TEPT de 4 por cento. Passei um pente-fino pelos documentos sobre a Guerra Civil americana e não encontrei quase nenhuma ocorrência de TEPT ou qualquer coisa parecida naquela época horrível.

Ceticismo à parte, eu gostaria de dizer claramente que tenho certeza de que existe um TEPT de base. Não acredito que o TEPT seja fingimento. Minhas dúvidas têm a ver com o excesso de diagnósticos. Acredito que a sociedade americana deve muito mais, em gratidão e em dinheiro, do que hoje ela dá aos veteranos que voltaram. Mas não acredito que a gratidão deva vir por meio de um diagnóstico de invalidez e de um sistema que rouba dos nossos veteranos o seu orgulho.

Crescimento pós-traumático

Finalmente, não podemos esquecer, há o crescimento pós-traumático (CPT). Um número significativo de pessoas também apresenta intensa depressão e ansiedade após uma adversidade extrema, frequentemente no mesmo nível do TEPT, mas depois crescem. No longo prazo, elas chegam a um nível de funcionamento psicológico superior ao anterior. "O que não me mata me fortalece", disse Nietzsche. Os velhos soldados que povoam os cargos da organização Veteranos das Guerras Estrangeiras não estão em um estado mental de negação — a guerra realmente foi a melhor época de suas vidas.

Alguns anos atrás, Chris Peterson, Nansook Park e eu acrescentamos um link em meu site Felicidade Autêntica (www.authentichappiness.org). O novo questionário relacionava as 15 piores coisas que podem acontecer na vida de uma pessoa: tortura, doença grave, morte de um filho, estupro, aprisionamento e assim por diante. Em um mês, 1.700 pessoas relataram pelo menos um desses eventos terríveis e também fizeram nossos testes de bem-estar. Para nossa surpresa, os indivíduos que haviam passado por um evento terrível tinham maiores forças pessoais (e, portanto, maior bem-estar) do que indivíduos que não haviam passado por nenhum. Indivíduos que tinham vivido dois eventos terríveis eram mais fortes do que os que tinham vivido um, e os que tinham vivido três — estupro, tortura e aprisionamento, por exemplo — eram mais fortes do que os que viveram dois.

A brigadeiro-general Rhonda Cornum é um ícone do crescimento pós-traumático. Eu havia lido sobre Rhonda em 1991, quando ela era major e prisioneira de guerra do exército de Saddam Hussein. Cornum — médica urologista, doutora em bioquímica, cirurgiã de voo, piloto de jatos, piloto de helicópteros civis — estava em uma missão de resgate sobre o deserto do Iraque quando seu helicóptero foi atingido pelo fogo inimigo. Enquanto a aeronave caía, o estabilizador da cauda foi arrancado por uma explosão, e todos menos três integrantes da tripulação de oito pessoas morreram.

Com dois braços e uma perna quebrados, Rhonda foi levada como prisioneira. Ela foi agredida sexualmente e tratada com brutalidade. Libertada oito dias depois, voltou como heroína de guerra. Rhonda descreve as sequelas de sua experiência traumática:

• Relacionamento com os pacientes: "Eu me senti muito mais bem preparada para ser médica e cirurgiã militar do que antes. As preocupações com meus pacientes já não eram mais acadêmicas."

• Força pessoal: "Eu me senti muito mais preparada para ser líder e comandante. Este é o padrão no qual outras experiências se baseiam hoje; portanto, eu sinto muito menos ansiedade ou medo quando me deparo com desafios."

• Valorização da família: "Eu me tornei uma mãe e esposa melhor e mais atenta. Passei a me esforçar para me lembrar dos aniversários, para visitar meus avós e assim por diante. Sem dúvida, o fato de ter chegado perto de perdê-los me fez valorizá-los mais."

• Mudança espiritual: "Uma experiência fora do corpo mudou minhas percepções; passei a estar pelo menos aberta à possibilidade de uma vida espiritual versus vida física."

• Prioridades: "Embora eu tivesse sempre organizado minha vida em listas de prioridades A, B e C, me tornei muito mais rigorosa em relação ao descarte das prioridades do tipo C. (Sempre vou aos jogos de futebol de minha filha!)"

Depois que ela foi libertada, um coronel lhe disse:
— É pena que você seja mulher, major, senão poderia vir a se tornar general.

Então eu vi a lenda pessoalmente: quando ela entrou em um auditório cavernoso onde ambos iríamos falar em agosto de 2009, 1.200 majores e coronéis se levantaram e aplaudiram. Como general responsável pelo Programa de Aptidão Abrangente para Soldados, Rhonda tem um interesse pessoal no módulo do crescimento pós-traumático.

Curso de crescimento pós-traumático

Ela recrutou dois professores de psicologia para supervisionar o módulo de CPT: Richard Tedeschi, líder acadêmico no campo do CPT, vindo da Universidade da Carolina do Norte, em Charlotte, e Richard McNally, de Harvard. O módulo começa com o antigo entendimento de que a transformação pessoal é caracterizada pela renovada valorização da ideia de se estar vivo, pela força pessoal intensificada, pela ação a partir das novas possibilidades, pelos relacionamentos melhorados e pelo aprofundamento espiritual. Tudo isso frequentemente sucede à tragédia. Os dados sustentam essa evidência: para citar apenas um exemplo, 61,1 por cento dos aviadores torturados durante anos pelos norte-vietnamitas disseram que tinham se beneficiado psicologicamente de sua provação. Mais ainda, quanto mais severo o tratamento, maior o crescimento pós-traumático. Com isso não estou sugerindo, nem remotamente, que devemos celebrar o trauma humano em si; antes, devemos aproveitar ao máximo o fato de que o trauma frequentemente cria condições propícias para o crescimento e devemos ensinar os soldados sobre as condições sob as quais o crescimento tem mais probabilidade de acontecer.

Inventário de Crescimento Pós-Traumático

O dr. Tedeschi usa o Inventário de Crescimento Pós-Traumático (ICPT) para avaliar o fenômeno. Eis alguns itens amostrais:

0 = Não vivenciei esta mudança em consequência de minha crise.

1 = Vivenciei esta mudança, num grau muito pequeno, em consequência de minha crise.

2 = Vivenciei esta mudança, em pequeno grau, em consequência de minha crise.

3 = Vivenciei esta mudança, em grau moderado, em consequência de minha crise.

4 = Vivenciei esta mudança, em grau elevado, em consequência de minha crise.

5 = Vivenciei esta mudança, em grau muito elevado, em consequência de minha crise.

Tenho grande apreciação pelo valor de minha própria vida.
Tenho uma melhor compreensão de questões espirituais.
Estabeleci um novo caminho para minha vida.
Tenho um maior senso de proximidade com os outros.
Hoje há novas oportunidades disponíveis, que de outro modo não haveria.
Empenho-me mais em meus relacionamentos.
Descobri que sou mais forte do que eu achava que era.

O módulo ensina aos soldados, interativamente, os cinco elementos que reconhecidamente contribuem para o crescimento pós-traumático. O primeiro elemento é *compreender a reação ao trauma* em si: crenças abaladas sobre o eu, os outros e o futuro. Quero enfatizar que esta reação normal ao trauma não é um sintoma de transtorno do estresse pós-traumático, nem indica um defeito do caráter. O segundo elemento é a *redução da ansiedade*, que consiste em técnicas para controlar pensamentos e imagens intrusivos. O terceiro elemento é uma *autorrevelação construtiva*. É provável que a contenção do trauma conduza a uma piora dos sintomas físicos e psicológicos, por isso os soldados são encorajados a contar a história do trauma. Isso leva ao quarto elemento: *criar uma narrativa do trauma*. A narrativa é guiada, sendo que o trauma é visto como uma bifurcação na estrada que aumenta a valorização do paradoxo. Há perdas e ganhos. Há aflição e gratidão. Há vulnerabilidade e força. A narrativa então detalha quais forças pessoais são mobilizadas, como alguns relacionamentos são aperfeiçoados, como a vida espiritual fortaleceu a valorização da própria vida e que novas portas se abriram. Finalmente, são articulados *princípios e posições globais na vida que são mais fortes frente ao desafio*. Estes incluem novas maneiras de ser altruísta, aceitar o crescimento sem a culpa de ter sobrevivido, criar uma nova identidade como sobrevivente do trauma ou como uma pessoa dotada de uma compaixão recém-adquirida, e levar a sério o ideal grego do herói que retorna do Hades para contar ao mundo uma importante verdade sobre como viver.

Treinamento em resiliência

Os primeiros dois componentes do Programa de Aptidão Abrangente para Soldados são o Instrumento de Avaliação Global e os cinco cursos on-line de aptidão. Mas o verdadeiro desafio é o treinamento. Pode o exército treinar os soldados para que eles se tornem psicologicamente aptos, assim como os treina para a aptidão física? Na reunião de novembro de 2008, o general Casey tinha nos ordenado que retornássemos em sessenta dias e apresentássemos um relatório. Sessenta dias depois, estávamos de volta para um almoço no Pentágono.

— Nós desenvolvemos um teste para avaliar a aptidão psicológica, senhor — disse a general Cornum ao general Casey. — Leva apenas vinte minutos para ser respondido e foi desenvolvido por um grupo composto pelos principais especialistas em testes civis e militares. Estamos fazendo uma aplicação-piloto com milhares de soldados.

— Trabalho rápido, general. O que a senhora e Marty desejam fazer em seguida?

— Queremos fazer um estudo-piloto sobre o treinamento em resiliência. — Rhonda e eu tínhamos planejado extensamente nossa resposta a esta pergunta. — Marty demonstrou em seu trabalho com a educação positiva que os professores comuns podem ser eficazmente ensinados a dar treinamento em resiliência para adolescentes. Os estudantes então têm menos depressão e ansiedade. Quem são os professores no exército? Os sargentos, claro. [Os sargentos instrutores, meu Deus!] Portanto, o que queremos fazer é o seguinte: um estudo de prova de conceito, no qual tomaremos cem sargentos aleatoriamente e lhes daremos aulas de treinamento em resiliência, durante dez dias, na Penn — uma instrução para instrutores. Esses sargentos então treinarão os soldados sob seu comando em resiliência. Depois compararemos estes 2 mil soldados com um grupo de controle.

— Espere um pouco — vociferou o general Casey. — Eu não quero um estudo-piloto. Nós estudamos o trabalho de Marty. Eles publicaram mais de uma dúzia de repetições. Estamos satisfeitos com esse estudo, e estamos prontos para apostar que ele prevenirá a depressão, a ansiedade e o TEPT. Isso não é um exercício acadêmico, e não quero outro estudo. Isso é guerra. General, quero que a senhora implante esse treinamento em todo o exército.

— Mas, senhor — Rhonda começou delicadamente a objetar. Enquanto ela começava a enumerar todos os passos burocráticos e orçamentários que uma implantação em todo o exército exigiria, minha mente voltou a uma conversa memorável que tive com Richard Layard nas ruas de Glasgow, Escócia, três anos antes.

Richard é um economista de primeiro nível da Escola de Economia de Londres. Em mosteiros medievais, o abade fazia a ponte entre o universo mundano e o sagrado. Esse é o papel desempenhado por Richard na política britânica; ele serve de ponte entre as pesquisas acadêmicas e a verdadeira disputa política. Ele também é autor de *Felicidade*, uma visão radical sobre o governo, em que ele argumenta que a política governamental deveria ser avaliada não pelos aumentos no PIB, mas pelos aumentos no bem-estar global. Ele e sua esposa, Molly Meacher, são um dos dois casais da Câmara dos Lordes. Lordes por mérito, não por hereditariedade.

Richard e eu caminhávamos por uma área modesta de Glasgow, num intervalo entre as sessões do evento inaugural do Centro Escocês de Confiança e Bem-Estar, uma instituição paragovernamental que pretende se contrapor à atitude de "não posso" que se diz ser endêmica na educação e no comércio escoceses. Éramos os principais palestrantes.

— Marty — disse Richard em sua suave pronúncia etoniana —, eu li seu trabalho sobre educação positiva e quero levá-lo para as escolas do Reino Unido.

— Obrigado, Richard — respondi, agradecido porque nosso trabalho estava sendo considerado nos altos círculos do Partido Trabalhista. — Acho que estou pronto para tentar um estudo-piloto na escola de Liverpool.

— Você não entende, não é, Marty? — disse Richard, com um tom ligeiramente sarcástico na voz. — Você, como a maioria dos tipos acadêmicos, tem uma superstição sobre a relação da política pública com as evidências. Você provavelmente acha que o Parlamento adota um programa quando as evidências científicas se acumulam aos montes, a ponto de serem persuasivas e irresistíveis. Em toda a minha vida política, nunca vi um caso assim. A ciência torna-se uma política pública quando as evidências são suficientes e há vontade política. Estou lhe dizendo que as evidências de sua educação positiva são suficientes (suficientemente satisfatórias, como nós, economistas, dizemos), e a vontade política já existe em Whitehall. Portanto, vou levar a educação positiva para as escolas do Reino Unido.

Esta foi a mais sensata afirmação sobre o misterioso relacionamento entre o micro e o macro que eu já tinha ouvido. Foi uma experiência de conversão, para mim. É por isso que eu a enfatizo anteriormente, e se você for um acadêmico e não se lembrar de mais nada nesse livro, lembre-se do que Lorde Layard me disse em Glasgow. A experiência mais frustrante de minha vida profissional tinha sido ver excelentes ideias científicas, amparadas por amplas evidências laboratoriais, morrerem constantemente em algumas salas de reunião ou apenas ganharem poeira na biblioteca. Fiquei imaginando — e esse é o próprio âmago deste livro — por que a psicologia positiva é tão popular hoje junto ao público geral e à imprensa. Certamente não é porque ela traz evidências irresistíveis. Como ciência, a psicologia positiva é bastante nova, e suas evidências não são escassas, mas estão longe de ser irresistíveis. Por que desgastei meus joelhos implorando às agências de concessão de crédito — frequentemente em vão —, por tantos anos, para pesquisas sobre a impotência aprendida, sobre o estilo explanatório e a depressão, sobre doenças cardiovasculares e o pessimismo, quando, agora, indivíduos generosos espontaneamente preencheriam cheques gordos depois de me ouvirem falar uma única vez sobre a psicologia positiva?

Quando voltei a prestar atenção aos generais depois desta reflexão, a general Cornum estava lembrando ao general Casey de todas as etapas orçamentárias e burocráticas que ela teria de atravessar e quanto tempo elas levariam.

— O Battlemind, senhor, nosso atual programa psicológico, só passou por seis das dez etapas e ele já existe há mais de um ano.

— General Cornum — disse o general Casey, pondo fim à reunião —, faça o treinamento em resiliência acontecer para o exército inteiro. Saia.

Isso é que é força de vontade.

Portanto, a questão com que Rhonda e eu nos confrontamos em fevereiro de 2009 era como disseminar o treinamento em resiliência de forma rápida e ampla. Também precisávamos descobrir como fazê-lo de maneira responsável, permitindo-nos ajustar os materiais de treinamento bem como acompanhar sua eficácia, de modo que, no pior dos casos, pudéssemos interromper o programa se ele não estivesse funcionando.

O curso de treinamento em educação positiva para professores que tínhamos desenvolvido havia sido escrito para professores civis. Nosso primeiro passo agora era reescrever todo o material de treinamento para os sargentos e suas tropas. A dra. Karen Reivich, principal treinadora e a Oprah Winfrey da psicologia positiva, ficou responsável por "militarizar" o material. Ao longo dos oito meses seguintes, Karen e sua equipe se reuniram com mais de cem veteranos do Iraque e do Afeganistão e examinaram juntos nosso material de treinamento palavra por palavra.

Nossa primeira grande surpresa surgiu dessas conversas. Achávamos que nossos exemplos civis — ser abandonado por uma namorada ou ser reprovado num teste — seriam irrelevantes para os guerreiros. Como estávamos equivocados!

— Esta é a primeira guerra em que você tem um celular e pode ligar para sua esposa da linha de frente — observou Darryl Williams, comandante executivo da general Cornum. Estrela do futebol em West Point e veterano do Iraque, com 1,92 metro de altura, ele tinha sido o carregador da "bola" com os códigos de guerra nuclear para o presidente Bill Clinton. — Tomar cuidado com equipamentos explosivos improvisados já é suficientemente complicado, mas as brigas por causa do lava-louças e das notas das crianças pioram ainda mais as coisas — ele continuou. — Boa parte da depressão e ansiedade que nossos soldados sentem é causada pelo que está acontecendo em casa. Portanto, seus exemplos civis se ajustam perfeitamente do jeito que estão. Apenas acrescente alguns bons exemplos militares.

Retrabalhamos os exemplos e começamos o Treinamento em Resiliência (TR) em dezembro de 2009. Hoje, todos os meses, 150 sargentos vão à Penn durante oito dias e nós fazemos a transmissão simultânea do treinamento para fortes, onde estão posicionados nossos facilitadores treinados na Penn. Passamos os cinco primeiros dias oferecendo experiências diretas aos sargentos por meio da prática das habilidades a serem usadas em suas próprias vidas como soldados, líderes e membros de família. Eles participam de sessões em grupo nas quais a dra. Karen Reivich, treinadora principal, apresenta o conteúdo essencial, demonstra o uso das habilidades e conduz as discussões. Após as sessões plenárias, os sargentos vão para sessões abertas com trinta pessoas, nas quais praticam o que aprenderam usando dinâmica de grupo, folhas de trabalho e discussões em pequenos grupos. Cada sessão aberta é conduzida por um treinador (treinado por Karen) e quatro facilitadores: dois civis (a maioria deles mestre em psicologia positiva aplicada) e dois militares (também treinados por Karen). Percebemos que a razão de cinco membros na equipe de treinamento para trinta participantes funciona bem.

Após os cinco primeiros dias, os sargentos recebem um segundo conjunto de materiais (o manual do treinador, o guia do soldado e apresentações em PowerPoint), que eles usarão quando ministrarem o Treinamento em Resiliência para seus soldados. Três dias inteiros são então dedicados a preparar os sargentos com os conhecimentos profundos e as competências de ensino necessárias para que possam cumprir o programa com fidelidade. Eles trabalham com uma série de atividades: dinâmica de grupo, em que um sargento assume o papel de professor, e outros cinco, o de soldados; equipes de cinco pessoas formulam perguntas desafiadoras que devem ser respondidas por outra equipe de cinco pessoas; identificação de erros na forma de apresentação e confusões relativas ao conteúdo durante sessões de simulação conduzidas pelo treinador de TR; e identificação das competências apropriadas a serem usadas com situações-problemas reais dos soldados.

Dividimos o conteúdo do treinamento em três partes: produção de resistência mental, produção de forças pessoais e produção de relacionamentos fortes. Todas essas partes seguem o modelo validado do programa que usamos para ensinar os professores civis.

Produção de resistência mental

O tema desta parte é a aprendizagem das competências da resiliência. Começamos pelo modelo ABCDE, de Albert Ellis: C (as consequências emocionais) não derivam diretamente de A (das adversidades), mas de B (das crenças [*beliefs*, em inglês] sobre as adversidades). Este simples fato é uma surpresa para muitos dos sargentos, dissipando a crença comum de que a adversidade desencadeia diretamente a emoção. Os sargentos trabalham com uma série de adversidades profissionais (você desiste no meio de uma corrida de 5 quilômetros) e pessoais (você volta da missão militar e seu filho não quer jogar basquete com você), com o objetivo de se tornarem capazes de separar a adversidade (A) do que dizem a si mesmos no calor do momento (B) e das emoções ou ações que seus pensamentos geram (C). Ao fim dessa sessão de qualificação, os sargentos conseguem identificar pensamentos específicos que mobilizam determinadas emoções: por exemplo, pensamentos sobre transgressão mobilizam raiva; pensamentos sobre perda mobilizam tristeza; pensamentos sobre perigo mobilizam ansiedade.

Depois, enfocamos as armadilhas do pensamento. Vou dar um exemplo. Para ilustrar a armadilha da generalização (julgar o valor ou a habilidade de uma pessoa com base numa única ação), apresentamos o seguinte: "Um soldado de sua unidade tem dificuldade para acompanhar o treinamento físico e se arrasta pelo resto do dia. Seu uniforme parece sujo e ele comete alguns erros durante a prática de tiro. No seu íntimo, você pensa: *Esse cara é um desleixo total! Não tem a fibra de um soldado.*" Após a apresentação desse caso, cada sargento descreve a armadilha de pensamento e discute seus efeitos sobre o soldado que ele está liderando e sobre o próprio sargento citado no exemplo.

Um sargento comentou:

— Detesto ter de admitir, mas eu penso assim com frequência. Descarto as pessoas quando elas metem os pés pelas mãos. Não sou muito bom em dar segundas chances porque acho que você pode julgar o caráter de uma pessoa por suas ações. Se esse cara tivesse um caráter forte, não estaria se arrastando e seu uniforme não estaria em mau estado.

Os sargentos então perguntaram: "Que comportamentos *específicos* explicam a situação?", para aprenderem a se concentrar nos comportamentos em oposição ao valor geral do soldado.

Então nos voltamos para os "icebergs", crenças profundamente arraigadas que com frequência levam a reações emocionais desajustadas (por exemplo: "Pedir ajuda é sinal de fraqueza"), e eles aprendem uma técnica para identificar quando um iceberg mobiliza uma emoção desproporcional. Uma vez que o iceberg é identificado, eles se fazem uma série de perguntas para determinar: (1) se o iceberg continua a ser significativo para eles; (2) se o iceberg é correto em dada situação; (3) se o iceberg é excessivamente rígido; (4) se o iceberg é útil. O iceberg "Pedir ajuda demonstra fraqueza" é frequente e pertinente, porque mina a disposição de buscar ajuda e confiar nos outros. Esse iceberg exige que os sargentos se esforcem para modificá-lo porque historicamente os soldados sentiam-se estigmatizados se buscassem ajuda e eram frequentemente ridicularizados por não serem fortes o bastante para lidar com seus próprios problemas.

Muitos sargentos comentaram que acreditam que a cultura em torno do pedir ajuda está mudando no exército. Um sargento comentou:

— Houve um tempo em que eu chamaria um soldado de [*palavrão*] por procurar um conselheiro ou capelão. E se eu não dizia isso na cara dele, eu certamente pensava. Já não vejo mais a coisa dessa maneira. As várias missões de que participei me ensinaram que todos nós vamos precisar de ajuda de tempos em tempos, e que são os fortes que estão dispostos a pedir.

Após os icebergs, abordamos o modo de *minimizar o pensamento catastrófico*. Nós somos animais da intempérie, naturalmente atraídos para a interpretação mais catastrófica da adversidade, já que somos descendentes de pessoas que sobreviveram à Era do Gelo. Aqueles nossos ancestrais que pensavam *Está fazendo um dia maravilhoso em Nova York hoje; aposto que amanhã vai estar ótimo*, foram esmagados pelo gelo. Os que pensaram *Apenas parece um dia maravilhoso; vem vindo gelo, inundação, fome e invasores. Ai, meu Deus! Melhor armazenar algum alimento!* sobreviveram e nos legaram seus cérebros. Às vezes é útil pensar e se preparar para o pior; mais frequentemente, no entanto, é paralisador e irreal, portanto aprender a avaliar realisticamente o catastrófico é crucial no campo de batalha e no front doméstico.

Nesse ponto, os sargentos assistem a um videoclipe sobre um soldado que não consegue contatar sua esposa por e-mail. Ele pensa: *Ela me deixou*, e isso produz depressão, paralisia e fadiga. Então apresentamos um modelo de três passos — "Colocando em perspectiva" — para discutir o pensamento catastrófico: pior caso, melhor caso, caso mais provável.

Você telefonou para casa várias vezes e sua esposa não estava. Você pensa para si mesmo: *Ela está me traindo*.

Esse é o pior caso.

Agora vamos colocar em perspectiva. Qual é o melhor caso possível?

"A paciência e a força dela nunca oscilam nem por um segundo."

Certo, agora qual é o caso mais provável?

"Ela saiu com uma amiga e vai me escrever um e-mail mais à noite ou amanhã. Minha esposa dependerá de outros em vez de mim enquanto eu estiver em missão. Ficarei com ciúme e com raiva por minha esposa depender de outras pessoas; ela se sentirá só e assustada enquanto eu estiver fora."

Uma vez identificada a consequência mais provável, eles desenvolvem um plano para enfrentar a situação, e depois praticam esse exercício com exemplos profissionais (um soldado não retornou de um exercício de excursão terrestre; você recebeu uma crítica negativa de um superior) e com exemplos pessoais (seu filho tem notas baixas na escola e você não está em casa para ajudar; sua esposa está tendo dificuldade de administrar as finanças enquanto você está em missão).

Na berlinda: Lutando contra os pensamentos catastróficos em tempo real

Essas habilidades são usadas quando há uma tarefa que exija atenção imediata e quando o desempenho pode ficar comprometido se o soldado se deixar distrair por uma "ruminação mental". Alguns exemplos são: apresentar-se diante de um conselho de promoção, deixar a base operacional avançada para checar aparelhos explosivos improvisados, demonstrar suas habilidades de combate, ou estacionar em sua garagem depois de um dia estressante no trabalho.

Existem três estratégias para desafiar as crenças catastróficas em tempo real: reunir evidências, usar de otimismo e colocar os fatos em perspectiva. Durante o curso, os sargentos aprendem a usar essas habilidades e a corrigir erros irrealistas (considerar uma coisa de cada vez, dominar a situação e assumir a responsabilidade apropriada). Essa habilidade não significa substituir todo pensamento negativo por um positivo. Ela é projetada para ser um paliativo para que o soldado consiga se concentrar no momento e não colocar a si mesmo (ou outros) em riscos maiores por causa de pensamentos paralisantes e irrealistas. Há um tempo e lugar para se concentrar em pensamentos negativos persistentes porque há algo a ser aprendido com eles.

Por exemplo, um sargento disse que vivia constantemente assolado por pensamentos negativos, em dúvida sobre a sinceridade do amor de sua esposa, e que esses pensamentos frequentemente interferiam em sua habilidade de permanecer concentrado. Ele acreditava que o tema de seus pensamentos vinha do iceberg "Não sou o tipo de cara que as mulheres amam". É importante afastar esses pensamentos em certos momentos, por exemplo, quando se precisa dormir ou quando se está em manobras de alto risco. Também é importante prestar atenção a essas crenças e avaliá-las atentamente em períodos de pausa apropriados.

É importante que essas habilidades de resistência mental captem perfeitamente as habilidades do otimismo aprendido; as habilidades que se opõem à impotência aprendida. Lembre-se de que o objetivo do Programa de Aptidão Abrangente para Soldados é direcionar toda a distribuição das reações ao trauma para uma maior resiliência e um maior crescimento pós-traumático. Mas isso também deve ter um efeito preventivo sobre o transtorno do estresse pós-traumático (a parte inferior da curva de distribuição). O TEPT é uma má combinação entre sintomas de ansiedade e de depressão, e o treinamento em resiliência (otimismo) tem um efeito claramente preventivo sobre ambos. E também são os soldados na faixa mais baixa de 15 por cento nas estatísticas de aptidão mental e física os mais particularmente vulneráveis ao TEPT. Portanto, armá-los antecipadamente com habilidades ansiolíticas e antidepressivas deve ter um efeito preventivo. Finalmente, em uma revisão de 103 estudos sobre o crescimento pós-traumático, em 2009, os pesquisadores italianos Gabriele Prati e Luca Pietrantoni descobriram que o otimismo é um importante colaborador para o crescimento. Então, a teoria sugere que a produção de resistência mental deve impulsionar os soldados no sentido do crescimento, bem como prevenir o TEPT. Mas não feche o livro agora: não vamos ficar só na teoria, já que o exército avaliará tudo isso cuidadosamente.

Cace as coisas boas

Ao longo do programa, os sargentos fazem um diário de gratidão (também chamado de diário das três bênçãos). O propósito de "caçar as coisas boas" é aumentar as emoções positivas; partimos do princípio de que as pessoas que habitualmente reconhecem e expressam gratidão veem benefícios em sua saúde, seu sono e seus relacionamentos *e* têm um desempenho melhor. Todas as manhãs do curso de TR, vários sargentos partilham algo que "caçaram" no dia anterior, bem como suas reflexões sobre o significado que o evento positivo teve para eles. As situações vão desde "Tive uma ótima conversa com minha esposa na noite passada; usei o que aprendemos em classe e ela disse que foi uma das melhores conversas que já tivemos", até "Parei e conversei com um sem-teto e aprendi muito com ele" e "O dono do restaurante não cobrou nosso jantar como forma de agradecer ao exército".

Com o desenrolar das semanas, as bênçãos tornam-se mais pessoais. Na manhã do último dia, um sargento disse:

— Conversei com meu filho de 8 anos na noite passada. Ele me contou sobre um prêmio que tinha ganhado na escola. Normalmente eu diria algo como "Que legal". Mas usei a habilidade que aprendemos ontem e fiz um monte de perguntas sobre o episódio: Quem estava lá quando ele ganhou o prêmio? Como ele se sentiu ao recebê-lo? Onde ele pretendia pendurar o prêmio? No meio da conversa, meu filho me interrompeu e disse: "Pai, esse é mesmo você?" Entendi o que ele queria dizer. Essa foi a conversa mais longa que já tivemos e acho que nós dois ficamos surpresos com isso. Foi ótimo.

Forças de caráter

Após as habilidades de resistência mental, passamos a identificar as forças de caráter. O *Manual de Campo do Exército* descreve as principais forças do caráter de um líder: lealdade, obediência, respeito, serviço altruísta, honra, integridade e coragem pessoal. Nós as revisamos e então pedimos aos sargentos que completem o teste VIA de Forças Pessoais, on-line, e trazemos para a classe uma impressão de suas 24 forças, classificadas por ordem. Definimos "força pessoal", e os sargentos fixam seus nomes em grandes quadros ao redor da sala, cada um rotulado com uma das forças. Os quadros que ficam muito cheios de *post-its* revelam quais são as forças mais comuns dos sargentos. Eles buscam padrões dentro do grupo e discutem o que o perfil de forças de grupo reflete sobre eles como líderes. Após esta atividade, discutem em pequenos grupos: "O que vocês aprenderam sobre si mesmos com o levantamento de forças? Que forças vocês desenvolveram por meio de seu serviço no exército? De que modo suas forças contribuem para que vocês completem uma missão e atinjam seus objetivos? Como estão usando suas forças para produzir relacionamentos fortes? Quais são os lados sombrios de suas forças e como vocês podem minimizá-los?"

Então mudamos o foco para o uso das forças para vencer desafios. O coronel Jeff Short, da equipe do Programa de Aptidão Abrangente para Soldados, apresenta um estudo de caso que descreve como ele tirou sua unidade — a 115ª — do Forte Polk, em Louisiana, para montar um hospital de apoio ao combate na prisão de Abu Ghraib, a fim de oferecer atendimento médico a todos os detentos, incluindo internação e atendimento ambulatorial. Enquanto Jeff descreve os desafios de montagem do hospital de campanha e do atendimento aos detentos, os sargentos acompanham cada instância de um indivíduo ou equipe que exige uma força de caráter e as ações específicas que ela permitiu. Por exemplo, o hospital de campanha precisava de um aparelho para fechamento de feridas a vácuo, mas não havia nenhum. Uma enfermeira demonstrou a força da criatividade quando inventou um a partir de um antigo aspirador de pó.

Em seguida, os sargentos se dividem em pequenos grupos e assumem uma missão que eles precisam completar em conjunto. Nós os instruímos a usar as forças de caráter da equipe para completar a missão, e a equipe precisa usar as forças disponíveis. Finalmente, os sargentos escrevem suas próprias histórias sobre "forças usadas em desafios". Um sargento descreveu como ele tinha usado suas forças de amor, sabedoria e gratidão para ajudar um soldado indisciplinado que estava se comportando mal e provocando conflitos. O sargento usou sua força de amor para convocar o soldado, enquanto a maioria dos outros evitou o desordeiro porque ele era muito hostil. O sargento descobriu que o soldado se sentia consumido de raiva por sua esposa, e sua raiva havia transbordado e respingado sobre os soldados de sua unidade. Então, agindo a partir de sua força de sabedoria, o sargento ajudou o soldado a compreender a perspectiva da esposa e trabalhou com ele para escrever uma carta descrevendo a gratidão que sentia por ela enfrentar tantas coisas sozinha durante suas três missões.

Produção de relacionamentos fortes

Nosso módulo final concentra-se em como fortalecer relacionamentos com outros soldados e em casa. Nosso objetivo é oferecer instrumentos práticos que desenvolvam relacionamentos e desafiem crenças que interfiram na comunicação positiva. O trabalho da dra. Shelly Gable mostra que quando um indivíduo responde ativa e construtivamente (em oposição a passiva e destrutivamente) a alguém com quem partilha uma experiência positiva, o amor e a amizade aumentam. Por isso, ensinamos os quatro estilos de resposta: ativo construtivo (apoio autêntico e entusiástico), passivo construtivo (apoio moderado), passivo destrutivo (ignorar o evento) e ativo destrutivo (apontar os aspectos negativos do evento). Demonstramos cada um deles por meio de uma série de dinâmicas de grupo. A primeira mostra dois soldados rasos que são amigos íntimos:

O soldado Johnson diz ao soldado Gonzales: "Ei, minha esposa ligou e disse que arranjou um ótimo emprego na base militar."

Ativo construtivo: "Que ótimo! Qual é o emprego? Quando ela começa? Ela contou como o conseguiu e por que o mereceu?"
Passivo construtivo: "Que bom."
Passivo destrutivo: "Recebi um e-mail engraçado do meu filho. Ouça isso..."
Ativo destrutivo: "E quem vai ficar cuidando do seu filho? Eu não confiaria numa babá. Há tantas histórias horrorosas sobre babás que abusam de crianças."

Após cada dinâmica, os sargentos completam uma planilha sobre a maneira como geralmente respondem a essas situações, identificam por que têm dificuldade em responder de modo ativo e construtivo (por exemplo, por estarem cansados ou muito focados em si mesmos), e como podem usar suas forças pessoais para permanecer ativos e construtivos (por exemplo, usando a força da curiosidade para fazer perguntas, usando a força do interesse para responder com entusiasmo, ou usando a força da sabedoria para pontuar as lições valiosas a serem aprendidas com a situação).

Então apresentamos o trabalho da dra. Carol Dweck sobre o elogio eficaz. O que você diz quando o elogio é justificado? Por exemplo: "Eu tive um ótimo resultado em meu teste de aptidão física." "Nós esvaziamos o prédio sem provocar nenhuma baixa." "Fui promovido a primeiro-sargento." Ensinamos os sargentos a elogiar as habilidades específicas em vez de usarem um vago "Que bom!" ou "Bom trabalho!". O elogio dos detalhes demonstra ao soldado: (a) que o líder estava realmente observando, (b) que o líder se deu ao trabalho de enxergar exatamente o que ele fez, e (c) que o elogio é autêntico, e não um superficial "Bom trabalho".

Finalmente, ensinamos a comunicação assertiva, descrevendo as diferenças entre os estilos passivo, agressivo e assertivo. Qual é a linguagem, o tom de voz, a linguagem corporal e o ritmo de cada estilo? Que mensagens cada estilo transmite? Por exemplo, o estilo passivo transmite a mensagem "Eu não acredito que você vá ouvir mesmo". Descobrimos em nossa educação positiva que um aspecto essencial é explorar os icebergs que levam a um estilo de comunicação em vez de outro. Alguém que acredite que "As pessoas se aproveitarão de qualquer sinal de fraqueza" tende a um estilo agressivo. Uma pessoa que acredite que "É errado reclamar" terá um estilo passivo, e a crença "É possível confiar nas pessoas" produz um estilo assertivo.

Portanto, ensinamos um modelo de comunicação assertiva em cinco passos:

1. Identifique e trabalhe para compreender a situação.
2. Descreva a situação objetivamente e com exatidão.
3. Expresse suas preocupações.
4. Pergunte à outra pessoa quais são suas perspectivas e trabalhe no sentido de uma mudança aceitável.
5. Relacione os benefícios que surgirão com a implementação dessa mudança.

Os sargentos praticam em situações militares: seu companheiro de batalha começou a beber demais e tem bebido e dirigido; seu marido está gastando dinheiro demais em coisas que você não considera essenciais; um colega continua a pegar suas coisas sem pedir permissão. Após essas dinâmicas de grupo, os sargentos identificam uma situação espinhosa que estão vivenciando no momento e praticam o uso da comunicação assertiva. Uma área dolorosa é explorar como eles falam com suas próprias famílias. Muitos sargentos nos dizem que se comunicam muito agressivamente com suas esposas e de modo muito arbitrário com seus filhos, porque é difícil passar do ritmo agitado e autoritário de seu trabalho para um foco mais democrático, que funciona muito melhor em casa.

Um sargento me parou no corredor após esta sessão e me agradeceu, dizendo:

— Se eu tivesse aprendido essas coisas três anos atrás, não estaria divorciado.

Apesar da intenção de usar meu trabalho com o exército para ajudar nossos soldados e outros, como discuti nesses dois capítulos, alguns jornalistas preferiram analisá-lo por meio de uma lente opaca e continuam procurando alguma intenção abominável de minha parte de usar a ciência para o mal. Alguns críticos têm afirmado que este programa usa o pensamento positivo para fazer "lavagem cerebral" nos soldados: "Além do mais, os soldados não gostariam que seus oficiais considerassem cenários mais pessimistas antes de mandá-los para o combate? [...] A opção saudável ao pensamento negativo não é o pensamento positivo, mas o pensamento crítico." Nós não ensinamos um "pensamento" positivo estúpido. O que ensinamos *é* pensamento crítico: as competências do raciocínio para distinguir entre cenários pessimistas irracionais, que paralisam a ação, e os cenários mais prováveis. Esta é uma competência de raciocínio que permite o planejamento e a ação.

Outros críticos insinuaram que eu mantive o uso de meu trabalho sobre a impotência aprendida com o propósito de intimidação psicológica e tortura de detentos e supostos terroristas por alguns setores do exército durante a assim chamada guerra ao terror, da administração George W. Bush.

Isso não poderia estar mais distante da verdade. Nunca ofereci, nem jamais ofereceria, assessoria na tortura. Eu a desaprovo veementemente. Eu a condeno.

O que sei acerca da controvérsia sobre a tortura é o seguinte: a Agência Conjunta de Recuperação de Pessoal me convidou para uma palestra de três horas na Base Naval de San Diego, em meados de maio de 2002. Fui convidado a falar sobre como as tropas e o pessoal norte-americanos podiam usar o que se conhece sobre a impotência aprendida para *repelir* a tortura e escapar a uma interrogação bem-sucedida por parte de *seus* sequestradores. Foi sobre isso que falei.

Na época fui informado de que por eu ser (e continuar sendo) um civil sem habilitação de segurança, eles não poderiam me fornecer detalhes sobre os métodos americanos de interrogação. E também de que seus métodos não usavam de violência ou brutalidade.

Ainda assim, uma notícia datada de 31 de agosto de 2009, assinada pela organização Médicos pelos Direitos Humanos, afirma: "Na realidade, em pelo menos duas ocasiões, Seligman apresentou sua pesquisa sobre a impotência aprendida para os interrogadores contratados pela CIA mencionados no relatório do inspetor-geral." Isto é falso. Os "interrogadores" eram supostamente James Mitchell e Bruce Jessen, dois psicólogos de quem se diz que trabalharam para a CIA a fim de ajudar a desenvolver métodos "aprimorados" de interrogação. Eles estavam em meio a um público entre cinquenta e cem pessoas quando apresentei minha pesquisa sobre a impotência aprendida. Eu não a apresentei "a eles". Apresentei-a à Agência Conjunta de Recuperação de Pessoal e, repito, falei sobre como as tropas e o pessoal norte-americanos poderiam usar o que se sabe sobre a impotência aprendida para *evitar* uma interrogação por parte de *seus* sequestradores. Não houve nenhuma outra ocasião em que eu tenha apresentado minha pesquisa a Mitchell e Jessen nem a mais ninguém associado a esta controvérsia.

Não mantive contato com a Agência Conjunta de Recuperação de Pessoal desde aquela palestra. Nem tive contatos profissionais com Jessen e Mitchell desde então. Nunca trabalhei sob contrato com o governo (nem sob nenhum outro contrato) em nenhum aspecto relacionado à tortura, nem estaria disposto a fazer qualquer trabalho associado a ela.

Nunca trabalhei com interrogações; nunca *assisti* a uma interrogação, e tenho apenas algum conhecimento superficial adquirido pela literatura sobre o assunto. Com esta qualificação, minha opinião é que o interesse da interrogação é chegar à verdade, e não obter o que o interrogador deseja ouvir. Acho que a impotência aprendida tornaria a pessoa mais passiva, menos desafiadora e mais condescendente, mas não tenho nenhuma evidência de que ela conduza, com segurança, à obtenção da verdade. Fico triste e horrorizado com a possibilidade de que a boa ciência que tem ajudado tantas pessoas a vencer a depressão possa ser usada para propósitos tão dúbios.

A implantação

Francamente, receávamos que estes lendários e durões sargentos instrutores achassem o treinamento em resiliência "feminino", "meloso" ou um mero "psicologuês". Não acharam. Mais importante ainda, eles adoraram (não há uma palavra mais adequada para isso) o curso. Para nossa surpresa, o treinamento recebeu uma classificação de 4,9 em 5,0, sendo que Karen Reivich recebeu 5,0 em 5,0, em suas avaliações anônimas. Seus comentários nos trouxeram lágrimas aos olhos.

> *Este treinamento foi o mais agradável e — mais importante — o mais perspicaz que já recebi desde que estou no exército.*

> *Fico admirado com quão simples, mas extremamente eficaz, este curso foi para mim. Já posso imaginar o impacto que ele terá sobre meus soldados, familiares e sobre o exército como um todo.*

Isto salvará vidas, casamentos e prevenirá suicídios e outras coisas, como dependência alcoólica e uso de drogas, após a missão. É preciso que chegue aos soldados já.

Precisamos que cada soldado, cada civil do exército e cada familiar recebam este treinamento.

Eu já comecei a usar estas técnicas recém-adquiridas em minha vida familiar.

E esta é uma amostra verdadeiramente representativa das avaliações dos supostamente sórdidos sargentos instrutores.

Eis o plano de implantação: em 2010, 150 sargentos irão à Penn todos os meses para oito dias de treinamento para se tornarem treinadores. Outro grupo grande de sargentos receberá treinamento por meio de transmissão simultânea em seus fortes. Selecionaremos os melhores sargentos para se tornarem treinadores mestres e cofacilitadores em nossos treinamentos na Penn, de modo que ao fim de 2010 teremos treinado cerca de 2 mil sargentos e selecionado e treinado cerca de cem deles para se tornarem treinadores mestres. Estes sargentos dedicarão uma hora por semana ao treinamento em resiliência. Em 2011, continuaremos a treinar na Penn, bem como levaremos o treinamento para dentro dos fortes. Num futuro não muito distante, o treinamento em resiliência será ensinado a todos os soldados que chegam, e o exército providenciará a equipe necessária para o treinamento.

Quando os generais Casey e Cornum e eu comunicamos o plano de implantação aos generais de duas e três estrelas, sua primeira pergunta foi: "E nossas esposas e filhos? A resiliência de um soldado reflete diretamente a resiliência de sua família." Em virtude disso, o general Casey ordenou que todas as famílias do exército tivessem acesso ao treinamento em resiliência e que isso seria um acréscimo no portfólio de Rhonda. Portanto, estamos criando unidades móveis, com um treinador principal e uma equipe de treinadores mestres, para instalar e ensinar resiliência em postos avançados distantes, como Alemanha e Coreia, bem como às esposas e crianças.

Enquanto isso, temos recebido cartas do front. Eis o que o sargento-chefe Keith Allen nos escreveu:

Como soldado da Infantaria, estou acostumado a receber detalhes concretos sobre qualquer missão que me seja dada. Quando fui informado de que eu participaria do Treinamento em Resiliência, naturalmente perguntei o que deveria esperar. [...] Disseram-me para manter a mente aberta. Sendo um soldado, traduzi isto como: "Provavelmente será algo inútil, mas recebemos ordens para cooperar."

Cheguei para o treinamento esperando encontrar equipes de psicólogos falando um monte de coisas incompreensíveis ou que não tivessem nada de relevante a oferecer, ou ambos. No primeiro dia de aula, eu (junto com os dois suboficiais de minha unidade) cheguei à sala de aula com trinta minutos de antecedência, na esperança de conseguir um lugar na última fila. Para nosso desgosto, todos os outros participantes tinham o mesmo plano. [...] Os únicos lugares restantes eram na primeira fila.

Ocupamos os assentos. Sentei-me, admito, na clássica pose do descrente (afundado na cadeira, com os braços cruzados sobre o peito). No segundo dia, eu me vi sentado ereto, envolvido na aula. Quando chegamos a "Evitando as armadilhas do pensamento", eu estava inclinado para a frente na cadeira, totalmente surpreso, e ficava um tanto desapontado quando chegava a hora de parar para as refeições.

Reconheci algumas das habilidades como coisas que eu talvez tenha feito instintivamente ou em consequência de ter tido êxito com os métodos por meio da experiência. Reconheci a ausência de algumas das habilidades em alguns dos líderes/colegas/soldados que encontrei ao longo de minha carreira.

Quando a discussão se voltou para os resultados de nosso teste VIA de Forças Pessoais, aguardei ansiosamente pela discussão. Algumas coisas estavam exatamente onde eu imaginava que estariam; outras, para minha surpresa, não estavam em posição tão elevada quanto eu imaginava. Depois de fazer uma reflexão honesta (autoconsciência) e de conversar com minha esposa, me dei conta de que minhas forças estavam numa ordem bastante precisa. Identificar quais forças estavam mais baixas do que eu achava me mostrou para onde direcionar meus esforços no futuro.

Tenho usado com sucesso essas habilidades desde que retornei à minha unidade. Igualmente importante, senão mais, tive êxito com minha família. Algumas de nossas decisões na unidade são colaborativas por natureza; agora, quando dou minha contribuição, tenho uma linguagem firme para descrever como cheguei a algumas de minhas decisões. Desde então, meu comandante e meus líderes têm me puxado de lado e perguntado mais sobre o Treinamento em Resiliência. Dois deles estarão no próximo treinamento. Dois de meus filhos (15 e 12 anos, respectivamente) fizeram o VIA e isso ajudou em nossa interação. Usei a resposta ativa e construtiva para ajudar meu filho de 12 anos a resolver um problema, e nós dois tivemos um sucesso inesperado.

O sargento-chefe Edward Cummings escreveu:

Fiz o Treinamento em Resiliência no último mês de novembro, e desde o curso ele não tem feito outra coisa senão me ajudar, não apenas em minha vida profissional, mas, ainda mais importante, em minha vida pessoal. Minha filosofia com o exército é que se você é feliz e bem-sucedido em casa, isso só vai ajudá-lo no trabalho. [...] Desde o início do curso, comecei a aprender a inserir isso em minha vida diária. Ele abriu novas portas para que eu fosse capaz de conversar com minha esposa e, mais importante, ouvi-la. Eu me peguei tantas vezes usando o passivo construtivo, o que, depois de dar um passo atrás e sabendo o que estava fazendo, eu não me dava conta de que estava efetivamente prejudicando meu casamento. Descobri que só de ouvir minha esposa em algo que eu costumava considerar banal, os dias dela ficam melhores, e, como todos nós sabemos, "Quando a esposa não está feliz, ninguém está feliz!".

Igualmente, eu me percebi capaz de lidar com os problemas no trabalho com muito mais facilidade. Costumava ficar muito aborrecido quando as coisas não saíam do jeito como eu achava que deviam sair e, com frequência, reagia de forma exagerada. Agora dou aquele passo atrás, [...] tento obter todas as informações antes de tomar uma decisão precipitada. Ele me ajudou a me acalmar e abordar esses tipos de situação de modo diferente. Encontrei muitos icebergs e agora posso efetivamente fazer algo a respeito deles. [...]

Costumava imaginar se eu seria como meus pais e conseguiria ter um casamento que durasse mais de 36 anos; agora estou mais confiante de que conseguirei. Costumava me preocupar com minha carreira, me debruçar sobre tantas decisões diferentes que tomei ao longo dela, imaginar se eu tinha feito a coisa certa e se teria sucesso. Agora sei que não importa o que aconteça no futuro, estarei mais preparado para assumir os desafios. Sabendo disso, estarei mais preparado para cuidar dos soldados também. Acredito que se você não consegue cuidar de si mesmo, como poderá cuidar de soldados? Há muitos soldados novos que estão tendo dificuldade para se ajustar à vida no exército e à distância de seus entes queridos. Eu fui um deles. Se eu tivesse tido essa informação naquela época, teria me saído muito melhor e conseguido lidar melhor com os desafios. Sabendo disso, sei que quando os soldados me procuram com um problema, posso usar algumas das diferentes técnicas, como o ABC, a resolução de problemas ou ser capaz de identificar seus icebergs, ajudá-los e cumprir minha obrigação como líder deles.

O curso como um todo foi um grande sucesso. [...] Contei à minha família sobre ele e também a muitos amigos que estão enfrentando tempos difíceis. O uso da psicologia positiva é incrível!

O exército e a Penn não se contentarão apenas com os testemunhos. O resultado de nosso treinamento será avaliado rigorosamente em um grande estudo sob o comando da coronel Sharon McBride e do capitão Paul Lester. Como o Treinamento em Resiliência está sendo implantado gradualmente, poderemos avaliar o desempenho dos soldados que o receberam em comparação com os que ainda não o receberam. Esse formato é chamado de "controle com lista de espera". Pelo menos 7.500 soldados que aprenderam com seus sargentos o conteúdo do Programa de Resiliência Penn serão acompanhados pelos próximos dois anos. Eles serão comparados a soldados que não receberam o treinamento. McBride e Lester poderão investigar se o treinamento em resiliência produz melhor desempenho militar, menos TEPT, melhor saúde física e, finalmente, uma melhor vida familiar e civil quando retornarem para casa.

Esse capítulo não estaria completo se eu não confessasse meus sentimentos mais profundos em relação ao meu trabalho com o exército. Vejo os Estados Unidos como o país que deu a meus avós, perseguidos até a morte na Europa, um refúgio seguro onde seus filhos e netos pudessem florescer. Vejo o Exército norte-americano como a força que se interpôs entre mim e as câmaras de gás nazistas, e por isso considero meus dias com os sargentos e generais os mais realizadores e mais cheios de gratidão de minha vida. Todo o meu trabalho com o Programa de Aptidão Abrangente para Soldados é *pro bono*. Ao me sentar junto com esses heróis, me vem à mente o versículo de Isaías 6.8:

"A quem enviarei, e quem há de ir por nós?"
Disse eu: "Eis-me aqui, envia-me a mim." *

---

* Citação extraída da *Bíblia Sagrada*. Edição revista e atualizada. Trad. João Ferreira de Almeida. Brasília: Sociedade Bíblica do Brasil, 1969.

Capítulo 9

Saúde física positiva:
A biologia do otimismo

Saúde é um estado de completo bem-estar físico, mental e social, e não apenas a ausência de doença.
— *Preâmbulo da Constituição da*
Organização Mundial de Saúde, 1946

Uma reviravolta na medicina

Sou psicoterapeuta há 35 anos. Não sou muito bom nisso — confesso que me saio melhor falando do que ouvindo —, mas algumas vezes consegui fazer um trabalho muito bom e ajudei meus pacientes a se livrarem de quase toda a sua tristeza, quase toda a sua ansiedade e quase toda a sua raiva. Achei que meu trabalho estava feito e que eu teria um paciente feliz.

Consegui um paciente feliz? Não. Como eu disse no Capítulo 3, consegui um paciente vazio. Isso porque a capacidade de sentir emoção positiva, de se engajar com as pessoas de quem se gosta, de ter sentido na vida, de alcançar seus objetivos profissionais e de manter bons relacionamentos é inteiramente diferente da capacidade de não estar deprimido, de não estar ansioso e de não estar com raiva. Estas disforias interferem no bem-estar, mas não o impossibilitam; e a ausência de tristeza, ansiedade e raiva nem remotamente garante felicidade. A lição tirada da psicologia positiva é que a saúde mental positiva não é apenas a ausência de doença mental.

É comum uma pessoa não estar mentalmente doente, mas estar travada e definhando na vida. A saúde mental positiva é uma presença: a presença de emoção positiva, a presença de engajamento, a presença de sentido, a presença de bons relacionamentos e a presença de realização. O estado de saúde mental não é apenas estar livre de transtornos; antes, é a presença do florescimento.

Isso é exatamente o contrário da ciência que Sigmund Freud entregou aos homens do alto do Monte Sinai: a aposta de que a saúde mental é apenas a ausência da doença mental. Freud era um seguidor do filósofo Arthur Schopenhauer (1788-1860). Ambos acreditavam que a felicidade era uma ilusão e que o melhor que poderíamos almejar era manter a miséria e o sofrimento em níveis mínimos. Que não reste dúvida sobre isso: a psicoterapia tradicional não é projetada para produzir bem-estar, mas para reduzir o sofrimento — o que em si mesmo não é tarefa pequena.

A saúde física aceitou a mesma "ciência": a aposta de que a saúde física é meramente a ausência da doença física. Não obstante afirmações contrárias, como a da Organização Mundial de Saúde (página anterior) e o próprio nome dos Institutos Nacionais de *Saúde* (enganoso porque mais de 95 por cento de seu orçamento vai para a redução da doença), mal existe uma disciplina científica da saúde. Foi com tudo isso em mente que Robin Mockenhaupt e Paul Tarini, funcionários da imensa Fundação Robert Wood Johnson (FRWJ), pediram para vir falar comigo sobre a psicologia positiva.

— Gostaríamos que você desse uma reviravolta na medicina — disse Paul, diretor da sucursal Pioneer [Pioneira]. A sucursal Pioneer é exatamente aquilo que proclama. A maioria dos financiamentos médicos da FRWJ vai para ideias que valem ouro, como a redução da obesidade, portanto a sucursal Pioneer é o modo de a fundação equilibrar seu portfólio de pesquisas investindo em ideias inovadoras totalmente excluídas das pesquisas médicas tradicionais, ideias que talvez tragam um importante benefício para a saúde e a assistência médica na América.

— Temos acompanhado o seu trabalho na saúde mental (mostrar que ela é algo real, algo muito além da ausência de doença mental) e gostaríamos que você tentasse fazer o mesmo pela saúde física — ele continuou. — Existem propriedades positivas, recursos de saúde, que constituem um efetivo estado de saúde física? Existe um estado que aumente a longevidade, diminua a morbidade, resulte em um melhor prognóstico quando a doença finalmente ataca e reduza os custos vitalícios com assistência médica? Será a saúde uma coisa real, ou a medicina só deve se dedicar à ausência da doença?

Isso foi o suficiente para fazer disparar meu coração. Eu vinha trabalhando em apenas uma peça deste grande quebra-cabeça: descobrir um estado psicológico — o otimismo — capaz de prever e causar menos adoecimento físico, e um irresistível panorama de descobertas emergiu. Isso começou quarenta anos antes de minha conversa com Paul e Robin.

As origens da teoria da impotência aprendida

Fiz parte de um trio — Steve Maier e Bruce Overmier eram meus parceiros — que descobriu a "impotência aprendida", em meados dos anos 1960. Descobrimos que os animais — cachorros, ratos, camundongos e até baratas — tornam-se passivos e desistem diante da adversidade depois de terem experimentado, previamente, eventos nocivos contra os quais eles nada podiam fazer. Após esta primeira experiência com a impotência, eles simplesmente se deitavam em meio a um choque moderadamente doloroso e o aguentavam, apenas esperando que passasse, sem fazer nenhuma tentativa de escapar. Os animais que antes tiveram exatamente o mesmo tipo de choque físico — mas podiam escapar dele — não se tornaram impotentes depois. Estavam imunizados contra a impotência aprendida.

Os animais humanos fazem exatamente o mesmo que os animais não humanos: no experimento humano modelo, conduzido por Donald Hiroto e repetido muitas vezes desde então, os sujeitos são divididos aleatoriamente em três grupos. Este é o chamado "modelo triádico". Um grupo (evitável) é exposto a um evento desagradável, mas não prejudicial, como um ruído alto. Quando eles apertam um botão à sua frente, o ruído cessa, de modo que sua própria ação lhes permite escapar do ruído. Um segundo grupo (inevitável) está *subjugado* ao primeiro grupo. Os sujeitos recebem *exatamente* o mesmo ruído, mas ele é desligado e ligado independentemente do que eles façam. O segundo grupo é impotente por definição, já que a probabilidade de supressão do ruído a partir de uma dada resposta é idêntica à probabilidade de o ruído desaparecer se *não* for dada essa resposta. Operacionalmente, a impotência aprendida define-se pelo fato de que nada do que você faça altera o evento. Um fator importante é que os grupos evitável e inevitável têm exatamente o mesmo estressor. Um terceiro grupo (controle) não é submetido a nada. Esta é a primeira parte do experimento triádico.

Reveja este parágrafo e certifique-se de que compreendeu o modelo triádico, pois de outro modo o restante do capítulo fará pouco sentido para você.

A primeira parte do experimento induz a impotência aprendida e a segunda parte exibe as dramáticas consequências. A segunda parte acontece posteriormente e em lugar diferente. Normalmente, na segunda parte, todos os três grupos encontram uma "caixa de esquiva". A pessoa coloca a mão em um lado da caixa e o ruído é emitido. Se ela mover a mão uns poucos centímetros para o outro lado, o ruído desaparece. As pessoas do grupo evitável e do grupo de controle aprendem prontamente a mover as mãos para escapar do ruído. As pessoas do grupo inevitável normalmente não se movem. Elas apenas ficam lá ouvindo o ruído até que ele desapareça sozinho. Na primeira parte, essas pessoas aprenderam que não adiantava fazer nada, e assim, na segunda parte, achando que não adiantará fazer nada, elas não tentam escapar.

Eu conhecia uma legião de histórias de pessoas que adoeciam e até morriam quando se sentiam impotentes, por isso comecei a refletir se a impotência aprendida poderia, de algum modo, atingir o interior do corpo e minar a própria saúde e vitalidade da pessoa. Também ponderei sobre o inverso: a pergunta de Paul Tarini. Poderia o estado psicológico de domínio — o oposto da impotência — de algum modo atingir o interior e fortalecer o corpo?

Eis a lógica de base do modelo triádico — três grupos: evitável, inevitável e controle normal — que é a marca de todos os experimentos bem executados sobre a impotência aprendida. A presença de um grupo de controle normal, sem experiência anterior com o estímulo estressor, permite inferências bidirecionais. Será que a impotência prejudica a pessoa e será que o domínio melhora a pessoa? A resposta à pergunta "A impotência causa danos?" (a "pergunta patológica") está na comparação, na parte dois, entre pessoas que receberam ruído inevitável na parte um e pessoas do controle normal, que não sofreram nenhum ruído na parte um. Se o grupo inevitável se sair pior do que o grupo de controle normal na parte dois, a impotência terá causado dano à pessoa.

A pergunta correspondente ao outro polo da questão é: "Será que o domínio fortalece a pessoa?" A resposta a esta pergunta (a "pergunta da psicologia positiva") encontra-se na comparação, na parte dois, entre pessoas que aprenderam, na parte um, a escapar do ruído e pessoas do grupo de controle normal. Se elas se saírem melhor do que as do grupo de controle normal na parte dois, o domínio as terá fortalecido. Note que o desempenho fraco do grupo impotente em relação ao grupo com domínio tem menor interesse científico do que a comparação de ambos esses grupos com o grupo de controle — já que o grupo impotente se sairia pior do que o grupo com domínio se a impotência enfraquecesse as pessoas, ou se o domínio as fortalecesse, ou se ambas as situações fossem verdadeiras.

Este é o discernimento subjacente à pergunta de Paul Tarini, um discernimento tão óbvio que facilmente passa batido. A psicologia e a medicina, seguindo Freud e o modelo médico, veem o mundo pela lente da patologia e olham apenas para os efeitos nocivos dos eventos malignos. A psicologia e a medicina mudam completamente quando questionamos sobre o oposto da patologia: sobre os efeitos fortalecedores dos eventos benéficos. De fato, qualquer esforço — a nutrição, o sistema imunológico, o bem-estar social, a política, a educação ou a ética — que esteja fixado na reparação deixa escapar este discernimento e cumpre apenas metade do trabalho: corrigir os déficits sem desenvolver as forças.

Psicologia da doença
Foi por meio da impotência aprendida que me envolvi na psicologia da doença física. Nossa melhor tentativa de questionar sobre a saúde física por meio do modelo triádico usou ratos e câncer. Madelon Visintainer e Joe Volpicelli — ambos meus alunos de mestrado na época — implantaram nos flancos de ratos um tumor com uma taxa de letalidade (TL) de 50 por cento. Em seguida, designamos os ratos aleatoriamente para uma das três condições psicológicas: uma sessão de 64 choques moderadamente dolorosos e evitáveis (domínio), ou uma sessão de choques idênticos, porém inevitáveis (impotência) ou nenhum choque (grupo de controle). Esta foi a parte um.

Na parte dois, apenas esperamos para ver quais ratos desenvolveriam câncer e morreriam e quais ratos rejeitariam o tumor. Como esperado, 50 por cento do grupo de controle, que não tinha passado pela experiência de choque, morreu. Três quartos dos ratos no grupo inevitável morreram, mostrando que a impotência enfraquecia o corpo. Um quarto dos ratos no grupo evitável morreu, demonstrando que o domínio fortalecia o corpo.

Devo mencionar que este experimento — publicado na revista *Science* em 1982 — foi a última vez que me envolvi em um experimento com animais e quero dizer por quê: do ponto de vista ético, sou um amante de animais — minha vida tem sido enriquecida continuamente por nossos cães em casa. Portanto, eu achava muito difícil infligir sofrimento a animais por qualquer motivo, mesmo por um propósito humanitário. Mas o argumento científico é mais poderoso para mim: em geral há maneiras mais diretas de responder às perguntas que mais me interessam com participantes humanos do que com sujeitos animais. Todos os experimentos com animais que tentam fazer inferências para humanos devem enfrentar o problema da validade externa.

Esta é uma questão crucial, negligenciada e realmente cabeluda. O que me atraiu à psicologia experimental foi, em primeiro lugar, seu rigor, o que é chamado de validade interna. O principal critério da validade interna é o desenvolvimento de um experimento controlado, porque ele descobre o que causa o quê. Será que o fogo causa a ebulição da água? Acenda o fogo e a água ferverá. Sem o fogo (grupo de controle), a água não ferve. Será que os eventos ruins estimulam o crescimento do tumor? Dê choques inevitáveis a um grupo de ratos, dê choques idênticos mas evitáveis a outro grupo e compare-os com um grupo que não recebe choque. Os ratos que recebem choque inevitável desenvolvem o tumor em uma taxa maior; logo, o choque inevitável causa o crescimento de tumores em ratos. Mas o que isso nos diz sobre as causas de câncer em seres humanos? E como a impotência influencia o câncer das pessoas? Estes são problemas de validade externa.

Quando os leigos zombam da experimentação psicológica com "ratos e alunos universitários", o que está em causa é a validade externa. Longe de ser uma queixa inculta que os psicólogos convenientemente preferiram ignorar, ela é profunda. O *Homo sapiens* é diferente, em muitos aspectos, da versão branca e laboratorial do *Rattus norvegicus*. O choque inevitável é diferente, em muitos aspectos, da descoberta de que seu filho se afogou num acidente de barco. O tumor que implantamos no *Rattus norvegicus* é diferente, em muitos aspectos, dos tumores de ocorrência natural que afligem o *Homo sapiens*. Portanto, mesmo que a validade interna seja perfeita — formato experimental rigoroso, grupo de controle perfeitamente correto, números suficientemente grandes para garantir a aleatoriedade e estatísticas impecáveis —, ainda assim não podemos inferir com certeza que isso esclarece o efeito que os maus eventos incontroláveis exercem sobre a progressão da doença em pessoas.

Se não vale a pena fazer, não vale a pena fazer bem-feito.

Cheguei à conclusão de que o estabelecimento da validade externa é uma inferência científica ainda mais importante, mas muito mais difícil, do que o estabelecimento da validade interna. A psicologia acadêmica exige de todos os psicólogos formados cursos inteiros em validade interna — cursos de "metodologia". Esses cursos são inteiramente sobre a validade interna e quase nunca abordam a validade externa, que é frequentemente transmitida como mera ignorância de leigos sobre a ciência. Centenas de professores de psicologia ganham a vida lecionando sobre validade interna; nenhum ganha a vida lecionando sobre a validade externa. Infelizmente, as dúvidas do público sobre a aplicabilidade da ciência básica e rigorosa são frequentemente justificadas, e isso porque as regras da validade externa não são claras.

A escolha dos sujeitos experimentais, por exemplo, tem sido esmagadoramente uma questão de conveniência acadêmica, e não de deliberação sobre quais conclusões serão justificadas se o experimento funcionar. Os ratos brancos jamais teriam sido usados na psicologia se os video games já existissem em 1910. Os estudantes universitários jamais teriam sido escolhidos como sujeitos se a rede mundial de computadores já existisse em 1930. O essencial, para mim, cientificamente, é evitar o máximo possível os problemas de validade externa trabalhando o domínio e a impotência em situações reais com seres humanos, sob condições reproduzíveis. Existem, certamente, instâncias em que acredito que a experimentação com animais seja justificável, mas elas limitam-se a campos em que os problemas de validade externa são pequenos, em que os problemas de experimentação com humanos são insuperáveis, e em que os benefícios humanos são grandes. Creio que todas as questões abordadas neste livro podem ser mais bem esclarecidas por meio de pesquisas com humanos. E agora me volto a estas questões.

À descrição da impotência aprendida que fiz anteriormente, devo acrescentar um fato importante: quando infligimos ruído inevitável a pessoas ou choque inevitável a animais, nem todos eles se tornaram impotentes. Com regularidade, cerca de um terço das pessoas (e um terço de ratos e um terço de cachorros) nunca se tornou impotente. Com regularidade, cerca de um décimo das pessoas (e um décimo de ratos e um décimo de cachorros) eram impotentes já de início e não precisavam de eventos de laboratório para induzir a passividade. Foi esta observação que levou ao campo chamado de otimismo aprendido.

Queríamos descobrir quem nunca se tornava impotente, por isso investigamos sistematicamente o modo como as pessoas a quem nunca conseguíamos tornar impotentes interpretavam os eventos ruins. Descobrimos que as pessoas que acreditam que as causas dos reveses em suas vidas são temporárias, mutáveis e locais não se tornam prontamente impotentes no laboratório. Quando assaltadas por um ruído inevitável no laboratório ou pela rejeição no amor, elas pensam: *Vai passar rapidamente; posso fazer algo a respeito e essa situação é única.* Elas se recuperam rapidamente dos reveses e não levam para casa os contratempos no trabalho. Essas pessoas nós chamamos de otimistas. Em contrapartida, pessoas que habitualmente pensam *Isso vai durar para sempre; vai minar todas as coisas e não há nada que eu possa fazer a respeito* tornam-se prontamente impotentes no laboratório. Não se recuperam da derrota e levam para o trabalho seus problemas conjugais. Essas pessoas nós chamamos de pessimistas.

Assim, criamos questionários para mensurar o otimismo e também técnicas de análise de conteúdo para estabelecer uma classificação "cega" de otimismo para cada afirmação que inclua um "porquê" em discursos, declarações em jornais e diários, a fim de avaliar as pessoas — presidentes, ídolos do esporte e pessoas já mortas — que não responderiam ao questionário. Descobrimos que os pessimistas ficam deprimidos muito mais prontamente que os otimistas, realizam pouco no trabalho, na sala de aula e no campo de esportes, e seus relacionamentos são mais instáveis.

Será que o pessimismo e o otimismo, os grandes amplificadores da impotência aprendida e do domínio, respectivamente, influenciam o adoecimento? E por meio de que mecanismos? Como outras variáveis psicológicas positivas, como a alegria, o entusiasmo e o ânimo, influenciam o adoecimento? Discutirei doença por doença, na seguinte ordem: doenças cardiovasculares, doenças infecciosas, câncer e mortalidade por todas as causas.

Doenças cardiovasculares (DCV)

Em meados dos anos 1980, 120 homens de São Francisco tiveram seu primeiro ataque cardíaco e foram usados como sujeitos não tratados do grupo de controle na grande Triagem de Múltiplos Fatores de Risco (MR FIT,* em inglês). Este estudo desapontou muitos psicólogos e cardiologistas, porque não descobriu nenhum efeito sobre a DCV do treino para mudar as personalidades desses homens do tipo A (agressivos, pressionados pelo tempo e hostis) para o tipo B (descontraídos). Os 120 homens não tratados do grupo de controle, no entanto, tiveram grande interesse para Gregory Buchanan, então aluno de mestrado na Penn, e para mim, porque havia muitas informações sobre seus primeiros ataques cardíacos: extensão do dano ao coração, pressão sanguínea, colesterol, massa corporal e estilo de vida — os tradicionais fatores de risco das doenças cardiovasculares. Além disso, os homens foram todos entrevistados sobre suas vidas: família, trabalho e hobbies. Tomamos as afirmações explicativas (contendo um "porquê") de suas entrevistas gravadas em vídeo e as codificamos segundo o otimismo ou o pessimismo.

Num período de oito anos e meio, metade dos homens tinha morrido de um segundo ataque cardíaco, e nós abrimos o envelope lacrado. Conseguiríamos prever quem teria um segundo ataque cardíaco? Nenhum dos fatores de risco habituais previu a morte: nem a pressão sanguínea, nem o colesterol, nem mesmo a extensão do dano causado pelo primeiro ataque cardíaco. Somente o otimismo, oito anos e meio antes, previu um segundo ataque cardíaco: dos 16 homens mais pessimistas, 15 morreram. Dos 16 homens mais otimistas, apenas cinco morreram.

Esta descoberta tem sido repetidamente confirmada por estudos maiores sobre a doença cardiovascular, usando variadas avaliações do otimismo.

Estudo do envelhecimento normativo de veteranos

Em 1986, 1.306 veteranos se submeteram ao Inventário Multifásico de Personalidade de Minnesota (MMPI, em inglês) e foram acompanhados por dez anos. Durante esse período, ocorreram 162 casos de doença cardiovascular. O MMPI possui uma escala de otimismo-pessimismo que

---

* Multiple Risk Factor Intervention Trial. [N. da T.]

prediz confiavelmente a mortalidade quando usada em outros estudos. As variáveis avaliadas foram fumo, uso de álcool, pressão sanguínea, colesterol, massa corporal, histórico familiar de DCV e educação, assim como ansiedade, depressão e hostilidade, e tudo foi controlado estatisticamente. Homens com um estilo mais otimista (desvio padrão de um ponto acima da média) tiveram 25 por cento menos DCV do que a média, e homens com menos otimismo (desvio padrão de um ponto abaixo da média) tiveram 25 por cento mais DCV do que a média. Esta tendência era forte e contínua, indicando que ter um maior otimismo protegia os homens, ao passo que ter menos otimismo os enfraquecia.

Investigação prospectiva europeia

Mais de 20 mil adultos ingleses saudáveis foram acompanhados de 1996 a 2002. Nesse período, 994 deles morreram, 365 de DCV. Muitas variáveis físicas e psicológicas foram mensuradas no início do estudo: fumo, classe social, hostilidade e neuroticismo,* por exemplo. O senso de domínio também foi avaliado por sete questões:

1. Tenho pouco controle sobre as coisas que acontecem comigo.
2. Realmente não tenho como resolver alguns de meus problemas.
3. Há bem pouco que eu possa fazer para modificar muitas das coisas importantes em minha vida.
4. Frequentemente me sinto impotente para lidar com os problemas da vida.
5. Às vezes sinto que fazem gato e sapato de mim.
6. O que vai acontecer comigo no futuro depende em boa parte de mim.
7. Posso fazer praticamente qualquer coisa que eu decida fazer.

Estas questões captam o continuum da impotência ao domínio. A morte por doença cardiovascular foi fortemente influenciada pela variável do senso de domínio, mantendo-se constantes o fumo, a classe social e outras variá-

---

* Cunhado pelo psicólogo germano-britânico Hans Eysenck (1916-1997), o termo *neuroticism* se refere ao traço de personalidade caracterizado pela tendência persistente a estados emocionais negativos. [N. da R.]

veis psicológicas. Pessoas com alto senso de domínio (desvio padrão de um ponto acima da média) tinham 20 por cento menos mortes por DCV do que aquelas com uma taxa média de senso de domínio, e pessoas com alto senso de impotência (desvio padrão de um ponto abaixo da média em senso de domínio) tinham 20 por cento mais mortes por DCV do que a média. Isso também é verdadeiro em relação às mortes por todas as causas e — em menor extensão, porém ainda estatisticamente significativo — às mortes por câncer.

Homens e mulheres holandeses

A partir de 1991, 999 pessoas entre 65 e 85 anos de idade foram acompanhadas por nove anos. Nesse período, 397 delas morreram. No início, os pesquisadores avaliaram saúde, educação, fumo, álcool, histórico de doença cardiovascular, casamento, massa corporal e colesterol, juntamente com o otimismo, que foi avaliado por quatro itens respondidos numa escala de concordância de 1 a 3:

1. Ainda espero muito da vida.
2. Não anseio pelo que me espera nos anos que virão.
3. Ainda estou cheio de planos.
4. Frequentemente sinto que a vida é cheia de promessas.

Encontrou-se uma forte associação entre o pessimismo e a mortalidade, particularmente quando todos os outros fatores de risco mantinham-se constantes. Os otimistas tiveram apenas 23 por cento da taxa de mortes por DCV dos pessimistas, e apenas 55 por cento das mortes gerais se comparavam com a taxa total dos pessimistas. O interessante é que este fator de proteção era específico ao otimismo, à cognição voltada para o futuro. Itens relativos ao humor orientado para o presente, como "O riso contente ocorre com frequência" (isto deve soar melhor em holandês) e "Na maior parte do tempo estou de bom humor", não forneceram predições sobre a mortalidade.

Em comparação, no Levantamento sobre Saúde na Nova Escócia, em 1995, uma equipe de enfermeiras classificou as emoções positivas (alegria, felicidade, empolgação, entusiasmo, contentamento) de 1.739 adultos saudáveis. Ao longo dos dez anos seguintes, os participantes com alta taxa de emoção positiva tiveram menos doenças cardíacas, havendo 22 por cento menos doenças cardíacas por cada ponto numa escala de emoção positiva de cinco pontos. O otimismo não foi mensurado, portanto não podemos determinar se a emoção positiva derivou do otimismo.

A influência do otimismo holandês se revelou como uma tendência contínua, sendo que mais otimismo estava associado a menos mortes ao longo de toda a dimensão do estudo. Estas descobertas mostram que o efeito é bipolar: grandes otimistas morrem em uma taxa mais baixa do que a média, e grandes pessimistas morrem em uma taxa mais alta do que a média. Lembre-se aqui da essência da pergunta de Paul Tarini: Existem recursos de saúde que protegem, e não apenas fatores de risco que enfraquecem, o corpo? O otimismo, neste estudo, fortaleceu as pessoas contra a doença cardiovascular em comparação à pessoa comum, assim como o pessimismo as enfraqueceu em comparação à média.

Será que o verdadeiro culpado é a depressão? O pessimismo, em geral, está bastante relacionado à doença cardiovascular. Logo, você talvez esteja se perguntando se o efeito letal do pessimismo funciona pelo aumento da depressão. A resposta parece ser não, já que o otimismo e o pessimismo exerceram seus efeitos mesmo quando a depressão se mantinha estatisticamente constante.

Iniciativa da saúde da mulher

No maior estudo sobre a relação entre o otimismo e a doença cardiovascular até hoje, 97 mil mulheres, saudáveis no início do estudo, em 1994, foram acompanhadas por oito anos. Como é de praxe em estudos epidemiológicos cuidadosos, as variáveis de idade, raça, educação, frequência religiosa, saúde, massa corporal, uso de álcool, fumo, pressão sanguínea e colesterol foram registradas no início. Os estudos epidemiológicos investigam padrões de saúde em grandes populações. O otimismo foi mensurado ainda de outra forma, pelo bem validado Teste de Orientação da Vida (TOV), que apresenta dez afirmações como: "Nos momentos de incerteza, geralmente espero que aconteça o melhor" e "Se alguma coisa ruim pode acontecer comigo, vai acontecer". Um dado importante é que os sintomas depressivos também foram mensurados e seu impacto foi avaliado separadamente. Os otimistas (a quarta parte superior) tiveram 30 por cento menos mortes coronárias do que os pessimistas (a quarta parte inferior). A tendência de menos mortes, tanto cardíacas como por todas as causas, manteve-se ao longo de toda a distribuição de otimismo, indicando mais uma vez que o otimismo protegia as mulheres e o pessimismo as prejudicava em relação à média. Isto foi verdadeiro mantendo-se constantes todos os outros fatores de risco — incluindo os sintomas depressivos.

Algo pelo qual vale a pena viver

Existe um traço semelhante ao otimismo que parece proteger contra a doença cardiovascular: o *ikigai*. Este conceito japonês significa ter algo pelo qual vale a pena viver e está intimamente relacionado ao sentido do florescimento, bem como ao otimismo. Existem três estudos prospectivos japoneses sobre o *ikigai*, e todos indicam que altos níveis de *ikigai* reduzem o risco de morte por doença cardiovascular, mesmo quando controlando os fatores de risco tradicionais e o estresse percebido. Em um estudo, a taxa de mortalidade por DCV entre homens e mulheres sem *ikigai* era 160 por cento maior do que a de homens e mulheres com *ikigai*. Em um segundo estudo, homens com *ikigai* apresentaram apenas 86 por cento do risco de mortalidade por DCV comparados a homens sem *ikigai*; isto também se aplica às mulheres, porém de forma menos robusta. E num terceiro estudo, homens com alto *ikigai* apresentaram apenas 28 por cento do risco de morte por derrame em relação às suas contrapartes com baixo *ikigai*, mas não houve nenhuma associação com a doença cardíaca.

RESUMO SOBRE A DOENÇA CARDIOVASCULAR

Todos os estudos sobre o otimismo e a DCV convergem para a conclusão de que o otimismo está fortemente associado à proteção contra a doença cardiovascular. Isto é válido mesmo com a correção de todos os fatores de risco tradicionais, como a obesidade, o fumo, o uso excessivo de álcool, o colesterol alto e a hipertensão. É válido até mesmo com a correção da depressão, do estresse percebido e das emoções positivas momentâneas. É válido segundo diferentes meios de mensuração do otimismo. E mais importante: o efeito é bipolar, com o alto otimismo protegendo as pessoas em comparação com os níveis médios de otimismo e pessimismo, e o pessimismo prejudicando as pessoas em comparação com a mesma média.

Doenças infecciosas

Quanto tempo duram seus resfriados? Para algumas pessoas, os resfriados duram apenas sete dias, mas para muitas outras duram duas ou três semanas. Algumas pessoas resistem aos resfriados, mesmo quando todo mundo está de cama; outras pegam meia dúzia de resfriados por ano. Você talvez objete: "Isto deve ser consequência de sistemas imunológicos diferentes", mas preciso adverti-lo sobre a imunomitologia desmedida. Eu gostaria que a ciência tivesse estabelecido que pessoas com sistemas imunológicos "mais fortes" evitam melhor as doenças infecciosas, mas isto está longe de estar definido. Surpreendentemente, no entanto, a influência dos estados psicológicos sobre a suscetibilidade aos resfriados já foi mais bem definida. O esclarecimento acerca da influência da emoção sobre a doença infecciosa é uma das histórias mais elegantes de toda a psicologia. O protagonista é Sheldon Cohen, um professor de psicologia, tímido e de fala suave, da Universidade Carnegie Mellon, um daqueles raros cientistas cujas pesquisas fazem uma ponte bem-sucedida entre a biologia e a psicologia.

É comum que pessoas felizes não reclamem muito: elas relatam menos sintomas de dor e doença, e uma saúde geral melhor. Em contrapartida, as pessoas tristes reclamam mais de dores e de pior saúde. É plausível que ambas efetivamente tenham os mesmos sintomas físicos, mas a tristeza e a felicidade mudam o modo como elas percebem seus sintomas corporais. Alternativamente, isto poderia refletir apenas uma tendência no relato de sintomas, no qual as pessoas tristes estão obcecadas com sintomas negativos e as pessoas felizes estão focadas no que vai bem. (Observe que esta tendência não explica as descobertas sobre o otimismo e as DCVs, já que o resultado, nesse caso, não é o relato de sintomas coronários, mas a própria morte.) Portanto, é conveniente ignorar as muitas observações de que pessoas deprimidas sentem mais dores e têm mais resfriados, e pessoas felizes têm menos dores e resfriados, como resultados de seus relatos, de pouco interesse científico. Era exatamente aí que a ciência médica se encontrava quando Sheldon Cohen surgiu.

Sheldon teve a coragem de efetivamente infectar voluntários com doses conhecidas de rinovírus, o vírus que produz o resfriado comum. Eu uso a palavra *coragem* porque a angustiante história sobre a obtenção de aprovação dos conselhos de revisão institucionais (CRIs, explicado a seguir) de Carnegie Mellon que autorizaram esses estudos ainda não foi contada. Mas, como veremos, podemos ser gratos por esses estudos terem passado pela revisão ética.

A ética e os conselhos de revisão institucionais

Minha admiração pela coragem de Sheldon e minha gratidão por ele ter sido autorizado a conduzir os experimentos que descreverei brevemente baseiam-se numa profunda preocupação com o impedimento à ciência nos Estados Unidos hoje. A partir do início de 1970, todos os cientistas foram solicitados a submeter suas pesquisas à avaliação de um comitê independente para aprovação ética. O grupo é chamado de Conselho de Revisão Institucional, ou CRI, e esta exigência por revisão ética veio na esteira de escândalos nos quais pacientes e sujeitos de pesquisa não foram inteiramente informados sobre os procedimentos potencialmente perigosos aos quais seriam submetidos. Os CRIs ajudam a impedir que universidades sejam processadas e são favoráveis à ética de uma sociedade totalmente aberta. Mas, no aspecto negativo, os CRIs são muito custosos; imagino que a Penn (apenas uma entre milhares de instituições de pesquisa americanas) gaste muito mais que 10 milhões de dólares por ano administrando CRIs. Os conselhos de revisão institucionais atolam os cientistas numa montanha de documentos e formulários de requerimento — meu palpite é que meu laboratório gaste quinhentas horas por ano preenchendo formulários do CRI.

Os conselhos de revisão surgiram para advertir as pessoas sobre sua participação em um estudo científico que poderia sujeitá-las a danos sérios, mas agora eles ampliaram sua missão ao exagero: toda vez que um cientista quer conduzir até mesmo um inócuo questionário sobre a felicidade, sua primeira tarefa é fornecer uma pilha de documentos ao CRI de sua instituição. Até onde eu sei, os CRIs não salvaram — em quarenta anos e ao custo de muitos bilhões de dólares — uma única vida. Porém, mais importante, eles têm o efeito de inibir as tentativas de produzir ciência com o potencial para salvar vidas. Aqui vai um exemplo do estudo mais salvador que conheço na história da psicologia — talvez na história da medicina — e isto expõe o que está errado nos conselhos de revisão institucionais.

A pior epidemia de loucura registrada na história começou alguns anos depois que Cristóvão Colombo descobriu o Novo Mundo e continuou com ferocidade crescente até o início do século XX. Esse transtorno veio a ser chamado de paresia geral. Ele começa com uma fraqueza nos braços e nas pernas, passa a sintomas de excentricidade seguidos de total delírio de grandeza e finalmente progride para uma intensa paralisia, estupor e morte. Sua causa era desconhecida, mas havia suspeitas de que fosse causado por sífilis. Relatos de casos de paréticos que tinham tido sífilis não eram suficientes, já que isso era contestado por relatos de muitos paréticos que negavam já ter tido sífilis e que não mostravam nenhuma evidência do vírus sexualmente transmissível. Cerca de 65 por cento dos paréticos tinham história comprovável de sífilis, comparados a apenas 10 por cento de não paréticos. Esta evidência, claro, era apenas sugestiva: ela não demonstrava a causa nem mostrava que 100 por cento dos paréticos tinham históricos prévios de sífilis.

Os sintomas evidentes de sífilis — as feridas nos genitais — desaparecem em poucas semanas, mas não a doença. Como o sarampo, se você contrair sífilis uma vez, não pode pegá-la novamente. Falando mais claramente, se alguém que já tenha se tornado sifilítico (um parético) entrar em contato com outro germe sifilítico, ele não desenvolverá feridas nos genitais.

Havia uma forma de descobrir, por meio de um experimento, se todos os paréticos já tinham tido sífilis, porém ela era arriscada. Se os paréticos fossem injetados com o germe da sífilis, haveria um resultado surpreendente. Os paréticos não contrairiam a doença, já que não se pode pegar sífilis duas vezes. Apostando nesse resultado, o neurologista alemão Richard von Krafft-Ebing (1840-1902) fez esta experiência crítica. Em 1897 ele inoculou nove paréticos com material retirado de feridas sifilíticas; todos eles negavam já ter tido sífilis. Nenhum deles desenvolveu as feridas, levando à conclusão de que já deviam ter sido infectados.

O trabalho de Krafft-Ebing foi tão bem-sucedido que a doença mental mais comum do século XX logo foi erradicada com medicação antissifilítica e centenas de milhares de vidas foram salvas.

A moral desta história é que este experimento não poderia ser feito hoje. Nenhum conselho de revisão institucional o aprovaria. Pior ainda, nenhum cientista — nem mesmo o mais corajoso — nem ao menos submeteria tal proposta a um CRI — por mais vidas que ele acreditasse poder salvar.

Os estudos de Sheldon Cohen merecem ser chamados de *corajosos* porque eles têm o potencial para salvar muitas vidas. Cohen descobriu a influência causal da emoção positiva sobre as doenças infecciosas por meio de um projeto experimental arrojado. Em todos os estudos de Cohen, grandes números de voluntários saudáveis são primeiro entrevistados todas as noites, por sete noites. Eles são bem pagos e totalmente informados dos riscos. No entanto, muitos CRIs não permitiriam que este estudo avançasse porque para eles "bem pago" é o mesmo que "coerção".

A partir dessas entrevistas e de testes, o humor médio de cada sujeito — emoção positiva e emoção negativa — é classificado. A emoção positiva consiste nas seguintes classificações do observador: "cheio de energia", "vigoroso", "feliz", "à vontade", "calmo" e "alegre". A emoção negativa consiste em "triste", "deprimido", "infeliz", "nervoso", "hostil" e "ressentido". Observe que estas não são avaliações dos traços de otimismo e pessimismo orientados para o futuro (por exemplo, "Eu espero que muitas coisas ruins voltem a acontecer"), como na literatura médica relativa à associação entre humor e doença cardiovascular, mas, sim, avaliações de estados emocionais do momento. Elementos ou fatores externos que possam causar confusão também são avaliados: idade, sexo, raça, saúde, massa corporal, educação, sono, dieta, prática de exercícios físicos, níveis de anticorpos e otimismo.

Então, todos os voluntários recebem um jato de rinovírus no nariz (herança de Krafft-Ebing) e são mantidos sob observação e em quarentena por seis dias para que o resfriado se desenvolva. O resfriado é avaliado não por autoavaliação dos sintomas (o que poderia ser tendencioso, em virtude das diferentes maneiras como as pessoas se queixam), mas mais diretamente pela produção de muco (lenços de papel sujos são pesados) e pela congestão (a quantidade de tempo que uma tintura injetada no nariz leva para chegar ao fundo da garganta). Os resultados são incríveis e conclusivos.

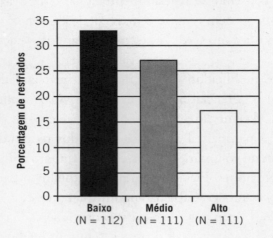

As pessoas com emoção positiva alta antes do rinovírus desenvolvem menos resfriados do que as pessoas com emoção positiva média. E *estas*, por sua vez, têm menos resfriados do que as pessoas com emoção positiva baixa. O efeito é bidirecional, com a emoção positiva alta fortalecendo os voluntários em comparação com a média, e a emoção positiva baixa enfraquecendo os voluntários em comparação com a média:

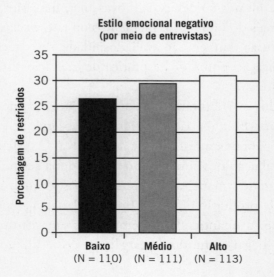

O efeito da emoção negativa é menor, com pessoas com baixa emoção negativa tendo menos resfriados que as outras. O importante é que a emoção positiva é claramente a força motriz, e não a emoção negativa.

Através de que mecanismo a emoção positiva reduz os resfriados? Como os voluntários são mantidos em quarentena e observados de perto, as diferenças no sono, na dieta, nas taxas de cortisol e zinco, e no regime de exercícios físicos são descartadas. A principal diferença é a ação da interleucina-6, uma proteína que causa inflamação.

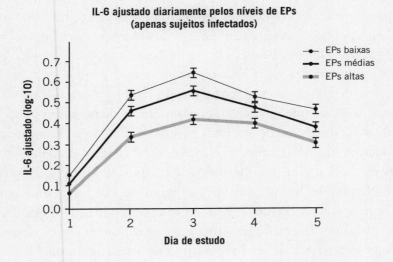

Quanto mais alta a emoção positiva (EP), mais baixa a interleucina-6 (IL-6), e, portanto, menor a inflamação.

Sheldon repetiu este estudo com o vírus da gripe, como fez com o vírus do resfriado, e obteve os mesmos resultados: o estilo emocional positivo é a força motriz. Ele também descartou as diferenças autoavaliadas de saúde, otimismo, extroversão, depressão e autoestima.

Câncer e mortalidade por todas as causas

Serão os estados positivos uma panaceia? Em minhas primeiras especulações sobre a impotência e a doença, nos anos 1970, adverti a respeito dos limites das influências psicológicas, como o otimismo, sobre a enfermidade física. Em particular, eu estava preocupado com a gravidade da doença e suspeitava que doenças letais e terminais não poderiam ser influenciadas pelo estado psicológico da vítima. Escrevi, hiperbolicamente, que "se um guindaste cair sobre sua cabeça, o otimismo não será de muita utilidade".

Barbara ("Odeio a esperança") Ehrenreich

Em anos recentes, um estudo australiano que demonstrava que a esperança e o otimismo não têm nenhum efeito mensurável sobre o prolongamento da vida em pacientes com câncer inoperável me fez recordar isso. Barbara Ehrenreich publicou recentemente *Bright-Sided: How the Relentless Promotion of Positive Thinking Has Undermined America* [*O lado ruim das coisas: Como a incansável promoção do pensamento positivo prejudicou a América*], no qual ela descreve sua experiência pessoal com bem-intencionados profissionais da saúde que lhe diziam que seu câncer de mama só poderia ser aliviado se ela fosse uma pessoa mais positiva. Ela então passa a descartar a psicologia positiva. Ehrenreich ressente-se do esquadrão da felicidade que insistia para ela adotar uma postura alegre a fim de vencer seu câncer de mama. Não há nenhuma razão para se acreditar que fingir uma emoção positiva para viver mais funcionará, e não conheço ninguém que defenda que os pacientes devem fingir sentir bem-estar. Apesar disso, Ehrenreich deu à edição britânica de seu livro o título de *Sorria ou Morra*.

Tive uma comunicação reveladora com Ehrenreich logo após a publicação de *Sorria ou Morra* na Inglaterra. Enviei a ela um artigo recém-publicado sobre a longevidade dos jogadores de beisebol: a intensidade do sorriso nas fotos do *Baseball Register* de 1952 previa o quanto os jogadores iriam viver — os que tinham um sorriso genuíno (Duchenne) viveram sete anos a mais do que os que não sorriam.

"Acho que estou condenada", observou ela sarcasticamente em seu e-mail de retorno.

"Por mais que sua análise seja equivocada e ignore as evidências, como acredito que seja", respondi — e esse é o ponto que Ehrenreich deixa escapar —, "as doenças cardiovasculares, a mortalidade por todas as causas e, muito possivelmente, o câncer não são uma questão de sorriso fingido, mas de PERMA: alguma configuração de emoção positiva, mais sentido, mais relacionamentos positivos, mais realização positiva. Você talvez não tenha muito do primeiro (assim como eu), mas tem muito dos outros elementos, concluo, e seu livro — por mais hostil que eu o considere — é certamente uma realização significativa e positiva. Portanto — ironicamente —, opor-se ao positivo, como você se opõe, é em si mesmo um aspecto altamente positivo em sua vida (se 'positivo' for adequadamente compreendido como algo mais amplo que o sorriso forçado).

"Logo, você não está condenada."

Em seu livro, Ehrenreich não abordou a gama completa de literatura científica, mas disparou algumas críticas brilhantes, nas quais os críticos levaram a sério suas conclusões. A crítica mais notória veio de Michael Shermer, editor fundador da revista *Skeptic* [Cético]. "Ehrenreich desconstrói sistematicamente — e demole — a pouca ciência que há por trás do movimento da psicologia positiva. As evidências são fracas. Os níveis de significância estatística são exíguos. As poucas descobertas robustas que existem provam-se, frequentemente, não reproduzíveis ou são desmentidas por pesquisas posteriores." Como o leitor pode perceber a partir deste capítulo, as evidências são robustas, os níveis de significância são altos e as descobertas são reproduzidas constantemente.

Então, deixando de lado as divagações bombásticas de Ehrenreich e Shermer, qual é, efetivamente, o estado atual das evidências sobre a positividade e o câncer? A revisão mais completa, "Optimism and Physical Health: A Meta-Analytic Review" ["Otimismo e saúde física: Uma revisão metanalítica"], foi publicada na revista *Annals of Behavioral Medicine*, em 2009. Ela metanalisa 83 estudos independentes sobre o otimismo e a saúde física. Uma "metanálise" calcula uma média de todos os estudos sólidos sobre um tópico em toda a literatura científica. As descobertas são conflitantes quanto ao efeito do bem-estar psicológico sobre a sobrevivência em si, como também o são quase todas as outras descobertas na literatura da ciência social. (É assim mesmo que a ciência progride.)

Em que medida, perguntam os autores, o otimismo permite predições sobre a mortalidade por todas as causas, a doença cardiovascular, a função imunológica e o câncer? Dezoito desses 83 estudos, envolvendo um total de 2.858 pacientes, têm a ver com o câncer. Juntos, eles descobriram que pessoas mais otimistas têm resultados melhores em relação ao câncer, com um forte nível de significância. O maior e mais recente estudo envolveu as 97.253 mulheres do estudo Iniciativa da Saúde da Mulher, mencionado anteriormente, e avaliou a relação entre otimismo e "hostilidade cínica" e a previsão de doenças cardiovasculares, mortalidade por todas as causas e câncer. O pessimismo foi um importante fator previsor de mortalidade por DCV, como já mencionado. Um dado importante é que o pessimismo e a hostilidade clínica foram ambos detectados como fatores previsores do câncer, particularmente entre mulheres afro-americanas, embora o efeito tenha sido menor do que para as DCV.

Ehrenreich pediu minha ajuda para preparar seu livro. Tivemos dois encontros pessoais que trataram, em grande parte, dos documentos de pesquisa sobre a saúde. Eu então lhe enviei uma extensa bibliografia e artigos. Em vez de apresentar a gama completa dos estudos, no entanto, Ehrenreich selecionou algumas das pesquisas, enfatizando uma minoria de evidências nulas e deixou de examinar estudos bem elaborados que descobriram que o otimismo prediz significativamente melhores resultados cardiovasculares, de mortalidade por todas as causas e de câncer. Selecionar, de modo geral, é uma forma menor de desonestidade intelectual, mas em questões de vida e morte, selecionar para descartar o valor do otimismo e da esperança para mulheres com câncer é, na minha opinião, uma perigosa malversação jornalística.

Claro, não existem estudos experimentais nos quais as pessoas sejam aleatoriamente designadas para "desenvolver otimismo" e "desenvolver câncer", portanto é possível duvidar de que o pessimismo *cause* câncer e morte. Mas estes estudos controlam os outros fatores de risco de câncer e ainda identificam que pacientes otimistas se saem melhor. A evidência é suficiente para justificar um experimento com designação aleatória e controlado por placebo no qual mulheres pessimistas com câncer sejam designadas aleatoriamente para o Treinamento em Resiliência da Universidade da Pensilvânia ou para o grupo de controle com informação de saúde, e acompanhadas quanto à morbidade, mortalidade, qualidade de vida e gastos com serviços médicos.

Portanto, minha visão geral da literatura sobre o câncer é que ela tende fortemente na direção do pessimismo como um fator de risco para o desenvolvimento de câncer. Mas porque uma minoria visível de estudos de câncer *não* encontra efeitos significativos (embora nem um único mostre que o pessimismo beneficie os pacientes com câncer), concluo que o pessimismo é um provável fator de risco de câncer, porém mais fraco que para as doenças cardiovasculares e para a mortalidade por todas as causas.

Assim, com base na totalidade da literatura sobre o câncer, eu arriscaria que a esperança, o otimismo e a felicidade podem ter efeitos benéficos para os pacientes com câncer quando a doença não é extremamente grave. Mas mesmo aí é preciso ter cuidado antes de descartar completamente a positividade. Uma carta em resposta ao meu artigo sobre o "guindaste na cabeça" e os limites do otimismo começou dizendo: "Prezado dr. Seligman, um guindaste caiu na minha cabeça e estou vivo hoje somente por causa do meu otimismo."

Estudos que analisam a mortalidade por todas as causas são relevantes para se identificar se o bem-estar pode efetivamente ajudar alguém se um guindaste cair na sua cabeça. Yoichi Chida e Andrew Steptoe, psicólogos da Universidade de Londres, publicaram recentemente uma metanálise muito abrangente. Juntos, Chida e Steptoe calcularam a média de setenta estudos, 35 dos quais começaram com participantes saudáveis e 35 com participantes doentes.

Sua metanálise descobriu que, em todos os setenta estudos, o bem-estar psicológico atua como um fator de proteção. O efeito é bastante forte se você estiver saudável no momento. Pessoas com bem-estar elevado têm probabilidade 18 por cento menor de morrer de qualquer causa do que quem tem baixo bem-estar. Entre os estudos que se iniciam com pessoas doentes, as que tinham bem-estar elevado mostraram um efeito menor, mas significativo, morrendo a um índice 2 por cento menor do que os que tinham baixo bem-estar. Quanto à causa da morte, a sensação de bem-estar protege as pessoas contra mortes por DCV, falência renal e HIV, mas não significativamente por câncer.

O bem-estar é causal?
Como ele pode proteger?

Concluo que o otimismo está fortemente associado à saúde cardiovascular, e o pessimismo, com o risco cardiovascular. Concluo que o estado de ânimo positivo está associado à proteção contra resfriados e gripes, e o estado de ânimo negativo, com um maior risco de desenvolver essas doenças. Concluo que pessoas altamente positivas *talvez* tenham risco menor de desenvolver câncer. Concluo que pessoas saudáveis com um bem-estar psicológico bom correm menos risco de morte por todas as causas.

Por quê?

O primeiro passo para responder a isso é perguntar se estas relações são realmente causais ou apenas correlações. Esta é uma questão científica crucial, já que terceiras variáveis, como uma mãe amorosa ou um excesso de serotonina, podem ser a causa real. (Uma mãe amorosa e serotonina elevada causam boa saúde *e* bem-estar psicológico.) Nenhum estudo observacional pode eliminar todas as terceiras variáveis possíveis, mas a maioria dos estudos elimina as possibilidades prováveis, equiparando as pessoas estatisticamente em relação a exercício físico, pressão sanguínea, colesterol, fumo e uma série de outras interferências plausíveis.

A principal norma para eliminar todas as terceiras variáveis é a criação de um experimento com designação aleatória e controlado por placebo, e na literatura sobre a relação entre otimismo e saúde há apenas um experimento assim. Há 15 anos, durante a admissão de calouros na Penn, enviei a toda a classe o Questionário de Estilo Atributivo e todos responderam a ele. (Os alunos são muito cooperativos na admissão.) Gregory Buchanan e eu identificamos os calouros situados entre os 25 por cento mais pessimistas, em risco de depressão com base em suas pontuações muito pessimistas no estilo explanatório, e os convidamos aleatoriamente a participar de um dos seguintes dois grupos: um "seminário de administração de estresse", com duração de oito semanas e consistindo do Programa de Resiliência Penn (Otimismo Aprendido), como discutido nos capítulos "Educação positiva" e "Forte como um exército", ou um grupo de controle sem intervenção. Descobrimos que o seminário elevou marcadamente o otimismo e baixou a depressão e a ansiedade ao longo dos trinta meses seguintes, como havíamos previsto. Também avaliamos a saúde física ao longo desse período. Os participantes do grupo do seminário tinham melhor saúde física que os do grupo de controle, apresentando menos sintomas de doenças físicas, menos visitas ao médico de modo geral e menos visitas ao centro médico estudantil em virtude de doenças. O grupo do seminário também apresentou maior probabilidade de procurar médicos para checkups preventivos, e seus membros mantinham dietas mais saudáveis e programas de exercícios físicos.

Este único experimento sugere que foi a alteração no otimismo que melhorou a saúde, já que a designação aleatória para um grupo de intervenção ou para um grupo de controle elimina as terceiras variáveis desconhecidas. Não sabemos se esta relação causal aplica-se ao otimismo na literatura sobre a doença cardiovascular, pois até hoje ninguém conduziu um estudo com designação aleatória, ensinando o otimismo aos pacientes para prevenir ataques cardíacos. Um viva, até agora, para a causalidade.

Por que os otimistas são menos vulneráveis à doença?

De que modo o otimismo funciona para tornar as pessoas menos vulneráveis e de que modo o pessimismo funciona para tornar as pessoas mais vulneráveis à doença cardiovascular? As possibilidades se dividem em três grandes categorias:

1. Os otimistas têm atitudes e estilos de vida mais saudáveis. Eles acreditam que suas atitudes são importantes, enquanto os pessimistas acham que são impotentes e que nada do que possam fazer adiantará. Os otimistas tentam, enquanto os pessimistas caem na impotência passiva. Portanto, os otimistas atendem prontamente às recomendações médicas, como George Vaillant descobriu quando saiu o relatório do cirurgião geral sobre o fumo e a saúde, em 1964; foram os otimistas que desistiram de fumar, não os pessimistas. Os otimistas cuidam mais de si mesmos.

Mais genericamente, as pessoas com alto grau de satisfação com a vida (fator altamente correlacionado com o otimismo) têm muito maior probabilidade de cuidar da alimentação, não fumar e se exercitar regularmente do que pessoas com baixo grau de satisfação com a vida. Segundo um estudo, pessoas felizes também dormem melhor do que pessoas infelizes.

Os otimistas não apenas atendem prontamente às recomendações médicas, mas também agem para evitar as adversidades, enquanto os pessimistas são passivos: os otimistas têm maior probabilidade de buscar segurança em abrigos contra tornados quando há um aviso do que os pessimistas, que podem pensar que o tornado é fruto da vontade de Deus. Quanto mais infortúnios recaírem sobre você, maior a sua probabilidade de adoecimento.

2. Apoio social. Quanto mais amigos e mais amor existirem na sua vida, menor será a sua probabilidade de adoecimento. George Vaillant descobriu que pessoas que têm alguém com quem se sintam à vontade para ligar às três horas da manhã para contar seus problemas são mais saudáveis. John Cacioppo descobriu que pessoas solitárias são marcadamente menos saudáveis do que pessoas sociáveis. Em um experimento, participantes leram um roteiro para desconhecidos pelo telefone — lendo ou com voz depressiva ou com voz alegre. As pessoas desligaram o telefonema dos pessimistas mais rápido que o dos otimistas. Pessoas felizes têm redes sociais mais ricas do que pessoas infelizes, e a ligação social contribui para evitar o estado de invalidez conforme envelhecemos. A miséria pode adorar companhia,* mas a companhia não adora a miséria, e a subsequente solidão dos pessimistas pode ser um caminho para o adoecimento.

3. Mecanismos biológicos. Existe uma variedade de caminhos biológicos plausíveis. Um deles se refere ao *sistema imunológico.* Judy Rodin (a quem mencionei no início do livro), Leslie Kamen, Charles Dwyer e eu trabalhamos juntos em 1991. Retiramos sangue de idosos otimistas e pessimistas, e testamos a resposta imune de cada grupo. O sangue dos otimistas apresentou uma resposta mais combativa à ameaça — maior produção de células brancas que combatem as infecções, os chamados linfócitos T — do que o dos pessimistas. Descartamos a depressão e a saúde como elementos de interferência.

---

* Referência ao provérbio inglês *"Misery loves company"* ["A miséria adora companhia"]. [N. da. R.]

Outra possibilidade é a *genética comum*: os otimistas e as pessoas felizes podem ter genes que evitam a doença cardiovascular ou o câncer.

Outro potencial caminho biológico é uma resposta circulatória patológica ao *estresse repetido*. Os pessimistas desistem e sofrem mais por estresse, enquanto os otimistas o enfrentam melhor. Episódios repetidos de estresse, particularmente quando se está impotente, tendem a mobilizar o hormônio do estresse, o cortisol, e outras respostas circulatórias que induzem ou exacerbam o dano às paredes dos vasos sanguíneos e promovem a arteriosclerose. Sheldon Cohen, você deve recordar, descobriu que as pessoas tristes secretam mais substância inflamatória, a interleucina-6, e que isso resulta em mais resfriados. Episódios repetidos de estresse e impotência podem desencadear uma cascata de processos envolvendo níveis maiores de cortisol e mais baixos dos neurotransmissores conhecidos como catecolaminas, levando a uma inflamação de longa duração. A arteriosclerose implica mais inflamação, e as mulheres que apresentam pontuação baixa em sentimentos de domínio e alta em depressão têm demonstrado uma pior calcificação da artéria principal, a ramificada aorta. Os ratos impotentes, no modelo triádico, desenvolvem arteriosclerose mais rapidamente do que os ratos que demonstram domínio.

A produção excessiva de *fibrinogênio* pelo fígado, uma substância usada na coagulação do sangue, é outro mecanismo possível. Quanto mais fibrinogênio for produzido, mais viscoso se torna o sangue, o que aumenta a probabilidade de se formarem coágulos sanguíneos no sistema circulatório. Pessoas com emoção positiva elevada demonstram uma resposta fibrinogênica menor ao estresse do que as com emoção positiva baixa.

Surpreendentemente, a *variabilidade da frequência cardíaca* (VFC) é outro candidato à proteção contra a doença cardiovascular. A VFC é a variação de curto prazo nos intervalos entre os batimentos cardíacos, o que é parcialmente controlado pelo sistema parassimpático (vago) do sistema nervoso central. Este é o sistema que produz relaxamento e alívio. Evidências crescentes sugerem que as pessoas com alta variabilidade da frequência cardíaca são mais saudáveis, têm menos DCV, menos depressão e melhores habilidades cognitivas.

Os mecanismos propostos anteriormente não foram bem testados. São simplesmente hipóteses razoáveis, mas todos podem ser bidirecionais, com o otimismo aumentando a proteção em comparação com a média, e o pessimismo enfraquecendo as pessoas em comparação com a média. O critério para descobrir se o otimismo é causal e como ele funciona pode ser dado por um experimento que inclua a intervenção do otimismo. Há um experimento óbvio e caro que vale a pena ser feito: tomamos um grande grupo de pessoas vulneráveis à DCV, designamos metade delas aleatoriamente ao treinamento de otimismo e a outra metade a um placebo, monitoramos suas variáveis de ação, sociais e biológicas, e vemos se o treinamento de otimismo é capaz de salvar vidas. E isso me leva de volta à Fundação Robert Wood Johnson.

Tudo isso — impotência aprendida, otimismo, DCV e a busca pela identificação do mecanismo envolvido — passou voando pela minha cabeça quando Paul Tarini me visitou.

— Queremos convidá-lo a nos enviar duas propostas — concluiu Paul após uma longa discussão —, uma explorando o próprio conceito de saúde positiva e a segunda propondo uma intervenção de otimismo para prevenir mortes por DCV.

Saúde positiva

A seu tempo, apresentei as duas propostas. A ideia de uma intervenção mobilizou o Departamento de Cardiologia da Penn. Nós propusemos, como primeira intervenção, a designação aleatória para o Programa de Resiliência Penn de grandes números de pessoas após seu primeiro ataque cardíaco. A segunda propunha a exploração do conceito de saúde positiva, e foi esta que a fundação financiou por achar que um conceito bem definido de saúde positiva vinha em primeiro lugar. O grupo de saúde positiva já está trabalhando há um ano e meio, e tem quatro eixos principais:

- Definição de saúde positiva;
- Reanálise de estudos longitudinais existentes;
- Recursos de saúde cardiovascular;
- Prática de exercícios físicos como recurso de saúde.

DEFINIÇÃO DE SAÚDE POSITIVA

Será que a saúde é mais do que a ausência de doença? E pode ela ser definida pela presença de recursos de saúde positivos? Ainda não sabemos o que são efetivamente os recursos de saúde, mas temos fortes pistas sobre o que alguns deles podem ser, como otimismo, exercícios físicos, amor e amizade. Por isso, começamos com três classes completas de potenciais variáveis independentes positivas. Primeiro, os recursos subjetivos: otimismo, esperança, sensação de boa saúde, entusiasmo, vitalidade e satisfação com a vida, por exemplo. Segundo, os recursos biológicos: a faixa superior da variabilidade da frequência cardíaca, o hormônio oxitocina, baixos níveis de fibrinogênio e interleucina-6, e fileiras repetitivas de DNA mais longas, chamadas telômeros, por exemplo. Terceiro, os recursos funcionais: casamento excelente, subir rapidamente três lances de escadas aos 70 anos sem perder o fôlego, amizades ricas, passatempos envolventes e uma vida de trabalho próspera, por exemplo.

A definição de saúde positiva é empírica e estamos investigando a extensão com que essas três classes de recursos efetivamente melhoram os seguintes *alvos de saúde e doença*:

- A saúde positiva amplia o tempo de vida?
- A saúde positiva reduz a morbidade?
- Os gastos com serviços de saúde diminuem para pessoas com saúde positiva?
- Existe uma melhor saúde mental e um menor adoecimento mental?
- As pessoas com saúde positiva não apenas vivem mais como também desfrutam mais anos de boa saúde?

- As pessoas com saúde positiva têm melhores prognósticos quando a doença de fato eclode?

Assim, a definição de saúde positiva é o grupo de recursos subjetivos, biológicos e funcionais que efetivamente aumentam os alvos de saúde e doença.

Análise longitudinal de conjuntos de dados existentes

A definição de saúde positiva, portanto, emergirá empiricamente, e nós começamos por reanalisar seis grandes estudos longitudinais sobre prognosticadores de doenças — estudos que originalmente se concentravam em fatores de risco, e não em recursos de saúde. Sob a liderança de Chris Peterson, o principal estudioso do conceito de "forças", e Laura Kubzansky, uma jovem professora de Harvard que reanalisa o risco de doença cardiovascular para encontrar seus fundamentos psicológicos, estamos questionando se esses estudos, reanalisados segundo os recursos considerados, predizem os alvos de saúde mencionados anteriormente. Enquanto os conjuntos de dados existentes se concentram no negativo, estes seis estudos contêm mais do que uns poucos fragmentos de aspectos positivos, que até agora foram em grande parte ignorados. Assim, alguns dos testes investigam, por exemplo, níveis de felicidade, pressão sanguínea e satisfação conjugal. Nós veremos, então, qual configuração de medidas subjetivas, biológicas e funcionais emerge como fonte de recursos de saúde.

Chris Peterson está identificando as forças de caráter como recursos de saúde. O Estudo do Envelhecimento Normativo, iniciado em 1999 e ainda em andamento, inclui 2 mil homens que estavam saudáveis de início e que são avaliados a cada três a cinco anos em relação a doenças cardiovasculares. Eles também passam por uma bateria de testes psicológicos a cada vez. Um deles é o Inventário Multifásico de Personalidade de Minnesota-2, do qual derivou uma avaliação de "autocontrole". Chris relata que, mantendo-se constantes os fatores de risco de costume (e até controlando o otimismo), o autocontrole é um importante recurso de saúde: homens com mais autocontrole têm um risco 56 por cento menor de sofrer por DCV.

Este é um exemplo de como estamos comparando os recursos de saúde a fatores de risco. Também podemos fazer comparações quantitativas da potência dos recursos de saúde para os fatores de risco; por exemplo, estimamos que estar no quartil superior de otimismo parece ter um efeito benéfico sobre o risco cardiovascular equivalente, aproximadamente, a não fumar dois maços de cigarros por dia. (E ainda não estou totalmente convencido por esse número *dois*.) Além disso, será que uma configuração específica desses recursos de saúde prediz os alvos de forma ideal? Esta configuração ideal, se existir, define empiricamente a variável latente de saúde positiva com relação a qualquer doença. Esta configuração de recursos de saúde, que é comum a uma gama de doenças, define a saúde positiva em geral.

Quando uma única variável independente positiva mostra-se um recurso de saúde convincente, a saúde positiva sugere intervir para desenvolver esta variável. Então, por exemplo, se o risco de morte por doença cardiovascular é menor com o otimismo, ou com a prática de exercícios físicos, ou com um casamento harmonioso, ou com uma variabilidade da frequência cardíaca situada no mais alto quartil das estatísticas, estas coisas tornam-se alvos de intervenção tentadores (e pouco onerosos). Além do valor prático de descobrir uma intervenção salvadora em modelos de designação aleatória e controlados, tais estudos de intervenção isolam a causa. A saúde positiva então busca quantificar o custo-benefício dessas intervenções positivas e compará-lo ao custo das intervenções tradicionais, como reduzir a pressão sanguínea, bem como combinar intervenções de saúde positiva com intervenções tradicionais e investigar seu custo-benefício conjunto.

O banco de dados do exército: Um tesouro nacional

Esperamos que nossa colaboração com o exército venha a se tornar a mãe de todos os estudos longitudinais. Aproximadamente 1,1 milhão de soldados estão se submetendo ao Instrumento de Avaliação Global, avaliando todas as dimensões positivas e os recursos de saúde juntamente com os fatores de risco comuns ao longo de suas carreiras inteiras. E esperamos juntar ao IAG os registros de desempenho e os registros médicos de suas vidas inteiras. No exército, há conjuntos de dados contendo informações sobre:

- Uso de serviços de saúde
- Diagnósticos de doenças
- Medicação
- Índice de massa corporal

- Pressão sanguínea
- Colesterol
- Acidentes e percalços
- Ferimentos adquiridos em combate ou não
- Forma física
- DNA (necessário para identificar corpos)
- Desempenho profissional

Portanto, numa amostra bastante grande, podemos testar em que medida os recursos de saúde subjetivos, funcionais e biológicos (tomados em conjunto e separadamente) permitem previsões sobre o seguinte:

- Doenças específicas
- Medicação
- Uso de serviços de saúde
- Mortalidade

Isso significa que poderemos responder definitivamente a perguntas como:

• Mantendo-se constantes outras variáveis de saúde, será que os soldados emocionalmente aptos sofrem de menos doenças infecciosas (como avaliado pela medicação antibiótica) e têm melhor prognóstico (como avaliado por sequências mais curtas de medicação) quando há uma infecção?
• Será que os soldados satisfeitos com seus casamentos têm menos custos com serviços de saúde?
• Soldados que funcionam bem socialmente se recuperam mais rápido de um parto, de uma perna quebrada ou de insolação?
• Existem soldados "supersaudáveis" (com altos indicadores subjetivos, funcionais e físicos) que precisam de um atendimento mínimo de saúde, raramente adoecem e, quando isso acontece, recuperam-se rapidamente?
• Soldados psicologicamente aptos têm menor probabilidade de sofrer acidentes e se ferir em combate?
• Soldados psicologicamente aptos têm menor probabilidade de serem afastados por ferimentos sofridos fora de batalha, doenças e problemas de saúde psicológica durante uma missão?

• A saúde física do líder contagia a saúde dos subordinados? Se contagiar, isso acontece nos dois sentidos (contágio de boa ou de má saúde)?

• Certas forças, avaliadas pelo teste de Forças Pessoais, predizem uma saúde melhor e com custos mais baixos?

• O Treinamento em Resiliência da Penn é capaz de salvar vidas, tanto no campo de batalha quanto por doenças de causas naturais?

No momento em que escrevo, estamos reanalisando os seis conjuntos de dados promissores e unindo os esforços da Fundação Robert Wood Johnson à iniciativa do Programa de Aptidão Abrangente para Soldados do exército dos Estados Unidos. Fique ligado!

Recursos de saúde cardiovascular

Acabo de retornar de minha reunião de cinquenta anos de formatura. O que me surpreendeu foi o quanto meus colegas estão saudáveis. Há cinquenta anos, homens de 67 anos de idade estavam parando, sentando-se em cadeiras de balanço na varanda e esperando a morte. Hoje eles correm maratonas. Fiz um pequeno discurso sobre nossa esperada mortalidade.

> *Um homem de 67 anos de idade tem hoje uma expectativa de vida de cerca de vinte anos. Portanto, ao contrário de nossos pais e avós, que estavam próximos da morte aos 67 anos, nós estamos apenas entrando no último quarto de nossas vidas. Podemos fazer duas coisas para maximizar as chances de participarmos de nossa reunião de setenta anos de formatura. A primeira é estar orientados para o futuro: sermos atraídos para o futuro, em vez de permanecermos no passado. Trabalhar não apenas para seu futuro pessoal, mas pelo futuro de sua família, desta escola (a Albany Academies), de seu país e de seus ideais mais caros.*
>
> *E a segunda é fazer exercícios!*

Este foi meu resumo do atual estado da ciência da saúde cardiovascular, do modo como a concebemos. Existe um conjunto de recursos subjetivos, biológicos e funcionais que aumentem nossa resistência à doença cardiovascular para além da média? Existe um conjunto de recursos subjetivos, biológicos e funcionais que melhorem seu prognóstico para além da média, caso você venha a ter um ataque cardíaco? Esta questão vital é amplamente ignorada nas pesquisas sobre DCV, focadas nas fraquezas nocivas que diminuem a resistência ou prejudicam o prognóstico uma vez que um primeiro ataque cardíaco ocorra. O efeito benéfico do otimismo como recurso de saúde em DCV é um bom começo, e o objetivo do Comitê de Saúde Cardiovascular é ampliar nosso conhecimento dos recursos de saúde.

O comitê, em ação enquanto escrevo, é chefiado pelo dr. Darwin Labarthe, diretor de epidemiologia cardiovascular nos Centros de Controle de Doenças (CDC, em inglês) dos Estados Unidos. Devo mencionar que isto completa um ciclo na minha vida. Darwin foi meu ídolo durante meus anos de faculdade: ele era presidente da turma do último ano em Princeton quando entrei como calouro, em 1960, e fez o inesquecível primeiro discurso — sobre a honra e a ação a serviço da nação — em meu primeiro dia de aula. Darwin veio a fundar o Wilson Lodge, a organização anticlube não seletiva, que foi o lar e refúgio de muitos alunos intelectuais e ativistas da graduação em Princeton. Embora eu tenha seguido seus passos na liderança do Wilson Lodge, só o admirei de longe quando estudante, e tem sido motivo de imensa gratificação pessoal trabalhar com ele cinquenta anos depois, a serviço do florescimento humano.

O exercício físico como recurso de saúde

— Quem deve chefiar o comitê de exercícios? — perguntei a Ray Fowler.

Poucos de nós têm a sorte de ganhar mentores após os 50 anos. Ray passou a ser o meu quando me tornei presidente da Associação Americana de Psicologia (APA, em inglês), em 1996. Ele tinha sido presidente dez anos antes e desde então servia como CEO (o verdadeiro cargo de poder). Em meus primeiros dois meses, como um inocente acadêmico, eu me atrapalhei com a política da psicoterapia, quebrando a cara ao tentar convencer os principais clínicos particulares a se basearem na terapia fundamentada em evidências. Em pouco tempo, eu estava em sérias dificuldades com os clínicos.

Relatei tudo isso a Ray e, em seu suave sotaque do Alabama, ele me deu o melhor conselho político que já recebi.

— Este povo do comitê tem muito poder. Politicamente, a APA é um campo minado, e eles o têm minado por duas décadas. Você não pode começar a lidar com eles usando liderança transacional; eles são os grandes mestres do processo. Você se destaca na liderança transformacional. Seu trabalho é transformar a psicologia. Use sua criatividade e lance mão de uma ideia nova para liderar a APA.

Isso, juntamente com minha filha de 5 anos que me mandou parar de ser rabugento e com a Atlantic Philanthropies, foi o início da psicologia positiva. Desde então, tenho pedido conselhos a Ray repetidamente.

Ray é um maratonista de 79 anos e um homem de lendária força de vontade. Trinta anos atrás, sedentário, deprimido e acima do peso, ele decidiu que iria se transformar e que correria a Maratona de Boston no ano seguinte, embora nunca tivesse corrido antes. E correu. Hoje ele pesa 55 quilos e é todo músculos. Há uma corrida anual de 15 quilômetros na convenção da APA todos os verões e Ray sempre ganha na sua categoria. (Ele diz que a única razão de ganhar é porque a concorrência em seu grupo etário está diminuindo.) Esta corrida é hoje chamada de Corrida Ray Fowler.

Ray foi um dos acadêmicos visitantes que ficaram comigo na Escola de Geelong, na Austrália, em janeiro de 2008. Numa noite extremamente quente, ele discursou para o corpo docente sobre o exercício físico e as doenças cardiovasculares, trazendo a informação de que as pessoas que caminham 10 mil passos todos os dias reduzem significativamente seu risco de ataque cardíaco. Nós aplaudimos educadamente ao fim da palestra, mas o verdadeiro tributo que lhe prestamos foi sairmos todos, no dia seguinte, para comprar pedômetros. Como afirmou Nietzsche, a boa filosofia sempre diz: "Mude sua vida!"

Em resposta à minha pergunta sobre quem deveria chefiar o comitê de exercícios, Ray recomendou:

— A principal pessoa no campo do exercício, Marty, é, indiscutivelmente, Steve Blair. Tudo o que sei sobre exercício físico eu aprendi com o Steve. Tente trazê-lo para chefiar o comitê.

Falei com Steve e ele aceitou. Como Ray, Steve é só músculos, mas, ao contrário dele, que tem a forma de uma vagem, Steve tem a forma de uma berinjela: uma berinjela com 1,61 metro de altura e 86 quilos. Como Ray, Steve corre e caminha. Se olhasse para a silhueta de Steve, você o chamaria de obeso, e seu trabalho está no centro da controvérsia obesidade-exercício.

Aptidão física versus gordura

A obesidade nos Estados Unidos é excessiva, tanto que muitos dizem ser epidêmica, e enormes recursos são gastos pelo governo e por fundações particulares — incluindo a Robert Wood Johnson — para reduzir esta epidemia. A obesidade é, inegavelmente, uma causa de diabetes, e com base apenas nesse fato, as medidas para tornar os americanos menos gordos se justificam. Steve acredita, no entanto, que a verdadeira epidemia, o pior assassino, é a epidemia da inatividade, e seu argumento não é de pouco peso. Eis o argumento: a pouca aptidão física está fortemente associada à mortalidade por todas as causas e, particularmente, às doenças cardiovasculares.

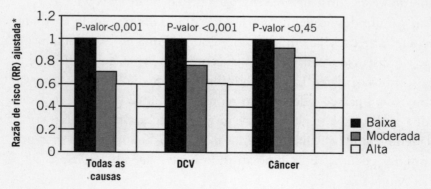

* Ajustado para idade, sexo, ano de exame, índice de massa corporal (IMC), fumo, respostas anormais ao ECG, infarto do miocárdio, derrame, hipertensão, diabetes, câncer ou hipercolesterolemia, histórico familiar de DCV ou câncer e porcentagem da frequência cardíaca máxima alcançada durante o exercício.

X. Sui et al., *JAGS*, 2007

Esses dados (e muitos outros) mostram claramente que homens e mulheres altamente condicionados acima dos 60 anos têm uma taxa mais baixa de mortalidade por doenças cardiovasculares e por todas as causas do que os moderadamente condicionados, que por sua vez têm uma taxa de mortalidade mais baixa que os não condicionados. Isto pode ou não se aplicar à morte por câncer. A falta de exercício e a obesidade caminham de mãos dadas. Pessoas gordas não se mexem muito, enquanto as pessoas magras geralmente estão sempre ativas.

Portanto, qual desses dois é o verdadeiro assassino: a obesidade ou a inatividade?

Há uma imensa literatura que mostra que as pessoas gordas morrem de doenças cardiovasculares mais do que as pessoas magras, e esta literatura é cuidadosa, fazendo ajustes para fumo, álcool, pressão sanguínea, colesterol e dados semelhantes. Infelizmente, poucas fazem ajustes para o exercício físico. Mas os muitos estudos de Steve fazem. Eis um representativo:

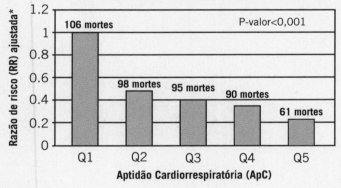

* Ajustado para idade, ano de exame, fumo, ECG de exercício anormal, condições de saúde de referência e porcentagem de gordura corporal.

X. Sui et al., *JAGS*, 2007, 398, 2507-16

Essa é a taxa de mortalidade por todas as causas para cinco categorias de aptidão física, mantendo constantes a gordura corporal, a idade, o fumo e semelhantes. Quanto melhor a aptidão física, menor a taxa de mortalidade. Isso significa que dois indivíduos — um situado entre os 20 por cento que demonstram os níveis mais altos de aptidão e o outro entre os 20 por cento que demonstram os níveis mais baixos de aptidão — que pesem exatamente a mesma coisa têm riscos de morte muito diferentes. O indivíduo fisicamente apto, porém gordo, tem quase metade do risco de morte do indivíduo gordo fisicamente não apto.

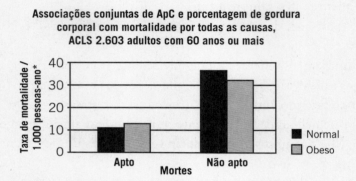

* Ajustado para idade, sexo e ano de exame.

X. Sui et al., *JAGS*, 2007, 298, 2507-16

Estes dados mostram o risco de morte em pessoas com peso normal versus obesas que estão fisicamente aptas ou não aptas. Nos grupos não aptos, tanto as pessoas com peso normal quanto as obesas têm alto risco de morte, e não parece ser importante se a pessoa é gorda ou magra. Nos grupos fisicamente aptos, tanto as pessoas gordas quanto as magras têm risco muito mais baixo de morte do que suas contrapartes nos grupos não aptos, sendo que os gordos aptos têm um risco apenas ligeiramente maior do que os magros aptos. Mas o que quero enfatizar é que *pessoas gordas fisicamente aptas têm um baixo risco de morte.*

Steve conclui que a maior parte da epidemia de obesidade é, na realidade, uma epidemia de sedentarismo. A gordura contribui para a mortalidade, mas a falta de exercício também. Não há dados suficientes para se afirmar o que contribui mais, porém eles são suficientemente convincentes para exigir que todos os futuros estudos sobre obesidade e morte ajustem cuidadosamente a variável do exercício.

Estas são conclusões importantes para o adulto gordo médio. A maioria das dietas é uma farsa — uma farsa que movimentou 59 bilhões de dólares nos Estados Unidos no ano passado. Você pode perder 5 por cento do seu peso em um mês ao seguir qualquer dieta da lista das mais utilizadas. O problema é que 80 a 95 por cento das pessoas recuperarão todo esse peso ou mais ao longo dos três a cinco anos seguintes, exatamente como aconteceu comigo. A dieta pode torná-lo mais magro, mas em geral isso é apenas temporário. Ela não o torna mais saudável, entretanto, porque para a maioria de nós a dieta não se mantém.

O exercício, ao contrário, não é uma farsa. Uma porcentagem muito maior de pessoas que aderem ao exercício o mantém e tornam-se permanentemente aptas. O exercício é aderente e se automantém; a dieta, em geral, não. Embora reduza seu risco de morte, o exercício não o fará muito mais magro, já que a pessoa comum que se exercita perde menos de 2,5 quilos.

Assim como o otimismo é um recurso de saúde subjetivo para a doença cardiovascular, está claro que o exercício é um recurso de saúde funcional: pessoas que se exercitam moderadamente têm saúde aumentada e baixa mortalidade, enquanto sedentários têm saúde fraca e alta mortalidade. Os efeitos benéficos do exercício sobre a saúde e a doença finalmente são bem-aceitos mesmo dentro da parte mais reducionista da comunidade médica, um grupo muito resistente a qualquer tratamento que não envolva um comprimido ou um corte. O relatório do cirurgião geral de 2008 consagra a necessidade de os adultos se exercitarem o equivalente a 10 mil passos por dia. (O ponto de maior perigo é abaixo de 5 mil passos por dia, e se isso o descrever, quero enfatizar que as descobertas de que você corre um grande risco de morte são — não há outra palavra que possa definir — convincentes.) O equivalente a 10 mil passos por dia pode ser alcançado por meio de natação, corrida, dança, levantamento de peso; até mesmo o ioga e uma série de outros meios de se movimentar com vigor.

O que precisamos descobrir agora são novas formas de tirar mais pessoas do sofá. Mas não estou esperando novas técnicas. Descobri uma que realmente funciona para mim. No dia seguinte à palestra de Ray, não só comprei um pedômetro, mas também comecei — pela primeira vez na vida — a caminhar. E caminho. (Eu desisti de nadar, depois de ter nadado um quilômetro por dia, por vinte anos, sem conseguir encontrar qualquer técnica que me impedisse de morrer de tédio.) Formei um grupo de caminhantes pedometrizados pela internet. Ray e Steve fazem parte dele, bem como uma dúzia de outras pessoas em vários estágios da vida, variando dos 17 aos 78 anos, e de adultos com síndrome de Down a professores catedráticos. Nós *informamos* uns aos outros, todas as noites, exatamente quantos passos caminhamos naquele dia. Quando dou menos de 10 mil passos, o dia parece um fracasso. Se chega a hora de ir dormir e completei apenas 9 mil passos, eu saio e dou uma volta no quarteirão antes de registrar a informação. Nós *reforçamos* uns aos outros quando atingimos um número excepcional: Margaret Roberts acaba de registrar 27.692 passos e eu lhe enviei um "Uau!". Damos *conselhos* uns aos outros sobre exercícios: meu tornozelo esquerdo doeu muito nas duas primeiras semanas e meus colegas me disseram, acertadamente, que meus tênis — com suas palmilhas novas e caras — tinham se tornado apertados demais. "Compre um *airdesk* [www.airdesk.com]", Caroline Adams Miller me aconselhou. "Assim você pode jogar bridge on-line e caminhar na esteira ao mesmo tempo." Nós nos tornamos *amigos*, unidos por este interesse comum. Acredito que esses grupos da internet são uma nova técnica que salvará vidas.

Tomei uma resolução de ano-novo em 2009: completar 5 milhões de passos, 13.700 em média. No dia 30 de dezembro de 2009, cruzei a marca dos 5 milhões e recebi cumprimentos de meus amigos na internet: "Uau!" "Você é um exemplo!" Este grupo funciona tão bem para o exercício que agora estou tentando o mesmo para a dieta. Tendo fracassado em manter uma dieta todos os anos por quarenta anos, e sabendo que estou entre os 80 a 95 por cento das pessoas que recuperam todo o peso que perdem, voltei a ela. Iniciei 2010 com 97 quilos e também comecei a informar a meus amigos da internet, todas as noites, minha ingestão diária de calorias, assim como meu número de passos. Ontem ingeri 1.703 calorias e caminhei 11.351 passos. Hoje, 19 de fevereiro de 2010, pela primeira vez em mais de vinte anos, eu peso menos de 90 quilos.

Capítulo 10

A política e a economia do bem-estar

Por trás da psicologia positiva existe uma política. Mas não é uma política de esquerda versus uma política de direita. Esquerda e direita são políticas dos meios — capacitar o Estado versus capacitar o indivíduo —, mas, na essência, ambas defendem fins semelhantes: mais prosperidade material, mais riqueza. A psicologia positiva é uma política que não defende nenhum meio em particular, e, sim, outro fim. Este fim não é riqueza ou conquista, mas bem-estar. A prosperidade material interessa à psicologia, porém apenas se aumentar o bem-estar.

Além do dinheiro

Para que serve a riqueza? Acredito que ela deva estar a serviço do bem-estar. Mas aos olhos dos economistas, a riqueza é para produzir mais riqueza, e o sucesso da política deve ser avaliado pela quantidade de riqueza agregada que ela produz. O dogma da economia é que o Produto Interno Bruto (PIB) nos informa se uma nação está se saindo bem, e quão bem. A economia hoje reina incontestada na arena política. Todos os jornais diários têm uma seção dedicada ao dinheiro. Os economistas detêm posições de destaque nas capitais do mundo. Quando os políticos concorrem a um cargo público, eles fazem campanha sobre o que farão, ou o que fizeram, pela economia. Frequentemente ouvimos reportagens na televisão sobre o desemprego, a média do Dow Jones e a dívida nacional. Toda esta influência política e esta cobertura da mídia derivam do fato de que os indicadores econômicos são rigorosos, amplamente disponíveis e atualizados diariamente.

Na época da Revolução Industrial, os indicadores econômicos revelavam, com bastante aproximação, se uma nação estava se saindo bem. Atender às necessidades humanas simples de alimento, abrigo e vestuário era algo incerto, e satisfazer essas necessidades andava em sincronia com a ideia de se obter mais riqueza. Quanto mais próspera uma sociedade se torna, no entanto, menos a riqueza se relaciona à percepção de que esta sociedade vai bem. Bens e serviços básicos, antes escassos, tornaram-se tão amplamente disponíveis que no século XXI muitos países economicamente desenvolvidos, como os Estados Unidos, o Japão e a Suécia, experimentam uma abundância, talvez excessiva, de bens e serviços. Porque necessidades simples são em grande parte atendidas nas sociedades modernas, outros fatores, que não a riqueza, hoje têm um enorme papel no bom desempenho destas sociedades.

Em 2004, Ed Diener e eu publicamos um artigo — "Beyond Money" ["Além do dinheiro"] — que expõe os erros do Produto Interno Bruto e discute que o bom desempenho de uma nação será mais bem avaliado pelo quanto seus cidadãos consideram suas vidas agradáveis, envolventes e significativas — medindo seu bem-estar. Hoje, a divergência entre riqueza e qualidade de vida é gritante.

A divergência entre o PIB e o bem-estar

O Produto Interno Bruto avalia o volume de bens e serviços produzidos e consumidos, e qualquer acontecimento que aumente este volume aumenta o PIB. Não importa se esses acontecimentos diminuem a qualidade de vida. Sempre que há um divórcio, o PIB sobe. Quando dois carros batem, o PIB sobe. Quanto mais pessoas ingerem antidepressivos, mais o PIB sobe. Mais proteção policial e percursos mais longos para o trabalho aumentam o PIB, apesar de reduzirem a qualidade de vida. Os economistas chamam isso, desanimadoramente, de "itens sem valor utilitário direto". As vendas de cigarros e os lucros dos cassinos estão incluídos no PIB. Alguns setores inteiros, como o direito, a psicoterapia e os medicamentos, prosperam conforme a miséria aumenta. Isto não significa que os advogados, os psicoterapeutas e as empresas farmacêuticas sejam ruins, mas que o PIB não enxerga se é o sofrimento humano ou a prosperidade humana que aumenta o volume de bens e serviços.

Esta divergência entre bem-estar e Produto Interno Bruto pode ser quantificada. A satisfação com a vida nos Estados Unidos está nivelada há cinquenta anos, apesar de o PIB ter triplicado.

Mais assustador ainda, as avaliações de mal-estar não diminuíram com o aumento do Produto Interno Bruto; elas pioraram muito. Os índices de depressão aumentaram dez vezes ao longo dos últimos cinquenta anos nos Estados Unidos. Isto se aplica a todas as nações ricas, e — muito importante — não se aplica a nações pobres. Os índices de ansiedade também subiram. As ligações sociais nos Estados Unidos caíram, com níveis decrescentes de confiança nas pessoas e nas instituições governamentais — e confiança é um importante fator prognosticador de bem-estar.

Riqueza e felicidade

Qual é, exatamente, a relação entre riqueza e felicidade? E a pergunta realmente importante: quanto do seu precioso tempo você deveria dedicar a ganhar dinheiro se o que você quer é satisfação com a vida?

Uma enorme literatura sobre o dinheiro e a felicidade compara nações inteiras umas com as outras e também analisa de perto uma dada nação comparando pessoas ricas a pessoas pobres. Há uma concordância universal em relação a dois pontos:

1. Quanto mais dinheiro, mais satisfação com a vida, como mostra a figura da página 244.

No gráfico, cada círculo é um país, sendo que o diâmetro é proporcional à população. O eixo horizontal é o PIB per capita em 2003 (o ano mais próximo para o qual existem dados completos) avaliado em poder de compra em dólares a preços do ano 2000, enquanto o eixo vertical é a classificação média de satisfação com a vida de um país. A maioria dos países da África subsaariana está na parte inferior à esquerda; a Índia e a China são os dois grandes círculos próximos à esquerda; os países da Europa Ocidental aparecem próximos à direita; e os Estados Unidos são o grande país no topo à direita. A satisfação com a vida é maior em países com maior PIB por pessoa. Veja que a inclinação é maior entre países pobres, onde mais dinheiro e mais satisfação com a vida estão mais fortemente associados.

2. *Mas* a produção de dinheiro rapidamente atinge um ponto de retorno decrescente em satisfação com a vida.

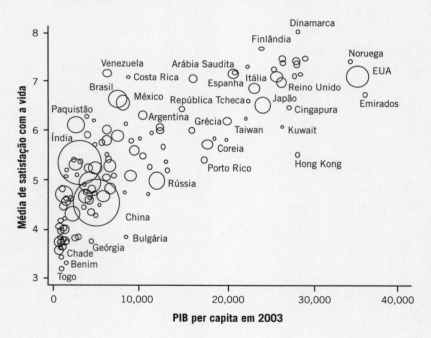

Você pode perceber isso se olhar atentamente para a figura acima, mas é bem mais óbvio quando olha dentro de uma nação e não entre nações. Abaixo da rede de segurança, aumentos em dinheiro e em satisfação com a vida andam de mãos dadas. Acima da rede de segurança, é preciso mais e mais dinheiro para produzir um incremento na felicidade. Este é o respeitável "paradoxo de Easterlin", que foi desafiado recentemente por meus jovens colegas na Penn, Justin Wolfers e Betsey Stevenson. Eles argumentam que mais e mais dinheiro o fará mais e mais feliz, e que não há nenhum ponto de saciação. Se assim for, isto teria grandes implicações para a política e para sua própria vida. Eis seu inteligente argumento: se você mudar a representação do gráfico anterior, que mostra retornos decrescentes da riqueza crescente sobre a satisfação com a vida, e transformar a renda absoluta em renda log, imagine só, a curva se transforma numa linha reta ascendente, sem fim à vista. Portanto, embora um aumento de cem dólares per capita produza duas vezes mais satisfação com a vida para as nações pobres do que para as nações ricas, uma representação logarítmica retifica essa afirmação.

Isto é apenas um malabarismo, mas é instrutivo. Num primeiro olhar, você pode deduzir de uma linha reta ascendente e sem fim que, se você quiser maximizar a satisfação com a vida, deve se esforçar para ganhar mais e mais dinheiro, independentemente da quantidade de dinheiro que já tenha. Ou, se a política pública estiver voltada para o aumento da felicidade nacional, ela deverá criar mais e mais riqueza, independentemente do quanto já é rica. O truque é que a renda log não tem nenhum significado psicológico e nenhuma implicação sobre como você (ou os governos) deve se comportar em relação à conquista de mais riqueza. Isto porque seu tempo é linear (não logarítmico) e precioso, porque tempo é dinheiro e porque você pode escolher entre usar seu precioso tempo para obter felicidade de maneiras melhores do que fazendo mais dinheiro — particularmente quando você já está acima da rede de segurança. Pense em como você passaria seu tempo no ano que vem para maximizar sua felicidade. Se sua renda for de 10 mil dólares e abrir mão de seis fins de semana no ano que vem para assumir um segundo emprego lhe der outros 10 mil dólares, sua felicidade líquida subirá drasticamente. Se sua renda for de 100 mil dólares e abrir mão de seis fins de semana no ano lhe trouxer um adicional de 10 mil dólares, seu aumento de felicidade líquida na verdade diminuirá, já que a felicidade que você perde por abrir mão de todo esse tempo com familiares, amigos e passatempos oprimirá o pequeno incremento que os 10 mil dólares adicionais (ou mesmo 50 mil dólares) trariam. A tabela a seguir mostra o quanto é fraca a noção de que a riqueza não tem limite superior sobre o preço da felicidade.

SATISFAÇÃO COM A VIDA PARA VÁRIOS GRUPOS
(Diener e Seligman, 2004)
Respostas a "Você está satisfeito com sua vida", desde concordância total (7) a discordância total (1), sendo que 4 é neutro.

Americanos mais ricos da revista *Forbes*	5,8
Os *amish* da Pensilvânia	5,8
Os inuítes (esquimós do norte da Groenlândia)	5,8
Os masai africanos	5,7
Amostra de probabilidade sueca	5,6
Amostra internacional de estudantes universitários (47 nações em 2000)	4,9
Os *amish* de Illinois	4,9
Moradores de favelas em Calcutá	4,6
Pessoas sem-teto em Fresno, Califórnia	2,9
Moradores de rua em Calcutá (sem-teto)	2,9

O quê? Os trezentos americanos mais ricos não são mais felizes do que os amish médios ou os inuítes adultos? Quanto à proposição de que a felicidade aumenta constantemente com a renda log, o que o sr. David Midgley costumava me dizer em minha aula de ciência política no ensino médio aplica-se: "Está correta. Nenhum crédito."

A medida usada em quase todos os estudos sobre renda e felicidade na verdade não é "O quanto você é feliz?", mas "O quanto você está satisfeito com sua vida?". No Capítulo 1, dissequei a segunda pergunta quando discuti o motivo pelo qual passei da teoria da felicidade à teoria do bem-estar. Sua resposta à pergunta "O quanto você está satisfeito com sua vida?" tem dois componentes: o estado transitório de humor em que você se encontra ao responder e sua avaliação mais permanente de suas circunstâncias de vida. Uma importante razão para que eu desistisse da teoria da felicidade foi que 70 por cento de variação nas respostas a esta pergunta, supostamente normatizada, tinha a ver com o humor, enquanto apenas 30 por cento tinha a ver com uma avaliação, e eu não achava que o humor transitório deveria ser o princípio e o fim da psicologia positiva. Acontece que estes dois componentes — humor e avaliação — são influenciados de modo diferente pela renda. A renda crescente aumenta a positividade da sua avaliação sobre as suas circunstâncias de vida, mas não influencia muito seu humor. Outra confirmação desta disjunção é encontrada quando se observam as mudanças nas nações ao longo do tempo. Cinquenta e duas nações possuem análises sólidas de séries cronológicas do bem-estar subjetivo (BES) desde 1981 até 2007. Fico satisfeito em dizer que em 45 delas o BES aumentou. Em seis, todas na Europa Oriental, o BES diminuiu. Muito importante: o bem-estar subjetivo foi dividido em felicidade (humor) e satisfação com a vida (avaliação), e cada um foi analisado separadamente. A satisfação com a vida aumenta principalmente com a renda, enquanto o humor aumenta principalmente com a maior tolerância na nação. Consequentemente, a conclusão de que a felicidade sobe com a renda não suportaria uma análise aprofundada: a verdade é que a sua avaliação sobre a melhoria das suas circunstâncias sobe com a renda (nenhuma surpresa aí), mas não o seu humor.

Quando a satisfação com a vida é comparada com a renda, surgem algumas anomalias muito instrutivas — anomalias que nos dão pistas sobre o que é a boa vida além da renda. A Colômbia, o México, a Guatemala e os outros países latino-americanos são muito mais felizes do que deveriam ser tendo em vista seu baixo Produto Interno Bruto. Todo o ex-bloco comunista é muito mais infeliz do que deveria ser tendo em vista seu PIB. A Dinamarca, a Suíça e a Islândia, próximas ao topo em termos de renda, são ainda mais felizes do que seu alto Produto Interno Bruto justifica. Pessoas pobres em Calcutá são muito mais felizes do que pessoas pobres em San Diego. Utah é muito mais feliz do que sua renda sugere. O que estes lugares têm em abundância que outros lugares não têm nos dá pistas sobre o que é realmente o bem-estar.

Portanto, concluo que o Produto Interno Bruto não deveria mais ser o único índice sério sobre o bom desempenho de uma nação. O que sugere esta conclusão não é apenas a alarmante divergência entre qualidade de vida e PIB. A própria política deriva do que é avaliado, e se apenas o dinheiro for avaliado, toda a política girará em torno de obter mais dinheiro. Se o bem-estar também for avaliado, a política mudará, de forma a aumentar o bem-estar. Se Ed Diener e eu tivéssemos proposto que avaliações do bem-estar substituíssem ou complementassem o PIB trinta anos atrás, os economistas teriam nos expulsado do recinto às gargalhadas. O bem-estar, teriam dito acertadamente, não pode ser avaliado, ou pelo menos não com a validade com que a renda é. Isto já não é mais verdade, e retornarei a este ponto bem no final.

A recessão financeira

No momento em que escrevo (primeiro semestre de 2010), a maior parte do mundo parece estar se recuperando de uma repentina e assustadora recessão financeira. Eu certamente fiquei assustado. Já próximo da idade de me aposentar, com uma esposa e sete filhos, minhas economias caíram 40 por cento um ano e meio atrás. O que deu errado e de quem é a culpa? Com a queda da bolsa, ouvi falar dos bodes expiatórios: ganância, falta de regulação, CEOs com salários exagerados e burros demais para compreender os derivativos criados por seus *geeks* mais novos, Bush, Cheney e Greenspan, vendas a descoberto, imediatismo, vendedores de hipotecas inescrupulosos, serviços de avaliação de títulos corruptos, e o CEO da Bear Stearns, Jimmy Cayne, que jogava bridge enquanto sua empresa ia pelo buraco. Minhas ideias sobre cada uma dessas coisas (com exceção do bridge do Jimmy) não são mais esclarecidas do que as de meus leitores. Mas dois dos supostos culpados me afetaram o suficiente para que eu quisesse comentá-los: ética abominável e excesso de otimismo.

ÉTICA VERSUS VALORES

— Nós somos os responsáveis por esta recessão, Marty. Nós demos a estes alunos a pele de cordeiro do MBA, e eles foram para Wall Street, criando esses derivativos desastrosos. Eles ganharam uma fortuna, mas sabiam que no longo prazo esses derivativos seriam ruins para suas empresas e para toda a economia nacional.

Quem disse isso foi meu amigo Yoram (Jerry) Wind.

Jerry, professor de marketing na Escola de Administração Wharton, na Penn, é um crítico sagaz da política universitária local e um crítico ainda mais sagaz das finanças internacionais.

— Os professores podem impedir que isso volte a acontecer. Não deveríamos ensinar ética como uma parte séria do currículo de administração?

Ética?

Se a análise de Jerry estiver certa e a recessão tiver sido causada por gênios matemáticos e vendedores gananciosos que lucrariam imensamente no curto prazo vendendo derivativos que eles sabiam que iriam desmoronar e queimar no longo prazo, será que cursos sobre ética ajudariam alguma coisa? Seria o problema ignorância dos princípios éticos? Creio que isso coloca um peso grande demais sobre a ética e pouco peso sobre os valores. Quando uma mãe corre para dentro de um prédio em chamas para salvar seu filho, ela não está agindo a partir de um princípio ético, e sua ação não é ética; ela corre para lá porque a vida de seu filho é muitíssimo importante para ela — porque ela se importa com seu filho. Em seu maravilhoso ensaio "The Importance of What We Care About" ["A importância das coisas com que nos preocupamos"], Harry Frankfurt, o filósofo de Princeton que também escreveu o popular artigo "On Bullshit" ["Sobre a bobagem"], argumenta que a grande pergunta não formulada da filosofia tem a ver com o que é importante para nós.

A ética e as coisas com que nos importamos não são, de modo algum, a mesma coisa. Posso ser um mestre do raciocínio ético, um mago da filosofia moral, mas se o que realmente importa para mim é fazer sexo com criancinhas, meu comportamento será desprezível. Ética são as regras que você aplica àquilo que importa para você. O que importa para você — seus valores — é mais básico do que a ética. Não há uma disciplina filosófica ligada àquilo que importa para nós, e há exatamente a mesma lacuna na psicologia. Como uma pessoa veio a se importar com o bridge, com seios, com o acúmulo de dinheiro ou com a arborização do mundo? Tenho trabalhado com esta questão durante toda a minha carreira e ainda não a compreendi suficientemente bem.

Há coisas com as quais nos importamos instintivamente: água, alimento, abrigo, sexo. Mas a maioria das coisas com que nos importamos é aprendida. Freud chamou de catexias aquelas coisas que aprendemos a valorizar: uma catexia negativa ocorre quando algum evento neutro, como ver uma cobra, ocorre junto com um trauma, como ter a mão esmagada pela porta de um carro. As cobras tornam-se abomináveis. Uma catexia positiva ocorre quando um evento previamente neutro é associado ao êxtase: um menino é masturbado por sua irmã mais velha usando os pés dela. Ele desenvolve um fetiche por pés, associado por catexia ao pé feminino, e passa a ganhar a vida satisfatoriamente como vendedor de sapatos. Gordon Allport, um dos pais do moderno estudo da personalidade, chamou este resultado de "autonomia funcional dos motivos": o fato de que os selos, antes apenas pedaços de papel colorido com valência neutra, transformam-se numa obsessão para o colecionador de selos.

Minha solução foi um condicionamento pavloviano "preparado". Ratos que ouvem um sino e ganham um alimento doce junto com um choque no pé aprendem a ter medo apenas do sino, mas continuam a adorar o sabor doce. Em contraste, quando o mesmo sino e o doce vêm acompanhados de mal-estar estomacal, eles passam a odiar o doce, mas permanecem indiferentes ao sino. Isto é chamado de efeito Garcia, numa referência a John Garcia, o psicólogo iconoclasta que o descobriu em 1964 e com isso derrubou o primeiro princípio da teoria da aprendizagem e do associacionismo britânico: de que qualquer estímulo que por acaso ocorra junto com qualquer outro estímulo será associado pela mente. Comecei a chamar o efeito Garcia de "fenômeno do molho *béarnaise*" depois que passei a odiar esse molho quando foi acompanhado por uma gastroenterite, mas continuei a adorar *Tristão e Isolda*, a ópera que estava tocando durante aquele jantar. (Meus críticos zombaram disso, dizendo que este é "o jantar mais divulgado desde a Última Ceia".) O aprendizado é biologicamente seletivo, com estímulos evolutivamente preparados — sabor e doença, mas não sino e doença —, aprendidos muito rapidamente. O condicionamento pelo medo preparado (a figura de uma aranha anteriormente neutra acompanhando um choque na mão) ocorre em uma tentativa, não se extingue prontamente quando o choque deixa de acompanhar a aranha, e desafia a racionalidade, permanecendo ativo quando os eletrodos do choque são removidos. Aprendizagem fácil, resistência à extinção e irracionalidade são as propriedades da catexia e da autonomia funcional dos motivos.

Meu raciocínio é que a aprendizagem preparada talvez não apenas se aplique à espécie (todos os macacos aprendem a temer cobras ao verem, uma única vez, um macaco mais velho com medo de cobra), mas pode ser geneticamente herdada dentro de uma família: certos medos são comuns nas famílias, e gêmeos idênticos são mais concordantes em relação à depressão — e a quase todos os traços de personalidade — do que os gêmeos fraternos. Portanto, a disposição para investir de catexias seios ou selos ou a vida mental ou a política liberal pode ser biologicamente preparada e hereditária: facilmente aprendida, difícil de ser extinta e abaixo do radar cognitivo. Esta é a minha versão dos fatos, absolutamente especulativa e incompleta, mas acredito que esteja na trilha certa e vou me agarrar a ela.

Portanto, na minha visão, se os formados no MBA de Wharton — jovens que só se importam em fazer fortuna rapidamente — frequentarem dez cursos sobre ética, o efeito será nulo. É uma questão não de ética, mas daquilo com que se importam. E um curso em valores provavelmente também não adiantaria nada, já que, de onde quer que derivem os valores, não é de aulas nem de leituras determinadas.

Minha conversa com Jerry aconteceu a caminho de uma aula; eu ia falar sobre criatividade e marketing em sua turma de MBA. Mas acontece que na semana anterior eu havia estado em West Point, dando uma aula aos cadetes. O contraste entre esses dois grupos é impressionante. Não nas notas ou em QI, e nem em suas realizações — estas são duas das universidades mais seletivas do mundo —, mas naquilo que tem importância para eles. Os valores desses dois grupos quase não se sobrepõem. Os alunos do MBA se importam em fazer dinheiro. Os cadetes de West Point estão preocupados em servir à nação. Os alunos são selecionados e selecionam-se a si mesmos a partir, principalmente, desta diferença em relação ao que eles valorizam. Se nossas escolas de administração querem evitar as consequências econômicas da ganância e do imediatismo, elas precisam selecionar seus alunos segundo um círculo moral mais amplo e a partir de um pensamento a longo prazo.

Se fosse para criar um novo curso em Wharton, ele não deveria ser sobre ética. Antes, deveria ser sobre "negócios positivos". Seu objetivo seria ampliar aquilo com que os alunos do MBA se importam. Um dos elementos do bem-estar é obter aquilo com que a pessoa se importa — realização positiva. Um curso sobre negócios positivos argumentaria que o bem-estar vem de cinco elementos positivos: emoção positiva, engajamento, realização positiva, relações positivas e sentido. Se você quiser bem-estar, você não o obterá se se importar apenas com a realização. Se quisermos que nossos alunos floresçam, devemos ensinar que a empresa positiva e os indivíduos dentro dela devem cultivar o sentido, o engajamento, as emoções positivas e as relações positivas, bem como inclinar-se para o lucro. Nesta visão, a nova premissa da empresa positiva é o lucro... mais sentido... mais emoção positiva... mais engajamento... mais relações humanas positivas.

Aqui também há uma lição para nós que nos tornamos vítimas da recessão econômica. Ao ver minhas economias minguarem dia após dia, fiquei imaginando o que aconteceria ao bem-estar de minha família se o mercado de ações caísse ainda mais. A teoria do bem-estar diz que existem cinco caminhos para o bem-estar: emoção positiva, engajamento, sentido, relacionamentos e realização. Como a minha vida nesses cinco campos seria afetada por uma situação financeira reduzida? Minha emoção positiva total certamente seria reduzida, pois boa parte dela é comprada: bons restaurantes, entradas para o teatro, massagens, um retiro ensolarado em pleno inverno e roupas bonitas para minhas filhas. Mas meu sentido e engajamento na vida permaneceriam inalterados; eles derivam do meu pertencimento e do meu serviço àquilo que considero superior a mim mesmo: no meu caso, aumentar o bem-estar do mundo por meio de meus escritos, pesquisas, liderança e ensino. Menos dinheiro não afetaria isso. Meus relacionamentos íntimos talvez até melhorassem: cozinhar juntos, ler peças em família, aprender a fazer massagens em vez de nos submeter a elas, passar noites ao redor da lareira no inverno e fazer roupas juntos. Sem esquecer a descoberta bastante comprovada de que as experiências trazem mais bem-estar do que os bens materiais com o mesmo preço. A realização não seria afetada: eu escreveria este livro mesmo que não me pagassem para fazê-lo. (Na verdade, escrevi a maior parte dele antes mesmo de revelar sua existência ao meu editor.)

Mudar de estilo de vida é difícil, mas, ao analisar a questão, concluí que meu próprio bem-estar e o de minha família efetivamente não seriam reduzidos. Um motivo pelo qual a perspectiva era tão aterrorizante para mim é que, indiretamente, eu sou um filho da Grande Depressão. Meus pais eram jovens quando ela aconteceu, e sua visão do futuro nunca foi alterada. "Martin", eles me diziam, "torne-se médico. Os médicos são sempre necessários; assim você nunca vai passar fome". Não havia uma rede de segurança na época do colapso de Wall Street de 1929; as pessoas efetivamente passaram fome, ficaram sem remédios e deixaram a escola. Minha mãe abandonou o ensino médio para sustentar os pais, e meu pai agarrou o emprego civil mais seguro que pôde encontrar, ao custo de nunca realizar seu grande potencial político. A recessão de 2008-2009, mesmo que tivesse se tornado muito pior, teria sido amortecida pela rede de segurança que toda nação rica criou desde a Grande Depressão: ninguém passaria fome, o atendimento de saúde permaneceria intacto e a educação ainda seria gratuita. Saber disso também aliviou meus temores — talvez não às quatro horas da manhã, mas nas outras horas de vigília.

OTIMISMO E ECONOMIA

Ética à parte, o outro suposto culpado pela recessão econômica sobre o qual eu sei alguma coisa é o otimismo. Danny Kahneman é um professor de Princeton e o único psicólogo que trabalha com o bem-estar que já ganhou o Prêmio Nobel. Muito suscetível ao modo como é rotulado, ele não se identifica como psicólogo positivo e me pede para não chamá-lo assim. Mas eu acho que ele é. Danny é ambivalente em relação ao otimismo. De um lado, ele não é contra o otimismo; na verdade ele o chama de "motor do capitalismo". De outro, acusa o excesso de confiança e o otimismo delirante, dizendo: "As pessoas fazem coisas que não têm o direito de fazer porque acreditam que serão bem-sucedidas." O otimismo delirante é primo de primeiro grau da "falácia do planejamento" de Kahneman, em que planejadores subestimam cronicamente os custos e superestimam os benefícios, porque ignoram as estatísticas de base para outros projetos semelhantes aos seus. Tal otimismo, ele acredita, pode ser corrigido com exercícios em que os investidores lembram sistematicamente e ensaiam realisticamente como empreendimentos semelhantes se saíram no passado. Este é um exercício análogo ao "colocando em perspectiva": o exercício que usamos para corrigir o pessimismo negativamente "delirante" no Programa de Aptidão Abrangente para Soldados.

Barbara ("Odeio a esperança") Ehrenreich, mais uma vez. Ela não é ambivalente em relação ao otimismo. Em seu capítulo "Como o pensamento positivo destruiu a economia", ela culpa o pensamento positivo pela recessão de 2008-2009. (Ela também descreve o otimismo como uma ferramenta crítica do controle social do stalinismo, mas de algum modo evita afirmar que o otimismo também foi uma ferramenta para Hitler e Jabba the Hutt.) Gurus motivacionais, como Oprah, o televangelista Joel Osteen e Tony Robbins, diz ela, estimularam o público em geral a comprar mais do que podiam pagar. *Coaches* executivos defendendo o pensamento positivo infectaram os CEOs com a ideia viral e lucrativa de que a economia ia crescer e crescer. Acadêmicos — ela me compara ao Mágico de Oz — forneceram os suportes científicos para estes mascates. Ehrenreich nos diz que o que precisamos é de realismo, e não de otimismo. Na verdade, este é o tema de todo o seu livro: o cultivo do realismo, em vez da positividade.

Este argumento é vazio.

A visão de que o colapso foi causado pelo otimismo parece 180 graus errada. Na realidade, o otimismo faz o mercado subir, e o pessimismo o faz cair. Não sou economista, mas penso que as ações (e os preços das mercadorias em geral) sobem quando as pessoas estão otimistas sobre seu valor futuro e caem quando as pessoas estão pessimistas em relação ao seu valor futuro. (É como a dieta do Bronx: se quiser perder peso, coma menos; se quiser ganhar peso, coma mais.) Não há um valor *real* de uma ação ou derivativo que independa das percepções e expectativas dos investidores. As percepções sobre o preço que este papel terá no futuro influenciam fortemente seu preço e valor.

REALIDADE REFLEXIVA E NÃO REFLEXIVA

Existem dois tipos de realidade. Uma não é influenciada pelo que os seres humanos pensam, desejam ou esperam. Há uma realidade independente quando um piloto está decidindo se deve voar durante uma tempestade. Há uma realidade independente quando você está decidindo que faculdade fazer: como será seu relacionamento com os professores, se o espaço de laboratório é adequado, se você pode pagar as mensalidades. Há a realidade da rejeição dela quando você a pede em casamento. Em todas estas situações, seus pensamentos e desejos não influenciam a realidade, e sou totalmente a favor do realismo nestas circunstâncias.

O outro tipo de realidade (George Soros, o empresário e filantropo, a chama de "realidade reflexiva") é influenciado e às vezes até determinado por expectativas e percepções. O preço de mercado é uma realidade reflexiva fortemente influenciada pela percepção e expectativa. O realismo sobre o preço de uma ação é sempre invocado após o fato. (O preço caiu, então você agora é rotulado de otimista e excessivamente confiante. O preço disparou, então você é um gênio, e eu, que vendi cedo demais, sou rotulado de pessimista e pouco confiante.) O quanto você está disposto a pagar não tem a ver apenas com uma avaliação do valor real da ação; você também está avaliando a percepção do mercado sobre o futuro valor da ação. Quando os investidores estão otimistas em relação à percepção do mercado sobre o preço futuro da ação, seu preço sobe. Quando os investidores estão muito (delirantemente) otimistas quanto às percepções do mercado sobre o preço futuro da ação, o preço dispara. Quando os investidores estão muito pessimistas em relação à percepção do mercado sobre o preço futuro de uma ação, o preço da ação ou do derivativo desmorona.

Eu me apresso a acrescentar que otimismo e pessimismo não são tudo; alguns investidores ainda estão preocupados com os fundamentos. No longo prazo, os fundamentos ancoram a variação do preço de uma ação, e o preço flutua amplamente em torno do valor dos fundamentos, mas o preço de curto prazo é fortemente influenciado pelo otimismo e pessimismo. Mas mesmo aí eu acredito que a "realidade" seja reflexiva e o valor dos fundamentos seja influenciado — mesmo que não seja determinado — pelas expectativas do mercado sobre o valor futuro dos fundamentos.

O mesmo se aplica aos derivativos (e aos bens e serviços, de modo geral). Veja o caso dos derivativos imobiliários — importantes instrumentos da recente recessão. Quando os investidores estão otimistas sobre a capacidade de um mutuário pagar seu empréstimo, o valor do financiamento sobe. Mas a capacidade do mutuário de pagar também não é uma capacidade real; também ela é uma capacidade de pagamento percebida, dependendo em grande parte da disposição do banco de executar o financiamento, do preço futuro percebido da propriedade e da taxa de juros sobre o financiamento. Quando os investidores estão pessimistas em relação ao preço futuro da propriedade, seu valor cai. O crédito fica difícil. A taxa de juros cobrada agora excede a percepção do preço que a propriedade terá se for vendida e, portanto, a disposição do banco de executar o financiamento sobe. Logo, a força motriz é a percepção dos investidores sobre o futuro preço da propriedade e a capacidade percebida de o mutuário pagar. Estas percepções são autorrealizadoras e influenciam, à moda do princípio da incerteza do físico Werner Heisenberg, a incapacidade de um mutuário pagar a dívida. Quando os investidores estão otimistas sobre o valor percebido do financiamento, o mercado imobiliário dispara.

Portanto, a afirmação de que o otimismo causou o desmoronamento é pura balela. O que acontece é o oposto. O otimismo faz as ações subirem; o pessimismo faz as ações caírem. O pessimismo viral causou o desmoronamento.

Em termos formais, o erro Ehrenreich confunde o otimismo que não influencia a realidade com o otimismo que a influencia. Minhas esperanças não têm qualquer influência sobre a possibilidade de haver um eclipse total do sol no ano que vem visível na Filadélfia. No entanto, no caso do preço futuro das ações, o otimismo e o pessimismo dos investidores influenciam fortemente o mercado.

O verdadeiro motivo da advertência de Ehrenreich para que se aceite a realidade é mais traiçoeiro do que a economia mal-interpretada. Não é apenas o fato de ela querer que as mulheres com câncer de mama aceitem a "realidade" de suas doenças, mas ela confunde otimismo e esperança com "tampar o sol com a peneira" e "negação de sentimentos compreensíveis de raiva e medo". Evitar o otimismo, entretanto, é um mau conselho médico, até potencialmente letal, porque não é improvável que o otimismo cause um resultado médico melhor por meio de um dos caminhos causais esboçados no último capítulo. O que Ehrenreich parece estar buscando é um mundo no qual o bem-estar humano derive apenas de exterioridades, como classe, guerra e dinheiro. Uma visão de mundo assim tão marxista e desintegrada deve ignorar o enorme número de realidades reflexivas, em que o que uma pessoa pensa e sente influencia o futuro. A ciência da psicologia positiva (e este livro) tem a ver inteiramente com as realidades reflexivas.

Eis mais um caso importante de realidade reflexiva que certamente influencia sua vida: a positividade com que você vê seu esposo ou sua esposa. Sandra Murray, professora na Universidade Estadual de Nova York em

Buffalo, tem conduzido um conjunto extraordinário de estudos sobre o bom casamento. Ela avalia cuidadosamente o que você pensa sobre seu cônjuge: o quanto ele é belo, bondoso, engraçado, dedicado e inteligente. Ela apresenta as mesmas perguntas sobre seu esposo a seus melhores amigos e daí extrai uma pontuação de discrepância: se a opinião que você tem de seu esposo for melhor do que a de seus amigos, a discrepância é positiva. Se você é um "realista" e vê seu esposo exatamente como seus amigos, a discrepância é zero. Se você for mais pessimista em relação a ele(a) do que seus amigos, a discrepância é negativa. A força do casamento é uma função direta da positividade da discrepância. Cônjuges com uma ilusão benigna muito forte sobre seus parceiros têm casamentos melhores. O mecanismo é que, provavelmente, seu cônjuge sabe de suas ilusões e tenta corresponder a elas. O otimismo ajuda o amor; o pessimismo o fere. Apesar de Ehrenreich, a literatura coloca a saúde diretamente na mesma situação do casamento: o pessimismo prejudica a saúde e o otimismo a promove.

Sou totalmente a favor do realismo quando há uma realidade reconhecível que não seja influenciada por suas expectativas. Quando suas expectativas influenciam a realidade, o realismo é uma droga!

51 por cento

A riqueza, como vimos, contribui substancialmente para a satisfação com a vida, mas não muito para a felicidade ou o bom humor. Ao mesmo tempo, há uma enorme disparidade entre Produto Interno Bruto — uma boa medida de riqueza — e o bem-estar. A prosperidade, na forma tradicional de quantificação, iguala-se à riqueza. Quero sugerir agora um alvo e uma forma melhor de quantificar. Ela associa riqueza e bem-estar, e chamo-a de "Nova Prosperidade".

Quando as nações são pobres, estão em guerra, afligidas por fome ou epidemias, ou em discórdia civil, é natural que suas primeiras preocupações sejam com o controle dos danos e a construção de defesas. Estas dificuldades desoladoras descrevem a maioria das nações ao longo da maior parte da história humana. Sob tais condições, o Produto Interno Bruto tem uma influência palpável no modo como as coisas vão se desenrolar.

Nos poucos casos em que as nações são ricas e estão em paz, bem alimentadas, saudáveis e em harmonia cívica, acontece algo muito diferente. Seus olhos se voltam para o alto.

Em meados do século XV, Florença, na Itália, era um farol. Ela se tornou muito rica por volta de 1450, em grande parte pela genialidade bancária dos Médici. Ela estava em paz, bem alimentada, saudável e em harmonia — pelo menos em comparação com seu passado e com o resto da Europa. Ela refletiu e discutiu o que fazer com sua riqueza. Os generais propuseram conquistas. Mas Cosme, o Velho, levou a melhor e Florença investiu seus excedentes em beleza. Ela nos deu o que duzentos anos mais tarde seria chamado de Renascença.

As nações abastadas do mundo — América do Norte, União Europeia, Japão e Austrália — estão num momento florentino: ricas, em paz, com comida suficiente e em harmonia. Como investiremos nossa riqueza? Como será nossa renascença?

Nas mãos dos pós-modernistas, a história é ensinada como "uma maldição atrás da outra". Acho que os pós-modernistas estão errados e estão fornecendo orientações ruins. Acredito que a história é o registro do progresso humano e que é preciso estar cego pela ideologia para não enxergar a realidade desse progresso. Obstinadamente, aos trancos e barrancos, o envoltório moral e econômico da história registrada está, no entanto, apontando para cima. Como filho da Grande Depressão e do Holocausto, estou bastante consciente dos terríveis obstáculos que restam. Estou consciente da fragilidade da prosperidade e dos bilhões de seres humanos que ainda não desfrutam as flores do progresso humano. Mas não se pode negar que mesmo no século XX, o mais sangrento de todos os séculos, nós derrotamos o fascismo e o comunismo, aprendemos a alimentar 6 bilhões de pessoas e criamos uma educação e um atendimento médico universais. Elevamos o poder de compra real em mais de cinco vezes. Aumentamos o tempo de vida. Começamos a controlar a poluição e a cuidar do planeta, e fizemos incursões contra a injustiça racial, sexual e étnica. A era da tirania está chegando ao fim, e a era da democracia ganhou uma raiz sólida.

Estas vitórias econômicas, militares e morais são a orgulhosa herança do século XX. Que dádiva o século XXI deixará para nossa posteridade?

Fui questionado sobre isso em relação à psicologia positiva no primeiro Congresso Mundial da Associação Internacional de Psicologia Positiva, em junho de 2009. Aproximadamente 1.500 pessoas — incluindo cientistas, *coaches*, professores, alunos, trabalhadores da área de saúde e executivos — se reuniram na Filadélfia para ouvir palestras sobre pesquisas e práticas de ponta na psicologia positiva. Na reunião do conselho, James Pawelski, diretor do programa MAPP da Penn, apresentou a seguinte pergunta:

— Podemos articular uma visão que seja tão grandiosa quanto a de John Kennedy de levar o homem à lua? Qual é o nosso tiro para a lua? Qual é a missão de longo prazo da psicologia positiva?

Nesse ponto, Felicia Huppert, diretora do Instituto de Bem-Estar da Universidade de Cambridge, se debruçou e me passou uma cópia de seu artigo para o congresso. Eu concluí o Capítulo 1 contando sobre o trabalho dela e encerrarei este livro ampliando sua promessa: Huppert e Timothy So levantaram dados sobre 43 mil adultos, uma amostra representativa de 23 nações. Eles avaliaram o florescimento, que definiram como emoção positiva elevada, e uma quantidade elevada de três dos seguintes elementos: autoestima, otimismo, resiliência, vitalidade, autodeterminação e relacionamentos positivos.

São critérios rigorosos para o florescimento. Seus três elementos principais (emoção positiva, engajamento e sentido) foram extraídos da teoria da felicidade, mas com o acréscimo dos outros elementos — sendo o dos relacionamentos positivos o mais importante — eles se aproximam dos elementos da teoria do bem-estar. Eu sugeriria o acréscimo do elemento da realização, já que meus critérios para o florescimento são: estar na faixa superior da emoção positiva, ter engajamento, sentido, relacionamentos positivos e realização positiva.

Observe que tais critérios não são meramente subjetivos. Como a avaliação do bem-estar tornou-se um esforço absolutamente respeitável na ciência social, há aqueles que, liderados por meu amigo Richard Layard, defendem que a métrica comum seja a da felicidade — estar de bom humor e avaliar a vida como satisfatória. Nós então avaliaríamos a política pela quantidade de felicidade que ela produz. Embora a métrica da felicidade seja um grande avanço em relação à avaliação do PIB e seja, efetivamente, o que a teoria da felicidade autêntica defendia, ela é inadequada.

O primeiro problema é que a felicidade é um alvo totalmente subjetivo e não possui medidas objetivas. Os relacionamentos positivos, o sentido e a realização têm componentes objetivos e subjetivos: não apenas o modo como você se sente em relação aos seus relacionamentos, mas como essas pessoas se sentem em relação a você; não apenas a sua percepção de sentido (você poderia estar iludido), mas o grau com que você efetivamente pertence e serve a algo maior do que você; não apenas o seu orgulho pelo que fez, mas se você efetivamente atingiu seus objetivos, e onde estes objetivos estão em seu impacto sobre as pessoas com quem você se importa e sobre o mundo.

O segundo problema de se usar apenas a métrica da felicidade para a política é que ela desconsidera o voto de metade do mundo — pessoas introvertidas e pouco afetivo-positivas. Os introvertidos, em média, não sentem tanta emoção positiva nem tão grande alegria quanto os extrovertidos quando fazem uma nova amizade ou passeiam por um parque. Isso significa que se fôssemos decidir se deveríamos construir um novo parque avaliando o acréscimo de felicidade que ele produziria, os introvertidos seriam menos considerados. Avaliar quanto bem-estar adicional — mais felicidade, engajamento, sentido, relacionamentos, realização — uma determinada política produzirá é não apenas mais objetivo, mas mais democrático.

Espero ver um vigoroso debate e um grande aperfeiçoamento em torno do modo de avaliar os elementos do bem-estar, de como associar medidas de riqueza e bem-estar, e do peso de critérios objetivos versus critérios subjetivos. Existem perguntas espinhosas com consequências bastante reais: por exemplo, como avaliar a disparidade de renda dentro de uma nação, como pesar engajamento versus alegria para obter uma pontuação de emoção positiva, como pesar a boa criação dos filhos, como pesar o voluntariado e como pesar o espaço verde. Nas batalhas que ocorrerão em torno do que deveria entrar em um índice de bem-estar, é importante lembrar que o bem-estar não é a única coisa que valorizamos como seres humanos. Eu não defendo, nem remotamente, que o bem-estar seja a única coisa a influenciar a política pública. Valorizamos a justiça, a democracia, a paz e a tolerância, para mencionar apenas alguns desideratos que podem ou não se correlacionar com o bem-estar. Mas o futuro pede que nós meçamos e depois criemos políticas em torno do bem-estar, e não só do dinheiro. Esta avaliação será parte de nossa dádiva à posteridade.

Mais do que apenas avaliar o florescimento, nossa dádiva será o próprio florescimento. Enfatizo os benefícios posteriores do florescimento. Boa parte deste livro tratou desses efeitos posteriores: quando as pessoas florescem, disso resulta a saúde, a produtividade e a paz. Com isso em mente, eu agora articulo a missão de longo prazo da psicologia positiva.

No ano 2051, 51 por cento das pessoas do mundo estarão florescendo.

Assim como compreendo os imensos benefícios de se alcançar esse percentual, compreendo o imenso desafio que representa. Este desafio será auxiliado, apenas um pouquinho, por psicólogos em sessões individuais de *coaching* ou terapia. Será auxiliado pela educação positiva, na qual professores embutirão os princípios do bem-estar naquilo que ensinarem, e a depressão e ansiedade de seus alunos cairão e sua felicidade aumentará. Será auxiliado pelo ensino da resiliência no exército, pelo qual o transtorno do estresse pós-traumático reduzirá, a resiliência aumentará e o crescimento pós-traumático será mais comum. Equipados com uma melhor aptidão psicológica, estes jovens soldados vão se tornar melhores cidadãos. Será auxiliado pela administração positiva, em que o objetivo do comércio não será apenas o lucro, mas também a produção de melhores relacionamentos e mais sentido. Será auxiliado pelo governo sendo avaliado pelo quanto ele aumenta não só o PIB, mas também o bem-estar dos governados. Será auxiliado também — talvez decisivamente — pela computação positiva.

Mas mesmo com a computação positiva, isso não será suficiente para alcançar 51 por cento. Mais da metade da população do mundo vive na China e na Índia. Estas duas grandes nações hoje estão obcecadas com o crescimento de seu Produto Interno Bruto, e, portanto, a importância do bem-estar também precisa criar raízes ali. O primeiríssimo congresso de psicologia positiva aconteceu na China e na Índia em agosto de 2010. Não consigo prever como a ética da produção de florescimento além de riqueza pode acontecer na Ásia, mas estou atento ao contágio: a felicidade é mais contagiosa do que a depressão, e espirais ascendentes surgirão em torno de objetivos positivos.

Friedrich Nietzsche analisou o crescimento e a história humana em três estágios. Ao primeiro ele chama de "camelo". O camelo apenas permanece parado, geme e suporta. Os primeiros quatro milênios de história registrada são o camelo. Ao segundo ele chama de "leão". O leão diz "não". "Não" à pobreza, "não" à tirania, "não" às catástrofes, "não" à ignorância. A política ocidental desde 1776, ou mesmo desde o esboço da Carta Magna em 1215, pode ser vista como uma árdua luta para se dizer "não". Inegavelmente, isso tem acontecido.

E se o leão realmente funcionasse? E se a humanidade pudesse efetivamente dizer não a todas as condições debilitantes da vida? O que aconteceria? Nietzsche nos diz que existe um terceiro estágio de desenvolvimento: o da "criança renascida". A criança pergunta: "A que devemos dizer 'sim'?" O que todo ser humano pode afirmar?

Todos nós podemos dizer "sim" a mais emoção positiva.
Todos nós podemos dizer "sim" a mais engajamento.
Todos nós podemos dizer "sim" a melhores relacionamentos.
Todos nós podemos dizer "sim" ao sentido na vida.
Todos nós podemos dizer "sim" a uma realização mais positiva.

Todos nós podemos dizer "sim" a mais bem-estar.

ANEXO:
TESTE DAS FORÇAS PESSOAIS

Agora descreverei cada uma das 24 forças. Minhas descrições serão simples e curtas, apenas o bastante para que você reconheça as forças. Para o meu objetivo do momento, quero lhe dizer apenas o suficiente para que você tenha clareza da força. Ao fim da descrição de cada uma das 24 forças, há uma escala de autoclassificação a ser preenchida. Ela consiste em duas das perguntas mais características do questionário completo encontrado no site www.authentichappiness.org. Suas respostas deverão ordenar suas forças aproximadamente do mesmo modo que o site.

Sabedoria e Conhecimento

O primeiro grupo de virtudes é o da sabedoria. Organizei os seis caminhos que levam à demonstração de saber e seu precedente necessário, o conhecimento, desde o aspecto mais básico do desenvolvimento (curiosidade) até o mais maduro (perspectiva).

1. Curiosidade / Interesse pelo mundo

A curiosidade sobre o mundo acarreta receptividade às experiências e flexibilidade em relação a questões que não se enquadram em conceitos preestabelecidos. Pessoas curiosas não se contentam em simplesmente tolerar a incerteza; gostam dela e sentem-se estimuladas por ela. A curiosidade tanto pode ser específica (apenas sobre rosas, por exemplo) como global, generalizada. A curiosidade se coloca ativamente em busca da novidade, e a absorção passiva de informações (por exemplo, as pessoas largadas no sofá clicando seu controle remoto) não representa esta força. O extremo oposto da dimensão da curiosidade é a propensão a entediar-se facilmente.

Se você não pretende responder às perguntas no site, por favor, responda as duas perguntas a seguir.

a) A afirmação "Estou sempre curioso em relação ao mundo":
   Tem tudo a ver comigo   5
   Tem a ver comigo   4
   Neutro   3
   Não tem muito a ver comigo 2
   Não tem nada a ver comigo 1

b) "Fico entediado facilmente."
   Tem tudo a ver comigo   1
   Tem a ver comigo   2
   Neutro   3
   Não tem muito a ver comigo 4
   Não tem nada a ver comigo 5

Some os pontos destes dois itens e escreva aqui. _____
Esta é sua pontuação de curiosidade.

2. *Gosto pela aprendizagem*

Você adora aprender coisas novas, seja em uma sala de aula ou como autodidata. Você sempre gostou da escola, de leitura, de museus — existe oportunidade de aprender em toda parte. Há campos do conhecimento em que você é *o* especialista? Seu conhecimento é valorizado por aqueles que fazem parte do seu círculo social ou por um círculo mais amplo? Você gosta de aprender sobre esses campos mesmo quando não há incentivos externos para isso? Os funcionários dos correios, por exemplo, conhecem os códigos de endereçamento postal, mas esse conhecimento só reflete uma força se tiver sido adquirido pelo prazer de saber.

a) A afirmação "Fico empolgado quando aprendo uma coisa nova":
   Tem tudo a ver comigo   5
   Tem a ver comigo   4
   Neutro   3

Não tem muito a ver comigo   2
Não tem nada a ver comigo   1

b) "Nunca me desvio de meu caminho para visitar um museu."
Tem tudo a ver comigo   1
Tem a ver comigo   2
Neutro   3
Não tem muito a ver comigo   4
Não tem nada a ver comigo   5

Some os pontos destes dois itens e escreva aqui. _____
Esta é sua pontuação de gosto pela aprendizagem.

3. Discernimento / Pensamento crítico / Imparcialidade

Analisar as coisas e examiná-las por todos os ângulos são aspectos importantes da sua pessoa. Você não tira conclusões precipitadas e só toma decisões baseado em evidências sólidas. Você é capaz de mudar de ideia.

Quando falo em discernimento, estou me referindo ao exercício de analisar as informações objetiva e racionalmente, em prol do seu próprio bem e dos outros. Neste sentido, o discernimento é sinônimo de pensamento crítico; está orientado para a realidade e é o oposto dos erros lógicos que afligem tantos deprimidos, como o excesso de personalização ("É sempre culpa minha") e o pensamento maniqueísta. O oposto desta força é pensar de maneira a favorecer e confirmar aquilo em que já se acredita. Esta é uma parte significativa do traço saudável de não confundir os próprios desejos e as necessidades com os fatos do mundo.

a) A afirmação "Quando o assunto exige, posso ser um pensador altamente racional":
Tem tudo a ver comigo   5
Tem a ver comigo   4
Neutro   3
Não tem muito a ver comigo   2
Não tem nada a ver comigo   1

b) "Tendo a fazer julgamentos apressados."
    Tem tudo a ver comigo   1
    Tem a ver comigo   2
    Neutro   3
    Não tem muito a ver comigo   4
    Não tem nada a ver comigo   5

Some os pontos destes dois itens e escreva aqui. _____
Esta é sua pontuação de discernimento.

4. *Engenhosidade / Originalidade / Inteligência prática / Esperteza*

Quando diante de algo que deseja, você tem uma capacidade notável de encontrar um comportamento diferente, porém adequado, para atingir aquele objetivo. Você raramente se contenta em fazer as coisas da maneira convencional. Esta categoria de força inclui o que as pessoas chamam de criatividade, mas eu não a limito às experiências tradicionais no ramo das artes. Esta força também é chamada de "inteligência prática" ou, mais comumente, de bom-senso. Mais comumente ainda, de esperteza.

a) "Gosto de pensar em maneiras novas de fazer as coisas."
    Tem tudo a ver comigo   5
    Tem a ver comigo   4
    Neutro   3
    Não tem muito a ver comigo   2
    Não tem nada a ver comigo   1

b) "A maioria de meus amigos é mais imaginativa do que eu."
    Tem tudo a ver comigo   1
    Tem a ver comigo   2
    Neutro   3
    Não tem muito a ver comigo   4
    Não tem nada a ver comigo   5

Some os pontos destes dois itens e escreva aqui. _____
Esta é sua pontuação de engenhosidade.

5. Inteligência social / Inteligência pessoal / Inteligência emocional

Inteligência social e pessoal é o conhecimento que se tem de si e dos outros. Você tem consciência das motivações e dos sentimentos alheios, e responde bem a eles. Inteligência social é a capacidade de perceber as diferenças entre as pessoas, especialmente seu estado de espírito, temperamento, suas motivações e intenções, e então agir a partir dessas distinções. Esta força não deve ser confundida com introspecção ou atenção voltada para aspectos psicológicos; ela surge em ações de habilidade social.

A inteligência pessoal consiste em uma sintonia precisa com os próprios sentimentos e a capacidade de usá-la para compreender e orientar seu comportamento. Daniel Goleman juntou essas duas inteligências no que chamou de "inteligência emocional". Esse conjunto de forças é fundamental para outras forças, como a bondade e a liderança.

Outro aspecto desta força é a identificação de nichos: colocar-se em situações que maximizem os próprios interesses e habilidades. Você escolheu seu trabalho, suas relações íntimas e seu lazer de modo a colocar em prática suas maiores capacidades (todos os dias, se possível)? Você é pago para fazer aquilo em que é melhor? O Instituto Gallup descobriu que os trabalhadores mais satisfeitos respondem imediata e afirmativamente à pergunta: "Seu trabalho permite que você dê o melhor de si todos os dias?" Pense em Michael Jordan, o jogador de beisebol medíocre que encontrou seu nicho no basquete. Para encontrar seu nicho, você precisa ser capaz de identificar aquilo que faz melhor, sejam estas coisas forças e virtudes, de um lado, ou talentos e habilidades, do outro.

a) "Qualquer que seja a situação social, eu me sinto à vontade."
    Tem tudo a ver comigo   5
    Tem a ver comigo   4
    Neutro   3
    Não tem muito a ver comigo   2
    Não tem nada a ver comigo   1

b) "Não tenho muita facilidade para perceber o que os outros estão sentindo."
    Tem tudo a ver comigo   1
    Tem a ver comigo   2

Neutro	3
Não tem muito a ver comigo	4
Não tem nada a ver comigo	5

Some os pontos destes dois itens e escreva aqui. _____
Esta é sua pontuação de inteligência social.

6. Perspectiva
Uso esta classificação para descrever a força mais madura da categoria: a sabedoria. Outras pessoas recorrem à sua experiência para que você as ajude a resolver problemas e colocá-los em perspectiva. Você tem uma maneira de enxergar o mundo que faz sentido para os outros e para si mesmo. As pessoas sábias são especialistas no que há de mais importante e complicado na vida.

a) "Eu sempre consigo olhar as coisas e ver o panorama geral."

Tem tudo a ver comigo	5
Tem a ver comigo	4
Neutro	3
Não tem muito a ver comigo	2
Não tem nada a ver comigo	1

b) "As pessoas raramente vêm me pedir conselhos."

Tem tudo a ver comigo	1
Tem a ver comigo	2
Neutro	3
Não tem muito a ver comigo	4
Não tem nada a ver comigo	5

Some os pontos destes dois itens e escreva aqui. _____
Esta é sua pontuação de perspectiva.

Coragem

As forças que formam a coragem refletem o exercício atento da vontade de alcançar objetivos dignos diante da forte adversidade. Esta virtude é admirada universalmente, e toda cultura tem heróis que a exemplificam.

Eu incluo a valentia, a perseverança e a integridade como três caminhos ubíquos que levam a esta virtude.

7. Bravura e Valentia

Você não recua diante de ameaças, desafios, dores ou dificuldades. A valentia vai além da bravura diante de um incêndio e se expressa nas situações em que o bem-estar físico é ameaçado. Refere-se também a posturas intelectuais ou emocionais que são impopulares, difíceis ou perigosas. Ao longo dos anos, os pesquisadores estabeleceram a distinção entre valentia moral e valentia física ou bravura. Outra maneira de analisar a valentia é com base na presença ou ausência de medo.

A pessoa dotada de bravura consegue separar os componentes emocionais e comportamentais do medo, resistindo à resposta de fuga e enfrentando a situação assustadora, apesar do desconforto produzido pelas reações subjetivas e físicas. Destemor, ousadia e arrojo não são valentia; o que caracteriza a valentia é enfrentar o perigo apesar do medo.

A noção de valentia se ampliou ao longo da história, extrapolando o campo de batalha e a coragem física, e passando a incluir a coragem moral e psicológica. Coragem moral é assumir uma posição que você sabe ser impopular e que provavelmente lhe trará problemas. Ao se sentar no banco da frente de um ônibus no Alabama, em 1955, a costureira negra Rosa Parks foi um exemplo para os Estados Unidos. A denúncia de atos ilegais do governo ou de empresas é outro exemplo. A coragem psicológica inclui a postura estoica, até positiva, necessária para enfrentar provações sérias e doenças persistentes, sem perder a dignidade.

a) "Tenho frequentemente assumido posturas pessoais que enfrentam forte oposição."
   Tem tudo a ver comigo   5
   Tem a ver comigo   4
   Neutro   3
   Não tem muito a ver comigo 2
   Não tem nada a ver comigo 1

b) "A dor e o desapontamento frequentemente me desanimam."
   Tem tudo a ver comigo   1
   Tem a ver comigo   2

Neutro	3
Não tem muito a ver comigo	4
Não tem nada a ver comigo	5

Some os pontos destes dois itens e escreva aqui. _____
Esta é sua pontuação de valentia.

8. Perseverança / Dinamismo / Diligência

A pessoa diligente termina o que começa. Assume projetos difíceis e os leva até o fim, sempre com bom humor e o mínimo de reclamação. Faz o que diz que vai fazer e às vezes até mais; mas nunca menos. Ao mesmo tempo, perseverança não significa perseguir obsessivamente metas inatingíveis. A pessoa verdadeiramente dinâmica é flexível, realista e não é perfeccionista. A ambição tem aspectos positivos e negativos, mas seus aspectos desejáveis pertencem a esta categoria de força.

a) "Eu sempre termino o que começo."

Tem tudo a ver comigo	5
Tem a ver comigo	4
Neutro	3
Não tem muito a ver comigo	2
Não tem nada a ver comigo	1

b) "Eu sempre me distraio quando trabalho."

Tem tudo a ver comigo	1
Tem a ver comigo	2
Neutro	3
Não tem muito a ver comigo	4
Não tem nada a ver comigo	5

Some os pontos destes dois itens e escreva aqui. _____
Esta é sua pontuação de perseverança.

9. *Integridade / Autenticidade / Honestidade*

O indivíduo honesto não apenas diz a verdade, mas vive de maneira genuína e autêntica, é prático e sem fingimento; é "uma pessoa verdadeira". Quando falo em integridade e autenticidade, estou me referindo a mais que simplesmente falar a verdade. Refiro-me a você apresentar-se — suas intenções e seus compromissos — aos outros e a si mesmo de uma forma sincera, seja por meio de palavras ou ações: "Sê verdadeiro contigo mesmo [...] e não serás falso com nenhum outro homem" (William Shakespeare).

a) "Sempre cumpro as promessas que faço."
Tem tudo a ver comigo 5
Tem a ver comigo 4
Neutro 3
Não tem muito a ver comigo 2
Não tem nada a ver comigo 1

b) "Meus amigos nunca dizem que sou prático ou honesto."
Tem tudo a ver comigo 1
Tem a ver comigo 2
Neutro 3
Não tem muito a ver comigo 4
Não tem nada a ver comigo 5

Some os pontos destes dois itens e escreva aqui. _____
Esta é sua pontuação de integridade.

Humanidade e Amor

Estas forças aparecem na interação social positiva com amigos, conhecidos, familiares e até estranhos.

10. *Bondade e Generosidade*

Você é bom e generoso, e nunca está ocupado demais para prestar um favor. Você gosta de praticar boas ações aos outros, ainda que não os conheça bem. Com que frequência você leva os interesses de outro ser humano tão a sério quanto leva os seus? Todos os traços desta categoria carregam em si o reconhecimento do valor dos outros. A categoria "bondade" inclui várias maneiras de se relacionar. Esse relacionamento está voltado para os melhores interesses do outro, às vezes superando os próprios desejos e necessidades imediatas. Você assume a responsabilidade por alguém — parentes, amigos, colegas de trabalho ou até mesmo estranhos? Empatia e simpatia são componentes úteis desta força. Shelly Taylor, professora de psicologia na UCLA, ao descrever a reação masculina à adversidade como "luta e fuga", separou esta categoria como a reação feminina à ameaça e chamou-a de "proteção e ajuda".

a) "Ajudei voluntariamente um vizinho no mês passado."

Tem tudo a ver comigo	5
Tem a ver comigo	4
Neutro	3
Não tem muito a ver comigo	2
Não tem nada a ver comigo	1

b) "Eu raramente me interesso pela sorte dos outros tanto quanto pela minha."

Tem tudo a ver comigo	1
Tem a ver comigo	2
Neutro	3
Não tem muito a ver comigo	4
Não tem nada a ver comigo	5

Some os pontos destes dois itens e escreva aqui. _____
Esta é sua pontuação de bondade.

11. Amor e Capacidade de ser amado

Você valoriza os relacionamentos próximos e íntimos. As pessoas por quem você nutre sentimentos profundos e duradouros retribuem esses sentimentos? Caso isso aconteça, é sinal de que esta força está em evidência em você. Ela vai além da noção ocidental de romance. (É fascinante que os casamentos arranjados nas culturas tradicionais deem mais certo que os casamentos românticos do Ocidente.) Também desaprovo a abordagem "mais é melhor" para a intimidade. Intimidade nenhuma é ruim, mas quando passa de certo ponto, gera resistência.

Entre os homens, principalmente, é mais comum amar do que se sentir à vontade recebendo amor — pelo menos em nossa cultura. George Vaillant é o responsável por um estudo das vidas dos homens formados em Harvard nas turmas de 1939 a 1944. Eles estão hoje na casa dos oitenta anos e George os entrevista a cada cinco anos. Em sua última rodada de entrevistas, um médico aposentado conduziu George a seu escritório para mostrar uma coleção de cartas de agradecimento que tinha recebido de seus pacientes por ocasião da aposentadoria, cinco anos antes.

— Sabe, George — disse ele com lágrimas correndo pela face —, eu não as li.

Este homem tinha passado a vida distribuindo amor, mas era incapaz de recebê-lo.

a) "Tenho pessoas em minha vida que se importam tanto com meus sentimentos e bem-estar quanto com os delas próprias."

Tem tudo a ver comigo	5
Tem a ver comigo	4
Neutro	3
Não tem muito a ver comigo	2
Não tem nada a ver comigo	1

b) "Tenho dificuldade em aceitar o amor que me oferecem."

Tem tudo a ver comigo	1
Tem a ver comigo	2
Neutro	3
Não tem muito a ver comigo	4
Não tem nada a ver comigo	5

Some os pontos destes dois itens e escreva aqui. _____
Esta é sua pontuação de amor e capacidade de ser amado.

Justiça

Estas forças se mostram em atividades cívicas. Vão além dos relacionamentos individuais, alcançando a relação com grupos maiores — família, comunidade, país, mundo.

12. Cidadania / Dever / Espírito de equipe / Lealdade

Você se destaca como membro de um grupo. É um membro leal e dedicado numa equipe, sempre faz a sua parte e se esforça pelo sucesso do grupo. Este conjunto de forças reflete quão bem você trabalha em grupo. Você participa do trabalho? Valoriza as metas e os propósitos do grupo, mesmo quando são diferentes dos seus? Você respeita aqueles que ocupam legalmente posições de autoridade, como professores ou treinadores? Você funde a sua identidade com a do grupo? Esta força não significa obediência cega e automática, mas, ao mesmo tempo, quero incluir o respeito pela autoridade, uma força rara que muitos pais gostariam de ver desenvolvida em seus filhos.

a) "Trabalho melhor quando faço parte de um grupo."

Tem tudo a ver comigo	5
Tem a ver comigo	4
Neutro	3
Não tem muito a ver comigo	2
Não tem nada a ver comigo	1

b) "Hesito em sacrificar meus interesses em benefício dos grupos de que participo."

Tem tudo a ver comigo	1
Tem a ver comigo	2
Neutro	3
Não tem muito a ver comigo	4
Não tem nada a ver comigo	5

Some os pontos destes dois itens e escreva aqui. _____
Esta é sua pontuação de cidadania.

13. Imparcialidade e Equidade

Você não deixa que seus sentimentos pessoais influenciem suas decisões sobre outras pessoas. Para você, todo mundo merece uma chance. Suas ações do dia a dia são guiadas por princípios elevados de moralidade? Você leva tão a sério o bem-estar de outras pessoas, inclusive aquelas que nem conhece, quanto leva o seu? Você acredita que casos similares devem ser tratados de modo similar? Você consegue deixar de lado seus preconceitos pessoais?

a) "Trato todas as pessoas da mesma forma, independentemente de quem possam ser."

Tem tudo a ver comigo	5
Tem a ver comigo	4
Neutro	3
Não tem muito a ver comigo	2
Não tem nada a ver comigo	1

b) "Se eu gosto de uma pessoa, tenho dificuldade em tratá-la com imparcialidade."

Tem tudo a ver comigo	1
Tem a ver comigo	2
Neutro	3
Não tem muito a ver comigo	4
Não tem nada a ver comigo	5

Some os pontos destes dois itens e escreva aqui. _____
Esta é sua pontuação de imparcialidade.

14. Liderança

Você se sai bem organizando atividades e cuidando para que as coisas aconteçam. O líder que age com humanidade é, em primeiro lugar, eficiente, garantindo que o trabalho seja feito e que os participantes mantenham boas relações. O líder eficiente é ainda mais humano quando administra as relações internas do grupo "sem ressentimentos; com benevolência; com firmeza e justiça". Por exemplo, um líder nacional, quando humano, perdoa os inimigos e os inclui no mesmo amplo círculo moral de que fazem parte seus seguidores. O líder humano sente-se livre do peso da história, reconhece a responsabilidade pelos próprios erros e é pacífico. (Compare Nelson Mandela com Slobodan Milosevic.) Todas as características de uma liderança humana em nível global têm correspondentes entre líderes de outros setores: comandantes militares, CEOs, presidentes de sindicato, chefes de polícia, diretores de escola, chefes de grupos de escoteiros e até presidentes de grêmios estudantis.

a) "Sempre consigo fazer com que as pessoas trabalhem juntas sem precisar insistir com elas."

Tem tudo a ver comigo	5
Tem a ver comigo	4
Neutro	3
Não tem muito a ver comigo	2
Não tem nada a ver comigo	1

b) "Não me saio muito bem planejando atividades de grupo."

Tem tudo a ver comigo	1
Tem a ver comigo	2
Neutro	3
Não tem muito a ver comigo	4
Não tem nada a ver comigo	5

Some os pontos destes dois itens e escreva aqui. _____
Esta é sua pontuação de liderança.

Temperança

Sendo uma virtude essencial, a temperança refere-se a uma expressão apropriada e sóbria de apetites e desejos. A pessoa moderada não reprime suas vontades, mas espera pela oportunidade de satisfazê-las, de modo a não prejudicar a si nem aos outros.

15. Autocontrole

Você tem facilidade para controlar seus desejos, suas necessidades e seus impulsos quando apropriado. Não basta saber o que é correto: é preciso ser capaz de colocar este conhecimento em prática. Diante de um acontecimento negativo, você consegue conter as emoções? É capaz de corrigir e neutralizar sentimentos negativos? Consegue manter o ânimo, mesmo em situações difíceis?

    a) "Eu controlo minhas emoções."
        Tem tudo a ver comigo   5
        Tem a ver comigo   4
        Neutro   3
        Não tem muito a ver comigo 2
        Não tem nada a ver comigo   1

    b) "Raramente consigo manter uma dieta."
        Tem tudo a ver comigo   1
        Tem a ver comigo   2
        Neutro   3
        Não tem muito a ver comigo 4
        Não tem nada a ver comigo   5

Some os pontos destes dois itens e escreva aqui. _____
Esta é sua pontuação de autocontrole.

16. *Prudência / Discrição / Cuidado*

Você é uma pessoa cuidadosa. Não diz nem faz coisas de que possa se arrepender mais tarde. Ter prudência é esperar por todas as informações necessárias antes de agir. Indivíduos prudentes são cautelosos e ponderados. Resistem bem ao impulso de perseguir uma meta no curto prazo, preferindo o sucesso no longo prazo. O cuidado é uma força que os pais desejam ver em seus filhos, especialmente em um mundo cheio de perigos. ("Não vá se machucar", seja no parquinho, no carro, na festa, no amor ou na escolha da profissão.)

    a) "Evito atividades fisicamente perigosas."
        Tem tudo a ver comigo   5
        Tem a ver comigo   4
        Neutro   3
        Não tem muito a ver comigo 2
        Não tem nada a ver comigo   1

b) "Às vezes escolho mal as amizades e os relacionamentos."

    Tem tudo a ver comigo   1
    Tem a ver comigo   2
    Neutro   3
    Não tem muito a ver comigo   4
    Não tem nada a ver comigo   5

Some os pontos destes dois itens e escreva aqui. _____
Esta é sua pontuação de prudência.

17. *Humildade e Modéstia*

Você não procura estar em evidência, deixando que suas realizações falem por si. Você não se considera especial, e os outros reconhecem e valorizam sua modéstia. Você é uma pessoa despretensiosa. Pessoas humildes não veem grande importância em suas aspirações pessoais, vitórias e derrotas, acreditando que não exercem muita influência sobre a grande trama dos acontecimentos. A modéstia que vem dessas crenças não é somente uma fachada; é, antes, uma janela voltada para o seu modo de ser.

a) "Quando as pessoas me elogiam, eu mudo de assunto."

    Tem tudo a ver comigo   5
    Tem a ver comigo   4
    Neutro   3
    Não tem muito a ver comigo   2
    Não tem nada a ver comigo   1

b) "Falo com frequência sobre minhas realizações."

    Tem tudo a ver comigo   1
    Tem a ver comigo   2
    Neutro   3
    Não tem muito a ver comigo   4
    Não tem nada a ver comigo   5

Some os pontos destes dois itens e escreva aqui. _____
Esta é sua pontuação de humildade.

Transcendência

Emprego o termo "transcendência" para o grupo final de forças. Este não é um termo popular ao longo da história — costuma-se preferir a designação "espiritualidade" —, mas eu queria evitar confusão entre uma das forças específicas, a espiritualidade, e as outras forças não religiosas que fazem parte deste grupo, como o entusiasmo e a gratidão. Quando falo em transcendência, estou me referindo a forças emocionais que saem de você, estabelecendo conexão com algo maior e mais duradouro: outras pessoas, o futuro, a evolução, o divino ou o universo.

18. Apreciação da beleza e da excelência

Você para e sente o perfume das rosas. Aprecia a beleza, a excelência e a habilidade em todos os setores: na natureza e na arte, na matemática e na ciência, e em todos os momentos da vida diária. A apreciação da beleza na arte, na natureza ou apenas na vida é um ingrediente da boa vida. Quando intensa, vem acompanhada de espanto e admiração. O virtuosismo no esporte, os atos de virtude ou de beleza moral despertam em você uma emoção semelhante de elevação.

a) "No mês passado, me emocionei com a excelência da música, da arte, de um filme, de um esporte, da ciência ou da matemática."

Tem tudo a ver comigo	5
Tem a ver comigo	4
Neutro	3
Não tem muito a ver comigo	2
Não tem nada a ver comigo	1

b) "Não criei nada de belo no ano passado."

Tem tudo a ver comigo	1
Tem a ver comigo	2
Neutro	3
Não tem muito a ver comigo	4
Não tem nada a ver comigo	5

Some os pontos destes dois itens e escreva aqui. _____
Esta é sua pontuação de apreciação da beleza.

19. Gratidão

Você tem consciência das coisas boas que lhe acontecem e nunca as considera comuns. Você sempre encontra uma oportunidade de expressar seu agradecimento. Gratidão é a apreciação da excelência do caráter moral de alguém. Enquanto emoção, a gratidão é admiração, agradecimento e apreciação pela própria vida. Somos gratos quando alguém nos faz o bem, mas também podemos sentir uma gratidão generalizada por boas ações e boas pessoas ("A vida é maravilhosa porque você existe", como Elton John cantou, certa vez). Também é possível que nossa gratidão tenha causas não humanas e impessoais — Deus, a natureza, os animais —, mas ela não pode se voltar para a própria pessoa. Na dúvida, lembre-se de que a palavra vem do latim *gratia*, que quer dizer graça.

a) "Eu sempre agradeço, mesmo pelas menores coisas."
   - Tem tudo a ver comigo — 5
   - Tem a ver comigo — 4
   - Neutro — 3
   - Não tem muito a ver comigo — 2
   - Não tem nada a ver comigo — 1

b) "Eu raramente penso nas dádivas que recebo."
   - Tem tudo a ver comigo — 1
   - Tem a ver comigo — 2
   - Neutro — 3
   - Não tem muito a ver comigo — 4
   - Não tem nada a ver comigo — 5

Some os pontos destes dois itens e escreva aqui. _____
Esta é sua pontuação de gratidão.

20. Esperança / Otimismo / Responsabilidade com o futuro

Você espera o melhor do futuro; planeja e trabalha para que seja assim. Esperança, otimismo e responsabilidade para com o futuro são uma família de forças que representam uma postura positiva em relação ao que está por vir. Esperar por bons eventos, sentindo que ocorrerão como resultado de um esforço, e fazer planos para o futuro garantem o bom ânimo aqui e agora, e estimulam uma vida direcionada para objetivos.

    a) "Sempre vejo o lado bom das coisas."
        Tem tudo a ver comigo   5
        Tem a ver comigo   4
        Neutro   3
        Não tem muito a ver comigo 2
        Não tem nada a ver comigo   1

    b) "Raramente planejo com cuidado o que vou fazer."
        Tem tudo a ver comigo   1
        Tem a ver comigo   2
        Neutro   3
        Não tem muito a ver comigo 4
        Não tem nada a ver comigo   5

Some os pontos destes dois itens e escreva aqui. _____
Esta é sua pontuação de otimismo.

21. *Espiritualidade / Senso de propósito / Fé / Religiosidade*

Você tem crenças sólidas e coerentes acerca do propósito maior e do sentido do universo. Você sabe onde se encaixa no esquema maior das coisas. Para você, as crenças dão forma às ações e são fonte de conforto. Após meio século de negligência, os psicólogos estão novamente estudando a espiritualidade e a religiosidade a sério, pois já não podem ignorar sua importância para as pessoas de fé. Você tem uma filosofia de vida articulada, religiosa ou não, que o situe no universo? Para você, o significado da vida está na ligação com algo maior que você mesmo?

    a) "Minha vida tem um firme propósito."
        Tem tudo a ver comigo   5
        Tem a ver comigo   4
        Neutro   3
        Não tem muito a ver comigo 2
        Não tem nada a ver comigo   1

b) "Não tenho uma vocação espiritual na vida."
    Tem tudo a ver comigo   1
    Tem a ver comigo   2
    Neutro   3
    Não tem muito a ver comigo   4
    Não tem nada a ver comigo   5

Some os pontos destes dois itens e escreva aqui. _____
Esta é sua pontuação de espiritualidade.

22. Perdão e Misericórdia

Você perdoa os que lhe fizeram mal. Sempre dá uma segunda chance. Seu princípio orientador é a misericórdia, não a vingança. O perdão representa uma série de mudanças benéficas que ocorrem dentro de um indivíduo que foi ofendido ou magoado. Com o perdão, as tendências ou motivações básicas em relação ao transgressor tornam-se mais positivas (benevolentes, afáveis ou generosas) e menos negativas (vingativas ou separadoras). É útil distinguir entre a clemência, que é uma prontidão ou predisposição para perdoar, e o perdão, que pode ser considerado um conjunto de mudanças em relação a um transgressor e uma transgressão específicos.

a) "Eu acredito que o que passou passou."
    Tem tudo a ver comigo   5
    Tem a ver comigo   4
    Neutro   3
    Não tem muito a ver comigo   2
    Não tem nada a ver comigo   1

b) "Sempre procuro o empate ou o ajuste de contas."
    Tem tudo a ver comigo   1
    Tem a ver comigo   2
    Neutro   3
    Não tem muito a ver comigo   4
    Não tem nada a ver comigo   5

Some os pontos destes dois itens e escreva aqui. _____
Esta é sua pontuação de perdão.

23. Bom humor e Graça

Você gosta de rir e de fazer os outros rirem. Consegue facilmente ver o lado alegre da vida. Até aqui, nossa lista de forças parece seriamente virtuosa: bondade, espiritualidade, coragem, habilidade e assim por diante. As duas últimas, porém, são as mais divertidas. Você tem bom humor? É engraçado?

a) "Sempre que posso, misturo trabalho e prazer."
    Tem tudo a ver comigo   5
    Tem a ver comigo   4
    Neutro   3
    Não tem muito a ver comigo   2
    Não tem nada a ver comigo   1

b) "Raramente digo coisas engraçadas."
    Tem tudo a ver comigo   1
    Tem a ver comigo   2
    Neutro   3
    Não tem muito a ver comigo   4
    Não tem nada a ver comigo   5

Some os pontos destes dois itens e escreva aqui. _____
Esta é sua pontuação de humor.

24. Animação / Paixão / Entusiasmo

Você é uma pessoa espirituosa. Você se atira de corpo e alma nas atividades que assume? Acorda de manhã animado com o dia à sua frente? A paixão que você dedica às suas atividades é contagiosa? Você se sente inspirado?

a) "Eu me atiro em tudo que faço."
    Tem tudo a ver comigo   5
    Tem a ver comigo   4
    Neutro   3
    Não tem muito a ver comigo   2
    Não tem nada a ver comigo   1

b) "Eu me aborreço um bocado."
   Tem tudo a ver comigo   1
   Tem a ver comigo   2
   Neutro   3
   Não tem muito a ver comigo   4
   Não tem nada a ver comigo   5

Some os pontos destes dois itens e escreva aqui. _____
Esta é sua pontuação de entusiasmo.

Resumo

Neste ponto, você já tem sua pontuação, bem como seu significado e as normas do site, ou terá pontuado cada uma das 24 forças no próprio livro. Se não estiver usando o site, anote a seguir sua contagem de pontos para cada uma das forças e depois ordene do mais alto para o mais baixo.

Sabedoria e Conhecimento

1. Curiosidade _____
2. Gosto pela aprendizagem _____
3. Discernimento _____
4. Engenhosidade_____
5. Inteligência social _____
6. Perspectiva _____

Coragem

7. Bravura _____
8. Perseverança_____
9. Integridade_____

Humanidade e Amor

10. Bondade_____
11. Amor _____

Justiça
12. Cidadania_____
13. Imparcialidade_____
14. Liderança_____

Temperança
15. Autocontrole_____
16. Prudência_____
17. Humildade_____

Transcendência
18. Apreciação da beleza_____
19. Gratidão_____
20. Esperança_____
21. Espiritualidade_____
22. Perdão_____
23. Bom humor_____
24. Animação_____

Provavelmente, você terá cinco ou menos pontuações de 9 ou 10, e estas são suas maiores forças, pelo menos de acordo com o que você respondeu. Faça um círculo em volta desses números. Você também terá várias pontuações baixas, entre 4 (ou menos) e 6, e estas são as suas fraquezas.

AGRADECIMENTOS

Este livro começou porque fazia um dia quente demais para sair. Estávamos os sete na ilha grega de Santorini, em julho de 2009, e o termômetro marcava 43 graus. Mandy e as cinco crianças saíam todas as manhãs para passear. Eu ficava no quarto com ar condicionado procurando o que fazer. Não pretendia escrever um livro, mas eu vinha ao longo de uma década aprimorando minhas ideias sobre o que é a felicidade e tinha me envolvido em oito grandes projetos brotados da psicologia positiva. E tudo convergia para um único ponto: 51 — que no ano de 2051, 51 por cento da população mundial estará florescendo. Portanto, comecei a colocar tudo isso no papel, para ver se tudo o que essa década de trabalho tinha forjado se sustentava. O primeiro capítulo simplesmente fluiu de dentro de mim.

— Não tenho um público em mente — eu disse a Mandy.

— Apenas escreva para si mesmo — ela respondeu, saindo para a praia.

O primeiro capítulo ficou pronto dentro de uma semana, e os oito projetos começaram a se coordenar em capítulos: O que é bem-estar; Depressão, prevenção e terapia; Mestrado em psicologia positiva aplicada; Educação positiva; Programa de Aptidão Abrangente para Soldados; Realização e inteligência; Saúde positiva; 51.

Eis como eu organizo os meus agradecimentos e reconhecimentos.

Minha dívida para com algumas pessoas é grande, e a inspiração que elas me deram permeia todo o livro: Robert Nozick, Peter Madison, Byron Campbell, Ernie Steck, Bob Olcott, a senhorita Eldred (não consegui encontrar seu primeiro nome nos Arquivos da Escola Pública 16 de Albany,

Nova York), Richard Solomon e Paul Rozin prepararam o cenário para a psicologia positiva há muito tempo, quando, ainda jovem, tive a felicidade de tê-los como professores. Hans Eysenck, Ray Fowler, Mike Csikszentmihalyi, Steve Maier, Jack Rachman, Chris Peterson, Ed Diener, Richard Layard, Aaron Beck, Albert Stunkard e Barry Schwartz têm sido meus mentores posteriormente na vida. Posso sentir sua influência em cada capítulo.

Marie Forgeard, uma aluna digna de um prêmio, fez um trabalho excelente nas notas finais e uma leitura detalhada do manuscrito inteiro. Agradeço especialmente a ela.

O capítulo de abertura sobre a teoria do bem-estar e a chamada para o 51, que é o último capítulo e o sentido de tudo, têm uma dívida para com Eranda Jayawickreme, Corey Keyes, Richard Layard, Martha Nussbaum, Dan Chirot, Senia Maymin, Denise Clegg, Philip Streit, Danny Kahneman, Barbara Ehrenreich (a total discordância não anula a gratidão), Felicia Huppert, Paul Monaco, o Dalai Lama, Doug North, Timothy So, Ilona Boniwell, James Pawelski, Antonella Della Fave, Geoff Mulgan, Anthony Seldon, Jon Haidt, Don Clifton, Dan Gilbert, Robert Biswas-Diener, Jerry Wind, Tomas Sanders, Linda Stone e Yukun Zhao. Judith Ann Gebhardt concebeu o acrônimo PERMA, que pode vir a sobreviver a boa parte do restante da psicologia positiva.

O capítulo sobre medicamentos, psicoterapia e prevenção tem uma dívida particular para com Tayyab Rashid, Acacia Parks, Tom Insel, Rob DeRubeis, Steve Schueller, Afroze Rashid, Steve Hollon, Judy Garber, Karen Reivich e Jane Gillham.

O capítulo sobre o mestrado em psicologia positiva aplicada não teria sido possível sem os esforços de James Pawelski, Debbie Swick e os 150 mestrandos do MAPP. Meus agradecimentos especiais a Derrick Carpenter, Caroline Adams Miller, Shawna Mitchell, Angus Skinner, Yakov Smirnoff, David Cooperrider, Michelle McQuaid, Bobby Dauman, Dave Shearon, Gail Schneider, Aren Cohen, Pete Worrell, Carl Fleming, Jan Stanley, Yasmin Headley (que emblematicamente vendeu seu Mercedes para pagar o custo da instrução), Aaron Boczowski, Marie-Josee Salvas, Elaine O'Brien, Dan Bowling, Kirsten Cronlund, Tom Rath, Reb Rebele, Leona Brandwene, Gretchen Pisano e Denise Quinlain.

O capítulo sobre a educação positiva tem uma enorme dívida para com Karen Reivich, Stephen Meek, Charlie Scudamore, Richard Layard, Mark Linkins, Randy Ernst, Matthew White e os alunos, equipe administrativa e professores da Escola de Geelong. Agradeço também a Amy Walker, Justin Robinson, Elaine Pearson, Joy e Philip Freier, Ben Dean, Sandy MacKinnon, Hugh Kempster, David Levin, Doug North, Ellen Cole, Dominic Randolph, Jonathan Sachs, J. J. Cutuli, Trent Barry, Rosie Barry, Matt Handbury, Tony Strazerra, Debbie Cling, John Hendry, Lisa Paul, Frank Mosca, Roy Baumeister, Barbara Fredrickson, Diane Tice, Jon Ashton, Kate Hayes, Judy Saltzberg e Adele Diamond.

"Forte como um exército" não teria acontecido sem Rhonda Cornum (minha heroína), Karen Reivich, George Casey e Darryl Williams. Também agradeço a Paul Lester, Sharon McBride, Jeff Short, Richard Gonzales, Stanley Johnson, Lee Bohlen, Breon Michel, Dave Szybist, Valorie Burton, Katie Curran, Sean Doyle, Gabe Paoletti, Gloria Park, Paul Bliese, John e Julie Gottman, Richard Tedeschi, Richard McNally, Paul McHugh, Paul Monaco, Jill Chambers, Mike Fravell, Bob Scales, Eric Schoomaker, Richard Carmona, Carl Castro, Chris Peterson, Nansook Park, Ken Pargament, Mike Matthews, Pat Sweeney, Patty Shinseki, Donna Brazil, Dana Whiteis, Mary Keller, Judy Saltzberg, Sara Algoe, Barbara Fredrickson, John Cacioppo, Norman Anderson, Gary VandenBos, Shelly Gable, Peter Schulman, Deb Fisher e Ramin Sedehi.

O capítulo sobre inteligência e sucesso baseia-se fortemente, com profunda gratidão e admiração evidente, no trabalho de sua principal protagonista, Angela Lee Duckworth. Agradeço também a Anders Ericsson, John Sabini, Jane Drache, Alan Kors, Darwin Labarthe e Sheldon Hackney.

O capítulo sobre a saúde positiva tem uma dívida para com Darwin Labarthe, Paul Tarini, Chris Peterson, Steve Blair, Ray Fowler, Arthur Barsky, John Cacioppo, David Sloan Wilson, Ed Wilson, Julian Thayer, Arthur Rubenstein, Elaine O'Brien, Sheldon Cohen, Monte Mills, Barbara Jacobs, Julie Boehm, Caroline Adams Miller, Paul e John Thomas, e meu grupo de caminhada na internet.

Passei os últimos 45 anos em meu lar acadêmico, a Universidade da Pensilvânia, e aqui obtive todo tipo de apoio de meus colegas e alunos:

AGRADECIMENTOS

primeiro, Peter Schulman, que é meu braço direito, Linda Newsted, Karen Reivich, Jane Gillham, Rachel Abenavoli, Denise Clegg, Derek Freres, Andrew Rosenthal, Judy Rodin, Sam Preston, Amy Gutmann, Mike Kahana, Rebecca Bushnell, David Brainard, Ramin Sedehi, Richard Schultz, David Balamuth, Gus Hartman, Frank Norman, Angela Duckworth e Ed Pugh. Atualmente, sou professor de psicologia da Fundação Família Zellerbach e antes fui professor de psicologia da Fundação Robert Fox, e estou grato a todos os Zellerbach e a Bob Fox.

A psicologia positiva tem sido generosamente financiada pela Atlantic Philanthropies, a Fundação Annenberg e especialmente Kathleen Hall Jamieson, o Departamento Norte-Americano de Educação, o Departamento Norte-Americano do Exército, o Instituto Nacional de Saúde Mental, Jim Hovey, a Fundação Gallup, a Fundação Hewlett-Packard, a Fundação Young, a Fundação Robert Wood Johnson (especialmente Paul Tarini), Neal Mayerson da Fundação Mayerson, e a Fundação John Templeton, com agradecimentos especiais a Jack Templeton, Arthur Schwartz, Mary Anne Myers, Kimon Sargeant e Barnaby Marsh.

A psicologia positiva tem sido construtivamente divulgada por Ben Carey, Stacey Burling, Claudia Wallis, Joshua Wolf Shenk, Rhea Farberman e Cecilia Simon, entre vários outros, e sou muito grato por essa imprensa responsável.

A Leslie Meredith, minha esforçada editora e entusiasta constante, Martha Levin, editora, Dominick Anfuso, editor-chefe, e a Richard Pine, agente sem paralelo e amigo íntimo, meus maiores agradecimentos.

A meus sete filhos, Jenny, Carly, Darryl, Nikki, Lara, David e Amanda, pela paciência com um pai que está casado com o trabalho. Meus maiores agradecimentos vão para o amor da minha vida e minha companheira, Mandy McCarthy Seligman.

NOTAS

Prefácio

11 *Se algo muda no praticante, é uma mudança de personalidade no sentido da depressão:* K. S. Pope e B. G. Tabachnick, "Therapists as Patients: A National Survey of Psychologists' Experiences, Problems, and Beliefs", *Professional Psychology: Research and Practice* 25 (1994): 247-58. As pesquisas têm mostrado que psicoterapeutas e psicólogos têm altos índices de depressão. Em um levantamento com aproximadamente quinhentos psicólogos, Pope e Tabachnick descobriram que 61 por cento de sua amostra relataram pelo menos um episódio de depressão durante suas carreiras, 29 por cento tinham tido pensamentos suicidas e 4 por cento tinham efetivamente tentado o suicídio.

American Psychological Association, *Advancing Colleague Assistance in Professional Psychology* (10 fev. 2006). Disponível em: www.apa.org/practice/acca_monograph.html. Acesso em: 15 out. 2009. Em 2006, o Comitê Consultivo de Assistência a Colegas (ACCA, em inglês) da Junta de Assuntos Profissionais da APA emitiu um relatório sobre angústia e transtornos em psicólogos. O relatório indicou que, dependendo de como a depressão é avaliada, sua prevalência ao longo da vida varia de 11 por cento a 61 por cento. Além da depressão, os profissionais de saúde mental estão expostos a altos níveis de estresse, esgotamento, abuso de substâncias químicas e traumatização vicária.

Veja também P. L. Smith e S. B. Moss, "Psychologist Impairment: What Is It, How Can It Be Prevented, and What Can Be Done to Address It?" *Clinical Psychology: Science and Practice* 16 (2009): 1-15.

12 *Atualmente, vários milhares de pessoas em todo o mundo:* A Associação Internacional de Psicologia Positiva (AIPP) conta hoje com mais de 3 mil membros de mais de setenta países ao redor do mundo. Aproximadamente 45 por cento dos membros da associação são pesquisadores universitários e psicólogos profissionais. Outros 20 por cento (chamados de associados) são profissionais que estão colocando a psicologia positiva em prática em contextos aplicados (escolas, empresas etc.). Os 25 por cento seguintes são estudantes interessados na psicologia positiva. Os 10 por cento restantes (afiliados) incluem pessoas que estão simplesmente interessadas na área. Mais detalhes sobre a AIPP podem ser encontrados em www.ippanetwork.org.

Um dos vários grupos ativos na internet de que vale a pena participar é o friends-of-pp@lists.apa.org.

Capítulo 1: O que é bem-estar?

15 *ascensão de Judy, numa idade surpreendentemente jovem:* "Judith Rodin: Early Career Awards for 1977", *American Psychologist* 33 (1978): 77-80. Judy Rodin ganhou o Prêmio de Carreira Pre-

coce da Associação Americana de Psicologia em 1977. Este artigo resume suas precoces realizações.

Judy Rodin também foi escolhida recentemente pelo *U.S. News & World Report* como uma das melhores líderes da América por seu trabalho à frente da Fundação Rockefeller: D. Gilgoff, "Judith Rodin: Rockefeller Foundation Head Changes the Charity and the World", *U.S. News & World Report*, 22 out. 2009.

Ao longo de sua carreira, ela assinou como autora ou coautora mais de duzentos artigos acadêmicos e 12 livros, incluindo *The University and Urban Renewal: Out of the Ivory Tower and into the Streets* [*A universidade e a renovação urbana: Da torre de marfim para as ruas*].Filadélfia: University of Pennsylvania Press, 2007.

15 *chegamos a colaborar em um estudo que investigava a correlação entre o otimismo e um sistema imunológico mais forte:* L. Kamen-Siegel, J. Rodin, M. E. Seligman, P. e J. Dwyer, "Explanatory Style and Cell-Mediated Immunity in Elderly Men and Women", *Health Psychology* 10 (1991): 229-35. Em colaboração com Leslie Kamen-Siegel, descobrimos que um estilo explanatório pessimista previa uma imunocompetência mais baixa em uma amostra de 26 idosos (com idades entre 62 e 82 anos de idade), controlando-se outros fatores, como saúde atual, depressão, medicação, alterações de peso, hábitos do sono e uso de álcool. Nosso estudo, bem como a relação entre o otimismo e o sistema imunológico, é discutido mais adiante no Capítulo 9.

17 *Participaram dela quarenta acadêmicos, os papas da violência etnopolítica:* O relatório da conferência está disponível em www.ppc.sas.upenn.edu/chirot.htm.

17 *a obra* Ethnopolitical Warfare [*Guerra etnopolítica*]: D. Chirot e M. E. Seligman, P., eds., *Ethnopolitical Warfare: Causes, Consequences, and Possible Solutions*. Washington, DC: American Psychological Association, 2001.

17 *o antropólogo médico Mel Konner* é o professor Samuel Candler Dobbs de Antropologia na Universidade de Emory, Atlanta. Entre outros livros, ele é autor de *The Tangled Wing: Biological Constraints on the Human Spirit* [*A asa entrançada: Restrições biológicas ao espírito humano*]. Nova York: Holt, Rinehart, Winston, 1982. Mais informações sobre a vida e o trabalho de Mel Konner estão disponíveis em seu site: www.melvinkonner.com.

18 *Charles Feeney:* Em 2006, a Atlantic Philanthropies era a terceira mais generosa fundação nos Estados Unidos (doando meio bilhão em concessões), atrás apenas das fundações Ford e Gates. Para obter mais informações sobre a carreira e as atividades filantrópicas de Chuck Feeney, veja J. Dwyer, "Out of Sight, Till Now, and Giving Away Billions", *New York Times*, 26 set. 2007.

C. O'Clery, *The Billionaire Who Wasn't: How Chuck Feeney Secretly Made and Gave Away a Fortune Without Anyone Knowing*. Nova York: Public Affairs, 2007.

18 *Ela continha ciência de alto nível:* Nosso relatório de acompanhamento do ano 2000 para o Projeto de Liderança Humana pode ser encontrado em: www.ppc.sas.upenn.edu/hlprogress report.htm#Research.

19 *Tales achava que tudo era água:* Tales de Mileto (ca. 624 a.C.—ca. 546 a.C.) é considerado por muitos o primeiro filósofo na tradição grega. Uma afirmação central na teoria de Tales é a crença de que o mundo começou a partir da água, e esta água é o princípio de todas as coisas. Você encontra mais informações sobre Tales em: B. Russell, *A Western History of Philosophy*. Londres: George Allen and Unwin, 1945.

19 *Aristóteles achava que toda ação humana visava encontrar a felicidade:* Aristóteles, *Ética a Nicômaco*. São Paulo: Atlas, 2009.

19 *Nietzsche achava que toda ação humana visava obter poder:* F. Nietzsche, *A vontade de poder*. Rio de Janeiro: Contraponto, 2008.

19 *Freud achava que toda ação humana pretendia evitar a ansiedade:* S. Freud, *Inibições, sintomas e ansiedade*. Rio de Janeiro: Imago, 2006.

20 *Quando as variáveis são muito poucas para explicar as ricas nuanças do fenômeno em questão, nada é explicado:* D. Gernert, "Ockham's Razor and Its Improper Use", *Cognitive Systems*: 133-38. Uma discussão crítica sobre o mau uso e as limitações do princípio da parcimônia.

20 *a palavra* felicidade [...] *é usada com tanto exagero que se tornou quase sem sentido:* D. M. Haybron, *The Pursuit of Unhappiness: The Elusive Psychology of Well-Being.* Nova York: Oxford University Press, 2008. Uma revisão sobre os vários sentidos da felicidade.

20 *"As pessoas tentam se realizar para obter apenas a vitória pela vitória":* Senia pontuou que, embora a realização possa levar a resultados desejáveis e com frequência venha acompanhada de emoção positiva, a realização também pode ser intrinsecamente motivadora.

21 *está muito longe daquilo que Thomas Jefferson declarou que temos o direito de perseguir:* A. De Tocqueville, *A democracia na América.* São Paulo: Martins Fontes, 2000. Em *A democracia na América,* Tocqueville explica que o conceito de felicidade de Jefferson envolvia autodomínio de modo a alcançar uma realização de longo prazo. A felicidade jeffersoniana está, portanto, muito mais próxima da preservação do bem-estar do que do prazer transitório.

D. M. McMahon, *Felicidade: Uma história.* São Paulo: Globo, 2007. A melhor fonte sobre a evolução histórica do conceito de felicidade.

22 *Quando você pergunta às pessoas que se entregam a uma atividade o que estão pensando e sentindo, elas geralmente dizem: "Nada."* M. Csikszentmihalyi, *Creativity: Flow and the Psychology of Discovery and Invention* Nova York: Harper Perennials, 1997. Mihalyi Csikszentmihalyi usou o exemplo do processo criativo para descrever a relação entre o envolvimento e a emoção positiva. Em suas palavras: "Quando estamos envolvidos, nós geralmente não nos sentimos felizes — pela simples razão de que no envolvimento nós sentimos apenas o que é relevante para a atividade. A felicidade é uma distração. O poeta, quando está escrevendo, ou o cientista, quando está formulando equações, não se sente feliz, pelo menos não sem perder sua linha de raciocínio. Somente quando saímos do envolvimento, ao fim de uma sessão ou em momentos de distração dentro dela, podemos nos deliciar em nos sentir felizes. Então há um afluxo de bem-estar, de satisfação, que vem quando o poema está terminado ou o teorema está provado".

A. Delle Fave e F. Massimini, "The Investigation of Optimal Experience and Apathy: Developmental and Psychosocial Implications", *European Psychologist*, 10 (2005): 264-74.

22 *Não há atalhos para o engajamento. Ao contrário, nele você tem de empregar suas forças pessoais e talentos para se envolver com o mundo:* M. Csikszentmihalyi, K. Rathunde, e S. Whalen, *Talented Teenagers: The Roots of Success and Failure.* Nova York: Cambridge University Press, 1997. Csikszentmihalyi, Rathunde e Whalen descobriram que o desenvolvimento do talento em um grupo de adolescentes americanos estava associado à sua capacidade de usar suas habilidades de concentração, de comprometimento com o desenvolvimento de suas habilidades e de experimentar o engajamento.

22 *Daí a importância de identificar seus pontos mais fortes e aprender a usá-los com mais frequência para entrar no engajamento:* M. E. Seligman, P., T. A. Steen, N. Park e C. Peterson, "Positive Psychology Progress: Empirical Validation of Interventions", *American Psychologist* 60 (2005): 410-21. Esta ideia foi apresentada pela primeira vez em *Felicidade autêntica* (2009). Em pesquisas posteriores, descobrimos que as pessoas ficavam mais felizes (e menos deprimidas) quando aprendiam a usar suas forças pessoais de uma nova maneira, e que este efeito durava até seis semanas após nossa intervenção.

O uso das forças pessoais, no entanto, não é condição necessária para se entrar no envolvimento. Eu me envolvo quando recebo uma massagem nas costas. O uso das forças pessoais é, no máximo, apenas uma condição que contribui para o envolvimento. Você pode identificar suas maiores forças fazendo o Teste Via, em www.authentichappiness.org.

NOTAS

22 *Os seres humanos, indiscutivelmente, querem ter sentido e propósito na vida:* V. Frankl, *Em busca de sentido.* Petrópolis: Vozes, 2009. Um retrato inspirador do quanto a busca de sentido é inevitável.

24 *uma medida de autoavaliação amplamente pesquisada que questiona, numa escala de 1 a 10, o quanto você está satisfeito com a vida:* E. Diener, R. Emmons, R. Larsen e S. Griffin. "The Satisfaction with Life Scale", *Journal of Personality Assessment* 49 (1985): 71-75.

24 *a quantidade de satisfação com a vida relatada pelas pessoas é determinada, ela mesma, pelo quanto nos sentimos bem no momento em que somos questionados:* R. Veenhoven, "How Do We Assess How Happy We Are? Tenets, Implications, and Tenability of Three Theories". (Ensaio apresentado em conferência sobre *Novos direcionamentos no estudo da felicidade: Os Estados Unidos e as perspectivas internacionais,* Universidade de Notre Dame, South Bend, IN, out. 2006).

Schwarz, M.; Strack, F. "Reports of Subjective Well-Being: Judgmental Processes and Their Methodological Implications". In: Kahneman, D.; Diener, E.; Schwarz, N. (Eds.). *Foundations of Hedonic Psychology: Scientific Perspectives on Enjoyment and Suffering.* Nova York: Russell Sage Foundation, 1999. p. 61-84.

24 *Os introvertidos são muito menos animados do que os extrovertidos:* Veja, por exemplo, Hills, P.; Argyle, M. "Happiness, Introversion-Extraversion and Happy Introverts". *Personality and Individual Differences 30* (2001): 595-608.

Fleeson, W.; Malanos, A. B.; N. M. Achille. "An Intraindividual Process Approach to the Relationship Between Extraversion and Positive Affect: Is Acting Extraverted as 'Good' as Being Extraverted?" *Journal of Personality and Social Psychology 83* (2002): 1409-22.

25 *nenhuma teoria que pretenda ser mais do que uma alegrologia:* Peterson, C. *A Primer in Positive Psychology.* Nova York: Oxford University Press, 2006. Em *A Primer in Positive Psychology,* Christopher Peterson observa que o movimento da psicologia positiva infelizmente tem sido associado com o emoticon de Harvey Ball, sempre que aparece na mídia. Peterson ressalta o quanto esta iconografia é enganosa: "um sorriso não é um indicador infalível de tudo o que faz a vida valer a pena. Quando estamos altamente envolvidos em atividades realizadoras, quando falamos do coração, ou quando estamos fazendo algo heroico, podemos ou não estar sorrindo, e podemos ou não estar experimentando prazer no momento. Todas estas coisas são preocupações centrais da psicologia positiva e todas estão fora do campo da 'alegrologia'" (p. 7).

25 *é, antes, um* construto — *o bem-estar —, que por sua vez tem diversos elementos mensuráveis, cada um deles uma coisa real e cada um deles contribuindo para formar o bem-estar,* mas nenhum deles o definindo: Diener, E.; Suh, E. M.; Lucas, R. E.; Smith, H. L. Subjective Well-Being: Three Decades of Progress. *Psychological Bulletin* 125 (1999): 276-302. Veja esta fonte para obter mais informações sobre a natureza multifacetada do bem-estar subjetivo.

27 *muitas pessoas o buscam por ele próprio:* Deci, E. L.; Ryan, R. M. *Intrinsic Motivation and Self-Determination in Human Behavior.* Nova York: Plenum Press, 1985. Em outras palavras, o elemento é intrinsecamente motivador, como definido por Deci e Ryan.

28 *Em seu desespero, Abraham Lincoln, um profundo melancólico, pode ter julgado sua vida insignificante:* Shenk, J. *Lincoln's Melancholy.* Nova York: Houghton Mifflin, 2005. Uma esplêndida biografia emocional de Lincoln.

28 *Jean-Paul Sartre e seus devotos [...] peça existencialista* Sem Saída: Sartre, J.-P. *No Exit and Three Other Plays.* Nova York: Vintage, 1949.

29 *Alguns até roubam para ganhar:* Wolff, R. *The Lone Wolff: Autobiography of a Bridge Maverick.* Nova York: Masterpoint Press, 2007. Um excelente livro sobre o bridge profissional e por que alguns especialistas trapaceiam.

29 *John D. Rockefeller:* R. Chernow, *Titan: The Life of John D. Rockefeller, Sr.* Nova York: Vintage, 1998. Uma admirável biografia de suas conquistas na primeira metade de sua vida e de sua filantropia na segunda metade.

30 Carruagens de fogo: Putnam, D.; Eberts, J.; Fayed, D.; Crawford J. (produtores), e Hudson, H. (diretor), *Carruagens de fogo* (filme), 1981. Burbank, CA: Warner Home Video.

30 *Robert White havia publicado um artigo herético:* White, R. W. "Motivation Reconsidered: The Concept of Competence". *Psychological Review* 66 (1959): 297-333.

31 *todos eles aconteceram em torno de outras pessoas:* Reis, H. T.; Gable, S. L. "Toward a Positive Psychology of Relationships". In: Keyes, C. L. M.; Haidt, J. (Eds.) *Flourishing: Positive Psychology and the Life Well-Lived.* Washington, DC: American Psychological Association, 2003, p. 129-59. Numa revisão de provas, Reis e Gable concluíram que os bons relacionamentos com os outros podem ser a mais importante fonte de satisfação com a vida e bem-estar emocional para pessoas de todas as idades e culturas. Tenho uma dívida especial para com Corey Keyes por seu uso prospectivo do termo e do conceito de "florescimento", que foi anterior ao meu próprio uso. Embora eu use o termo num sentido diferente — PERMA —, o trabalho de Corey foi uma inspiração para mim.

31 *Meu amigo Stephen Post:* Post, S.; Neimark, J.; Moss, O. *Why Good Things Happen to Good People.* Nova York: Broadway Books, 2008.

31 *praticar um ato de bondade produz mais bem-estar momentâneo:* Seligman, M. E. P.; Steen, T. A.; Park, N.; Peterson, C. Positive Psychology Progress: "Empirical Validation of Interventions". *American Psychologist* 60 (2005): 410-21. Em pesquisa recente, descobrimos que, dentre cinco diferentes exercícios de psicologia positiva, a visita de gratidão (como descrita em *Felicidade Autêntica*) produz as maiores mudanças positivas na felicidade (e reduções em sintomas depressivos), e este efeito durava um mês. No exercício da visita de gratidão, os participantes são solicitados a escrever e entregar pessoalmente uma carta de agradecimento a alguém que tenha sido especialmente bom para eles, mas a quem nunca tinham agradecido apropriadamente.

Lyubomirsky, S.; Sheldon, K. M.; Schkade, D. "Pursuing Happiness: The Architecture of Sustainable Change". *Review of General Psychology* 9 (2005): 111-31. Sonja Lyubomirsky e colegas também descobriram que ao pedirem a seus alunos para praticarem cinco atos de bondade por semana ao longo de seis semanas, houve um aumento no bem-estar, especialmente quando as cinco ações semanais eram praticadas todas em um único dia.

32 *o principal poder que alguém pode ter é a capacidade de* ser *amado:* Isaacowitz, D. M.; Vaillant, G. E.; Seligman, M. E. P. "Strengths and Satisfaction Across the Adult Lifespan", *International Journal of Aging and Human Development* 57 (2003): 181-201. No ano 2000, fizemos uma reunião em Glasbern, Pensilvânia, para aprimorar a taxonomia de forças e virtudes do VIA. Mais de 25 pesquisadores se reuniram para discutir quais forças deveriam ser incluídas. O amor — definido quase implicitamente como a capacidade de amar — sempre havia aparecido no alto de nossa lista. George Vaillant nos criticou por ignorarmos a capacidade de ser amado. Para Vaillant, a capacidade de ser amado é a principal força. A percepção de Vaillant veio de seu trabalho pioneiro no Estudo Grant, uma pesquisa longitudinal com quase setenta anos (e ainda em andamento) sobre as trajetórias de desenvolvimento dos formados em Harvard. (Este estudo também é chamado de Estudo Harvard.) Num estudo conduzido por Derek Isaacowitz, descobrimos que a capacidade de amar e ser amado era a força claramente associada com o bem-estar subjetivo aos 80 anos de idade.

32 *solidão é uma condição tão debilitante:* Cacioppo, J. T. e Patrick, W. *Solidão.* Rio de Janeiro: Record, 2010; Cacioppo, J. T. et al. "Loneliness Within a Nomological Net: An Evolutionary Perspective". *Journal of Research in Personality* 40 (2006): 1054-85. Segundo Cacioppo e Patrick, a cooperação social tem sido uma força motriz na evolução do comportamento humano. O contrário, a solidão, cobra um alto preço de quem sofre dela por elevar os níveis de estresse e causar ciclos negativos de comportamento autodestrutivo. Por exemplo, Cacioppo e colegas descobriram que

adultos jovens solitários (comparados a não solitários) sofrem de mais ansiedade, raiva, humor negativo bem como de medo de avaliação negativa. Também têm pouco otimismo, poucas habilidades sociais e apoio social, pouco humor positivo, extroversão, estabilidade emocional, consciência, agradabilidade, timidez e sociabilidade.

Russell, D. W. "The UCL A Loneliness Scale (Version 3): Reliability, Validity, and Factor Structure". *Journal of Personality Assessment* 66 (2006). A solidão também pode ser medida pela Escala de Solidão da UCLA, um questionário de autoclassificação com vinte itens.

33 *se eles não produzissem emoção positiva, engajamento, sentido ou realização:* Baumeister, R. F.; Leary, M. R. "The Need to Belong: Desire for Interpersonal Attachments as a Fundamental Human Motivation". *Psychological Bulletin* 117 (1995): 497-529. Uma revisão das pesquisas sobre os determinantes e consequências do impulso humano de se envolver em relacionamentos sociais (ou "necessidade de pertencimento").

33 *o grande cérebro é um solucionador de problemas sociais, e não de problemas físicos:* N. Humphrey, *The Inner Eye: Social Intelligence in Evolution.* Nova York: Oxford University Press, 1986.

33 *O eminente biólogo e polemista Richard Dawkins:* Dawkins, R. *O Gene Egoísta.* São Paulo: Companhia das Letras, 2007. Wilson, O. "Rethinking the Theoretical Foundation of Sociobiology". *Quarterly Review of Biology* 82 (2007): 327-48.

35 *Você entra no envolvimento quando seus pontos mais fortes são empregados para enfrentar os maiores desafios que surgem no seu caminho:* Csikszentmihalyi, M. *Finding Flow in Everyday Life.* Nova York: Basic Books, 1997. É o equilíbrio exato entre habilidades e desafios que determina se um indivíduo entrará no envolvimento (ou ao contrário, nos estados de controle, relaxamento, tédio, apatia, preocupação e ansiedade). O envolvimento corresponde à perfeita combinação de altas habilidades e altos desafios, como Csikszentmihalyi demonstrou.

36 *Como argumenta o economista Richard Layard:* Layard, R. *Felicidade. Lições de uma nova ciência.* Rio de Janeiro: Best Seller, 2008.

37 *por que decidimos ter filhos:* Powdthavee, N. "Think Having Children Will Make You Happy?" *The Psychologist* 22 (2009): 308-11. Uma substancial literatura medindo a satisfação com a vida e a felicidade encontra consistentemente menos, ou pelo menos não mais, desses sentimentos entre pais do que não pais.

Senior, J. "All Joy and No Fun", *New York Magazine,* July 4, 2010. Jennifer Senior estabelece bem a controvérsia e capta meu ponto de vista: "Martin Seligman, o pioneiro da psicologia positiva, famoso por não ser um otimista nato, sempre assumiu a visão de que a felicidade é mais bem definida no antigo sentido grego: levando uma vida produtiva e com propósitos. E o modo como fazemos o balanço desta vida, no final, não é pelo quanto nós nos divertimos, mas pelo que fizemos com ela. (Seligman tem sete filhos.)"

37 Admirável mundo novo: A. Huxley, *Admirável mundo novo.* São Paulo: Globo, 2009. A inesquecível distopia de Aldous Huxley.

37 *medidas subjetivas e objetivas de emoção positiva, engajamento, sentido, bons relacionamentos e realizações positivas:* Jayawickreme, E.; Seligman, M. E. P. "The Engine of Well-Being" (original em preparação, 2010). É útil contrastar a teoria do bem-estar com outras importantes teorias do bem-estar, e Eranda Jayawickreme e eu fizemos isto num recente original: "The Engine of Well-Being" ["A máquina do bem-estar"]. Existem três tipos de teorias: as do querer, as do gostar e as da necessidade. O primeiro desses tipos de teoria — *teorias do querer* — domina a economia predominante bem como na psicologia comportamental. Segundo estes relatos, um indivíduo alcança o bem-estar quando ele é capaz de atender seus "desejos", sendo que os desejos são definidos objetivamente. Em termos econômicos, o bem-estar está associado à satisfação das preferências da pessoa. Não há uma *exigência* subjetiva; isto é, não há necessidade de que a satisfação de suas preferências conduza ao prazer ou à satisfação. Do mesmo modo, o reforço positivo baseia-se em escolha instrumental (uma

medida objetiva da preferência), sem nenhum componente subjetivo, e portanto constitui uma teoria do querer. O bem-estar na teoria do reforço é atingido pela quantidade de reforço positivo e pela pouca punição (ambos medidas comportamentais da preferência) que a pessoa obtém. As pessoas e os animais se esforçam para obter o que querem porque esse comportamento é positivamente reforçador, e não porque ele satisfaça qualquer necessidade ou impulso em particular, e nem porque engendre algum estado subjetivo de gostar.

As *teorias do gostar* são considerações hedônicas da felicidade na filosofia e psicologia que se centram em relatos subjetivos de emoção positiva, satisfação com a vida e felicidade. O relato de bem-estar subjetivo é típico. É a combinação de uma satisfação geral com a própria vida, satisfação em alguns campos específicos da vida, estado de ânimo do momento e atual emoção positiva e negativa. O bem-estar subjetivo é talvez a teoria mais amplamente usada na psicologia da felicidade, e o bem-estar é tipicamente avaliado perguntando-se a um indivíduo: "O quanto você está satisfeito com sua vida?" A resposta consiste nas emoções momentâneas juntamente com uma avaliação cognitiva de como a vida está.

As *teorias das necessidades* catalogam uma lista objetiva de bens necessários ao bem-estar ou a uma vida feliz. Estas teorias não descartam completamente o que as pessoas escolhem (querer) e como elas se sentem em relação a suas escolhas (gostar), mas argumentam que o que as pessoas necessitam é mais central ao bem-estar. Estas teorias incluem as listas objetivas de Amartya Sen e Martha Nussbaum, a abordagem da hierarquia de necessidades de Abraham Maslow, e as abordagens eudemonísticas de Carolyn Ryff, Ed Deci e Rich Ryan. O trabalho continuado e criativo de Carolyn Ryff sobre abordagens eudemonísticas ao bem-estar é especialmente importante como um contrapeso às abordagens apenas subjetivas.

Veenhoven e Cummins são os pais da abordagem da máquina: Cummins, R. A. "The Second Approximation to an International Standard for Life Satisfaction", *Social Indicators Research* 43 (1998): 307-34; Veenhoven, R. "Quality-of-Life and Happiness: Not Quite the Same". In: DeGirolamo, G. et al. (Eds). *Health and Quality-of-Life*. Rome: Il Pensierro Scientifico, 1998.

Parfit (1984), bem como Dolan, Peasgood e White (2006), foram os primeiros a fazer a valiosa distinção entre as teorias da necessidade, do querer e do gostar: Dolan, P.; Peasgood T.; White, M. *Review of Research on the Influences on Personal Well- Being and Application to Policy Making*. Londres: DEFRA, 2006; Parfit, D. *Reasons and Persons*. Oxford: Clarendon Press, 1984.

Meu amigo e colega Ed Diener, o primeiro dos atuais psicólogos positivos, é o principal nome no campo do bem-estar subjetivo. Diener, E.; Suh, E.; Lucas R.; Smith, H. "Subjective Well-Being: Three Decades of Progress", *Psychological Bulletin* 125 (1999): 276-302.

Os principais ensaios teóricos sobre a teoria da lista objetiva (ou teoria da necessidade) incluem: Sen, A. K. *Development as Freedom*. Oxford: Oxford University Press, 1999; Maslow, A. H. *Toward a Psychology of Being*. Nova York: Van Nostrand, 1968; Nussbaum, M. C. "Capabilities as Fundamental Entitlements: Sen and Social Justice", *Feminist Economics* 9 (2003): 33-59; Ryff, C. D. "Happiness Is Everything, or Is It? Explorations on the Meaning of Psychological Well-Being", *Journal of Personality and Social Psychology* 57 (1989): 1069-81; Ryff, C. D. "Psychological Well-Being in Adult Life", *Current Directions in Psychological Science* 4 (1995): 99-104; Ryan R. M.; Deci, E. L. "On Happiness and Human Potentials: A Review of Research on Hedonic and Eudaimonic Well-Being", *Annual Review of Psychology* 52 (2001): 141-66.

38 *Felicia Huppert e Timothy So, da Universidade de Cambridge, definiram e avaliaram o florescimento em cada um dos 23 países da União Europeia:* So T.; Huppert, F. "What Percentage of People in Europe Are Flourishing and What Characterizes Them?" (July 23, 2009). Disponível em: www.isqols2009.istitutodeglinnocenti.it/Content_en/Huppert.pdf.. Acesso em: 19 out. 2009. So e Huppert usaram a última série do Inquérito Social Europeu, que incorpora um módulo de bem-estar, para avaliar o florescimento em uma amostra de cerca de 43 mil adultos (todos acima de 16

anos de idade) nos 23 países da União Europeia. Além das diferenças entre nações, eles descobriram que o maior florescimento está associado a níveis mais altos de educação, renda mais elevada e à condição de casado. A saúde geral também está moderadamente associada ao florescimento, embora apenas um terço dos indivíduos que afirmaram ter boa saúde esteja florescendo. Descobriram que o florescimento diminui com a idade, embora não linearmente. De fato, pessoas com mais de 65 anos de idade em certos países (Irlanda, por exemplo) mostram as mais altas taxas de florescimento. Pessoas de meia-idade apresentam taxas mais baixas.

So e Huppert também testaram a relação entre satisfação com a vida e o florescimento para determinar o quanto os dois conceitos se sobrepõem. Coerentemente com a teoria do bem-estar, as duas medidas se correlacionaram de modo apenas modesto ($r = 0,32$). Em outras palavras, muitas pessoas que estão satisfeitas com suas vidas não estão florescendo, e vice-versa. Esta descoberta reforça a noção de que as avaliações da satisfação com a vida (um construto unitário) não são adequadas para avaliar o bem-estar e o florescimento (ambos construtos multifacetados).

39 *grande desafio da psicologia positiva:* Em maio de 1961, o president John F. Kennedy anunciou o então implausível objetivo de colocar homens na lua até o fim daquela década. Não há nada como um objetivo imenso para estimular o melhor.

39 *A política pública deriva daquilo que avaliamos — e até recentemente nós avaliávamos apenas o dinheiro, o Produto Interno Bruto (PIB):* Goodman, P. "Emphasis on Growth Is Called Misguided", *New York Times,* 23 set. 2009. Como explicado pelo economist Joseph Stinglitz, vencedor do Prêmio Nobel: "O que você avalia afeta o que você faz. Se você não avaliar a coisa certa, não fará a coisa certa." Os governos em todo o mundo estão começando a considerar a ideia de que são necessários outros indicadores além do PIB para tratar das necessidades de seus cidadãos. Em 2008, o presidente francês Nicolas Sarkozy encomendou um relatório aos renomados economistas Joseph Stiglitz, Amartya Sen e Jean-Paul Fitoussi, pedindo a criação de uma nova medida de crescimento econômico que levasse em conta, entre outros fatores, o bem-estar social. Em consequência do recente tumulto econômico, Sarkozy achou que as antiquadas medidas de crescimento econômico estão dando aos cidadãos a impressão de que estão sendo manipulados. A resultante Comissão sobre as Medidas do Desempenho Econômico e Progresso Social (CMDEPS) emitiu recentemente seu primeiro relatório, apoiando a iniciativa de Sarkozy e propondo estratégias de mensuração alternativas. O texto completo do primeiro relatório da comissão, bem como outros documentos e informações, podem ser encontrados em www.stiglitz-sen-fitoussi.fr.

Este relatório e muitas ações subsequentes estão associados à teoria da lista objetiva e não são incompatíveis com a teoria do bem-estar e seu objetivo de florescimento. A diferença essencial, no entanto, é que o florescimento leva as variáveis subjetivas pelo menos tão a sério quando as objetivas. Os desenvolvimentos de domínio dos economistas são absolutamente céticos em relação a indicadores subjetivos de progresso humano.

Capítulo 2: Criando a sua felicidade: Exercícios de psicologia positiva que funcionam

42 *Daqui a um mês você estará se sentindo mais feliz e menos deprimido:* Seligman, M. E. P.; Steen, T. A.; Park, N.; Peterson, C. "Positive Psychology Progress: Empirical Validation of Interventions", *American Psychologist* 60 (2005): 410-21. Isto foi demonstrado em nosso primeiro estudo aleatório com controle, conduzido na internet e descrito aqui.

42 *muitos aspectos do comportamento humano não mudam de forma duradoura:* Seligman, M. E. P.; Hager, J. (Eds.). *The Biological Boundaries of Learning.* Nova York: Appleton-Century-Crofts, 1992; Seligman, M. E. P. *O que você pode e o que você não pode mudar.* Rio de Janeiro: Objetiva, 1995. Há um longo debate em torno do quanto um comportamento pode ser aprendido. As evidências sugerem que estamos programados para aprender certas coisas facilmente, mas não outras.

Este debate foi tema de meu primeiro livro, *The Biological Boundaries of Learning* [*As fronteiras biológicas da aprendizagem*]. Em consequência, as intervenções que objetivam comportamentos modificáveis terão muito maior probabilidade de terem êxito do que aquelas que objetivam comportamentos mais obstinados. Isto foi tema de *O que você pode e o que você não pode mudar*. Exemplos comuns de comportamentos modificáveis incluem disfunções sexuais, humor e ataques de pânico (se contarem com intervenções corretas). Exemplos de coisas muito mais difíceis de serem modificadas são peso, orientação sexual e alcoolismo.

42 *Fiz a dieta da melancia por trinta dias:* Para reforçar este ponto, não há um único estudo científico que avalie a eficácia da dieta da melancia. Isto nunca é um bom sinal. Relatórios anedóticos de efeitos colaterais desagradáveis e sobre a ineficácia geral, no entanto, são fartos na internet.

42 *Mas como 80 por cento a 95 por cento dos que fazem dieta, recuperei todo o peso (e mais) em três anos:* Para uma revisão recente sobre a eficácia de se fazer dieta, veja Mann, T.; Tomiyama, J.; Westling, E.; Lew, A.-M.; Samuels, B.; Chatman J. "Medicare's Search For Effective Obesity Treatments: Diets Are Not the Answer", *American Psychologist* 62 (2007): 200-33; Powell, L. H.; Calvin, J. E. III,; Calvin Jr. J. E. "Effective Obesity Treatments", *American Psychologist* 62 (2007): 234-46. Mann et al. afirmaram que, embora muitos estudos tenham mostrado que certas dietas funcionam (pelo menos no curto prazo), suas conclusões devem ser interpretadas com cuidado, já que problemas metodológicos podem ter influenciado seus resultados. Outra revisão feita por Powell e colegas comparou diferentes tipos de tratamentos para obesidade (dietas, remédios e cirurgia gástrica) e descobriu que, de modo geral, as dietas e os medicamentos tinham efeito consistente e significativo sobre o peso. No entanto, a média de perda de peso nestes estudos foi de apenas 3,2 quilos. Estes tratamentos para a obesidade, considerados eficazes, não são, portanto, uma panaceia. Mas, interessantemente, os autores indicaram que mesmo pequenas perdas de peso tiveram efeitos significativos em outros indicadores de saúde (pressão sanguínea, diabetes etc.). Os resultados da cirurgia gástrica são muito melhores. Portanto, embora não possamos descartar a vantagem de perder mesmo uma pequena quantidade de peso, os resultados ainda mostram claramente que é muito difícil perder uma quantidade significativa de peso por meio de dieta.

43 *um estudo sobre ganhadores da loteria, que eram felizes por alguns meses após o ganho inesperado, mas logo voltavam a seu nível habitual de rabugice:* Brickman, P.; Coates, D.; Janoff-Bulman, R. "Lottery Winners and Accident Victims: Is Happiness Relative?" *Journal of Personality and Social Psychology* 36 (1978): 917-27. Neste estudo clássico, Brickman e colegas demonstraram que os ganhadores da loteria não são mais felizes do que os não ganhadores, sugerindo com isso que os ganhadores se adaptam à sua nova condição. No entanto, outra descoberta do mesmo estudo questionou a noção de que somos sempre capazes de nos adaptar a um nível estabelecido de felicidade. De fato, Brickman e colegas também examinaram os níveis de felicidade de um grupo de pessoas com paraplegia. Estes sujeitos se recuperavam de seu estado inicial de miséria, mas nunca se equiparavam aos do grupo de controle. Este estudo sugere, portanto, que pode ser mais difícil aumentar a felicidade do que diminuí-la.

43 *Se tivermos êxito nessa troca, permaneceremos na esteira hedonista, mas sempre precisaremos de outra dose:* Diener, E.; Lucas, R. E.; Scollon, C. N. "Beyond the Hedonic Treadmill", *American Psychologist* 6 (2006): 305-14. Diener e colegas fizeram cinco revisões do modelo da esteira hedonista para refletir nosso atual entendimento da felicidade, incluindo se ele pode ou não ser melhorado.

Primeiro, eles argumentam que os pontos de controle das pessoas não são neutros (contrariamente a descobertas anteriores). Em outras palavras, a maioria das pessoas é feliz a maior parte do tempo (como mostrado em Diener & Diener, 1996), e elas retornam a este ponto de "felicidade" após os eventos. Segundo, os pontos de controle são diferentes para cada pessoa. Em outras palavras, algumas pessoas são geralmente mais felizes do que outras, tanto por motivos genéticos quanto ambientais. Terceiro, as pessoas também diferem quanto ao grau com que se adaptam a eventos externos (e retornam ao seu ponto de controle). Quarto, não faz sentido falar em um ponto de controle da felicidade. Antes, existem múltiplos pontos de controle que correspondem aos vários componentes de bem-estar (o que permite a adaptação da teoria da esteira hedonista à teoria do bem-estar). Finalmente, e mais importante que tudo, os pontos de controle podem ser modificados sob certas condições. O fato de cidadãos de diversos países relatarem níveis diferentes de felicidade é evidência de que as circunstâncias ambientais afetam o bem-estar. Particularmente, a riqueza e os direitos humanos aparecem como fortes prognosticadores do bem-estar nacional (Diener, Diener e Diener, 1995).

Nas palavras de Diener e colegas (2006), a teoria da esteira hedonista nos pede para "imaginar que indivíduos que vivem numa ditadura cruel, onde o crime, a escravidão e a desigualdade são excessivos, estão tão satisfeitos com suas vidas quanto as pessoas que vivem em uma democracia estável onde a criminalidade é mínima". A pesquisa mostra que, felizmente, não há necessidade de imaginarmos que isso poderia ser verdadeiro. É falso.

Diener, E.; Diener, C. "Most People Are Happy", *Psychological Science* 7 (1996): 181-85.

Diener, E.; Diener, M.; Diener, C. "Factors Predicting the Subjective Well-Being of Nations", *Journal of Personality and Social Psychology* 69 (1995): 851-64.

43 *E quais são apenas uma tapeação?*: Lyubomirsky, S. *A ciência da felicidade*. Rio de Janeiro: Campus, 2008. Um bom manual de autoajuda que separa os conselhos científicos de mitos infundados sobre como se tornar mais feliz.

43 *"polegar maroto da ciência"*: Cummings, E. E. "O Sweet Spontaneous Earth", *Complete Poems, 1904-1962*. Nova York: Norton, 1994, p. 58. Eu uso esta citação com frequência em minhas palestras e sempre me surpreendo com o fato de poucos membros do público estarem familiarizados com este maravilhoso poema.

43 *Existe uma norma para a verificação de terapias em pesquisa: os estudos com distribuição aleatória, controlados por placebo:* Persons, J. B.; Silberschatz, G. "Are Results of Randomized Controlled Trials Useful to Psychotherapists?" *Journal of Consulting and Clinical Psychology* 66 (1998): 126-35. Para um interessante debate sobre a utilidade dos Ensaios Controlados Aleatórios (ECAs) para os clínicos, veja a seguinte discussão entre Jacqueline Persons e George Silberschatz. Persons argumenta que os clínicos não podem oferecer um atendimento de qualidade superior sem ler as descobertas dos ECAs. Silberschatz, por sua vez, explica que os ECAs não tratam dos problemas e das preocupações dos clínicos por faltar-lhes validação externa.

Seligman, M. E. P. "The Effectiveness of Psychotherapy: The Consumer Reports Study", *American Psychologist* 50 (1995): 965-74. Em outro texto, argumentei que os estudos de eficácia, como os ECAs, têm, sim, certas desvantagens: os tratamentos têm duração determinada (geralmente em torno de 12 semanas), a aplicação do tratamento não é flexível, e os sujeitos são designados para um grupo e, portanto, têm um papel mais passivo. Também não são muito representativos de muitos pacientes "da vida real" que entram em tratamento com alta comorbidade. Finalmente, os resultados tendem a se concentrar na redução dos sintomas em oposição à redução geral da debilitação. Portanto, argumentei que o estudo ideal deveria combinar características dos estudos de eficácia e de efetividade, de modo que o rigor científico dos ECAs possa ser ampliado pela relevância real dos estudos de efetividade.

45 *A probabilidade é que daqui a seis meses você esteja menos deprimido, mais feliz e viciado nesse exercício:* Seligman, M. E. P.; Steen, T. A.; Park, N.; Peterson, C. "Positive Psychology Progress: Empirical Validation of Interventions", *American Psychologist* 60 (2005): 410-21.

46 *Eles aprendiam por meio de livros e jamais podiam experimentar a loucura por si mesma:* Reconhecidamente, alguns professores corajosos tentaram oferecer uma perspectiva experiencial em seus cursos de psicopatologia, mas as considerações éticas são complicadas. Rabinowitz, F. E.

"Creating the Multiple Personality: An Experiential Demonstration for an Undergraduate Abnormal Psychology Class", In: Ware M. E.; Johnson, D. E. (Eds.) *Handbook of Demonstrations and Activities in the Teaching of Psychology*, v. 3, *Personality, Abnormal, Clinical-Counseling, and Social*. 2. ed. Mahwah, NJ: Erlbaum, 2000.

Wedding, D.; Boyd, M. A.; Niemec, R. M. *Movies and Mental Illness: Using Films to Understand Psychopathology*. Nova York: McGraw-Hill, 1999. Menos controvertido do que as experiências diretas, os professores podem usar filmes cuidadosamente escolhidos para comunicar a experiência subjetiva da doença mental. Esta obra sugere filmes relevantes.

Rosenhan, D. L. "On Being Sane in Insane Places", *Science* 179 (1973): 250-58. Sinto falta dos bons tempos antes que os Conselhos de Revisão Institucional (CRIs) tornassem impossíveis experimentações arrojadas. Fui um pseudopaciente junto com David Rosenhan em 1972. Fomos internados em hospitais psiquiátricos e observamos como éramos tratados. Foi uma das experiências mais recompensadoras que já tive na vida. Ao contrário dos demais pseudopacientes, fui tratado maravilhosamente. Foi uma excelente forma de me expor à loucura por dentro, mas nenhum CRI permitiria o estudo hoje porque nós enganamos os psiquiatras e os pacientes sobre nossas identidades. Este é o relato original da pesquisa de Rosenhan.

46 *dr. Ben Dean:* www.mentorcoach.com.

49 *Dois dos exercícios [...] reduziram significativamente os indicativos de depressão três e seis meses depois:* Seligman, M. E. P. Steen, T. A. Park, N.; Peterson, C. "Positive Psychology Progress: Empirical Validation of Interventions", *American Psychologist* 60 (2005): 410-21.

50 *Este questionário foi desenvolvido por Chris Peterson, professor na Universidade de Michigan:* Peterson C.; Park, N. "Classifying and Measuring Strengths of Character", In: Snyder C. R.; Lopez S. J. (eds.) *Handbook of Positive Psychology*. 2. ed. Nova York: Oxford University Press, 2009.

Para mais informações sobre forças específicas, veja Peterson C.; Seligman, M. E. P. (Eds.) *The VIA Classification of Strengths and Virtues*. Washington, DC: American Psychological Association, 2003.

51 *em pontos adequados ao longo deste livro:* Rashid T.; Seligman, M. *Positive Psychotherapy*. Nova York: Oxford, 2001. Inclui a exposição completa desses exercícios.

52 *E eles permaneceram sem depressão durante o ano em que os acompanhamos:* Seligman, M. E. P.; Rashid, T.; Parks, A. C. "Positive Psychotherapy", *American Psychologist* 61 (2006): 774-88.

52 *o dr. Tayyab Rashid criou a psicoterapia positiva:* sobre este assunto, veja as seguintes publicações: Rashid T.; Anjum, A. "Positive Psychotherapy for Children and Adolescents". In: Abela J. R. Z.; Hankin B. L. (Eds.). *Depression in Children and Adolescents: Causes, Treatment, and Prevention*. Nova York: Guilford Press, 2007.

Seligman, M. E. P.; Rashid, T.; Parks, A. C. "Positive Psychotherapy", *American Psychologist* 61 (2006): 774-88

Rashid T. "Positive Psychotherapy". In: Lopez, S. J. (Ed.) *Positive Psychotherapy, Perspective Series*. Londres: Blackwell Publishing, no prelo.

Cummins, R. "Subjective Well-Being, Homeostatically Protected Mood and Depression: A Synthesis", *Journal of Happiness Studies* 11 (2010): 1-17.

Harmer, C.; Goodwin, G.; Cowen, P. "Why Do Antidepressants Take So Long to Work?" *British Journal of Psychiatry* 195 (2009): 102-8.

52 *Rashid e Seligman, 2011:* Rashid T.; Seligman, M. E. P. *Positive Psychotherapy: A Treatment Manual*. Nova York: Oxford University Press, no prelo.

Veja também Wood A.; Joseph, S. "The Absence of Positive Psychological (Eudemonic) Well-Being as a Risk Factor for Depression: A Ten-Year Cohort Study", *Journal of Affective Disorders* 122 (2010): 213-17.

NOTAS

Harmer, C.; O'Sullivan, U.; Favaron, E. et al. "Effect of Acute Antidepressant Administration on Negative Affective Bias in Depressed Patients", *American Journal of Psychiatry* 166 (2009): 1178-84.

53 *Introduzimos o perdão como uma ferramenta poderosa:* Talvez a melhor ilustração desta ideia seja a história de Kim Phuc, a mulher vietnamita que foi fotografada aos 9 anos de idade correndo nua pelas ruas de Trang Bang, após um ataque de napalm por forças sul-vietnamitas. Seu ensaio "The Long Road to Forgiveness" ["O longo caminho para o perdão"] (2008) foi apresentado na série *This I Believe* [*Nisso eu acredito*] da NPR. Mais informações sobre a história de Kim Phuc podem ser encontradas na seguinte biografia: Chong, D. *The Girl in the Picture: The Story of Kim Phuc, the Photograph, and the Vietnam War.* Nova York: Viking Penguin, 1999.

54 *Encorajamos o* satisficing *acima da maximização:* Schwartz, B.; Ward, A.; Monterosso, J.; Lyubomirsky, S.; White, K.; Lehman, D. R. "Maximizing Versus Satisficing: Happiness Is a Matter of Choice", *Journal of Personality and Social Psychology* 83 (2002): 1178-97;

Schwartz, B., *The Paradox of Choice: Why More Is Less.* Nova York: Harper-Collins, 2004.

Barry Schwartz, o professor Dorwin Cartright de teoria social e ação social na Faculdade Swarthmore, é o principal pesquisador sobre os custos e benefícios de se usar estratégias de *satisficing* versus maximização durante a tomada de decisão. Em particular, os maximizadores têm custos psicológicos quando precisam enfrentar um número maior de opções (já que sempre tentarão melhorar sua situação em vez de se contentar com a atual). Em uma série de sete estudos conduzidos com Sonja Lyubomirsky, Schwartz mostrou que a maximização (medida como uma variável de diferença individual) está associada a menores níves de felicidade, otimismo, autoestima e satisfação com a vida, mas a níveis mais altos de depressão, perfeccionismo e arrependimento.

55 *55 por cento dos pacientes em psicoterapia positiva, 20 por cento dos pacientes em tratamento tradicional e apenas 8 por cento em tratamento com uso de medicação alcançaram a remissão:* Seligman, M. E. P.; Rashid, T.; Parks, A. C. "Positive Psychotherapy", *American Psychologist* 61 (2006): 774-88. Observe que o tratamento tradicional neste estudo consistiu de uma abordagem integradora e eclética da terapia conduzida por psicólogos licenciados e assistentes sociais e estagiários.

55 *A revista* Time *trouxe uma matéria de capa sobre a psicologia positiva:* Wallis, C. "The New Science of Happiness", *Time,* 17 jan. 2005.

Capítulo 3: O segredinho sujo dos medicamentos e da psicoterapia

56 *a depressão é a doença mais onerosa do mundo:* Organização Mundial de Saúde, *Global Burden of Disease: 2004 Update* (2008). Disponível em: www.who.int/healthinfo/global_burden_disease/GBD_report_2004update_full.pdf. Acesso em: 20 out. 2009. Em 2004, a OMS estimou que, de todas as doenças, a depressão unipolar levava ao maior número de anos perdidos por incapacidade (API). A depressão está no topo da lista tanto para homens (24 milhões de APIs) como para mulheres (41 milhões de APIs), bem como para países com renda alta (10 milhões de APIs) e de média a baixa (55 milhões de APIs). Em todas as regiões do mundo, as doenças neuropsiquiátricas (de todos os tipos) são a principal causa de incapacidade, representando aproximadamente um terço de todos os APIs (entre adultos a partir dos 15 anos).

56 *os tratamentos preferidos são os medicamentos e a psicoterapia:* Kaiser Permanente Care Management Institute, *Depression Clinical Practice Guidelines.* Oakland, CA: Kaiser Permanente Care Management Institute, 2006.

56 *Em média, o tratamento de um caso de depressão custa aproximadamente 5 mil dólares ao ano, e há cerca de 10 milhões de casos todos os anos nos Estados Unidos:* www.allaboutdepression.com/gen_01.html; http://mentalhealth.about.com/b/2006/07/17/depression-treatment-can-be-expensive.htm.

56 *A indústria dos medicamentos antidepressivos é multibilionária:* IMS Health, *Top 15 Global Therapeutic Classes* (2008). Disponível em: www.imshealth.com/deployedfiles/imshealth/Global/

Content/StaticFile/Top_Line_Data/Global_Top_15_Therapy_Classes.pdf. Acesso em 26 out. 2009. Em 2008, as vendas mundiais de antidepressivos atingiram mais de 20 bilhões de dólares. Na época, os antidepressivos eram a oitava classe de medicamentos mais receitada no mundo.

56 *pelo menos tão eficaz quanto as terapias e medicamentos:* Seligman, P., Rashid, T., and Parks, A. C. "Positive Psychotherapy", *American Psychologist* 61 (2006): 774-88.

57 *ambas desistiram da noção de cura:* J. Moncrieff, *The Myth of the Chemical Cure: A Critique of Psychiatric Drug Treatment.* Para mais informações sobre a noção de cura na psiquiatria, veja a controvertida obra de Joanna Moncrieff. Para uma revisão do livro da dra. Moncrieff, veja A. Yawar, "Book Review: The Fool on the Hill", *Lancet* 373 (2009): 621-22.

57 *somente os tratamentos breves são reembolsados pelas empresas de seguro:* Glied, S. A.; Frank, R. G. "Shuffling Towards Parity: Bringing Mental Health Care Under the Umbrella", *New England Journal of Medicine* 359 (2008): 113-15; Barry, C. L.; Frank, R. G.; McGuire, T. G. "The Costs of Mental Health Parity: Still an Impediment?" *Health Affairs* 25 (2006): 623-34. Apesar dos progressos feitos em anos recentes, a doença mental ainda não está em pé de igualdade com outras condições médicas em termos de cobertura de seguro. Para uma discussão sobre os atuais problemas no debate sobre a paridade da saúde mental, veja Glied et al. Para uma crítica da noção de que o estabelecimento da paridade da saúde mental aumentaria os gastos e seria insustentável, veja Barry et al.

57 *Existem dois tipos de medicamentos: as drogas cosméticas e as curativas:* King, C.; Voruganti, L. N. P. "What's in a Name? The Evolution of the Nomenclature of Antipsychotic Drugs", *Journal of Psychiatry & Neuroscience* 27 (2007): 168-75. Muitos fatores afetam as percepções de clínicos e pacientes sobre o que os medicamentos fazem e como eles funcionam. Fatores simples — como os nomes dos medicamentos — podem influenciar estas percepções. Em um artigo de revisão, Caroline King e Lakshmi Voruganti analisam a história e a influência dos nomes dados aos medicamentos usados para tratar a psicose. As pesquisadoras explicam por que uma quantidade de termos diferentes foi usada ao longo do século passado (desde tranquilizantes, ataráxicos, neurolépticos, antiesquizofrênicos, antipsicóticos até os agonistas de serotonina e dopamina, e assim por diante). Elas concluem que, embora a psiquiatria tenha avançado muito na compreensão dos mecanismos de ação dos medicamentos psicotrópicos, o sistema de nomenclatura ainda é incrivelmente vago e promove mal-entendidos sobre o que os medicamentos efetivamente fazem. Comentário semelhante é feito sobre a classe de medicamentos que hoje chamamos de antidepressivos.

57 *Todo medicamento na prateleira da farmacopeia psiquiátrica é cosmético:* Hollon, S. D.; Thase, M. E.; Markowitz, J. C. "Treatment and Prevention of Depression", *Psychological Science in the Public Interest* 3 (2002): 39-77. Segundo Hollon et al., as evidências mostram que os antidepressivos têm efeitos apenas de supressão de sintomas (e não de cura). Uma vez terminado o tratamento, os pacientes têm alto risco de recorrência.

58 *uma defesa chamada de "fuga para a saúde":* Frick, W. B. "Flight into Health: A New Interpretation", *Journal of Humanistic Psychology* 39 (1999): 58-81. Uma revisão histórica e crítica (de uma perspectiva humanística) do conceito de "fuga para a saúde".

58 *Os efeitos são, quase sempre, o que tecnicamente se chama de "pequenos":* Kirsch, I.; Moore, T. J.; Scoboria, A.; Nicholls, S. S. "The Emperor's New Drugs: An Analysis of Antidepressant Medication Data Submitted to the U.S. Food and Drug Administration", *Prevention and Treatment* (July 15, 2002). Disponível em: http://psycnet.apa.org/journals/pre/5/1/23a.html. Acesso em: 26 out. 2009. Em 2002, Kirsch et al. publicaram uma revisão de estudos investigando a eficácia dos seis antidepressivos mais receitados, aprovados entre 1987 e 1999 (fluoxetina, paroxetina, sertralina, venlafaxina, nefazodona e citalopram). Os resultados mostraram que a diferença total entre medicamento e placebo, embora significativa, era de apenas aproximadamente dois pontos na Escala Hamilton para Depressão. A maioria dos clínicos concordaria que tal diferença é trivial. Além disso, os resultados não diferiram para doses baixas ou altas da medicação.

NOTAS

Hollon, S. D.; DeRubeis, R. J.; Shelton, R. C.; Weiss, B. "The Emperor's New Drugs: Effect Size and Moderation Effects", *Prevention and Treatment* (July 15, 2002). Disponível em: http://psycnet.apa.org/indexexpand=1. Acesso em: 26 out. 2009. Em um comentário à revisão de Kirsch, Hollon et al. propuseram que o pequeno efeito descrito pode ser enganador, porque ele obscurece o fato de que diferentes medicamentos podem funcionar para pessoas diferentes, e que os potenciais efeitos são, portanto, abafados quando se considera o efeito do medicamento em todos. O tamanho do efeito, com base no paciente mediano, pode, portanto, subestimar a diferença medicamento--placebo para os que respondem.

Para uma outra revisão sobre o tamanho do efeito da medicação antidepressiva, veja: Moncrieff J.; Kirsch, I. "Efficacy of Antidepressants in Adults", *British Medical Journal* 331 (2005): 155-57.

58 *índice de alívio de 65 por cento, acompanhado por um efeito placebo que varia de 45 a 55 por cento:* Em sua revisão sobre a eficácia dos antidepressivos, Kirsch et al. (veja a nota anterior) descobriram que 82 por cento dos efeitos do medicamento podem ser explicados pelos efeitos do placebo. Em outras palavras, apenas 18 por cento da resposta ao medicamento podem ser atribuídos aos seus efeitos farmacológicos. Os autores também argumentam que esses 18 por cento também poderiam ser devidos ao rompimento do sigilo antes do fim do estudo, pois as pessoas percebem, pelos efeitos colaterais, que provavelmente estejam no grupo de tratamento ativo, e não no de controle.

58 *A resposta ao placebo é tão alta que em metade dos estudos nos quais a Food and Drug Administration (FDA) norte-americana baseia sua aprovação oficial de antidepressivos, não havia diferença entre o placebo e o medicamento:* Como descrito por Kirsch et al. (2002; veja nota anterior), a FDA exige dois resultados positivos (em outras palavras, diferenças significativas entre placebo e medicamento) de dois ensaios clínicos controlados para poder aprovar um medicamento, mesmo que outros ensaios mostrem resultados negativos. Por exemplo, o medicamento Celexa (citalopram) foi aprovado com base em dois resultados positivos e três negativos.

58 *não houve efeitos:* Fournier, J.; DeRubeis, R.; Hollon, S.; Dimidjian, S.; Amsterdam, J.; Shelton, R.; Fawcett, J. "Antidepressant Drug Effects and Depression Severity: A Patient-Level Meta-Analysis", *Journal of the American Medical Association* 303 (2010): 47-53.

59 *Todos os medicamentos têm exatamente a mesma característica: quando você deixa de tomá-los, você volta à estaca zero, e a recorrência e a recaída são a regra:* Hollon, S. D.; Thase, M. E.; Markowitz, J. C. "Treatment and Prevention of Depression", *Psychological Science in the Public Interest* 3 (2002): 39-77.

59 *Shelly Gable, professora de psicologia na Universidade da Califórnia, em Santa Barbara, demonstrou que o modo como você comemora é mais preditivo de relações fortes do que o modo como você briga:* Gable, S. L.; Reis, H. T.; Impett, E. A.; Asher, E. R. "What Do You Do When Things Go Right? The Intrapersonal and Interpersonal Benefits of Sharing Good Events", *Journal of Personality and Social Psychology* 87 (2004): 228-45.

Gable, S. L.; Gonzaga, G. C.; Strachman, A. "Will You Be There for Me When Things Go Right? Supportive Responses to Positive Events Disclosures", *Journal of Personality and Social Psychology* 9 (2006): 904-17.

62 *existe outra abordagem mais realista a essas disforias: aprender a funcionar bem mesmo quando se está triste, ansioso ou bravo — em outras palavras, enfrentando-as:* Hayes, S. C. "Acceptance and Commitment Therapy, Relational Frame Theory, and the Third Wave of Behavioral and Cognitive Therapies", *Behavior Therapy* 35 (2004): 639-65. A assim chamada terceira onda de terapias comportamentais e cognitivas partilha a ideia de que os pacientes ficariam melhor enfrentando seus problemas do que tentando livrar-se deles. Steven Hayes, o criador da Terapia da Aceitação e Comprometimento (TAC), explica que os clientes podem perder de vista quais são seus objetivos finais e que a aceitação, ou o "enfrentamento", pode ajudá-los a fazer exatamente isso: "Em geral, uma pessoa com transtorno de ansiedade quer se livrar da ansiedade. Recusar-se a trabalhar diretamente

com esse resultado desejado pode levar à perda de credibilidade. Em outro nível, no entanto, o cliente ansioso quer se livrar da ansiedade para poder fazer algo, como ter uma vida humana efetivamente vital. A falta de ansiedade não é o objetivo final — é um meio para chegar a um fim. Já que, com frequência, ela fracassou como meio, a TAC sugere que esse meio seja abandonado. [...] A mensagem maior, portanto, é validar (confie em sua experiência) e capacitar (você pode viver uma vida poderosa a partir daqui, sem ter de primeiro vencer uma guerra contra sua própria história)" (p. 652).

Para uma outra revisão sobre a TAC, veja Hayes, S. C.; Luoma, J. B.; Bond, F. W.; Masuda, A.; Lillis, J. "Acceptance and Commitment Therapy: Model, Processes, and Outcomes", *Behaviour Research and Therapy* 44 (2006): 1-25.

Outra terapia da terceira onda, a Terapia Cognitiva Baseada na Atenção (MBCT, em inglês), também enfatiza a importância da aceitação no processo terapêutico: Segal, Z. V.; Williams, J. M. G.; Teasdale, J. G. *Mindfulness-Based Cognitive Therapy for Depression.* Nova York: Guilford Press, 2002.

63 *a maioria dos traços de personalidades são altamente herdáveis [...] As disforias com frequência — mas nem sempre — brotam desses traços de personalidade:* Loehlin, J. C. McCrae; R. R. Costa, P. T. "Heritabilities of Common and Measure-Specific Components of the Big Five Personality Factors", *Journal of Research in Personality* 32 (1998): 431-53. Um estudo gêmeo desenvolvido por Loehlin e colegas observou a herdabilidade dos Cinco Grandes traços da personalidade e mostrou que aproximadamente 50 a 60 por cento da variação na extroversão, abertura a experiências, afabilidade, consciência e neurose têm origem genética. Quarenta a 50 por cento da variação parece derivar do ambiente individual único, enquanto nenhuma variação parece surgir de influências ambientais comuns.

Veja também Harris, J. *The Nurture Assumption.* Nova York: Free Press, 1998, e Pinker, S. *The Blank Slate: The Denial of Human Nature and Modern Intellectual Life.* Nova York: Viking, 2002.

64 *Abraham Lincoln:* Basler, R. P.; Pratt, M. D.; Dunlap, L. A. *The Collected Works of Abraham Lincoln* (9 vols.). New Brunswick, NJ: Rutgers University Press, 1953. Em uma carta endereçada a seu sócio, John T. Stuart, em 23 de janeiro de 1841, Lincoln descreve o intenso episódio depressivo pelo qual passava: "Sou hoje o homem mais miserável que existe. Se o que sinto fosse distribuído igualmente a toda a família humana, não haveria um único rosto alegre em toda a terra. Se vou melhorar, não sei dizer; pressinto que não. Permanecer como estou é impossível; parece-me que devo morrer ou melhorar."

Sobre a biografia de Lincoln, como previamente citado, veja White R. C., *Lincoln: A Biography.* Nova York: Random House, 2009. O melhor livro que já li sobre a vida emocional de Lincoln é de Shenk, J. W. *Lincoln's Melancholy.* Boston: Houghton-Mifflin, 2005.

64 *Winston Churchill:* Rubin, G. *Forty Ways to Look at Winston Churchill: A Brief Account of a Long Life.* Nova York: Random House, 2004. Para um relato sobre a depressão de Winston Churchill, veja o Capítulo 11: "Churchill as Depressive: The 'Black Dog?'" A produtividade de Winston Churchill, à luz de sua incapacidade, tem sido usada como um instrumento de comunicação para reduzir o estigma entre pessoas com doenças mentais no Reino Unido. Recentemente, a maior instituição de doença mental grave no Reino Unido (Rethink) encomendou uma estátua de Churchill usando uma camisa de força. Muito adequadamente, a estátua ganhou o nome de "Cão preto", o nome que o próprio Churchill dava à sua depressão. Apesar das boas intenções por trás desta iniciativa, a estátua causou muita controvérsia, talvez porque a camisa de força carregue conotações muito negativas de tratamento retrógrado para os doentes mentais. No entanto, os líderes da Rethink responderam que a camisa de força era usada uma metáfora de como a doença mental pode ser usada como uma camisa de força, negando oportunidades de trabalho, sociais e outras a quem dela sofre.

London, C.; Scriven, A.; Lalani, N. "Sir Winston Churchill: Greatest Briton Used as an Antistigma Icon", *Journal of the Royal Society for the Promotion of Health* 126 (2006): 163-64.

64 *Lincoln chegou perto de se matar em janeiro de 1841:* Shenk, J. W. *Lincoln's Melancholy.* Boston: Houghton-Mifflin, 2005. Como meus filhos estudam em casa, tive o privilégio de ensinar História Americana a eles. Na última iteração, quando as crianças tinham 8, 10 e 12 anos, passei três anos ensinando sobre os presidentes. Após o primeiro ano, concluímos James Buchanan. Quando começamos com Abraham Lincoln, as crianças disseram: "Oba, esse é um cara incrível." Então passamos um ano inteiro estudando Abraham Lincoln, usando a maravilhosa biografia de Carl Sandburg, *Abraham Lincoln: The Prairie Years and the War Years.* Nova York: Mariner Books, 2002.

66 *Um A para "aplicada":* Eu não estava presente, claro, portanto minha narrativa é a partir do que ouvi dizer.

66 *Embora a Universidade da Pensilvânia tenha sido fundada por Benjamin Franklin para lecionar tanto as matérias "aplicadas" como as "ornamentais":* Franklin, B. *Proposals Relating to the Education of Youth in Pensilvania* (1749). Nas palavras do próprio Franklin: "Quanto a seus estudos, seria aconselhável que lhes fosse ensinado tudo que seja útil e tudo que seja ornamental: mas a Arte é longa e seu tempo é curto. Propõe-se, portanto, que eles aprendam aquelas coisas que provavelmente serão mais úteis e mais ornamentais, de acordo com as diferentes profissões que lhes sejam pretendidas."

67 Tractatus Logico-Philosophicus: L. Wittgenstein, *Tractatus Logico-Philosophicus.* São Paulo: Edusp, 2001.

68 Investigações filosóficas: L. Wittgenstein, *Investigações filosóficas.* Petrópolis: Vozes, 2005. Em uma pesquisa com 5 mil professores de filosofia, em que foram questionados sobre as cinco mais importantes obras de filosofia do século XX, *Investigações filosóficas,* de Wittgenstein, ganhou disparado. (*Tractatus* também ficou entre os cinco mais importantes livros de filosofia do século, ficando em quarto lugar, atrás de *Ser e tempo,* de Heidegger, e *Teoria da justiça,* de Rawls. Incidentalmente, *Investigações filosóficas* foi publicado postumamente. Wittgenstein não se dignou a publicar a si mesmo; seus alunos publicaram seus pensamentos a partir de suas anotações de aula.

D. Lackey, "What Are the Modern Classics? The Baruch Poll of Great Philosophy in the Twentieth Century", *Philosophical Forum* 30 (1999), 329-46.

68 *Tão importante quanto as ideias de Wittgenstein foi o fato de ele ser um professor encantador:* Monk, R. *Wittgenstein: The Duty of Genius.* Nova York: Penguin, 1990. Quando Wittgenstein retornou a Cambridge para lecionar, em 1929, seu *Tractatus* tinha se tornado uma lenda e ele foi recebido na estação de trem pela elite da intelectualidade inglesa. John Maynard Keynes (um de seus amigos) comentou numa carta à sua esposa: "Bem, Deus chegou. Encontrei-o no trem das 5h15."

Para mais informações sobre o estilo de ensino de Wittgenstein, veja Gasking, A. T.; Jackson, A. C. "Wittgenstein as Teacher". In: Fann, K. T. (Ed.). *Ludwig Wittgenstein: The Man and His Philosophy,* Nova York: Delta, 1967, p. 49-55.

69 *Walter Kaufmann, o carismático professor de Nietzsche:* Kaufmann, W. *Nietszche: Philosopher, Psychologist, Antichrist.* Princeton, NJ: Princeton University Press, 1950.

69 (*Este acontecimento é recriado no fascinante livro de David Edmonds e John Eidinow,* O atiçador de Wittgenstein.): Edmonds, D.; Eidinow, J. *O atiçador de Wittgenstein: A história de uma discussão de dez minutos entre dois grandes filósofos.* Rio de Janeiro: Difel, 2003.

70 *Fiz meu PhD com ratos brancos:* Seligman, M. E. P. "Chronic Fear Produced by Unpredictable Electric Shock", *Journal of Comparative and Physiological Psychology* 66 (1968): 402-11.

71 *Aos oitenta e tantos anos na época e quase cego, Jerry é uma história ambulante da psicologia nos Estados Unidos:* Bakhurst; D. Shanker, S. G. (Eds.). *Jerome Bruner: Language, Culture, Self.* Londres: Sage Publications, 2001. Um resumo do trabalho de Jerome Bruner e seu legado.

72 *Esta é, efetivamente, a lógica do esforço da inteligência artificial:* McCarthy, J.; Minsky, M.; Rochester, N.; Shannon, C. *A Proposal for the Dartmouth Summer Research Project on Artificial Intelligence* (1955). Disponível em: www-formal.stanford.edu/jmc/history/dartmouth/dartmouth.html. Acesso em: 2 ago. 2010. A conferência de Dartmouth de 1956 é tida, amplamente, como o momento do nascimento da inteligência artificial. Na dita proposta que levou à conferência, os pesquisadores afirmaram que "cada aspecto do aprendizado ou qualquer outro recurso de inteligência pode, em princípio, ser descrito com tamanha precisão que uma máquina seria capaz de simulá-lo."

73 *os benefícios não eram específicos a um único tipo de terapia ou a um único tipo de transtorno:* Seligman, M. E. P. "The Effectiveness of Psychotherapy: The Consumer Reports Study", *American Psychologist* 50 (1995): 965-74.

Capítulo 4: Ensinando o bem-estar: A mágica do MAPP

75 *Derrick Carpenter:* Derrick Carpenter formou-se no programa MAPP em 2007. Recebeu seu Bachelor of Science [licenciatura] em matemática pelo MIT e, em seguida, trabalhou como coordenador de pesquisa na Universidade da Pensilvânia, estudando aprendizagem perceptual e educação em matemática. Derrick é um remador e ciclista ávido e está interessado na conexão entre esportes e psicologia positiva. Derrick tem uma coluna mensal no *Positive Psychology News Daily* (positivepsychology news.com).

76 *Mestrado em Psicologia Positiva Aplicada:* para mais informações sobre o programa, visite www.sas.upenn.edu/lps/graduate/map.

77 *dr. James Pawelski:* James Pawelski é diretor de educação e estudioso sênior no Centro de Psicologia Positiva. É também professor adjunto de estudos religiosos na Universidade da Pensilvânia. Pawelski conquistou seu PhD em Filosofia em 1997. É autor de *The Dynamic Individualism of William James*, no qual apresenta uma importante e nova interpretação e aplicação do trabalho deste filósofo e psicólogo original. Atualmente, ele estuda os fundamentos filosóficos da psicologia positiva, a filosofia e a psicologia do desenvolvimento do caráter e o desenvolvimento, a aplicação e a avaliação de intervenções em psicologia aplicada. Também é o diretor executivo fundador da Associação Internacional de Psicologia Positiva (AIPP).

Mais informações sobre James Pawelski e seu trabalho podem ser encontradas em http://james pawelski.com e em Pawelski, J. O. *The Dynamic Individualism of William James.* Albany, NY: SUNY Press, 2007.

77 *Debbie Swick:* Deborah Swick é diretora associada de educação do Centro de Psicologia Positiva na Universidade da Pensilvânia. Ela obteve seu MBA na Universidade de Vanderbilt. Além de dirigir o programa MAPP, Debbie Swick é também um dos diretores executivos associados da Associação Internacional de Psicologia Positiva.

77 *Tom Rath:* Tom Rath é autor dos best-sellers de administração *How Full Is Your Bucket?*, *StrengthsFinder 2.0*, e *Strengths Based Leadership.* Seu último best-seller, em parceria com Jim Harter, é: *Well Being: the Five Essential Elements.* Washington: Gallup, 2010. Veja também: Rath, T.; Clifton, D. O. *Seu balde está cheio?* Rio de Janeiro: Sextante, 2005; Rath, T. *StrengthsFinder 2.0.* Nova York: Gallup Press, 2007; Rath, T.; Conchie, B. *Strengths Based Leadership.* Nova York: Gallup Press, 2008.

77 *Yakov Smirnoff:* famoso comediante e pintor. Para mais informações sobre as atuais atividades de Yakov Smirnoff, veja www.yakov.com/branson.

77 *Senia Maymin:* Senia Maymin está atualmente tirando seu PhD na Escola de Administração da Universidade de Stanford. É também editora-chefe do *Positive Psychology News Daily* (PPND), uma mina de ouro em informações sobre pesquisas e aplicações da psicologia positiva. A

maioria dos autores que aparecem no PPND (http://positivepsychologynews.com) são formados nos programas MAPP da Universidade da Pensilvânia ou da Universidade de Londres Oriental.

78 *o gênio do laboratório de psicologia positiva:* Fredrickson, B. L. *Positividade: Descubra a força das emoções.* Rio de Janeiro: Rocco, 2009. Um resumo do trabalho de Barbara Fredrickson com as emoções positivas.

78 *Barb começou por detalhar sua teoria da "produção e ampliação" da emoção positiva:* Fredrickson, B. L. "The Role of Positive Emotions in Positive Psychology: The Broaden-and-Build Theory of Positive Emotions", *American Psychologist* 56 (2001): 218-26. Fredrickson, B. L.; Branigan, C. "Positive Emotions Broaden the Scope of Attention and Thought-Action Repertoires", *Cognition & Emotion* 19 (2005): 313-32.

78 *As empresas com uma razão superior a 2,9:1 para afirmações positivas e negativas estão prosperando:* Fredrickson, B. L.; Losada, M. F. "Positive Affect and the Complex Dynamics of Human Flourishing", *American Psychologist* 60 (2005): 678-86. Fredrickson e Losada tinham encontrado resultados semelhantes para indivíduos anteriormente. Eles pediram a 188 sujeitos para completar uma pesquisa a fim de determinar se eles estavam florescendo. Estes sujeitos então forneceram relatórios diários de emoções positivas e negativas durante o período de um mês. A razão média de afeto positivo e negativo ficou acima de 2,9 para indivíduos que estavam florescendo, e abaixo disso para os que não estavam.

Para outra discussão sobre o papel das emoções positivas em ambientes corporativos, veja Fredrickson, B. L. "Positive Emotions and Upward Spirals in Organizational Settings". In: Cameron, K.; Dutton, J.; Quinn, R. (Eds.) *Positive Organizational Scholarship,* São Francisco: Berrett-Koehler, 2003. p. 163-75.

79 *A isso nós chamamos de 'razão Losada':* Losada, M. "The Complex Dynamics of High Performance Teams", *Mathematical and Computer Modeling* 30 (1999): 179-92; Losada M.; Heaphy E. "The Role of Positivity and Connectivity in the Performance of Business Teams: A Non-linear Dynamics Model", *American Behavioral Scientist* 47 (2004): 740-65.

79 *A advocacia é a profissão com os índices mais altos de depressão, suicídio e divórcio:* Eaton, W. W.; Anthony, J. C.; Mandel, W.; Garrison, R. "Occupations and the Prevalence of Major Depressive Disorder", *Journal of Occupational and Environmental Medicine* 32 (1990): 1079-87. Em um estudo de 1990, pesquisadores da Universidade Johns Hopkins compararam a prevalência de depressão clínica em 104 profissões. Os advogados apareceram no topo da lista, com uma prevalência de depressão aproximadamente quatro vezes superior à da população geral.

Schiltz, P. J. "On Being a Happy, Healthy, and Ethical Member of an Unhappy, Unhealthy, and Unethical Profession", *Vanderbilt Law Review* 52 (1999): 871-951. Schiltz oferece um excelente resumo e comentário sobre a pesquisa que mostra índices mais elevados de depressão, ansiedade, alcoolismo, abuso de drogas, suicídio, divórcio e pouca saúde física entre advogados e estudantes de direito. Ele dá três explicações para estes resultados: as longas horas de trabalho, o dinheiro envolvido e a competitividade na profissão. Finalmente, Schiltz oferece conselhos sobre como permanecer são e ético sem abrir mão de ser advogado.

Sheldon K. M.; Krieger, L. S. "Understanding the Negative Effects of Legal Education on Law Students: A Longitudinal Test of Self-Determination Theory", *Personality and Social Psychology Bulletin* 33 (2007): 883-97. Sheldon e Krieger investigaram, recentemente, os processos psicológicos subjacentes ao declínio do bem-estar em estudantes de direito matriculados em duas faculdades. Em ambas, o bem-estar dos alunos caiu ao longo de três anos. Em uma das faculdades, no entanto, os alunos relataram que os professores encorajavam um maior senso de autonomia percebida nos alunos. Em consequência disso, o declínio em seu bem-estar foi menos abrupto do que nos alunos da outra faculdade. O apoio à autonomia percebida também previu um maior GPA, um melhor exame da Ordem dos Advogados e uma maior motivação autodeterminada para encontrar um primeiro emprego após a formatura.

79 *John Gottman computou a mesma estatística:* Gottman, J. M. "The Roles of Conflict Engagement, Escalation, and Avoidance in Marital Interaction: A Longitudinal View of Five Types of Couples", *Journal of Consulting and Clinical Psychology* 61 (1993): 6-15; Gottman, J. M. *What Predicts Divorce: The Relationship Between Marital Processes and Marital Outcomes.* Hillsdale, NJ: Erlbaum, 1994.

81 *O "ciclo básico de atividade-repouso":* Kleitman, N. "Basic Rest-Activity Cycle in Relation to Sleep and Wakefulness". In: Kales, A. (Ed.) *Sleep: Physiology and Pathology.* Philadelphia: Lippincott, 1969, p. 33-38. Este termo foi cunhado por Nathaniel Kleitman, o pai das pesquisas do sono.

82 *Temo que o* coaching *esteja desenfreado:* Spence, G. B.; Cavanagh, M. J.; Grant, A. M. "Duty of Care in an Unregulated Industry: Initial Findings on the Diversity and Practices of Australian Coaches", *International Coaching Psychology Review* 1 (2006): 71-85. Uma perspectiva australiana sobre o papel dos *coaches* e sobre os problemas criados pela falta de regulamentação da profissão.

Para uma revisão da literatura sobre *coaching* executivo (a área onde a maior parte das pesquisas estão se acumulando atualmente), veja Kampa-Kokesch, S.; Anderson, M. Z. "Executive Coaching: A Comprehensive Review of the Literature", *Consulting Psychology Journal: Practice and Research* 53 (2001): 205-28.

82 *A psicologia positiva pode oferecer os dois:* Seligman, M. E. P. "Coaching and Positive Psychology", *Australian Psychologist* 42 (2007): 266-67.

Para um exemplo de *coaching* baseado na psicologia positiva, veja: Biswas-Diener, R.; Dean, B. *Positive Psychology Coaching: Putting the Science of Happiness to Work for Your Clients.* Hoboken, NJ: John Wiley & Sons, 2007. Kauffman, C.; Stober, D.; Grant, A. "Positive Psychology: The Science at the Heart of Coaching". In: Stober, D. R.; Grant, A. M. (Eds.). *The Evidence Based Coaching Handbook.* Hoboken, NJ: John Wiley & Sons, 2006. p. 219-54.

82 *intervenções e avaliações que efetivamente funcionam:* Três bons exemplos com boa validação empírica, além daqueles detalhados neste livro, são a Terapia de Qualidade de Vida, de Michael Frisch, a Terapia Focada na Solução e a Terapia da Aceitação e Comprometimento (TAC).

Frisch, M. *Quality of Life Therapy.* Nova York: Wiley, 2005.

Gingerich, W. "Solution-Focused Brief Therapy: A Review of the Outcome Research", *Family Process,* 39 (2004): 477-98.

Hayes, S.; Strosahl, K.; Wilson, K. *Acceptance and Commitment Therapy.* Nova York: Guilford, 1999.

83 *e souber quando deve encaminhar um cliente a alguém com uma formação mais adequada:* Berglas, S. "The Very Real Dangers of Executive Coaching", *Harvard Business Review* (Junho 2002): 87-92. Um caso de *coaching* que deu errado.

84 *teoria da definição de metas:* Locke E. A.; Latham, G. P. "Goal Setting Theory". In: O'Neil, H. F.; Drillings, M. E. (Eds.). *Motivation: Theory and Research.* Hillsdale, NJ: Erlbaum, 1994. p. 13-29; Locke, E. A.; Latham, G. P. "Building a Practically Useful Theory of Goal Setting and Task Motivation: A 35-Year Odyssey", *American Psychologist* 57 (2002): 705-17; Locke, E. A. "Motivation by Goal Setting". In: Golembiewski, R. (Ed.). *Handbook of Organizational Behavior.* Nova York: Marcel Dekker, 2001.

84 *Creating your best life*: Miller, C. A.; Frisch, M. *Creating Your Best Life: The Ultimate Life List Guide.* Nova York: Sterling, 2009.

84 *Investigação apreciativa:* Cooperrider, D. L.; Whitney, D.; Stavros, J. M. *Appreciative Inquiry Handbook: For Leaders of Change,* 2. ed. Bedford Heights, OH: Lakeshore Communications, 2007; Cooperrider, D. L.; Whitney, D. *Appreciative Inquiry: A Positive Revolution in Change.* São Francisco: Berrett-Koehler, 2005. Para as últimas informações sobre a investigação apreciativa.

84 *muitas empresas utilizam a avaliação de desempenho 360 graus:* Smither, J. W.; London, M.; Reilly, R. R. "Does Performance Improve Following Multisource Feedback? A Theoretical Model, Meta-Analysis, and Review of Empirical Findings", *Personnel Psychology* 58 (2005): 33-66. Uma revisão sobre a eficácia da avaliação de desempenho de 360 graus.

86 *Adultos casados [...] tendem a ser mais saudáveis e a viverem mais do que os solteiros:* Coombs, R. H. "Marital Status and Personal Well-Being: A Literature Review", *Family Relations* 40 (1991): 97-102. Uma revisão sobre os benefícios do casamento; Stack S.; Eshleman, J. R. "Marital Status and Happiness: A 17-Nation Study", *Journal of Marriage and the Family* 60 (1998): 527-36. Além disso, os benefícios do casamento não parecem depender de fatores culturais.

88 *Os sociólogos fazem distinção entre trabalho, carreira e chamado:* Wrzesniewski, A.; McCauley, C. R. Rozin, P.; Schwartz, B. "Jobs, Careers, and Callings: People's Relations to Their Work", *Journal of Research in Personality* 31 (1997): 21-33.

88 O Feitiço do Tempo: T. Albert (produtor) e H. Ramis (produtor e diretor), *O Feitiço do Tempo* (filme), EUA: Columbia Pictures (1993).

88 O Diabo Veste Prada: W. Finerman e K. Rosenfelt (produtores) e D. Frankel (diretor). *O Diabo Veste Prada* (filme), EUA: 20th Century Fox (2006).

88 Os Condenados de Shawshank: N. Marvin (produtor) e F. Darabont (diretor), *Os Condenados de Shawshank* (filme), EUA: Columbia Pictures (1994).

88 Carruagens de Fogo: D. Putnam e D. Fayed (produtor) e H. Hudson, *Carruagens de Fogo* (filme), EUA: Warner Bros. e the Ladd Company (1981).

88 Domingo no parque com George: M. Brandman (produtor) e T. Hughes (diretor), *Domingo no Parque com George* (filme), EUA: Image Entertainment (1986).

89 O Campo dos Sonhos: L. Gordon e C. Gordon (produtores) e P. A. Robinson (diretor), *O Campo dos Sonhos* (filme), EUA: Universal Studios (1989).

89 Shoeless Joe: W. P. Kinsella, *Shoeless Joe*. Nova York: Houghton Mifflin, 1982.

89 *Vadim Rotenberg, de Moscou:* Rotenberg, V. S. "Search Activity Concept: Relationship Between Behavior, Health, and Brain Functions", *Activitas Nervosa Superior* 5 (2009): 12-44. O dr. Rotenberg hoje é psiquiatra e pesquisador na Universidade de Tel-Aviv, Israel. Ele é particularmente conhecido por seu "conceito de atividade de busca" (SAC, em inglês), que tenta explicar a patogênese de transtornos mentais e psicossomáticos usando informações sobre os comportamentos, a resistência ao estresse, a função do sono, a atividade neurotransmissora cerebral e a lateralidade cerebral dos indivíduos.

90 Contatos imediatos: J. Phillips e M. Phillips (produtores) e S. Spielberg (diretor), *Contatos Imediatos do Terceiro Grau* (filme), EUA: Columbia Pictures (1977).

Capítulo 5: Educação positiva: Ensinando o bem-estar aos jovens

92 *a depressão é aproximadamente dez vezes mais comum hoje do que cinquenta anos atrás:* Wickramaratne, P. J.; Weissman, M. M. Leaf, P. J.; Holford, T. R. "Age, Period, and Cohort Effects on the Risk of Major Depression: Results from Five United States Communities", *Journal of Clinical Epidemiology* 42 (1989): 333-43.

92 *Hoje acontece abaixo dos 15:* Lewinsohn, P. M.; Rohde, P.; Seeley, J. R.; Fischer, S. A. "Age-Cohort Changes in the Lifetime Occurrence of Depression and Other Mental Disorders", *Journal of Abnormal Psychology* 102 (1993): 110-20. Ao fim do ensino médio, cerca de 20 por cento dos adolescentes relatam já ter passado por um episódio depressivo.

92 *Embora haja controvérsias sobre se isso atinge a assustadora denominação de* epidemia: Costello, E. J.; Erkanli, A.; Angold. A. "Is There an Epidemic of Child or Adolescent Depression?" *Journal of Child Psychology and Psychiatry* 47 (2006): 1263-71. Em uma metanálise de 26 estudos epidemiológicos conduzidos entre 1965 e 1996, Costello et al. não encontraram efeitos de coorte

nas taxas de depressão. Eles sugeriram que os resultados de outros estudos que revelavam uma crescente prevalência talvez tivessem sido influenciados pelo uso de recordação retrospectiva. A percepção pública de uma "epidemia" também pode dever-se ao fato de a depressão anteriormente ter sido subdiagnosticada pelos clínicos.

Para outra discussão sobre o efeito de coorte de nascimento, bem como sobre o efeito do gênero, na prevalência da depressão, veja: Twenge, J. M.; Nolen-Hoeksema, S. "Age, Gender, Race, Socioeconomic Status, and Birth Cohort Differences on the Children's Depression Inventory: A Meta-Analysis", *Journal of Abnormal Psychology* 111 (2002): 578-88.

92 *Isso é um paradoxo:* Easterbrook, G. E. *The Progress Paradox: How Life Gets Better While People Feel Worse.* Nova York: Random House, 2003; Easterbrook, G. E. "Life Is Good, So Why Do We Feel So Bad?", *Wall Street Journal,* 13 de junho, 2008.

92 *O progresso não se limitou ao aspecto material:* Veja, por exemplo: *Latest Findings on National Air Quality: Status and Trends Through 2006.* Research Triangle Park, NC: Agência de Proteção Ambiental, EUA, 2006; Snyder, T. D.; Dillow, S. A.; Hoffman, C. M. *Digest of Education Statistics, 2007.* Washington, DC: U.S. Department of Education, 2008; Schuman, H.; Steeh, C.; Bobo, I.; Krysan, M. *Racial Attitudes in America: Trends and Interpretations.* Cambridge, MA: Harvard University Press, 1997.

93 *A felicidade aumentou apenas irregularmente — se é que aumentou:* Inglehart, R.; Foa, R.; Peterson, C.; Welzel, C. "Development, Freedom, and Rising Happiness: A Global Perspective (1981-2007)", *Perspectives on Psychological Science* 3 (2007): 264-85.

93 *os amish da velha ordem que vivem no condado de Lancaster:* Egeland, J. A.; Hostetter, A. M. "Amish Study: I. Affective Disorders Among the Amish, 1976-1980", *American Journal of Psychiatry* 140 (1983): 56-61.

93 *Um estado de humor positivo produz maior atenção:* Fredrickson, B. L.; Branigan, C. "Positive Emotions Broaden the Scope of Attention and Thought-Action Repertoires", *Cognition & Emotion* 19 (2005): 313-32; Bolte, A. Goschke, T.; Kuhl, J. "Emotion and Intuition: Effects of Positive and Negative Mood on Implicit Judgments of Semantic Coherence", *Psychological Science* 14 (2003): 416-21; Rowe, G.; Hirsh, J. B.; Anderson, A. K.; Smith, E. E. "Positive Affect Increases the Breadth of Attentional Selection", *Proceedings of the National Academy of Sciences of the United States of America* 104 (2007): 383-88.

93 *pensamento mais criativo:* Isen, A. M.; Daubman, K. A.; Nowicki, G. P. "Positive Affect Facilitates Creative Problem-Solving", *Journal of Personality and Social Psychology* 52 (1987): 1122-31; Estrada, C. A.; Isen, A. M.; Young, M. J. "Positive Affect Improves Creative Problem Solving and Influences Reported Source of Practice Satisfaction in Physicians", *Motivation and Emotion* 18 (1994): 285-99.

93 *pensamento mais [...] holístico:* Isen, A. M. Rosenzweig, A. S.; Young, M. J. "The Influence of Positive Affect on Clinical Problem Solving", *Medical Decision Making* 11 (1991): 221-27; Kuhl, J. "Emotion, Cognition, and Motivation: II. The Functional Significance of Emotions in Perception, Memory, Problem-Solving, and Overt Action", *Sprache and Kognition* 2 (1983): 228-53; Kuhl, J. "A Functional-Design Approach to Motivation and Self-Regulation: The Dynamics of Personality Systems Interactions". In: Boekaerts, M.; Pintrich, P. R.; Zeidner, M. (Eds.). *Handbook of Self-Regulation.* San Diego: Academic Press, 2000. p. 111-69.

93 *Isso contrasta com o humor negativo, que produz uma atenção diminuída:* Bolte, A. Goschke, T.; Kuhl, J. "Emotion and Intuition: Effects of Positive and Negative Mood on Implicit Judgments of Semantic Coherence", *Psychological Science* 14 (2003): 416-21.

95 *Uma metanálise calcula a média de todos os estudos:* Brunwasser, S. M.; Gillham, J. E. (artigo apresentado à Sociedade de Pesquisa Preventiva, São Francisco, CA, maio 2008).

NOTAS

95 *no primeiro estudo realizado [sobre o PRP], o programa baixou pela metade o índice de sintomas depressivos nos níveis moderado a grave ao longo de dois anos de acompanhamento:* Gillham, J. E.; Reivich, K. J.; Jaycox, L. H.; Seligman, M. E. P. "Prevention of Depressive Symptoms in Schoolchildren: Two-Year Follow-Up", *Psychological Science* 6 (1995): 343-51.

95 *Em ambiente médico, o PRP preveniu os transtornos de depressão e ansiedade:* Gillham, J. E.; Hamilton, J.; Freres, D. R.; Patton, K.; Gallop, R. "Preventing Depression Among Early Adolescents in the Primary Care Setting: A Randomized Controlled Study of the Penn Resiliency Program", *Journal of Abnormal Child Psychology* 34 (2006): 203-19.

96 *benefícios significativos nos relatos de pais sobre os problemas de conduta dos adolescentes três anos depois que seus filhos completaram o programa:* Cutuli, J. J. "Preventing Externalizing Symptoms and Related Features in Adolescence" (Tese não publicada, Universidade da Pensilvânia, 2004); Cutuli, J. J.; Chaplin, T. M.; Gillham, J. E.; Reivich, K. J.; Seligman, M. E. P. "Preventing co-occurring depression symptoms in adolescents with conduct problems: The Penn Resiliency Program", *New York Academy of Sciences* 1094 (2006): 282-86.

96 *O Programa de Resiliência Penn funciona igualmente bem para crianças de diferentes contextos raciais e étnicos:* Brunwasser, S. M.; Gillham, J. E. "A Meta-Analytic Review of the Penn Resiliency Programme" (artigo apresentado à Sociedade de Pesquisa Preventiva, São Francisco, CA, maio. 2008).

96 *A eficácia do PRP varia consideravelmente ao longo dos estudos:* Gillham, J. E.; Brunwasser, S. M.; Freres, D. R. "Preventing Depression Early in Adolescence: The Penn Resiliency Program". In: Abela, J. R. Z.; Hankin B. L. (Eds.). *Handbook of Depression in Children and Adolescents.* Nova York: Guilford Press, 2007. p. 309-32.

96 *A fidelidade na participação no programa é decisiva:* Gillham, J. E.; Hamilton, J.; Freres, D. R.; Patton, K.; Gallop, R. "Preventing Depression Among Early Adolescents in the Primary Care Setting: A Randomized Controlled Study of the Penn Resiliency Program", *Journal of Abnormal Child Psychology* 34 (2006): 203-19.

97 *Testamos as forças pessoais dos alunos:* Usando a classificação VIA descrita por Peterson, C.; Seligman, M. E. P. *Character Strengths and Virtues: A Handbook and Classification.* Nova York: Oxford University Press/Washington, DC: American Psychological Association, 2004.

98 *O programa de psicologia positiva aumentou as forças pessoais da curiosidade, do gosto pela aprendizagem e da criatividade:* Seligman, M. E. P.; Ernst, R. M.; Gillham, J.; Reivich, K.; Linkins, M. "Positive Education: Positive Psychology and Classroom Interventions", *Oxford Review of Education* 35 (2009): 293-311.

98 *O programa de psicologia positiva melhorou as habilidades sociais dos alunos:* Seligman, M. E. P.; Ernst, R. M.; Gillham, J.; Reivich, K.; Linkins, M. "Positive Education: Positive Psychology and Classroom Interventions", *Oxford Review of Education* 35 (2009): 293-311.

99 *O que é a Escola Secundária de Geelong:* Para mais informações sobre a escola, visite o site www.ggs.vic.edu.au.

103 *modelo CAR:* Ellis, A. *Reason and Emotion in Psychotherapy.* Nova York: Lyle Stuart, 1962; veja também Seligman, M. E. P. *Aprenda a ser otimista.* Rio de Janeiro: Nova Era, 2005.

103 *[os alunos] aprendem a "resiliência em tempo real":* Reivich, K.; Shatte, A. *The Resilience Factor: 7 Essential Skills for Overcoming Life's Inevitable Obstacles.* Nova York: Broadway, 2003.

103 *resposta ativa construtiva:* Gable, E. L., Reis, H. T.; Impett, E. A.; Asher, E. R. "What Do You Do When Things Go Right? The Intrapersonal and Interpersonal Benefits of Sharing Positive Events", *Journal of Personality and Social Psychology* 87 (2004): 228-45.

103 *razão Losada de 3:1 entre positividade e negatividade:* Fredrickson, B. L.; Losada, M. F. "Positive Affect and the Complex Dynamics of Human Flourishing", *American Psychologist* 60 (2005): 678-86.

104 Rei Lear, *de Shakespeare*: Shakespeare, W. *Rei Lear*. São Paulo: Martin Claret, 2001.

104 A Morte de um Caixeiro-Viajante, *de Arthur Miller*: Miller, A. *A Morte de um Caixeiro-Viajante*. São Paulo: Cia. Das Letras, 2009.

104 A Metamorfose, *de Franz Kafka*: Kafka, F. *A Metamorfose*. São Paulo: Cia das Letras, 2000.

104 *A preparação dos alunos para esses discursos:* Seligman, M. E. P.; Ernst, R. M.; Gillham, J.; Reivich, K.; Linkins, M. "Positive Education: Positive Psychology and Classroom Interventions", *Oxford Review of Education* 35 (2009): 293-311.

104 *Professores do ensino fundamental iniciam cada dia perguntando "o que correu bem?":* Eades, J. M. F. *Classroom Tales: Using Storytelling to Build Emotional, Social, and Academic Skills Across the Primary Curriculum*. Londres: Jessica Kingsley, 2005.

Capítulo 6: GARRA, caráter e realização: Uma nova teoria da inteligência

116 *ele faleceu repentinamente em 2005, aos 59 anos:* Silver, M. John P. Sabini (1947-2005), *American Psychologist* 6 (2006): 1025.

116 *uma forma legítima de sanção moral, mas num nível menos punitivo que o da sanção legal:* Sabini J. P.; Silver, M. "Moral Reproach and Moral Action", *Journal for the Theory of Social Behaviour* 8 (1978): 103-23.

117 *Summerbridge Cambridge:* Heller, N. J. "Students-Turned-Teachers Help Middle Schoolers Get Ahead in School", *Harvard Crimson,* July 25, 2003. Os programas de Summerbridge são hoje conhecidos como Breakthough Collaborative, nos EUA (e a Summerbridge Cambridge é hoje conhecida como Breakthrough Cambridge). Para mais informações, visite o site www.breakthroughcollaborative.org.

118 *Há muito o caráter tinha saído de moda nas Ciências Sociais:* O declínio no interesse dos psicólogos pela noção de caráter remete ao trabalho de Gordon Allport, um dos pais fundadores do estudo da personalidade nos Estados Unidos. Allport tomou emprestada de John Watson, outro psicólogo, a distinção entre "caráter" (o eu visto a partir de uma perspectiva moral) e "personalidade" (o eu objetivo). De acordo com Allport (1921), "os psicólogos que aceitam a visão de Watson não têm o direito, rigorosamente falando, de incluir o estudo do caráter no campo da psicologia. Ele pertence antes à ética social". A personalidade é uma versão moralmente neutra do caráter e, portanto, mais apropriada à ciência objetiva. Allport instou os psicólogos a estudar os traços de personalidade e deixar o caráter para o campo da filosofia.

Para uma revisão sobre o trabalho de Allport acerca do caráter e da personalidade, veja: Nicholson, I. A. M. "Gordon Allport, Character, and the 'Culture of Personality,' 1897-1937", *History of Psychology* 1 (1998): 52-68.

Para o trabalho original de Allport sobre a distinção entre caráter e personalidade, veja: Allport, G. "Personality and Character", *Psychological Bulletin* 18 (1921): 441-55; Allport, G. "Concepts of Traits and Personality", *Psychological Bulletin* 24 (1927): 284-93; Allport G.; Vernon, P. "The Field of Personality", *Psychological Bulletin* 27 (1930): 677-730.

118 *"melhores anjos de nossa natureza":* O discurso inaugural de Lincoln pode ser encontrado em www.bartleby.com/124/pres31.html, bem como em *Inaugural Addresses of the Presidents of the United States*. Washington, DC: U.S. Government Printing Office, 2001.

118 *A Revolta da Praça Haymarket, em Chicago, em 1886, foi um divisor de águas:* Avrich, P. *The Haymarket Square Tragedy*. Princeton, NJ: Princeton University Press, 1984.

118 *Quase toda a história da psicologia do século XX:* Bowers, K. S. "Situationism in Psychology: An Analysis and a Critique", *Psychological Review* 80 (1973): 307-36.

119 *abandono do caráter como explicação para o mau comportamento humano em favor do ambiente:* Sabini, J.; Silver, M. "Lack of Character? Situationism Critiqued", *Ethics* 115 (2005): 535-62. Discute o impacto do situacionismo na noção de caráter e no estudo da ética da virtude.

NOTAS

121 *Juntos eles criaram o Wilson Lodge: University of Chicago Magazine*, mai.-jun. 2010. Hoje, esta corajosa reação está sendo imitada pelo professor Sian Beilock, da Universidade de Chicago, que estabeleceu um sistema de moradia para alunas de matemática e ciências a fim de mantê-las focadas em sua disciplina e encorajá-las a permanecer no curso. Incidentalmente, Goheen tinha agarrado a tocha que o ex-presidente de Princeton, Woodrow Wilson, havia deixado cair em sua infrutífera batalha contra o sistema de clube na virada do século XX.

122 *Dickie Freeman e Joel Kupperman, dois prodígios que estrelaram o Quiz Kids:* Feldman, R. D. *Whatever Happened to the Quiz Kids? The Perils and Profits of Growing Up Gifted.* Lincoln, NE: iUniverse.com, 2000. Ruth Duskin Feldman acompanhou os participantes do *Quiz Kids* e mais tarde publicou este livro descrevendo seus resultados de longo prazo, incluindo as realizações de alguns (por exemplo, o vencedor do Prêmio Nobel James Watson) e o fracasso de outros para realizar seu potencial.

123 *A correlação entre o QI e a rapidez com que as pessoas fazem isso chega a +0,5:* Deary, I. J.; Der, G.; Ford, G. "Reaction Times and Intelligence Differences: A Population-Based Cohort Study", *Intelligence* 29 (2001): 389-99. Deary e colegas, por exemplo, testaram novecentos sujeitos escoceses na faixa dos 50 anos e encontraram uma correlação de 0,49 entre uma medida de inteligência e um teste de tempo de reação com quatro opções.

124 *as pessoas dizem que ele tem "grandes intuições":* Seligman, M. E. P.; Kahana, M. "Unpacking Intuition: A Conjecture", *Perspectives on Psychological Science* 4 (2009): 399-402. As intuições podem ser uma forma de memória de reconhecimento aumentada (que leva à grande velocidade e à sensação de "automatismo"). Esta conjectura proposta por mim e por Michael Kahana sugere que a intuição é ensinável — por exemplo, por meio do uso de ferramentas como a simulação virtual massiva.

O resumo da literatura psicológica sobre a intuição pode ser lido em Gladwell, M. *Blink: The Power of Thinking Without Thinking.* Nova York: Little, Brown, 2005.

124 *realização = habilidade x esforço:* Duckworth, A. L. "Achievement = Talent x Effort" (a ser publicado em breve). Angela define *habilidade* como a taxa de variação na realização por unidade de esforço (em outras palavras, a rapidez com que alguém consegue aprender algo dentro de um período definido de tempo, também chamado de taxa "instantânea" de variação). O modo mais simples de se pensar o esforço é o do tempo na tarefa (se esse tempo for passado em um estado de alta concentração!). A teoria da realização de Angela também leva em conta uma variável adicional: o talento. Embora a maioria das pessoas use os termos *habilidade* e *talento* de modo permutável, Angela diferencia os dois construtos ao definir o talento como a taxa de variação na habilidade por unidade de esforço. Em outras palavras, o talento é a taxa de variação das sucessivas taxas instantâneas de variação. Nós consideramos mais talentosos os indivíduos que aprendem mais rápido e melhor no longo prazo. Em contrapartida, indivíduos que não mostram tal aceleração na aprendizagem (ou até mesmo mostram desaceleração) podem ser hábeis mas seriam considerados menos talentosos.

125 *quando deveria estar lendo cada palavra:* Salomon G.; Globerson. T. "Skill May Not Be Enough: The Role of Mindfulness in Learning and Transfer", *International Journal of Educational Research* 11 (1987): 623-37. Salomon e Globerson observaram que frequentemente existe uma lacuna entre o que as pessoas *podem* fazer e o que *efetivamente* fazem. Eles sugerem que a noção de atenção (em outras palavras, lentidão) explica por que alguns indivíduos atingem seu potencial total e outros não. Os autores explicam que a "atenção aumentada é aparentemente importante quando a automatização da habilidade não é suficiente" (p. 630). Assim, dependendo do tipo de tarefa e da quantidade de informação já no automático, pode ser necessária uma atitude lenta e atenta em relação ao aprendizado para se atingir o êxito.

126 *lendário William K. Estes, o maior dos teóricos da aprendizagem matemática:* Healy, A. F. "APF Gold Medal Awards and Distinguished Teaching of Psychology Award: William K. Estes", *American Psychologist* 47 (1992): 855-57.

126 *o maior dos teóricos da aprendizagem matemática:* Estes, W. K. "Towards a Statistical Theory of Learning", *Psychological Review* 57 (1950): 94-107. Seu artigo original.

Quase meio século depois, Bower revisou a principal influência deste artigo no campo da psicologia: Bower, G. H. "A Turning Point in Mathematical Learning Theory", *Psychological Review* 101 (1994): 290-300.

126 Temor e Tremor, *de Søren Kierkegaard*: S. Kierkegaard, *Temor e tremor.* São Paulo: Hemus, 2008.

127 *o clássico estudo do marshmallow, de Walter Mischel:* Mischel, W.; Shoda, Y.; Rodriguez, M. I. "Delay of Gratification in Children", *Science* 244 (1989): 933-38.

127 *a semente da qual brota uma enxurrada de fracassos na escola:* Blair; C. Diamond, A. "Biological Processes in Prevention and Intervention: Promotion of Self-Regulation and the Prevention of Early School Failure", *Development and Psychopathology* 20 (2008): 899-911.

127 *as crianças que utilizam as Ferramentas da Mente alcançam pontuações mais altas nos testes que fazem uso da função executiva:* Diamond, A. Barnett, W. S. Thomas, J.; Munro, S. "Preschool Program Improves Cognitive Control", *Science* 318 (2007): 1387-88.

Veja também a cobertura da mídia sobre essa descoberta: Tough, P. "Can the Right Kinds of Play Teach Self-Control?" *New York Times,* September 25, 2009.

130 *a quantidade de tempo e energia despendida na prática:* Ericsson; K. A. Ward, P. "Capturing the Naturally Occurring Superior Performance of Experts in the Laboratory", *Current Directions in Psychological Science* 16 (2007): 346-50.

132 *A autodisciplina prevê o êxito acadêmico melhor do que o QI por um fator de aproximadamente 2 pontos:* Duckworth, A. L.; Seligman, M. E. P. "Self-Discipline Outdoes IQ in Predicting Academic Performance of Adolescents", *Psychological Science* 16 (2005): 939-44.

132 *Isso também soluciona um dos eternos enigmas sobre a lacuna entre o desempenho escolar de meninas e meninos:* Duckworth, A. L.; Seligman, M. E. P. "Self-Discipline Gives Girls the Edge: Gender in Self-Discipline, Grades, and Achievement Test Scores", *Journal of Educational Psychology* 98 (2006): 198-208.

133 *autodisciplina fez pelo ganho de peso o mesmo que fez pelas notas:* Duckworth, A. L., Tsukayama, E.; Geier, A. B. "Self-Controlled Children Stay Leaner in the Transition to Adolescence", *Appetite* 54 (2010): 304-8; Tsukayama, E. Toomey, S. L. Faith, M. S.; Duckworth, A. L. "Self-Control as a Protective Factor against Overweight Status in the Transition from Childhood to Adolescence", *Archives of Pediatrics and Adolescent Medicine* 164 (2010): 631-5.

134 *Roy Baumeister, acredita que ela seja a rainha de todas as virtudes:* Para resumos sobre o trabalho de Baumeister sobre o autocontrole, veja Baumeister, R. F. Gailliot, M. DeWall, C. N.; Oaten, M. "Self-Regulation and Personality: How Interventions Increase Regulatory Success, and How Depletion Moderates the Effects of Traits on Behavior", *Journal of Personality* 74 (2006): 1773-1801; Baumeister, R. F. Vohs, K. D.; Tice, D. M. "The Strength Model of Self-Control", *Current Directions in Psychological Science* 16 (2007): 351-55.

134 *a combinação de uma persistência elevadíssima e uma grande paixão por um objetivo:* Duckworth, A. L., Peterson, C. Matthews, M. D.; Kelly, D. R. "Grit: Perseverance and Passion for Long-Term Goals", *Journal of Personality and Social Psychology* 92 (2007): 1087-1101.

134 *Em sua* magnum opus, Human Accomplishment [Realização humana], *o eminente sociólogo Charles Murray*: Murray, C. *Human Accomplishment.* Nova York: HarperCollins, 2003.

NOTAS

136 *William Shockley [...] encontrou esse padrão na publicação de artigos científicos:* Shockley, W. "On the Statistics of Individual Variations of Productivity in Research Laboratories", *Proceedings of the Institute of Radio Engineers* 45 (1957): 279.

136 *a seguinte escala:* Duckworth, A. L.; Quinn, P. D. "Development and Validation of the Short Grit Scale (Grit-S)", *Journal of Personality Assessment* 91 (2009): 166-74.

141 *Como diz o psiquiatra dr. Ed Hallowell:* Hallowell; E. M. Jensen, P. S. *Superparenting for ADD: An Innovative Approach to Raising Your Distracted Child.* Nova York: Random House, 2008.

Capítulo 7: Forte como um exército: O Programa de Aptidão Abrangente para Soldados

143 *o lendário George Casey:* Schmitt, E. "The Reach of War: Man in the News—George William Casey Jr.; A Low-Key Commander with 4 Stars to Tame the Iraqi Furies", *New York Times,* July 5, 2004. Um pequeno perfil biográfico escrito sobre a nomeação de George Casey como comandante da força multinacional no Iraque.

143 *autor do brilhante artigo "Clausewitz and World War IV" [...] no* Armed Forces Journal: Scales, R. H. "Clausewitz and World War IV", *Armed Forces Journal* (2006). Disponível em: www.armedforces journal.com/2006/07/1866019. Acesso em: 12 nov. 2009.

144 *interveio Richard Carmona, cirurgião geral dos Estados Unidos:* Pear, R. "Man in the News: A Man of Many Professions—Richard Henry Carmona", *New York Times,* March 27, 2002. Um pequeno perfil biográfico.

144 *Nós gastamos 2 trilhões de dólares por ano com investimentos em saúde:* Sisko, A.; Truffer, C.; Smith, S.; Keehan, S.; Cylus, J.; Poisal, J. A. Clemens, M. K.; Lizonitz, J. "Health Spending Projections Through 2018: Recession Effects Add Uncertainty to the Outlook", *Health Affairs* 28 (2009): w346-w57. Para piorar as coisas, as despesas nacionais com saúde podem aumentar para 4,4 trilhões de dólares ao ano até o ano 2018, segundo projeções de especialistas.

144 *75 por cento desse valor vai para o tratamento de doenças crônicas:* Centers for Disease Control and Prevention, *Chronic Disease Overview page.* Disponível em: www.cdc.gov/nccdphp/overview.htm.Acesso em: 12 nov. 2009.

145 *em combate nos próximos anos:* Casey, G. "Comprehensive Soldier Fitness: A Vision for Psychological Resilience in the United States Army", *American Psychologist* (no prelo). Boa parte do material que descreve o Programa de Aptidão Abrangente para Soldados foi adaptada de uma edição especial do *American Psychologist*; editores convidados, Martin Seligman e Mike Matthews. O artigo principal é do General Casey.

145 *IAG:* Peterson, C.; Park, N.; Castro, C. "Assessment: The Global Assessment Tool", *American Psychologist* (no prelo). Algumas ideias e palavras desta seção foram extraídas destes autores.

146 *criação de testes psicológicos:* Driskell; J. E.; Olmstead, B. "Psychology and the Military: Research Applications and Trends", *American Psychologist* 44 (1989): 43-54.

Veja também Harrell, T. W. "Some History of the Army General Classification Test", *Journal of Applied Psychology* 77: 875-78. O AGCT é o sucessor dos testes alfa e beta usados durante a Primeira Guerra Mundial.

146 *Programa de Psicologia da Aviação:* Flanagan, J. C. *The Aviation Psychology Program in the Army Air Forces.* Washington, DC: US Government Printing Office, 1948.

146 *procedimentos para seleção e classificação de pilotos de aeronaves:* Flanagan, J. C. "The Selection and Classification Program for Aviation Cadets (Aircrew—Bombardiers, Pilots, and Navigators)", *Journal of Consulting Psychology* 6 (1942): 229-39.

150 *itens de "catastrofização", uma armadilha do pensamento cognitivo:* Como definido e descrito por Beck, A. T. Rush, A. J. Shaw, B. F.; Emery, G. *Cognitive Therapy of Depression.* Nova York: Guilford Press, 1979.

151 *isso pode reduzir o estigma em torno dos serviços de saúde mental:* Greene-Shortbridge, T. M. Britt, T. W.;. Castro, C. A. "The Stigma of Mental Health Problems in the Military", *Military Medicine* 2 (2007): 157-61. O problema da redução do estigma entre soldados em torno de questões de saúde mental é crítico e oportuno, como salientado neste artigo do coronel Carl Castro et al.

153 *O rastreador de aptidão do soldado avalia os soldados:* Fravell, M. Nasser, K.; Cornum, R. "The Soldier Fitness Tracker: Global Delivery of Comprehensive Soldier Fitness", *American Psychologist* (no prelo). Algumas das ideias e palavras nessa seção derivam desses autores.

154 *Aqui estão as pontuações do Instrumento de Avaliação Global de um tenente do sexo masculino:* Este exemplo é de Peterson, C.; Park, N.; Castro, C. "Assessment: The Global Assessment Tool", *American Psychologist* (no prelo). Algumas das ideias e palavras nessa seção derivam desses autores.

155 *Módulo de aptidão emocional:* Algoe, S.; Fredrickson, B. "Emotional Fitness and the Movement of Affective Science from Lab to Field", *American Psychologist* (forthcoming). Algumas das ideias e palavras nessa seção derivam desses autores.

156 *"produtoras de recursos":* Fredrickson, B. L. "The Role of Positive Emotions in Positive Psychology: The Broaden-and-Build Theory of Positive Emotions", *American Psychologist* 56 (2001): 218-26.

158 *Módulo de aptidão familiar:* Gottman, J. M.; Gottman, J. S. "The Comprehensive Soldier Fitness Program: Family Skills Component", *American Psychologist* (forthcoming). Algumas das ideias e palavras nessa seção derivam desses autores.

158 *A maioria dos suicídios dos soldados americanos no Iraque tem a ver com um relacionamento fracassado com um cônjuge ou parceiro:* United States Medical Corps Mental Health Advisory Team, *Fifth Annual Investigation* (MHAT-V) (2008). O relatório está disponível em www.armymedicine.army.mil/reports/mhat/mhat_v/Redacted1-MHATV-4-FEB-2008-Overview.pdf.

160 *Módulo de aptidão social:* Cacioppo, J. Reis, H.; Zautra, A. "Social Resilience: The Protective Effects of Social Fitness", *American Psychologist* (no prelo).

160 *e isso seria seleção natural:* Darwin, C. R. *The Descent of Man, and Selection in Relation to Sex* (Lawrence, KS: Digireads.com, 2009), p. 110.

160 *os efeitos devastadores da solidão*: Cacioppo J. T.; W. Patrick, *Loneliness: Human Nature and the Need for Social Connection.* Nova York: W. W. Norton, 2008. Veja o Capítulo 9.

160 O Gene Egoísta: Dawkins, R. *O Gene Egoísta.* São Paulo: Companhia das Letras, 2007.

161 *Este argumento complicado está em absoluta contradição com o altruísmo comum:* H. Gintis, S. Bowles, R. Boyd,; E. Fehr. "Explaining Altruistic Behavior in Humans", *Evolution and Human Behavior* 24 (2003): 153-72. Uma revisão das várias teorias que foram invocadas para explicar o altruísmo.

161 *cristãos escondendo judeus em seus sótãos:* vários psicólogos tentaram descobrir o que distinguia os "gentios justos" que protegeram os judeus durante a Segunda Guerra Mundial dos outros. Veja, por exemplo, Oliner M. P.; Oliner, S. P. *The Altruistic Personality: Rescuers of Jews in Nazi Europe.* Nova York: Free Press, 1988; Midlarsky, E. Jones, S. F.; Corley, R. P. "Personality Correlates of Heroic Rescue During the Holocaust", *Journal of Personality* 73 (2005): 907-34; Monroe, K. R. "Cracking the Code of Genocide: The Moral Psychology of Rescuers, Bystanders, and Nazis During the Holocaust", *Political Psychology* 29 (2008): 699-736.

161 *nascemos para ser bons:* Keltner, D. *Born to Be Good: The Science of a Meaningful Life.* Nova York: W.W. Norton, 2009.

161 *os mais enérgicos defensores da seleção de grupo:* Como citado anteriormente, Wilson D. S.; Wilson, E. O. "Rethinking the Theoretical Foundation of Sociobiology", *Quarterly Review of Biology* 82 (2007): 327-48; veja também Sober E.; Wilson, D. S. *Unto Others: The Evolution and Psychology of Unselfish Behavior* Cambridge, MA: Harvard University Press, 1998.

161 *consideremos o exemplo das humildes galinhas:* Wilson, D. S. *Evolution for Everyone.* Nova York: Random House, 2007.

162 *a produção de ovos torna-se efetivamente enorme:* Goodnight, C.; Stevens, L. "Experimental Studies of Group Selection: What Do They Tell Us About Group Selection in Nature?" *American Naturalist* 150 (1997): S59-79.

162 *fábricas, fortes e sistemas de comunicação:* Wilson, E. O. "One Giant Leap: How Insects Achieved Altruism and Colonial Life", *Bioscience* 58 (2008): 17-25.

162 *permitindo-nos sentir empatia:* Iacoboni, M. "Imitation, Empathy, and Mirror Neurons", *Annual Review of Psychology* 60 (2009): 653-70. Uma revisão da evidência do papel dos neurônios--espelhos sobre a empatia; veja também Blakeslee, S. "Cells That Read Minds", *New York Times,* 10 jan. 2006.

163 *A felicidade era ainda mais contagiosa que a solidão ou a depressão:* Fowler, J. H.; Christakis, N. A. "Dynamic Spread of Happiness in a Large Social Network: Longitudinal Analysis over 20 Years in the Framingham Heart Study", *British Medical Journal* 337 (2008): a2338.

165 *Karen Reivich e eu queríamos prever:* Rettew, D. C.; Reivich, K.; Peterson, C.; Seligman, D. A.; Seligman, M. E. P. "Professional Baseball, Basketball, and Explanatory Style: Predicting Performance in the Major League" (original não publicado).

166 *Módulo de aptidão espiritual:* Pargament K.; Sweeney, P. "Building Spiritual Fitness in the Army", *American Psychologist* (no prelo). Algumas das ideias e palavras nesta seção foram extraídas destes autores.

166 *espiritualidade caminha de mãos dadas com um maior bem-estar:* Para as revisões sobre os muitos benefícios da espiritualidade, veja Myers, D. G. "The Funds, Friends, and Faith of Happy People", *American Psychologist* 55 (2000): 56-67; Myers, D. G. "Religion and Human Flourishing". In: Eid M.; Larsen, R. J. (Eds.). *The Science of Subjective Well-Being.* Nova York: Guilford Press, 2008. p. 323-43; Vaillant, G. E. *Spiritual Evolution: A Scientific Defense of Faith.* Nova York: Broadway Books, 2008; Greenfield, E. A.; Vaillant, G. E.; Marks, N. E. "Do Formal Religious Participation and Spiritual Perceptions Have Independent Linkages with Diverse Dimensions of Psychological Well-Being?" *Journal of Health and Social Behavior* 50 (2009): 196-212.

167 *de Hugh Thompson:* Kelman H. C.; Hamilton, V. L. *Crimes of Obedience: Towards a Social Psychology of Authority and Responsibility.* New Haven, CT: Yale University Press, 1990. Veja o Capítulo 1.

167 *Ken Pargament:* Pargament, K. I. *Spiritually Integrated Psychotherapy: Understanding and Addressing the Sacred.* Nova York: Guilford, 2007; Pargament, K. I. *The Psychology of Religion and Coping: Theory, Research, Practice.* Nova York: Guilford Press, 1997. Ken Pargament é autor de dois livros sobre espiritualidade e psicologia.

168 *abertura a pontos de vista distintos:* Pargament K.; Sweeney, P. "Building Spiritual Fitness in the Army", *American Psychologist* (no prelo).

Capítulo 8: Transformando o trauma em crescimento

169 *Choque de guerra e fadiga de combate:* Kinzie, J. D.; Goetz, R. R. "A Century of Controversy Surrounding Posttraumatic Stress-Spectrum Syndromes: The Impact on DSM-III and DSM--IV", *Journal of Traumatic Stress* 9 (1996): 159-79. Uma descrição abrangente sobre a história do diagnóstico do transtorno do estresse pós-traumático e as controvérsias em torno dele.

170 *Kai Erikson, filho do famoso psicólogo Erik Erikson, escreveu um livro de referência sobre este desastre:* Erikson, K. T. *Everything in Its Path: Destruction of Community in the Buffalo Creek Flood.* Nova York: Simon & Schuster, 1978.

170 *Wilbur, sua esposa, Deborah, e seus quatro filhos conseguiram sobreviver:* As histórias do desastre de Buffalo Creek são de Seligman, M.; Walker, E.; Rosenhan, D. *Abnormal Psychology.* 4. ed. Nova York: W.W. Norton, 2001, p. 183-84.

172 *os mais recentes critérios para diagnóstico de TEPT:* American Psychiatric Association, *Diagnostic and Statistical Manual of Mental Disorders,* 4. ed. revisada. Washington, DC: American Psychiatric Association, 1994.

173 *Eis um caso composto de TEPT da Guerra do Iraque:* Friedman, M. J. "Posttraumatic Stress Disorder Among Military Returnees from Afghanistan and Iraq", *American Journal of Psychiatry* 163 (2006): 586-93.

174 *20 por cento dos soldados sofrem dele:* Milliken, C. S. Auchterlonie, J. L.; Hoge, C. W. "Longitudinal Assessment of Mental Health Problems Among Active and Reserve Component Soldiers Returning from Iraq", *Journal of the American Medical Association* 298 (2007): 2141-48. Em um estudo de quase 90 mil soldados que serviram no Iraque, Charles Milliken et al. descobriram que 20,3 por cento dos soldados da ativa necessitavam de tratamento de saúde mental seis meses após seu retorno para casa. Entre os soldados da reserva, este número alcançava 42,4 por cento.

Hoge, C. W.; Terhakopian, A.; Castro, C. A.; Messer, S. C.; Engel, C. C. "Association of Posttraumatic Stress Disorder with Somatic Symptoms, Health Care Visits, and Absenteeism Among Iraq War Veterans", *American Journal of Psychiatry* 164 (2007): 150-53. Charles Hoge et al. também pesquisaram mais de 2.800 veteranos do Iraque e descobriram que 17 por cento atendiam aos critérios de TEPT. O transtorno estava associado a uma saúde mais frágil, a mais faltas ao trabalho e a sintomas físicos mais graves. Estes resultados se mantiveram mesmo quando as análises controlaram os ferimentos físicos.

Hoge, C. W.; Castro, C. A.; Messer, C. S.; McGurk, D.; Cotting, D. I.; Koffman, R. L. "Combat Duty in Iraq and Afghanistan, Mental Health Problems and Barriers to Care", *New England Journal of Medicine* 351 (2004): 13-22. Finalmente, em um estudo prévio com mais de 6 mil soldados, Charles Hoge et al. descobriram que o índice de TEPT em soldados em missão no Iraque (16 a 17 por cento) era maior do que o índice entre os que foram enviados ao Afeganistão (11 por cento). Esta diferença foi explicada pelo fato de que a exposição ao combate foi maior em soldados enviados ao Iraque. Tais estatísticas provavelmente mudarão quando a estratégia militar norte-americana se concentrar mais no Afeganistão. Este estudo também ressaltou que a percepção dos veteranos do estigma era uma barreira para receberem atendimento adequado para seus sintomas de TEPT.

175 *resiliência — um período relativamente breve de depressão com ansiedade, seguido de um retorno ao nível anterior de funcionamento:* Como explicado por McFarlane A. C.; Yehuda, R. "Resilience, Vulnerability, and the Course of Posttraumatic Reactions". In: van der Kolk, B. A.; McFarlane, A. C.; Weisaeth, L. (Eds.). *Traumatic Stress.* Nova York: Guilford Press, 1996. p. 155-81.

Bonanno, G. "Loss, Trauma, and Human Resilience: Have We Underestimated the Human Capacity to Thrive After Extremely Aversive Events?" *American Psychologist* 59 (2004): 20-28; Bonanno, G. "Resilience in the Face of Potential Trauma", *Current Directions in Psychological Science* 14 (2005): 135-38; Bonanno, G. *The Other Side of Sadness.* Nova York: Basic Books, 2009. George Bonanno, da Universidade de Colúmbia, demonstrou em dois estudos que a maioria das pessoas expostas a um trauma não desenvolvem TEPT. Porque os primeiros estudos sobre o trauma se concentraram em indivíduos que buscavam tratamento (vivenciando, portanto, problemas psicológicos), Bonanno argumenta que os pesquisadores subestimaram gritantemente o potencial para a resiliência humana. Até recentemente, a resiliência era considerada a exceção — ou pior, um estado patológico (em outras palavras, o indivíduo não está "trabalhando" seus problemas). Bonanno também faz uma valiosa distinção entre *recuperação* (retornar aos níveis de funcionamento anteriores ao trauma depois de ter experimentando sintomas significativos) e *resiliência* (a habilidade de manter um equilíbrio estável diante de eventos adversos). Segundo ele, a resiliência é ainda mais comum que a recuperação.

Kessler, R. C.; Sonnega, A.; Bromet, E.; Hughes, M.; Nelson, C. B. "Posttraumatic Stress Disorder in the National Comorbidity Survey", *Archives of General Psychiatry* 52 (1995): 1048-60. Estudos epidemiológicos sobre a prevalência de TEPT em populações expostas a trauma confirmaram que a recuperação e/ou resiliência representam a norma, e não a exceção. Em um estudo de referência usando dados do Levantamento Nacional de Comorbidade, Kessler et al. observaram que, embora 50 a 60 por cento da população norte-americana se exponha a traumas em algum momento, apenas cerca de 8 por cento satisfazem todos os critérios de TEPT.

Galea, S.; Resnick, H.; Ahern, J.; Gold, J.; Bucuvalas, M.; Kilpatrick, D.; Stuber, J.; Vlahov, D. "Posttraumatic Stress Disorder in Manhattan, New York City, After the September 11th Terrorist Attacks", *Journal of Urban Health: Bulletin of the New York Academy of Medicine* 73 (2002): 340-52; Galea, S.; Vlahov, D.; Resnick, H.; Ahern, J.; Susser, E.; Gold, J.; Bucuvalas, M.; Kilpatrick, D. "Trends of Probable Post-Traumatic Stress Disorder in New York City After the September 11 Terrorist Attacks", *American Journal of Epidemiology* 158 (2003): 514-24.

Os ataques terroristas de 11 de setembro também forneceram informações úteis sobre os índices de resiliência, de recuperação e de TEPT em populações expostas. Sandro Galea et al. (2003) conduziram levantamentos em Nova York e descobriram que, um mês após o evento, 7,5 por cento dos moradores de Manhattan satisfaziam os critérios de TEPT (17,4 por cento tinham sintomas de subsíndrome). Seis meses depois, a prevalência tinha caído para 0,6 por cento (4,7 por cento para sintomas de subsíndrome). Em contrapartida, 40 por cento dos moradores de Manhattan não apresentaram um único sintoma de TEPT após os ataques (Galea et al., 2002).

175 *menos de 10 por cento tinham ouvido falar do crescimento pós-traumático:* Sweeney, P.; Matthews, M. (comunicação pessoal, 2009).

175 *sintoma normal de tristeza e luto:* Glass, R. M. "Is Grief a Disease? Sometimes", *Journal of the American Medical Association* 293 (2005): 2658-60. Uma discussão sobre a diferença entre luto normal e patológico.

175 *muito mais suscetíveis ao TEPT:* Elwood, L. S.; Hahn, K. S.; Olatunji, B. O.; Williams, N. L. "Cognitive Vulnerabilities to the Development of PTSD: A Review of Four Vulnerabilities and the Proposal of an Integrative Vulnerability Model", *Clinical Psychology Review* 29 (2009): 87-100. Uma revisão dos fatores de risco associados ao TEPT.

175 *receberam diagnóstico de TEPT:* LeardMann, C. A.; Smith, T. C.; Smith, B.; Wells, T. S.; Ryan, M. A. K. "Baseline Self-Reported Functional Health and Vulnerability to Post-Traumatic Stress Disorder After Combat Deployment: Prospective US Military Cohort Study", *British Medical Journal* 338 (2009): b1273.

176 *esse tipo de dinheiro pode levar a sintomas exagerados e prolongados:* Green, B. L.; Grace, M. C.; Lindy, J. D.; Gleser, G. C.; Leonard, A. C.; Kramer, T. L. "Buffalo Creek Survivors in the Second Decade: Comparison with Unexposed and Nonlitigant Groups", *Journal of Applied Social Psychology* 20 (1990): 1033-50. Esta hipótese foi investigada por Bonnie Green et al., que compararam sobreviventes do desastre de Buffalo Creek, litigantes e não litigantes, quanto ao registro de sintomas de psicopatologia, e não encontraram diferenças. Ambos os grupos de sobreviventes, no entanto, mostraram maiores índices de ansiedade, depressão e hostilidade do que um terceiro grupo de sujeitos de controle (não expostos ao desastre). Estes resultados sugerem que, no caso do desastre de Buffalo Creek, os incentivos financeiros talvez não tenham exacerbado os sintomas.

176 *Não sabemos que efeito esse substancial incentivo está tendo no diagnóstico de TEPT de nossas guerras:* Kulka, R. A.; Schlenger, W. E.; Fairbank, J. A.; Hough, R. L.; Jordan, B. K.; Marmar, C. R. et al. *Trauma and the Vietnam War Generation: Report of Findings from the National Vietnam Veterans Readjustment Study.* Nova York: Brunner/Mazel, 1990; Dohrenwend, B. P.; Turner, J. B.; Turse, N.

A.; Adams, B. G.; Koenen, K. C.; Marshall, R. "The Psychological Risks of Vietnam for U.S. Veterans: A Revisit with New Data and Methods", *Science* 313 (2006): 979-82; McNally, R. J. "Can We Solve the Mysteries of the National Vietnam Veterans Readjustment Study?" *Journal of Anxiety Disorders* 21 (2007): 192-200; Frueh, B. C.; Elhai, J. D.; Gold, P. B.; Monnier, J.; Magruder, K. M.; Keane, T. M.; Arana, G. W. "Disability Compensation Seeking Among Veterans Evaluated for Posttraumatic Stress Disorder", *Psychiatric Services* 54 (2003): 84-91; Frueh, B. C.; Grubaugh, A. L.; Elhai, J. D.; Buckley, T. C. "U.S. Department of Veterans Affairs Disability Policies for Posttraumatic Stress Disorder: Administrative Trends and Implications for Treatment, Rehabilitation, and Research", *American Journal of Public Health* 97 (2007): 2143-45.

Os efeitos dos incentivos financeiros sobre os veteranos do Vietnã foram extensamente estudados por Christopher Frueh et al. depois que o Estudo Nacional de Reajustamento de Veteranos do Vietnã (NVVRS) relatou que mais de 30 por cento de todos os homens que haviam servido nesta guerra sofriam de TEPT em um momento ou em outro (Kulka et al., 1990). Muitos pesquisadores e historiadores comentaram que o NVVRS provavelmente tinha exagerado a prevalência de TEPT entre veteranos do Vietnã (por exemplo, Dohrenwend, et al., 2006; McNally, 2007).

Frueh et al. conduziram uma série de estudos investigando os efeitos das pensões por invalidez sobre os relatos de sintomas de TEPT entre veteranos do Vietnã. Eles descobriram, por exemplo, que os veteranos que pediam pensão por invalidez tinham maior probabilidade de relatar mais sofrimentos nos campos da psicopatologia do que outro grupo de veteranos com o mesmo diagnóstico de TEPT (e que não estavam pedindo indenização). Frueh et al. (2007) recomendaram, portanto, que as políticas para invalidez do departamento responsável pelos assuntos dos veteranos fossem modificadas para incentivar o emprego remunerado, ao mesmo tempo oferecendo o melhor atendimento possível e mantendo uma rede de segurança para os veteranos que precisassem dela.

176 *Os soldados britânicos que retornam do Iraque e do Afeganistão:* Fear, N.; Jones, M.; Murphy, D. et al. "What Are the Consequences of Deployment to Iraq and Afghanistan on the Mental Health of the UK Armed Forces? A Cohort Study", *Lancet* 375 (2010): 1783-97. Por que há uma discrepância tão grande entre os índices de TEPT britânicos e os norte-americanos? Será uma exposição diferente ao combate? Será uma diferente pensão por invalidez por TEPT? Serão rigores diagnósticos diferentes? Serão manobras diferentes do sistema médico para os soldados britânicos versus norte-americanos? Será aptidão psicológica diferente? Ninguém sabe ainda.

176 *Passei um pente-fino pelos documentos sobre a Guerra Civil americana e não encontrei quase nenhuma ocorrência de TEPT ou qualquer coisa parecida naquela época horrível:* Hyams, K. C.; Wignall, S.; Roswell, R. "War Syndromes and Their Evaluation: From the US Civil War to the Persian Gulf War", *Annals of Internal Medicine* 125 (1996): 398-405; Da Costa, J. M. "On Irritable Heart: A Clinical Study of a Form of Functional Cardiac Disorder and its Consequences", *American Journal of the Medical Sciences* 61 (1871): 17-52. Em sua revisão das várias síndromes de guerra que afligiram os soldados americanos ao longo da história, Hyams et al. observam que os soldados envolvidos na Guerra Civil americana sofriam com mais frequência de "síndrome do coração irritável", um transtorno descrito pela primeira vez por Da Costa. Esta síndrome incluía falta de ar, palpitações, dores no peito, dores de cabeça e diarreia, além de outros sintomas, sem que houvesse uma condição física óbvia. Hyams et al. apontam corretamente que esses sintomas poderiam ter sido causados por vários fatores físicos, bem como psicológicos.

176 *Minhas dúvidas têm a ver com o excesso de diagnósticos:* Dobbs, D. "The Post-Traumatic Stress Disorder Trap", *Scientific American* (abr. 2009): 64-69; McHugh, P. *Try to Remember.* Nova York: Dana, 2008. Richard McNally, da Universidade de Harvard, talvez tenha resumido melhor a situação (como citado por Dobbs, p. 65): "O TEPT é, sem dúvida, uma coisa real. Mas como diagnóstico, o TEPT se tornou tão débil e amplo, tão parte da cultura, que é quase certo que estejamos

NOTAS

tomando outros problemas por TEPT e, assim, tratando-os mal." O leitor leigo apreciará o recente resumo de Dobbs sobre a evidência das causas e consequências do diagnóstico exagerado de TEPT.

Veja também *Try to Remember*, de Paul McHugh, para um retrato criterioso das políticas psiquiátricas em torno do TEPT.

177 *No longo prazo, elas chegam a um nível de funcionamento psicológico superior ao anterior:* Tedeschi, R. G.; Calhoun, L. G. "Posttraumatic Growth: Conceptual Foundations and Empirical Evidence", *Psychological Inquiry* 15 (2004): 1-18. Revê o conceito de crescimento pós-traumático.

177 *O que não me mata me fortalece:* Nietzsche, F. *Crepúsculo dos ídolos: Ou como filosofar com o martelo.* São Paulo: Nova Cultural, 1987.

177 *os indivíduos que tinham passado por um evento terrível tinham maiores forças pessoais:* Peterson, C.; Park, N.; Pole, N.; D'Andrea, W.; Seligman, M. E. P. "Strengths of Character and Posttraumatic Growth", *Journal of Traumatic Stress* 21 (2008): 214-17.

177 *Rhonda Cornum:* Cornum, R.; Copeland, P. *She Went to War: The Rhonda Cornum Story.* Nova York: Presidio Press, 1992.

178 *módulo de CPT:* Tedeschi, R.; McNally, R. "Can We Facilitate Posttraumatic Growth in Combat Veterans?" *American Psychologist* (no prelo). Algumas das ideias e algumas expressões nesta seção foram extraídas destes autores.

179 *frequentemente sucede à tragédia:* Tedeschi, R. G.; Calhoun, L. G. "Posttraumatic Growth: Conceptual Foundations and Empirical Evidence", *Psychological Inquiry* 15 (2004): 1-18. Estas áreas de crescimento foram sustentadas por evidências empíricas, como examinado aqui.

Veja também Joseph, S. "Growth Following Adversity: Positive Psychological Perspectives on Posttraumatic Stress", *Psychological Topics* 18 (2009): 335-44.

179 *61,1 por cento dos aviadores torturados durante anos pelos norte-vietnamitas disseram que tinham se beneficiado psicologicamente:* Sledge, W. H.; Boydstun, J. A.; Rabe, A. J. "Self-Concept Changes Related to War Captivity", *Archives of General Psychiatry* 37 (1980): 430-43.

179 *Inventário de Crescimento Pós-Traumático (ICPT):* Tedeschi, R. G.; Calhoun, L. G. "The Posttraumatic Growth Inventory: Measuring the Positive Legacy of Trauma", *Journal of Traumatic Stress* 9 (1996): 455-71.

180 *os cinco elementos que reconhecidamente contribuem para o crescimento pós-traumático:* Tedeschi, R. G.; Calhoun, L. G. *Facilitating Posttraumatic Growth: A Clinician's Guide* (Mahwah, NJ: Erlbaum, 1999). Richard Tedeschi e Lawrence Calhoun publicaram um manual para ajudar os clínicos a maximizar em seus clientes o potencial para o crescimento pós-traumático.

Veja também Tedeschi, R. G.; Calhoun, L. G. "A Clinical Approach to Posttraumatic Growth". In: Linley, P. A.; Joseph, S. (Eds.). *Positive Psychology in Practice.* Hoboken, NJ: Wiley and Sons, 2004. p. 405-19.

180 *Treinamento em resiliência:* Reivich, K.; Seligman, M.; McBride, S. "Resilience Training", *American Psychologist* (no prelo). Algumas ideias e expressões nesta seção foram extraídas destes autores. A criatividade e energia de Karen Reivich são o principal suporte do livro e do Treinamento em Resiliência, de modo geral.

181 *os professores comuns podem ser eficazmente ensinados a dar treinamento em resiliência para adolescentes:* Brunwasser, S. M.; Gillham, J. E. "A Meta-Analytic Review of the Penn Resiliency Programme" (artigo apresentado na Society for Prevention Research, São Francisco, CA, em maio de 2008).

182 *é autor de* Felicidade*:* Layard, R. *Felicidade.* Rio de Janeiro: Best Seller, 2008.

182 *ele argumenta que a política governamental deveria ser avaliada não pelos aumentos no PIB, mas pelos aumentos no bem-estar global:* Layard, R. "Well-Being Measurement and Public Policy". In: Krueger, A. (Ed.). *Measuring the Subjective Well-Being of Nations: National Accounts of Time Use and Well-Being.* Cambridge, MA: National Bureau of Economic Research, 2008.

182 *vou levar a educação positiva para as escolas do Reino Unido:* Layard, R. "The Teaching of Values" (Ashby Lecture, University of Cambridge, Cambridge, England, May 2, 2007). Em uma palestra dada na Universidade de Cambridge em 2007, Layard esboçou suas ideias sobre a educação positiva e como ela poderia ser incorporada ao sistema educacional britânico. Segundo Layard, os efeitos de um programa em larga escala seriam ainda maiores que aqueles observados em experimentos científicos controlados, "porque cada criança que participasse do programa interagiria com outras crianças também participantes. Se isso se aplicasse a todas as crianças de uma cidade, seria possível modificar toda a cultura jovem dessa cidade".

183 *"faça o treinamento de resiliência acontecer para o exército inteiro":* Carey, B. "Mental Stress Training is Planned for U.S. Soldiers", *New York Times,* 17 ago. 2009.

185 *o modelo validado do programa que usamos para ensinar os professores civis:* O Programa de Resiliência Penn, como analisado no Capítulo 6.

185 *modelo ABCDE, de Albert Ellis:* como descrito em Ellis, A.; Gordon, J.; Neenan, M.; Palmer, S. *Stress Counseling: A Rational Emotive Behaviour Approach.* Londres: Cassell, 1997. Ellis, A. "Fundamentals of Rational-Emotive Therapy for the 1990s". In: Dryden, W.; Hill, L. K. (Eds.). *Innovations in Rational-Emotive Therapy.* Nova York: Sage, 1993.

186 *armadilhas do pensamento:* Outro termo para tendências ou distorções cognitivas, conforme descritas por Beck, A. T.; Rush, A. J.; Shaw, B. F.; Emery, G. *Cognitive Therapy of Depression.* Nova York: Guilford Press, 1979.

186 *"icebergs", crenças profundamente arraigadas:* Também chamadas de "crenças centrais", conforme definição de Beck, J. S. *Cognitive Therapy: Basics and Beyond.* Nova York: Guilford Press, 1995. Young, J. E.; Rygh, J. L.; Weinberger, A. D.; Beck, A. T. "Cognitive Therapy for Depression". In: Barlow, D. H. *Clinical Handbook of Psychological Disorders: A Step-by-Step Treatment Manual.* 4. ed. Nova York: Guilford Press, 2008. p. 250-305.

189 *Gabriele Prati e Luca Pietrantoni:* Prati, G.; Pietrantoni, L. "Optimism, Social Support, and Coping Strategies as Factors Contributing to Posttraumatic Growth: A Meta-Analysis", *Journal of Loss and Trauma* 14 (2009): 364-88.

189 *pessoas que habitualmente reconhecem e expressam gratidão:* Emmons, R. A. *Thanks! How the New Science of Gratitude Can Make You Happier.* Nova York: Houghton Mifflin, 2007.

191 *quatro estilos de resposta:* Gable, E. L.; Reis, H. T.; Impett, E. A.; Asher, E. R. "What Do You Do When Things Go Right? The Intrapersonal and Interpersonal Benefits of Sharing Positive Events", *Journal of Personality and Social Psychology* 87 (2004): 228-45.

192 *o trabalho da dra. Carol Dweck sobre o elogio eficaz:* Kamins, M. L.; Dweck, C. "Person Versus Process Praise and Criticism: Implications for Contingent Self-Worth and Coping", *Developmental Psychology* 35 (1999): 835-47.

193 *Uma área dolorosa é explorar como eles falam com suas próprias famílias:* Muitas pesquisas têm sido feitas sobre o bem-estar de famílias de militares. Alguns exemplos são: Burrell, L. M.; Adams, G. A.; Durand, D. B.; Castro, C. A. "The Impact of Military Lifestyle Demands on Well--Being, Army, and Family Outcomes", *Armed Forced and Society* 33 (2006): 43-58; Karney, B. R.; Crown, J. S. *Families Under Stress: An Assessment of Data, Theory, and Research on Marriage and Divorce in the Military.* Arlington, VA: Rand Corporation, 2007.

193 *"lavagem cerebral" nos soldados:* Levine, B. (29 jul. 2010). *American Soldiers Brainwashed with "Positive Thinking".* Disponível em: www.alternet.org/world/147637/american_soldiers_brainwashed_with_%22positive_thinking%22?page=2. Acesso em: 2 ago. 2010.

194 *guerra ao terror:* J. Mayer, *The Dark Side.* Nova York: Doubleday, 2008. p. 163-64. No blog mais louco que eu já vi, Thierry Meyssan (20 mai. 2010, Voltaire.net.org) escreveu que eu supervisionei "os experimentos de tortura nos prisioneiros de Guantánamo. A Marinha formou uma poderosa equipe médica. Em particular, ela convidou o professor Seligman para ir a Guantá-

namo. [...] Foi ele quem supervisionou os experimentos em cobaias humanas. Os torturadores norte-americanos, sob a supervisão do professor Seligman, experimentaram e aperfeiçoaram cada uma das técnicas de coerção". Isso é totalmente falso e sem fundamento.

194 *James Mitchell e Bruce Jessen:* Shane, S. "2 U.S. Architects of Harsh Tactics in 9/11's Wake", *New York Times,* 11 ago. 2009.

199 *O resultado de nosso treinamento:* Lester, P.; McBride, S. "Bringing Science to Bear: An Empirical Assessment of the Comprehensive Soldier Fitness Program", *American Psychologist* (no prelo). Algumas das ideias e expressões nesta seção foram extraídas destes autores.

Capítulo 9: Saúde física positiva: A biologia do otimismo

202 *O estado de saúde mental não é apenas estar livre de transtornos:* Jahoda, M. *Current Concepts of Positive Mental Health.* Nova York: Basic Books, 1958. Esta ideia foi proposta há muito tempo pelo livro pioneiro de Marie Jahoda, *Current concepts of Positive Mental Health* [Atuais conceitos de saúde mental positiva]. Ela propôs então que "é improvável que o conceito de saúde mental possa ser convenientemente definido por sua identificação com a ausência de doença. [...] A ausência de doença pode ser um critério necessário, mas insuficiente, para a saúde mental" (p. 14-15).

Keyes, C. L. M. "Mental Illness and/or Mental Health? Investigating Axioms of the Complete State Model of Health", *Journal of Consulting and Clinical Psychology* 73 (2005): 539-48. Desde então, pesquisas empíricas têm sustentado a ideia de que a saúde mental e a doença mental não são dois extremos de um continuum, mas, antes, dimensões separadas do funcionamento humano. Portanto, Corey Keyes propôs um modelo de *dois contínuos* de doença mental e saúde mental. Usando análise factorial confirmatória, ele encontrou forte apoio a seu modelo em um levantamento representativo com mais de três mil adultos americanos. Keyes descobriu que apenas cerca de 17 por cento de sua amostra tinham "saúde mental completa" (baixa doença mental e alta saúde mental). Cerca de 10 por cento estavam definhando sem sofrer de um transtorno (baixa doença mental e baixa saúde mental); este grupo corresponde àqueles descritos no Capítulo 8 como "não [...] mentalmente doente, mas [...] travada e definhando na vida". Finalmente, cerca de 15 por cento estavam mentalmente saudáveis, embora também sofrendo de um transtorno psicológico. Estes dois últimos grupos não se encaixam no modelo tradicional que fixa um continuum de saúde e doença mental, e sua existência, portanto, sustenta o modelo de *dois contínuos* de Keyes.

Veja também Keyes, C. L. M.; Lopez, S. J. "Toward a Science of Mental Health: Positive Directions in Diagnosis and Interventions". In: Snyder, C. R.; Lopez, S. J. (Eds.). *Handbook of Positive Psychology.* Nova York: Oxford University Press, 2005. p. 45-59.

Greenspoon, P. J.; Saklofske, D. H. "Toward an Integration of Subjective Well-Being and Psychopathology", *Social Indicators Research* 54 (2001): 81-108; Suldo, S. M.; Shaffer, E. J. "Looking Beyond Psychopathology: The Dual-Factor Model of Mental Health in Youth", *School Psychology Review* 37 (2008): 52-68. Estudando crianças, Greenspoon e Saklofske propuseram um modelo semelhante chamado "sistema de duplo fator" (SDF). Os pesquisadores testaram e verificaram a validade do SDF numa amostra com mais de quatrocentos estudantes (do terceiro ao sexto ano). Em seguida, Shannon Suldo e Emily Shaffer (2008) repetiram e ampliaram as descobertas de Greenspoon e Saklofske. Usando uma amostra de 349 estudantes do ensino médio, eles descobriram que 57 por cento deles desfrutavam de "completa saúde mental" (alto bem-estar subjetivo [BES], baixa psicopatologia); 13 por cento eram vulneráveis (baixo BES, baixa psicopatologia); 13 por cento eram sintomáticos mas contentes (alto BES, alta psicopatologia); e os restantes 17 por cento eram problemáticos (baixo BES, alta psicopatologia). Os pesquisadores também descobriram que crianças com "saúde mental completa" tinham um grande número de resultados favoráveis, em comparação a outras (por exemplo, melhores habilidades de leitura, frequência escolar, sucesso acadêmico e apoio social).

O bem-estar subjetivo (ou saúde mental positiva), portanto, precisa ser considerado para se compreender o funcionamento ótimo tanto em crianças/adolescentes quanto em adultos.

202 *(mais de 95 por cento de seu orçamento vai para a redução da doença):* <www.nih.gov/about/budget.htm>. Você pode investigá-lo e tentar fazer sua própria estimativa. Minha investigação sugere que 5 por cento para a saúde em oposição à doença é conservador.

203 *Será a saúde uma coisa real:* Houve uma série de esforços para levar a medicina na direção de uma definição de saúde positiva e afastá-la da definição de saúde como a mera ausência de doença. Alguns deles são: a promoção da saúde, a prevenção e o Movimento do Bem-estar. Um artigo que analisa a história criteriosamente é o de Manderscheid, R.; Ryff, C.; Freeman, E. et al. "Evolving Definitions of Mental Illness and Wellness", *Preventing Chronic Disease* 7 (2010): 1-6.

203 *descobriu a "impotência aprendida", em meados dos anos 1960:* Seligman, M. E. P. *Helplessness: On Depression, Development, and Death.* São Francisco, CA: Freeman, 1975. Um relato abrangente e a bibliografia completa dos experimentos de impotência em animais. Veja também: Maier, S. F.; Seligman, M. E. P. "Learned Helplessness: Theory and Evidence", *Journal of Experimental Psychology: General* 105 (1976): 3-46.

Peterson, C.; Maier, S. F.; Seligman, M. E. P. *Learned Helplessness: A Theory for the Age of Personal Control.* Nova York: Oxford University Press, 1993; Overmier, J. B. "On Learned Helplessness", *Integrative Physiological and Behavioral Science* 37 (2002): 4-8. Os debates sobre a teoria da impotência aprendida continuam até hoje. Para uma breve introdução à natureza desses debates, bem como uma lista de referências relevantes, veja Overmier.

203 *no experimento humano modelo, conduzido por Donald Hiroto:* Hiroto, D. S. "Locus of Control and Learned Helplessness", *Journal of Experimental Psychology* 102 (1974): 187-93.

Veja também Hiroto, D. S.; Seligman, M. E. P. "Generality of Learned Helplessness in Man", *Journal of Personality and Social Psychology* 31 (1975): 311-27.

206 *este experimento — publicado na revista* Science *em 1982:* Visintainer, M. A.; Volpicelli, J. R.; Seligman, M. E. P. "Tumor Rejection in Rats after Inescapable or Escapable Shock", *Science* 216 (1982): 437-39.

206 *a última vez que me envolvi em um experimento com animais:* Plous, S. "Attitudes Towards the Use of Animals in Psychological Research and Education: Results from a National Survey of Psychologists", *American Psychologist* 51 (1996): 1167-80. Plous conduziu um interessante levantamento entre membros da Associação Americana de Psicologia e descobriu que a maioria dos 4 mil respondentes desaprovava estudos que envolvessem infligir dor ou morte em animais. Plous cita razões dadas pelos respondentes para desaprovarem pesquisas com animais, incluindo razões relacionadas com a validade externa: "Sou um neuropsicólogo e tenho trabalhado em laboratórios com ratos e macacos. No entanto, estou cada vez mais convencido das diferenças entre os cérebros de animais e humanos, e penso que deveríamos normalmente estudar os humanos"; "Eu costumava conduzir pesquisas com animais. Acredito que boa parte da dor que infligi em animais *não* se justificava pelo valor dos dados". Plous também cita defensores de pesquisas com animais, mostrando, assim, que este debate certamente não se resolveu.

207 *Cheguei à conclusão de que o estabelecimento da validade externa é uma inferência científica ainda mais importante, mas muito mais difícil, do que o estabelecimento da validade interna:* Para comentários adicionais sobre a importância relativa da validade interna e externa em pesquisas psicológicas, veja: Seligman, M. E. P. "Science as an Ally of Practice", *American Psychologist* 51 (1996): 1072-79; Seligman, M. E. P. "The Effectiveness of Psychotherapy: The Consumer Reports Study", *American Psychologist* 50 (1995): 965-74.

NOTAS

208 *Foi esta observação que levou ao campo chamado de "otimismo aprendido":* Seligman, M. E. P. *Learned Optimism.* Nova York: Knopf, 1991.

208 *investigamos sistematicamente o modo como as pessoas a quem nunca conseguíamos tornar impotentes interpretavam os eventos ruins:* Abramson, L. Y.; Seligman, M. E. P.; Teasdale, J. D. "Learned Helplessness in Humans: Critique and Reformulation", *Journal of Abnormal Psychology* 87 (1978): 49-74.

208 *criamos questionários para mensurar o otimismo:* Peterson, C.; Semmel, A.; Von Baeyer, C.; Abramson, L. Y.; Metalsky, G. I.; Seligman, M. E. P. "The Attributional Style Questionnaire", *Cognitive Therapy and Research* 6 (1982): 287-300.

208 *e também técnicas de análise de conteúdo:* Schulman, P.; Castellon, C.; Seligman, M. E. P. "Assessing Explanatory Style: The Content Analysis of Verbatim Explanations and the Attributional Style Questionnaire", *Behaviour Research and Therapy* 27 (1989): 505-12.

208 *Descobrimos que os pessimistas:* para uma análise, veja Buchanan, G. M.; Seligman, M. E. P. (Eds.). *Explanatory Style.* Hillsdale, NJ: Erlbaum, 1995.

209 *Somente o otimismo [...] previu um segundo ataque cardíaco:* Buchanan, G. M.; Seligman, M. E. P. "Explanatory Style and Heart Disease". In: Buchanan, G. M.; Seligman, M. E. P. (Eds.). *Explanatory Style.* Hillsdale, NJ: Erlbaum, 1995. p. 225-32.

210 *Homens com um estilo mais otimista [...] tiveram 25 por cento menos DCV do que a média:* Kubzansky, L.; Sparrow, D.; Vokonas, P.; Kawachi, I. "Is the Glass Half Empty or Half Full? A Prospective Study of Optimism and Coronary Heart Disease in the Normative Aging Study", *Psychosomatic Medicine* 63 (2001): 910-16.

210 *A morte por doença cardiovascular foi fortemente influenciada pela variável do senso de domínio:* Surtees, P. G.; Wainwright, N. W. J.; Luben, R.; Khaw, K.-T.; Day, N. E. "Mastery, Sense of Coherence, and Mortality: Evidence of Independent Associations from the EPIC-Norfolk Prospective Cohort Study", *Health Psychology* 25 (2006): 102-10.

211 *Encontrou-se uma forte associação entre o pessimismo e a mortalidade:* Giltay, E.; Geleijnse, J.; Zitman, F.; Hoekstra, T.; Schouten, E. "Dispositional Optimism and All-Cause and Cardiovascular Mortality in a Prospective Cohort of Elderly Dutch Men and Women", *Archives of General Psychiatry* 61 (2004): 1126-35.

212 *se a emoção positiva derivou do otimismo:* Davidson, K. W.; Mostofsky, E.; Whang, W. "Don't Worry, Be Happy: Positive Affect and Reduced 10-Year Incident Coronary Heart Disease: The Canadian Nova Scotia Health Survey", *European Heart Journal* (2010). Disponível em: <doi:10.1093/eurheartj/ehp603>. Acesso em: 2 ago. 2010.

Pitt, B.; Deldin, P. J. "Depression and Cardiovascular Disease: Have a Happy Day — Just Smile!" *European Heart Journal* (2010). Disponível em: <doi:10.1093/eurheartj/ehq031>. Acesso em: 2 ago. 2010.

212 *Os otimistas (a quarta parte superior) tiveram 30 por cento menos mortes coronárias do que os pessimistas:* Tindle, H.; Chang, Y. F.; Kuller, L.; Manson, J. E.; Robinson, J. G.; Rosal, M. C.; Siegle, G. J.; Matthews, K. A. "Optimism, Cynical Hostility, and Incident Coronary Heart Disease and Mortality in the Women's Health Initiative", *Circulation* 118 (2009): 1145-46.

213 *Algo pelo qual vale a pena viver:* Os três estudos japoneses sobre *ikigai* são Sone, T.; Nakaya, N.; Ohmori, K.; Shimazu, T.; Higashiguchi, M.; Kakizaki, M. et al. "Sense of Life Worth Living (*Ikigai*) and Mortality in Japan: Ohsaki Study", *Psychosomatic Medicine* 70 (2008): 709-15; Shirai, K.; Iso, H.; Ohira, T.; Ikeda, A.; Noda, H.; Honjo, K. et al. "Perceived Level of Life Enjoyment and Risks of Cardiovascular Disease Incidence and Mortality: The Japan Public Health Center—Based Study", *Circulation* 120 (2009): 956-63; Tanno, K.; Sakata, K.; Ohsawa, M.; Onoda, T.; Itai, K.; and Yaegashi, Y. et al. "Associations of *Ikigai* as a Positive Psychological Factor with All-Cause Mor-

tality and Cause-Specific Mortality Among Middle-Aged and Elderly Japanese People: Findings from the Japan Collaborative Cohort Study", *Journal of Psychosomatic Research* 67 (2009): 67-75.

Veja também Boyle, P.; Buchman, A.; Barnes, L.; Bennett, D. "Effect of a Purpose in Life on Risk of Incident Alzheimer Disease and Mild Cognitive Impairment in Community-Dwelling Older Persons", *Archives of General Psychiatry* 67 (2010): 304-10.

214 *elas relatam menos sintomas:* Este fenômeno foi descrito nos seguintes artigos: Watson, D.; Pennebaker, J. W. "Health Complaints, Stress, and Distress: Exploring the Central Role of Negative Affectivity", *Psychological Review* 96 (1989): 234-54; Cohen, S.; Doyle, W. J.; Skoner, D. P.; Fireman, P.; Gwaltney, J. M.; Newsom, J. T. "State and Trait Negative Affect as Predictors of Objective and Subjective Symptoms of Respiratory Viral Infections", *Journal of Personality and Social Psychology* 68 (1999): 159-69; Cohen, S.; Doyle, W. J.; Turner, R. B.; Alper, C. M.; Skoner, D. P. "Emotional Style and Susceptibility to the Common Cold", *Psychosomatic Medicine* 65 (2003): 652-57.

216 *Nenhum deles desenvolveu as feridas, levando à conclusão de que já deviam ter sido infectados:* A história é contada em: Kraepelin, E. "General Paresis", *Nervous and Mental Disease Monograph* 14 (1923).

218 *As pessoas com emoção positiva alta antes do rinovírus desenvolvem menos resfriados:* Cohen, S.; Doyle, W. J.; Turner, R. B.; Alper, C. M.; Skoner, D. P. "Emotional Style and Susceptibility to the Common Cold", *Psychosomatic Medicine* 65 (2003): 652-57.

219 *Quanto mais alta a emoção positiva (EP), mais baixa a interleucina-6:* Doyle, W. J.; Gentile, D. A.; Cohen, S. "Emotional Style, Nasal Cytokines, and Illness Expression After Experimental Rhinovirus Exposure", *Brain, Behavior, and Immunity* 20 (2006): 175-81.

219 *Sheldon repetiu este estudo com o vírus da gripe, como fez com o vírus do resfriado:* Cohen, S.; Alper, C. M.; Doyle, W. J.; Treanor, J. J.; Turner, R. B. "Positive Emotional Style Predicts Resistance to Illness After Experimental Exposure to Rhinovirus or Influenza A Virus", *Psychosomatic Medicine* 68 (2006): 809-15.

220 *se um guindaste cair sobre sua cabeça, o otimismo não será de muita utilidade:* Seligman, M. E. P. *Learned Optimism.* Nova York: Knopf, 1991. A mesma questão é defendida no Capítulo 10 (p. 176): "Se você for atropelado por um caminhão, seu nível de otimismo não vai fazer muita diferença. Se você for atropelado por uma bicicleta, no entanto, o otimismo poderia ter um papel crucial. Não acredito que, quando um paciente tem um volume letal de câncer a ponto de ser considerado 'terminal', processos psicológicos possam fazer muita coisa. Na margem, no entanto, quando o volume do tumor é pequeno, quando a doença está começando a progredir, o otimismo pode ser a diferença entre a vida e a morte."

220 *não têm nenhum efeito mensurável sobre o prolongamento da vida em pacientes com câncer inoperável:* Schofield, P.; Ball, D.; Smith, J. et al. "Optimism and Survival in Lung Carcinoma Patients", *Cancer* 100 (2004): 1276-82; Novotny, P.; Colligan, R.; Szydlo, B. et al. "A Pessimistic Explanatory Style Is Prognostic for Poor Lung Cancer Survival", *Journal of Thoracic Oncology* (no prelo). Novotny Colligan et al. descobriram que os otimistas vivem seis meses a mais do que os pessimistas em uma grande amostra de 534 adultos.

220 *Ehrenreich publicou recentemente:* Ehrenreich, B. *Bright-Sided: How the Relentless Promotion of Positive Thinking Has Undermined America.* Nova York: Holt, 2009.

220 *Sorria ou Morra:* Ehrenreich, B. *Sorria ou Morra: How Positive Thinking Fooled America and the World.* Londres: Granta Books, 2009.

220 *viveram sete anos a mais do que os que não sorriam:* Abel, E.; Kruger, M. "Smile Intensity in Photographs Predicts Longevity", *Psychological Science* 20 (2010): 1-3.

221 *As evidências são fracas:* Shermer, M. "Kool-Aid Psychology", *Scientific American* 39 (2010): 39. Michael Shermer é o editor-chefe da revista *Skeptic*. Vindo de uma tendência ao ceticis-

mo, eu gosto das premissas da revista, mas neste caso, o cético-chefe não fundamentou seu ceticismo a partir de uma revisão da principal literatura.

221 *83 estudos independentes sobre o otimismo e a saúde física:* Rasmussen, H.; Scheier, M.; Greenhouse, J. "Optimism and Physical Health: A Meta-Analytic Review", *Annals of Behavioral Medicine* 37 (2009): 239-56.

Para um acalorado debate sobre esta metanálise, veja Coyne, J.; Tennen, H. "Positive Psychology in Cancer Care: Bad Science, Exaggerated Claims, and Unproven Medicine", *Annals of Behavioral Medicine* 39 (2010): 16-26.

Aspinwall, L.; Tedeschi, R. "Of Babies and Bathwater: A Reply to Coyne and Tennen's Views on Positive Psychology and Health", *Annals of Behavioral Medicine* 39 (2010): 27-34.

Roseman, M.; Milette, K.; Zhao, Y.; Thombs, B. "Is Optimism Associated with Physical Health? A Commentary on Rasmussen et al.", *Annals of Behavioral Medicine* 39 (2010): 204-6.

Scheier, M. F.; Greenhouse, J. B.; Rasmussen, H. N. "Reply to Roseman, Milette, Zhao, and Thombs", *Annals of Behavioral Medicine* 39 (2010): 207-09. Deixarei que o leitor acadêmico julgue, mas acredito que o resultado do câncer ainda é uma questão empírica indefinida, e o enorme conjunto de dados do exército provavelmente a definirá dentro dos próximos três anos.

222 *embora o efeito tenha sido menor do que para as DCV:* Tindle, H.; Chang, Y. F.; Kuller, L. et al. "Optimism, Cynical Hostility, and Incident Coronary Heart Disease and Mortality in the Women's Health Initiative", *Circulation* 10 (2009): 1161-67.

223 *Yoichi Chida e Andrew Steptoe* [...] *publicaram recentemente uma metanálise muito abrangente:* Chida, Y.; Steptoe, A. "Positive Psychological Well-Being and Mortality: A Quantitative Review of Prospective Observational Studies", *Psychosomatic Medicine* 70 (2008): 741-56.

Veja também Xu, J.; Roberts, R. "The Power of Positive Emotions: It's a Matter of Life or Death—Subjective Well-Being and Longevity Over 28 Years in a General Population", *Health Psychology* (no prelo).

224 *na literatura sobre a relação entre otimismo e saúde há apenas um experimento assim:* Buchanan, G. M.; Gardenswartz, C. A. R.; Seligman, M. E. P. "Physical Health Following a Cognitive-Behavioral Intervention", *Prevention and Treatment* 2 (1999). Extraído, em 14 de novembro de 2009, de <http://proxy.library.upenn.edu:8457/prevention/volume2/pre210a.html>.

Veja também Charlson, M.; Foster, C.; Mancuso, C. et al. "Randomized Controlled Trials of Positive Affect and Self-Affirmation to Facilitate Healthy Behaviors in Patients with Cardiopulmonary Diseases: Rationale, Trial Design, and Methods", *Contemporary Clinical Trials* 28 (2007): 748-62.

225 *foram os otimistas que desistiram de fumar:* Vaillant, G. E. *Aging Well: Surprising Guideposts to a Happier Life from the Landmark Harvard Study of Adult Development.* Nova York: Little, Brown and Company, 2003.

225 *pessoas felizes também dormem melhor do que as pessoas infelizes:* Steptoe, A.; Dockray, S.; Wardle, J. "Positive Affect and Psychobiological Processes Relevant to Health", *Journal of Personality* 77 (2009): 1747-75.

226 *pessoas que têm alguém com quem se sintam à vontade para ligar às três horas da manhã:* Vaillant, G. E. *Aging Well: Surprising Guideposts to a Happier Life from the Landmark Harvard Study of Adult Development.* Nova York: Little, Brown and Company, 2003.

226 *pessoas solitárias são marcadamente menos saudáveis do que pessoas sociáveis:* Cacioppo, J. T.; Hawkley, L. C.; Crawford, L. E.; Ernst, J. M.; Burleson, M. H.; Kowalewski, R. B.; Kowalewski, W. B.; Van Cauter, E.; Berntson, G. G. "Loneliness and Health: Potential Mechanisms", *Psychosomatic Medicine* 64 (2002): 407-17.

Cacioppo, J. T.; Hawkley, L. C.; Berntson, G. G. The Anatomy of Loneliness, *Current Directions in Psychological Science* 12 (2003): 71-74.

226 *O sangue dos otimistas apresentou uma resposta mais combativa à ameaça:* Kamen-Siegel, L.; Rodin, J.; Seligman, M. E. P.; Dwyer, J. "Explanatory Style and Cell-Mediated Immunity in Elderly Men and Women", *Health Psychology* 10 (1991): 229-35.

Veja também Segerstrom, S.; Sephton, S. "Optimistic Expectancies and Cell-Mediated Immunity: The Role of Positive Affect", *Psychological Science* 21 (2010): 448-55.

227 *promovem a arteriosclerose:* Ver, por exemplo, Everson, S. A.; Kaplan, G. A.; Goldberg, D. E.; Salonen, R.; Salonen, J. T. "Hopelessness and 4-Year Progression of Carotid Atherosclerosis: The Kuopio Ischemic Heart Disease Risk Factor Study", *Arterosclerosis, Thrombosis, and Vascular Biology* 17 (1997): 1490-95.

Rozanski, A.; Blumenthal, J. A.; Kaplan, J. "Impact of Psychological Factors on the Pathogenesis of Cardiovascular Disease and Implications for Therapy", *Circulation* 99 (1999): 2192-2217.

227 *as mulheres que apresentam pontuação baixa em sentimentos de domínio e alta em depressão têm demonstrado uma pior calcificação da artéria principal, a ramificada aorta:* Matthews, K. A.; Owens, J. F.; Edmundowicz, D.; Lee, L.; Kuller, L. H. "Positive and Negative Attributes and Risk for Coronary and Aortic Calcification in Healthy Women", *Psychosomatic Medicine* 68 (2006): 355-61.

227 *Os ratos impotentes, no modelo triádico, desenvolvem arteriosclerose mais rapidamente do que os ratos que demonstram domínio:* Buchanan, G. M.; Seligman, M. E. P. "Explanatory Style and Heart Disease". In: Buchanan, G. M.; Seligman, M. E. P. (Eds.). *Explanatory Style*. Hillsdale, NJ: Erlbaum, 1995. p. 225-32.

227 *demonstram uma resposta fibrinogênica menor ao estresse do que as com emoção positiva baixa:* Steptoe, A.; Wardle, J.; Marmot, M. "Positive Affect and Health-Related Neuroendocrine, Cardiovascular, and Inflammatory Processes", *Proceedings of the National Academy of Sciences* 102 (2005): 6508-12.

228 *alta variabilidade da frequência cardíaca são mais saudáveis, têm menos DCV, menos depressão e melhores habilidades cognitivas:* Thayer, J.; Sternberg, E. "Beyond Heart Rate Variability: Vagal Regulation of Allostatic Systems", *Annals of the New York Academy of Sciences* 1088 (2006): 361-72.

230 *Estudo do Envelhecimento Normativo.* Ver <www.nia.nih.gov/ResearchInformation/ScientificResources/StudyInfo.htm?id=26>.

234 *dr. Darwin Labarthe:* Darwin Labarthe também é o autor de Labarthe, D. R. *Epidemiology and Prevention of Cardiovascular Disease*. 2. ed. Sudbury, MA: Jones and Bartlett, 2010.

235 *as pessoas que caminham 10 mil passos todos os dias reduzem significativamente seu risco de ataque cardíaco:* Ver, por exemplo, Savage, P. D.; Ades, P. A. "Pedometer Step Counts Predict Cardiac Risk Factors at Entry to Cardiac Rehabilitation", *Journal of Cardiopulmonary Rehabilitation and Prevention* 28 (2008): 370-77.

Bravata, D. M.; Smith-Spangler, C.; Sundaram, V.; Gienger, A. L.; Lin, N.; Lewis, R.; Stave, C. D.; Olkin, I.; Sirard, J. R. "Using Pedometers to Increase Physical Activity and Improve Health: A Systematic Review", *Journal of the American Medical Association* 298 (2007): 2296-2304. Uma análise e metanálise dos benefícios da caminhada sobre a saúde.

235 *Como afirmou Nietzsche, a boa filosofia sempre diz: "Mude sua vida!":* veja a introdução do editor em Nietzsche, F.; Kaufmann, W.; Gay, P. *Basic Writings of Nietzsche*. Nova York: Random House, 2000.

236 *a verdadeira epidemia, o pior assassino, é a epidemia da inatividade:* Lee, D. C.; Sui, X.; Blair, S. N. "Does Physical Activity Ameliorate the Health Hazards of Obesity?" *British Journal of Sports Medicine* 43 (2009): 49-51. Analisa o trabalho de Steve Blair sobre a obesidade e a atividade física.

236 *a pouca aptidão física está fortemente associada à mortalidade por todas as causas e, particularmente, às doenças cardiovasculares:* Sui, X.; Laditka, J. N.; Hardin, J. W.; Blair, S. N. "Estimated

NOTAS

Functional Capacity Predicts Mortality in Older Adults", *Journal of the American Geriatric Society* 55 (2007): 1940-47.

237 *Eis um representativo:* Sui, X.; Laditka, J. N.; LaMonte, M. J.; Hardin, J. W.; Chase, N.; Hooker, S. P.; Blair, S. N. "Cardiorespiratory Fitness and Adiposity as Mortality Predictors in Older Adults", *Journal of the American Medical Association* 298 (2007): 2507-16.

239 *o exercício não o fará muito mais magro:* Cloud, J. "Why Exercise Won't Make You Thin", *Time,* 9 ago. 2009.

239 *O relatório do cirurgião geral de 2008:* <www.cdc.gov/nccdphp/sgr/index.htm> (1999).

239 *(O ponto de maior perigo é abaixo de 5 mil passos por dia):* Tudor-Locke, C.; Bassett, D. R. "How Many Steps/Day Are Enough? Preliminary Pedometer Indices for Public Health", *Sports Medicine* 34 (2004): 1-8. Baseados em evidências prévias, Tudor-Locke e Basset sugerem os seguintes índices para avaliar a atividade física baseada do pedômetro: menos de 5 mil passos por dia indicam que os indivíduos têm um estilo de vida sedentário (que, como observado anteriormente, está associado a uma vasta gama de consequências negativas para a saúde). Indivíduos que dão de 5 mil a 7.499 passos por dia são considerados "de baixa atividade". Os que dão de 7.500 a 9.999 passos por dia são considerados "moderadamente ativos". O mínimo para que um indivíduo seja considerado "ativo" são 10 mil passos por dia. Os que dão mais de 12.500 passos por dia são considerados "altamente ativos".

Capítulo 10: A política e a economia do bem-estar

241 *Quando os políticos concorrem a um cargo público, eles fazem campanha sobre o que farão, ou o que fizeram, pela economia:* Para uma interessante discussão sobre o papel da economia nas eleições presidenciais norte-americanas em 2008, veja o simpósio em *PS: Political Science and Politics* 42, n. 3 (2009), incluindo os artigos Erikson, R. S. "The American Voter and the Economy, 2008", *PS: Political Science and Politics* 42 (2009): 467-71; Lewis-Beck, M. S.; Nadeau, R. "Obama and the Economy in 2008", *PS: Political Science and Politics* 42 (2009): 479-83.

242 *uma abundância, talvez excessiva, de bens e serviços:* como descrito em Easterbrook, G. *The Progress Paradox: How Life Gets Better While People Feel Worse.* Nova York: Random House, 2003.

242 *Ed Diener e eu publicamos um artigo:* Diener, E.; Seligman, M. E. P. "Beyond Money: Toward an Economy of Well-Being", *Psychological Science in the Public Interest* 5 (2004): 1-31.

243 *A satisfação com a vida nos Estados Unidos está nivelada há cinquenta anos, apesar de o PIB ter triplicado:* Diener, E.; Seligman, M. E. P. "Beyond Money: Toward an Economy of Well-Being", *Psychological Science in the Public Interest* 5 (2004): 1-31.

Veja também Zencey, E. "G.D.P. R.I.P.", *New York Times,* 9 ago. 2009.

243 *Os índices de depressão aumentaram dez vezes:* Os dois principais estudos que identificaram a epidemia de depressão foram: Robins, L.; Helzer, J.; Weissman, M.; Orvaschel, H.; Gruenberg, E.; Burke, J.; Regier, D. "Lifetime Prevalence of Specific Psychiatric Disorders in Three Sites", *Archives of General Psychiatry* 41 (1984): 949-58; Klerman, G.; Lavori, P.; Rice, J.; Reich, T.; Endicott, J.; Andreasen, N.; Keller, M.; Hirschfeld, R. "Birth Cohort Trends in Rates of Major Depressive Disorder Among Relatives of Patients with Affective Disorder", *Archives of General Psychiatry* 42 (1985): 689-93.

243 *Os índices de ansiedade também subiram:* Twenge, J. M. "The Age of Anxiety? The Birth Cohort Change in Anxiety and Neuroticism, 1952-1993", *Journal of Personality and Social Psychology* 79 (2000): 1007-21.

243 *As ligações sociais nos Estados Unidos caíram:* Putnam, R. *Bowling Alone: The Collapse and Revival of American Community.* Nova York: Simon & Schuster, 2001.

243 *confiança é um importante fator prognosticador de bem-estar:* Helliwell, J. F. "How's Life? Combining Individual and National Variables to Explain Subjective Well-Being", *Economic Modeling* 20 (2003): 331-60.

243 *Há uma enorme literatura sobre o dinheiro e a felicidade:* Para uma revisão, veja Biswas-Diener, R. "Material Wealth and Subjective Well-Being". In: *The Science of Subjective Well-Being*. Nova York: Guilford Press, 2008.

Veja também Diener, E.; Biswas-Diener, R. "Will Money Increase Subjective Well-Being? A Literature Review and Guide to Needed Research", *Social Indicators Research* 57 (2002): 119-69.

Finalmente, para uma discussão sobre a relação entre dinheiro e felicidade entre nações, veja Diener, E.; Oishi, S. "Money and Happiness: Income and Subjective Well-Being Across Nations". In: Diener E.; Suh, E. M. (Eds.). *Culture and Subjective Well-Being*. Cambridge, MA: MIT Press, 2000. p. 185-218.

243 *No gráfico:* Deaton, A. "Income, Health, and Well-Being Around the World: Evidence from the Gallup World Poll", *Journal of Economic Perspectives* 22 (2008): 53-72.

244 *Este é o respeitável "paradoxo de Easterlin":* Easterlin, R. A. "Does Economic Growth Improve the Human Lot?" In: *Nations and Households in Economic Growth: Essays in Honour of Moses Abramovitz*. Nova York: Academic Press, 1974; Easterlin, R. A. "Will Raising the Incomes of All Increase the Happiness of All?" *Journal of Economic Behavior and Organization* 27 (1995): 35-47.

245 *foi desafiado recentemente por meus jovens colegas na Penn, Justin Wolfers e Betsey Stevenson:* Wolfers J.; Stevenson, B. "Economic Growth and Subjective Well-Being: Reassessing the Easterlin Paradox", *Brookings Papers on Economic Activity* (2008): 1-87.

246 *Satisfação com a vida para vários grupos:* Ver Diener, E.; Seligman, M. E. P. "Beyond Money: Toward an Economy of Well-Being", *Psychological Science in the Public Interest* 5 (2004): 1-31.

247 *estes dois componentes — humor e avaliação — são influenciados de modo diferente pela renda:* Como mostrado por Diener, E.; Kahneman, D.; Arora, R.; Harter, J.; Tov, W. "Income's Differential Influence on Judgments of Life Versus Affective Well-Being". In: Diener, E. *Assessing Well-Being: The Collected Works of Ed Diener*. Nova York: Springer, 2009. p. 233-46.

247 *Cinquenta e duas nações possuem análises sólidas de séries cronológicas do bem-estar subjetivo (BES) desde 1981 até 2007:* Inglehart, R.; Foa, R.; Wetzel, C. "Development, Freedom, and Rising Happiness: A Global Perspective (1981-2007)", *Perspectives on Psychological Science* 3 (2008): 264-85.

247 *surgem algumas anomalias muito instrutivas:* Inglehart, R.; Foa, R.; Wetzel, C. "Development, Freedom, and Rising Happiness: A Global Perspective (1981-2007)", *Perspectives on Psychological Science* 3 (2008): 264-85.

247 *Pessoas pobres em Calcutá:* Ver Biswas-Diener, R.; Diener, E. "Making the Best of a Bad Situation: Satisfaction in the Slums of Calcutta", *Social Indicators Research* 55 (2001): 329-52; Biswas-Diener, R.; Diener, E. "The Subjective Well-Being of the Homeless, and Lessons for Happiness", *Social Indicators Research* 76 (2006): 185-205.

247 *Utah é muito mais feliz do que sua renda sugere:* Ver Rentfrow, P. J.; Mellander, C.; Florida, R. "Happy States of America: A State-Level Analysis of Psychological, Economic, and Social Well-Being", *Journal of Research in Personality* 43 (2009): 1073-82.

249 *A importância das coisas com que nos preocupamos:* Frankfurt, H. "The Importance of What We Care About", *Synthese* 53 (1982): 257-72.

249 On Bullshit: Frankfurt, H. G. *On Bullshit*. Princeton, NJ: Princeton University Press, 2005.

250 *"autonomia funcional dos motivos":* Allport, G. W. "The Functional Autonomy of Motives", *American Journal of Psychology* 50 (1937): 141-56.

250 *Minha solução foi um condicionamento pavloviano "preparado":* Seligman, M. E. P.; Hager, J. L. (Eds.). *Biological Boundaries of Learning.* Nova York: Appleton-Century-Crofts, 1972.

250 *Isto é chamado de efeito Garcia:* Garcia, J.; Koelling, R. A. "Relation of Cue to Consequence in Avoidance Learning", *Psychonomic Science* 4 (1966): 123-24; Garcia, J.; McGowan, B. K.; Ervui, F. R.; Koelling, R. A. "Cues: Their Relative Effectiveness as a Function of the Reinforcer", *Science* 760 (1968): 794-95.

250 *fenômeno do molho* béarnaise: Seligman, M. E. P.; Hager, J. L. "Biological Boundaries of Learning: The Sauce-Bearnaise Syndrome", *Psychology Today* 6 (ago. 1972): 59-61, 84-87.

251 *certos medos são comuns nas famílias:* Ver, por exemplo, Skre, I.; Onstad, S.; Torgersen, S.; Philos, D. R.; Lygren, S.; Kringlen, E. "The Heritability of Common Phobic Fear: A Twin Study of a Clinical Sample", *Journal of Anxiety Disorders* 14 (2000): 549-62.

251 *gêmeos idênticos são mais concordantes em relação à depressão [...] do que os gêmeos fraternos:* Sullivan, P. F.; Neale, M. C.; Kendler, K. S. "Genetic Epidemiology of Major Depression: Review and Meta-Analysis", *American Journal of Psychiatry* 157 (2000): 1552-62.

252 *as experiências trazem mais bem-estar do que os bens materiais com o mesmo preço:* Van Boven, L.; Gilovich, T. "To Do or to Have? That Is the Question", *Journal of Personality and Social Psychology* 85 (2003): 1193-1202; Van Boven, L. "Experientialism, Materialism, and the Pursuit of Happiness", *Review of General Psychology* 9 (2005): 132-42.

253 *as estatísticas de base para outros projetos semelhantes aos seus:* Kahneman, D.; Lovallo, D. "Timid Choices and Bold Forecasts: A Cognitive Perspective on Risk Taking", *Management Science* 39 (1993): 17-23; Kahneman, D.; Lovallo, D. "Delusions of Success: How Optimism Undermines Executives' Decisions", *Harvard Business Review* 81 (2003): 56-63.

253 *Como o pensamento positivo destruiu a economia:* Ver Capítulo 7 em Ehrenreich, B. *Bright-Sided: How the Relentless Promotion of Positive Thinking Has Undermined America.* Nova York: Holt, 2009.

255 *(George Soros [...] a chama de "realidade reflexiva"):* Soros, G. *The Age of Fallibility.* s/l.: Perseus, 2006.

256 *Sandra Murray [...] tem conduzido um conjunto extraordinário de estudos sobre o bom casamento:* Para uma análise, veja Murray, S. L.; Holmes, J. G.; Griffin, D. W. "Reflections on the Self-Fulfilling Effects of Positive Illusions", *Psychological Inquiry* 14 (2003): 289-95.

Veja também Murray, S. L.; Holmes, J. G.; Dolderman, D.; Griffin, D. W. "What the Motivated Mind Sees: Comparing Friends' Perspectives to Married Partners' Views of Each Other", *Journal of Experimental Social Psychology* 36 (2000): 600-20; Murray, S. L.; Holmes, J. G.; Griffin, D. W. "The Self-Fulfilling Nature of Positive Illusions in Romantic Relationships: Love Is Not Blind, but Prescient", *Journal of Personality and Social Psychology* 71 (1996): 1155-80.

258 *"uma maldição atrás da outra":* Toynbee, A. J. *A Study of History.* Oxford: Oxford University Press, 1961. Atribui-se ao historiador Arnold Toybeen a afirmação de que a história não é "uma maldição atrás da outra", uma tese que ele defendeu em seu clássico *A Study of History* [*Um estudo de História*], uma obra com 12 volumes que descreve e analisa a ascensão, o desenvolvimento e a decadência de mais de vinte civilizações.

259 *Huppert e Timothy So levantaram dados sobre 43 mil adultos:* So, T.; Huppert, F. *What Percentage of People in Europe Are Flourishing and What Characterizes Them?* (23 jul. 2009). Extraído, em 19 de outubro de 2009 de <www.isqols2009.istitutodeglinnocenti.it/Content_en/Huppert.pdf>.

Veja também Diener, E.; Tov, W. "Well-Being on Planet Earth", *Psychological Topics* 18 (2009): 213-19; Bok, D. *The Politics of Happiness: What Government Can Learn from New Research on Well-Being.* Princeton, N. J.: Princeton University Press, 2009; Keyes, C. "Promoting and Protecting Mental Health as Flourishing", *American Psychologist* 62 (2007): 95-108.

259 *Observe que tais critérios não são meramente subjetivos:* A importância de se correlacionar medidas subjetivas com indicadores objetivos é enfatizada por Oswald, A.; Wu, S. "Objective Confirmation of Subjective Measures of HumanWell-Being: Evidence from the U.S.A.", *Science* 327 (2010): 576-78.

260 *como avaliar a disparidade de renda dentro de uma nação:* Berg, M.; Veenhoven, R. "Income Inequality and Happiness in 119 Nations". In: Greve, Bent (Ed.). *Social Policy and Happiness in Europe*. Cheltenham, UK: Edgar Elgar, 2010. Este é um exemplo em que as tendências políticas e os dados estão em desacordo, e atualmente estão em competição. A esquerda sustenta que a disparidade de renda é injusta e que o aumento dos impostos dos muito ricos para reduzi-la tornaria as pessoas mais felizes. Como exemplo, ela indica a Dinamarca, o primeiro país em satisfação com a vida. Ruut Weenhoven, no entanto, reuniu dados mundiais sobre isso. Em Dados Mundiais sobre a Felicidade (www.worlddatabaseofhappiness.org), ele correlaciona o tamanho da disparidade de renda com a felicidade e encontra uma relação nula. Portanto, aumentar os impostos de Bill Gates provavelmente não afetará o seu estado de ânimo ou a sua satisfação com a vida.

261 *a felicidade é mais contagiosa do que a depressão:* Fowler, J. H.; Christakis, N. A. "Dynamic Spread of Happiness in a Large Social Network: Longitudinal Analysis over 20 Years in the Framingham Heart Study", *British Medical Journal* 337 (2008): *a2338*. James Fowler e Nicholas Christakes mostraram recentemente que a felicidade das pessoas dependia da felicidade daqueles com quem elas estão ligadas. Eles acompanharam 4.739 participantes por mais de vinte anos e descobriram que os grupos de felicidade (isto é, grupos de pessoas felizes socialmente ligadas) poderiam ser explicados pela disseminação da felicidade em vez de pela tendência de indivíduos felizes se associarem.

Veja também Fowler, J.; Christakis, N. "Cooperative Behavior Cascades in Human Social Networks", *Proceedings of the National Academy of Sciences* 107 (2010): 5334-38.

261 *Friedrich Nietzsche analisou o crescimento e a história humana em três estágios:* Nietzsche, F. *Assim falou Zaratustra*. São Paulo: Companhia das Letras, 1999.

ÍNDICE REMISSIVO

11 de setembro de 2001, 320
51 por cento, 257-62, 287

"abandonar os ressentimentos", 105
Abel, E., 327
Abela, J. R. Z., 301, 302
abertura mental. *Ver* avaliação
Abramson, L. Y., 326
abuso de substâncias químicas, 291
Academia Militar de West Point, 139, 167, 175, 184, 251
Achille, N. M., 294
acontecimentos ruins. *Ver* o que deu certo
"acumuladores", 29, 30
Adams, G. A., 323
Ades, P. A., 329
admiração, 15, 76, 161, 279-80, 289
adversidade
    crescimento pós-traumático e, 154, 159, 169, 176-78
    ensino do bem-estar a jovens e, 76
    necessidade de um exército psicologicamente preparado, 142
    "no calor do momento", 185
    programa de aptidão espiritual, 145, 151, 154, 166-68
    Treinamento em Resiliência e, 175, 180-95
advogados: ensino sobre psicologia positiva e, 16
Agência Central de Inteligência (CIA), 194
Agência Conjunta de Recuperação de Pessoal, 194-95
Agência de Proteção Ambiental, EUA, 311
Agência Espacial Europeia, reunião de Seligman com a, 163

ajuda, busca de, 48, 141
algo por que vale a pena viver, 213, 326
alívio de sintomas: curas *versus*, 57-58
altas realizações humanas, 134-38
altruísmo de parentesco, 160
altruísmo heroico, 161
ambiente
    caráter e, 30, 119
    como base das ciências sociais, 95-96, 305
    como fonte de bem-estar, 92
amizade, 94
    Ver também relacionamentos
amor
    capacidade para ser amado e, 25, 272-74, 286
    ensino sobre a psicologia positiva e, 245
    estudo da saúde positiva e, 234, 246
    Programa de Aptidão Abrangente para Soldados e, 108, 142
    romântico, 168
    teoria da evolução e, 160
    teste de forças pessoais e, 233
    Treinamento em Resiliência e, 180-83
amostragem: ensino do bem-estar aos jovens e, 76
    Ver também controle com placebo; designação aleatória
análise longitudinal de conjuntos de dados existentes sobre a saúde física, 230-31
Angold, A., 310
ânimo, 21, 24, 208, 224, 227, 281, 297, 333
Anjum, A., 301
ansiedade
    51 por cento e, 257-59
    crescimento pós-traumático e, 154, 159
    curas e, 264, 272, 295

ÍNDICE REMISSIVO

doença cardiovascular e, 209-11
enfrentando a, 154, 175
ensino do bem-estar a jovens e, 175, 186, 225
inteligência e, 267, 289
ligação entre otimismo e a saúde física e, 221
objetivos da psicoterapia e, 224, 235
opiniões de Freud sobre, 57-58, 202
prevalência de, 291, 308
Programa de Aptidão Abrangente para Soldados e, 108, 142-47
TEPT e, 173-44, 150
Treinamento em Resiliência e, 179-83
velocidade e, 26, 122, 125
Anthony, J. C., 288, 308
APF. *Ver* assistente pessoal de florescimento
apreciação
da beleza e excelência, 28, 51, 105, 279-80
da família, 179
por estar vivo, 54
Ver também gratidão; valorização
aprendizagem
amor à, 93-94, 97
ensino de bem-estar a jovens e, 86, 98
ética e valores e, 93
preparada, 98, 119
taxa de, 50
teste de forças pessoais e, 81
Ver também escolas
aptidão emocional: Programa de Aptidão Abrangente para Soldados e, 142-68
aptidão financeira, 145
aquilo com que nos importamos. *Ver* valores
Arana, G. W., 321
Argyle, M., 294
Aristóteles, 19-20, 26, 104, 292
armadilhas do pensamento, 186, 197, 323
Arora, R., 331
Asher, E. R., 304, 312, 323
Ashton, Jon, 106, 289
Aspinwall, L., 328
assertividade, 94, 98
assistente pessoal de florescimento (APF), 108
Associação de Advogados do Tennessee, 79
Associação de Psicologia do Leste, 15
Associação Internacional de Psicologia Positiva (AIPP), 259, 291, 307
Associação Nacional de Basquete: previsões sobre times ganhadores e perdedores na, 165
astronautas, 164

Atlantic Philanthropies (PT), 18, 19, 235, 290, 292
Auchterlonie, J. L., 319
Austrália
projeto na Escola de Geelong na, 101, 105-06
Ver também Melbourne, Austrália
autoconsciência, 167, 197
autocontrole, 51, 98, 130-33
autodeterminação, 38, 259
autodisciplina, 130-333
autoestima, 38, 219, 259, 302
autonomia funcional dos motivos, 250, 331
autorrevelação, 180
avaliação
caráter e, 25, 157
computação positiva e, 72, 75, 95
da felicidade, 125, 324
da prosperidade, 110-111
das "coisas reais", 25, 35
de autodisciplina, 130-32
de compromisso, 172
de construtos, 172-79, 231
de elementos, 170-71
de emoções positivas, 152, 155-56
de florescimento, 38, 52-53, 65
de realizações, 166
decisões de política pública e, 110
diferenças entre teoria da felicidade autêntica e a teoria do bem-estar e, 179, 183-84
dinheiro/riqueza e, 45, 47, 154, 169
do bem-estar, 179-83
do otimismo, 142, 147, 189
do sentido, 201
dos relacionamentos, 166-67
ensino do bem-estar a jovens e, 27, 35, 146
ensino sobre psicologia positiva e, 179
objetivo da psicologia positiva e, 199
Avrich, P., 313

Bakhurst, D., 306
Ball, D., 327
Ball, Harvey, 294
Barlow, D. H., 323
Barnes, L., 330
Barnett, W. S., 315
Baron, Jon, 71
barreira dos 65 por cento, 58-59, 63-64, 304
Barry, Trent, 99, 289

Base Naval de San Diego: palestra de Seligman na, 194
Basler, R. P., 305
Bassett, D. R., 330
Battlemind (programa psicológico do exército dos EUA), 183
Baumeister, Roy, 101, 133, 289, 315
Beck, Aaron "Tim", 70, 288, 316, 323
Beck, J. S., 323
Beilock, Sian, 314
bem-estar
   51 por cento e, 257, 261
   ambiente como fonte de, 245-46
   avaliação do, 16, 27, 159, 162
   benefícios do, 27, 35
   como construto, 157
   diferença entre a teoria da felicidade autêntica e a teoria do, 257
   elementos do, 127, 129-30
   florescimento e, 35-37
   o que é, 26
   PIB e, 35-38, 145
   política do, 153
   resumo do, 154-55
   subjetivo, 264-63
   Ver também tópico específico
Bennett, D., 327
Bentham, Jeremy, 104
Berg, M., 333
Berglas, S., 309
Berlim, Alemanha: *workshop* de Seligman em, 61
Berntson, G. G., 328
"Beyond Money" ["Além do dinheiro"] (Diener e Seligman), 242, 330-31
Biswas-Diener, R., 309, 331
Blair, C., 315
Blair, Steve, 235, 289, 329
Blair, Tony, 36
Blakeslee, S., 318
Blumenthal, J. A., 329
Bobo, I., 311
Bodrova, Elena, 127
Boekaerts, M., 311
Bolte, A., 311
Bonanno, G., 319
Bond, F. W., 305
bondade, 31, 34-35, 91, 97, 103, 152, 267, 271-72, 283
   Ver também altruísmo
Boring, Edwin, 71
Bower, G. H., 315
Bowers, K. S., 213
Bowles, S., 317
Boyd, M. A., 301
Boyd, R., 317
Boydstun, J. A., 322
Boyle, P., 327
BRAC (ciclo básico de atividade-repouso), 81
Brandman, M., 310
Branigan, C., 308, 311
Bravata, D. M., 329
bravura, 148, 269-70
Breakthrough collaborative, programas. *Ver* Escola Summerbridge Cambridge
Brickman, P., 269, 299
bridge
   Cayne jogando, 68, 72
   cronometrado, 124
   grandes jogadores de, 29, 119
   importar-se com, 25, 27-29, 142
   on-line, 151, 153
   Seligman jogando, 22, 29, 61
   vencer e perder no, 164, 201
Britt, T. W., 317
Bromet, E., 320
Brown, Gordon, 36
Bruner, Jerome, 71, 306
Brunwasser, S. M., 311, 312, 322
Buchanan, Gregory, 209, 224, 326, 329
Buchman, A., 327
Buckley, T. C., 321
Bucuvalas, M., 320
Buffalo Creek, Virgínia Ocidental: inundação em, 169-71, 318-20
Buffett, Warren, 29
Burke, J., 330
Burleson, M. H., 328
Burrell, L. M., 323
Bush, George W., 144, 194, 248

caçando as coisas boas, 189-90
Cacioppo, John, 32, 154, 160, 162, 226, 289, 295, 317, 328
"caixa de esquiva", 204
Calhoun, L. G., 322
Calley, William, 166
"calor do momento", adversidades, 185
Calvin, J. E. Jr., 299
Calvin, J. E., III, 299

ÍNDICE REMISSIVO

Cameron, K., 308
caminhada, 81, 289, 329
Campbell, Byron, 30, 287
Campo dos Sonhos, O (filme), 88, 89, 310
câncer, 205-06, 208, 211, 219-23, 227, 236*fig*, 237, 256, 327-28
capela: ensino do bem-estar a jovens e, 103, 105
caráter
    ambiente e, 179-81
    autocontrole e, 179, 181, 183
    autodisciplina e, 179-80
    ciências sociais e, 215
    comportamento e, 236, 247
    emoções positivas e, 127, 129
    ensinar o bem-estar a jovens e, 96-97
    escolas públicas urbanas e, 100, 117
    florescimento e, 173, 175
    fracasso e, 175
    GARRA e, 79, 89, 115-68
    moral pobre e, 37
    passado *versus* futuro e, 45, 172
    pensamento/emoções negativas e, 105
    positivo, 45, 47, 155
    problemas sociais e, 100
    projeto de Duckworth sobre, 101-05
    realizações e, 75, 79
    recompensas e punições e, 25, 216
    Treinamento em Resiliência e, 181
    visões de Duckworth sobre, 169-70, 182
    Ver também forças de caráter
Cardiologia, Departamento de, Universidade da Pensilvânia, 228
Carey, B., 290, 323
Carmona, Richard, 144, 289, 316
Carnegie, Andrew, 29
Carpenter, Derrick, 75, 288, 307
Carroll, Pete, 142
Carruagens de Fogo (filme), 30, 88, 295, 310
casamento
    brigar *versus* celebrar e, 59
    ensino sobre psicologia positiva e, 59, 65
    estudo de saúde positiva e, 153
    perspectivas sobre os cônjuges e, 257
    Programa de Aptidão Abrangente para Soldados e, 108, 142
Casey, George William Jr., 108, 143-44, 169, 180-81, 183, 196, 289, 316
Castellon, C., 326
castigo: caráter e, 119, 120

Castro, Carl, 147, 289, 316-17, 319, 323
catexia, 249-50
causalidade
    estudo sobre saúde positiva e, 153, 228
    ligação entre otimismo e saúde física e, 230-31
Cavanagh, M. J., 309
Cayne, Jimmy, 248
Centro de Confiança e Bem-Estar (Escócia), 182
Centro de Estudos Epidemiológicos, 49
Centro de Estudos Organizacionais Positivos (Universidade de Michigan), 85
Centro de Psicologia Positiva (Universidade da Pensilvânia), 44, 74, 107, 307
Centros de Controle de Doenças, EUA, 234
cérebro, 33-34, 104, 296
chamado, psicologia positiva como um, 76, 84, 88-90
Chambers, Jill, 142, 289
Chang, Y. F., 326, 328
Chaplin, T. M., 312
Charlson, M., 328
Chase, N., 330
Chatman, J., 299
Cheney, Dick, 248
Chernow, R., 295
Chida, Yoichi, 223, 328
China, 94, 244, 261
Chong, D., 302
Christakis, N. A., 318, 333
Churchill, Winston, 64, 305-06
ciclo básico de atividade-repouso (BRAC), 81, 309
cidadania. *Ver* justiça
ciência
    ciências sociais, 17, 66, 118
    como interação entre análise e síntese, 72
    de base, dúvidas públicas sobre a aplicabilidade da, 72
    e ensino para o MAPP, 74, 76
    e transformação do *coaching*, 82-84
    financiamento da, 101- 157
    visão de Layard sobre política pública e, 288-89, 323
Clemens, M. K., 316
Clifton, D. O., 288, 307
Cling, Debbie, 100, 289
Clinton, Bill, 184
Cloud, J., 330

Clube de Ciência Moral: encontro entre Wittgenstein e Popper no, 69
coaches de vida, 82
coaches executivos, 254
coaches pessoais, 82
coaching
    51 por cento e, 261
    ensino de psicologia positiva e, 82-84
    impacto do otimismo dos *coaches* e, 82
Coates, D., 299
Cohen, Aren, 86, 288
Cohen, Sheldon, 214, 217, 227, 289, 327
"coisa real", 25-26
colagem, 87
Colligan, R., 327
"colocando em perspectiva", modelo, 187, 253
comemoração: resposta ativa e construtiva e, 48
Comissão para a Promoção da Prática Profissional, 73
Comissão sobre as Medidas do Desempenho Econômico e Progresso Social (CMDEPS), 298
Comitê de Saúde Cardiovascular, 234
compaixão: crescimento pós-traumático e, 104, 180
companhias de seguros: curas *versus* alívio de sintomas e, 57-58
comportamento/conduta
    caráter e, 72, 75
    ensino do bem-estar a jovens e, 77-78
    mudança de, 42-43
    Programa de Aptidão Abrangente para Soldados e, 77
    seleção natural e, 33, 104
    Treinamento em Resiliência e, 105-06
compromisso, 117
computação
    afetiva, 108
    positiva, 108
comunicação: Treinamento em Resiliência e, 145, 175, 180-85
concessões, 87, 292
Conchie, B., 307
Condenados de Shawshank, Os (filme), 88, 310
confiança, 52, 91, 152, 159, 182, 253, 331
confidencialidade, 153
cônjuges
    opiniões sobre, 257
    Ver também casamento
conhecimento. *Ver* aprendizagem; sabedoria
consciência, 22, 27, 51, 92, 117, 149, 173, 267, 280, 296, 305
Conselhos de Revisão Institucionais, 215-16
contágio
    da depressão, 261
    de emoções, 163
    de felicidade, 163, 166, 261
    de saúde positiva, 165
    do estado de ânimo, 233
Contatos Imediatos do Terceiro Grau (filme), 310
"controle com lista de espera", 199
controle por placebo
    barreira dos 65 por cento e, 58-59
    como padrão para testar terapias, 95, 97, 105
    ensino sobre psicologia positiva e, 93
    estudo sobre saúde positiva e, 45
    estudos sobre saúde física e otimismo e, 37, 245
    exercícios para produzir felicidade e, 45, 47, 58
Coombs, R. H., 310
cooperação, 34, 98, 161, 295
Cooperrider, David, 84, 288, 309
Copeland, P., 322
coragem, 35, 97, 105, 116, 190, 214-15, 268-69
Corbit, John, 125
Corio. *Ver* Escola de Geelong
Corley, R. P., 317
Cornum, Rhonda, 142, 144-45, 147, 154, 177, 181, 183-84, 196, 289, 317, 322
corporação das psicoterapias, 57
Costa, P. T., 305
Costello, E. J., 310
Cotting, D. I., 319
Cowen, P., 301
Coyne, J., 328
cozinhar, 106, 252
Crawford, E., 328
Crawford, J., 295
crenças, 103, 168, 180, 185-86, 188, 191, 278, 281, 323
crescimento humano/progresso, 155, 167-69
crescimento pós-traumático
    51 por cento e, 26
    curso sobre, 154
    elementos que contribuem para, 167-69
    Programa de Aptidão Abrangente para Soldados e, 154, 159

ÍNDICE REMISSIVO

CRI. *Ver* Conselho de Revisão Institucional
crianças
    autodisciplina em, 130-31
    impulsivas, 131
    maximização da felicidade e, 37
    Programa de Aptidão Abrangente para Soldados e, 145
    TDAH e, 142
    velocidade da inteligência e, 45, 179-80
    Ver também jovens
criatividade, 51, 97-98, 128-29, 140-41, 251, 266, 322
"Crossroads" (Carpenter), 75
Crown, J. S., 323
Csikszentmihalyi, M., 288, 293, 296
culpa
    caráter e, 172-73
    do sobrevivente, 66, 79
    fracasso de escolas públicas urbanas e, 42, 47, 159, 235
    pela recessão financeira, 248-50
cultura: Treinamento em Resiliência e, 185, 196, 199
Cummings, E. E., 43n, 198, 300
Cummins, R. A., 297, 301
curas, 57-58, 64-66, 303
curiosidade, 98, 117, 192, 263-64
currículo
    adesão ao bem-estar, 96
    ensinar o bem-estar a jovens, 89, 142-43
    Ferramentas da Mente, 132, 141
cursos on-line (Programa de Aptidão Abrangente para Soldados), 108, 142-68, 180
curva log-normal, 135
custos, serviços de saúde, 58, 151-52, 229, 231-32, 317
Cutuli, J. J., 289, 312
Cylus, J., 316

D'Andrea, W., 322
Da Costa, J. M., 321
dando aos outros. *Ver* altruísmo; bondade
Darabont, F., 310
Darwin, Charles, 121, 160-61, 234, 289, 317, 329
Daubman, K. A., 311
Dauman, Bobby, 85, 288
Davidson, K. W., 326
Dawkins, Richard, 33, 160

Day, N. E., 326
Dean, Ben, 46, 289, 301, 309
Deary, I. J., 314
Deaton, A., 331
Deborah (sobrevivente de Buffalo Creek), 127, 170-71, 307, 319
Deci, E. L., 294, 297
DeGirolamo, G., 297
Deldin, P. J., 326
Delle Fave, A., 293
Departamento de Educação, EUA, 96
depressão
    51 por cento e, 260-63
    consciência da, 43, 45
    contágio de, 261
    crescimento pós-traumático e, 154, 159
    cura *versus* alívio de sintomas e, 57-89
    doença cara, 179
    doença cardiovascular e, 209-11
    ensinando o bem-estar aos jovens e, 93, 97
    ensino sobre, 125, 138-39
    estudo de Framingham e, 163
    exercício "o que correu bem" e, 60, 106
    exercícios de psicologia positiva e, 107-09, 115, 119-20, 128
    exercícios sobre, 106, 109-12
    genética e, 63, 161
    história de caso sobre, 112
    ligação entre otimismo e saúde física e, 221
    objetivo da psicologia e, 161
    objetivos da psicoterapia e, 37, 160-62
    prevalência de, 92
    Programa de Aptidão Abrangente para Soldados e, 108, 142, 144-46
    psicologia da doença e, 205
    psicoterapia positiva e, 160-62
    saúde física e, 150, 152, 163
    testes sobre, 54
    tratamento da, 302
    Treinamento em Resiliência e, 180-82
    visita de gratidão e, 295
"De que serve uma empresa positiva?", (conferência) 85
Der, G., 314
Derry, Irlanda do Norte: reunião de estudo sobre o genocídio em, 17
DeRubeis, R. J., 288, 304
    Descartes, René, 69
designação aleatória
    como padrão para testar terapias, 55, 224

ensino da psicologia positiva e, 72
ensino do bem-estar a jovens, 72-75
estudo sobre saúde positiva e, 220
estudos sobre a relação entre otimismo e saúde física e, 222, 224
exercícios para produzir felicidade e, 175
psicoterapia positiva e, 225
DeWall, C. N., 315
diabetes, 236, 299
Diabo Veste Prada, O (filme), 88, 310
Diamond, Adele, 127, 289, 315
diário de bênçãos, 53, 103
diário de gratidão, 86, 189
Diener, C., 300, 309, 330-32
Diener, Edward, 242, 246, 248, 288, 294, 297, 299-300, 309, 330-32
Diener, M., 300
dieta, 42, 96, 217, 219, 225, 239-40, 254, 277, 299
Dillow, S. A., 311
dimensão Mandela-Milosevic, 18
Dimidjian, S., 304
Dinamarca, 39, 247, 333
dinheiro. *Ver* riqueza/dinheiro
discrição. *Ver* prudência
disforias, 62-63, 201, 304-05
dissidentes, 120
diversão. *Ver* humor
diversidade: no exército dos EUA, 163
Dobbs, D., 292, 321-22
Dockray, S., 328
doença
    psicologia da, 205-08
    Ver também saúde física; doença específica
doença infecciosa: ligação entre otimismo e saúde física e, 214
doenças cardiovasculares (DCV)
    atual estado da ciência sobre, 234
    estudo sobre saúde positiva e, 224, 226
    exercício e, 212, 227
    ligação entre otimismo e saúde física e, 226
Dohrenwend, B. P., 320-21
Dolan, P., 297
Dolderman, D., 332
Domingo no Parque com George (filme), 88, 310
Doyle, W. J., 327
Drillings, 309
Driskell, J. E., 316
drogas antidepressivas, 47, 55-56, 58, 189, 242, 302-04

Dryden, W., 323
Duckworth, Angela Lee
    candidatura a um programa de mestrado na Universidade da Pensilvânia, de, 25
    escolas públicas de Cambridge, trabalho em Summerbridge de, 121
    histórico pessoal e profissional de, 127, 145
    preocupações com a realização e questões do caráter, 132-34
    primeira impressão de Seligman sobre, 126
    publicações de, 127
    teoria da velocidade da inteligência e, 125, 132-33
    teste GARRA e, 138-39
Dunlap, L. A., 305
Durand, D. B., 323
Dutton, J., 308
Dweck, Carol, 192, 323
Dwyer, Charles, 226
Dwyer, J., 292, 329

Eades, J. M. F., 313
Easterbrook, G. E., 311, 330
Easterlin, R. A., 331
Eaton, W. W., 308
Eberts, J., 295
economia
    do bem-estar, 37
    ética e, 248-253
    excesso de otimismo e, 248
    indicadores da, 232, 242, 298
    Nova Prosperidade e, 257
    recessão financeira e, 248-49
Edmonds, David, 69, 306
Edmundowicz, D., 329
educação
    objetivos da, 75, 80
    pública, reforma da, 117
    Ver também escolas; ensino
educação positiva
    51 por cento e, 258-59
    avaliação da prosperidade e, 178, 253
    ensino do bem-estar a jovens e, 179, 181
    Ver também Escola de Geelong; Programa de Resiliência Penn
efeito Garcia, 250, 332
Egeland, J. A., 311
Egoísmo, 160
Ehrenreich, Barbara, 220-22, 253-54, 256-57, 288, 327, 332

ÍNDICE REMISSIVO

Eid, M., 318
Eidinow, John, 69, 306
elementos
   avaliação dos, 27, 29
   construtos e, 46-47
   contribuindo para o crescimento pós-traumático, 154, 159
   desenvolvendo os elementos do sucesso, 140-42
   do bem-estar, 25-29
   na teoria da felicidade autêntica, 177, 259
   propriedades dos, 25, 143
   Ver também elemento específico
Elhai, J. D., 321
Elise (aluna de Geelong), 106
Ellis, Albert, 185, 312, 323
elogio, 192, 323
Elwood, L. S., 320
Emery, G., 316, 323
Emmons, R. A., 294, 323
emoção positiva (*positive emotion* – P em PERMA):
   51 por cento e, 258-59
   aproveitando a, 22
   caráter e, 45
   como elemento de felicidade autêntica, 23
   como elemento do bem-estar, 26-27
   como produzir, 140
   computação positiva e, 261
   conteúdo da psicologia positiva e, 86
   conteúdo do MAPP e, 86
   crítica à relação entre otimismo e saúde e, 122
   curas e, 123, 134, 136
   curas *versus* alívio de sintomas e, 57-59
   diferenças entre teoria da felicidade autêntica e teoria do bem-estar e, 162
   doença cardiovascular e, 209-10
   ensinar sobre, 86
   ensino do bem-estar a jovens e, 172, 177-78
   florescer e, 211
   limitações da teoria da felicidade autêntica e, 52
   medição de prosperidade e, 79
   metas da psicoterapia e, 77-79
   objetivos da psicologia positiva e, 23
   política pública e, 25, 245, 260
   Programa de Aptidão Abrangente para Soldados e, 108
   psicoterapia positiva e, 179-81
   realizações e, 52, 55
   relacionamentos e, 79
   resumo da, 27
   riqueza e, 175, 177
   saúde física e, 150, 152, 163, 200
   saúde mental e, 46, 56, 73
   sentido e, 47
   teoria da "produção e ampliação" da, 78
   teoria original da felicidade autêntica e, 20, 21-23
   Treinamento em Resiliência e, 175
emoções
   contágio de, 233
   desproporcionais, 146
   teste de forças pessoais e, 233
   Treinamento em Resiliência e, 180-81
   Ver também aptidão emocional; emoções/pensamentos negativos; emoção positiva; relacionamentos; emoção específica
emoções/pensamentos negativos
   Agência Espacial Europeia, reunião de Seligman com a, e, 169
   caráter e, 133
   ensino do bem-estar a jovens e, 27-29
   lidar com, 186
   Programa de Aptidão Abrangente para Soldados e, 147-49
   saúde física e, 150
   Treinamento em Resiliência e, 180-81
empatia, 52, 98, 162, 272, 318
empregos: chamados e, 86
empresa positiva, 85, 252
Endicott, J., 330
engajamento (*engagement* - E em PERMA)
   51 por cento e, 257-59
   avaliação da prosperidade e, 77, 83
   avaliação do, 29
   como elemento da teoria da felicidade autêntica, 45, 52
   como elemento do bem-estar, 40, 43
   computação positiva e, 107-09
   cura *versus* alívio de sintomas e, 57-59
   definições de felicidade e, 175-77
   delírios sobre, 234- 242
   diferenças entre a teoria da felicidade autêntica e a teoria do bem-estar e, 162
   ensino do bem-estar aos jovens e, 172, 177-78
   ensino sobre, 177

florescimento e, 185
forças e virtudes do, 153
limitações da teoria da felicidade autêntica e, 75, 143
objetivo da psicologia positiva e, 23-24
objetivos da psicoterapia e, 25-27
política pública e, 24, 37, 39
Programa de Aptidão Abrangente para Soldados e, 142-43
psicoterapia positiva e, 51-52
realização e, 55
relacionamentos e, 55, 57, 61
resumo sobre, 55, 72
riqueza e, 96, 99
Engel, C. C., 319
engenhosidade. *Ver* criatividade; inteligência
enigmas: problemas *versus*, 66-70, 72
ensino
de profissionais da saúde mental, 46
de Treinamento em Resiliência, 175-76
do bem-estar a jovens, 27-29
educação continuada para psicólogos clínicos, 46
MAPP e, 74, 75-80
prazer de Seligman no, 77, 79
Programa de Resiliência Penn e, 94-97
Ver também coaching; Mestrado em Psicologia Positiva Aplicada; educação positiva; treinamento; disciplina específica ou tipo de ensino
"Ensino" (projeto da Escola de Geelong), 102
entusiasmo, 22, 50, 71, 104, 148, 192, 208, 211, 229, 279, 283-84
envolvimento, 22, 27, 35, 293, 296
equipe
Programa de Aptidão Abrangente para Soldados e, 108, 142, 145-46, 153
teste de forças pessoais e, 233
Ericsson, Anders, 130, 289
Ericsson, K. A., 315
Erikson, Kai, 170, 318
Erikson, R. S., 330
Erkanli, A., 310
Ernst, J. M., 328
Ernst, R. M., 289, 312-13
Ervui, F. R., 332
Escala de Impulsividade Eysenck Junior, 131
Escala de Solidão, UCLA, 296
Escócia: Centro de Confiança e Bem-Estar na, 182

Escola de Geelong (Austrália), 101, 105-06, 235, 289
Escola de Governo Kennedy, Universidade de Harvard, 117
Escola de Melbourne (Austrália), 107
Escola Summerbridge Cambridge (Massachusetts), 117, 313
escolas
crianças impulsivas/ansiosas nas, 127
deveria o bem-estar ser ensinado nas, 112, 117-18
ensino do bem-estar a jovens e, 27, 29
fracasso da escola pública urbana, 117
o que as escolas ensinam, 117-20
prevalência de depressão e, 97
escolas públicas de Cambridge (Massachusetts): Duckworth nas, 116-117
esforço. *Ver* realização = habilidade x esforço; GARRA; perseverança/persistência; autodisciplina
Eshleman, J. R., 310
esperança, 43, 51, 54, 64, 67, 86, 111, 156, 220, 222-23, 229, 256, 280-81
Ver também otimismo
espiritualidade
crescimento pós-traumático e, 154, 159, 167
Programa de Aptidão Abrangente para Soldados e, 169, 178
teste de forças pessoais e, 233
esportes: altas realizações humanas nos, 78, 103, 134, 208, 307
estado de ânimo, 21, 24, 75, 224, 297, 333
Estes, William K., 126, 315
Estrada, C. A., 311
estresse, 145, 155, 158, 213, 227, 291, 295
estudo "cego": ensino do bem-estar a jovens e, 98
estudo do envelhecimento normativo, 209-10, 230
estudo do marshmallow (Mischel), 127, 315
estudo do sistema imunológico/otimismo, 15-16, 226-227
Estudo Grant. *Ver* Harvard, estudo Estudo Nacional de Reajustamento de Veteranos do Vietnã (NVVRS)
ética, 68, 104, 205, 215, 248-51, 253, 261, 313
etnicidade, ver raça/etnicidade
Everson, S. A., 329

ÍNDICE REMISSIVO

evolução, 33, 35-37, 160, 162, 279, 293, 295
exemplos, 60, 97, 101-03, 105, 131*n*, 143, 157, 184, 187-88, 299, 309, 323
exercício das três bênçãos, 44-46, 189
exercícios de psicologia positiva
    computação positiva e, 107-09
    no site Felicidade Autêntica, 177, 293
    testando novos, 35, 47, 94
    Ver também exercício específico
exercícios físicos
    como recursos da saúde, 158
    estudo de saúde positiva e, 153, 228
    importância dos, 22, 27
exército
    51 por cento e, 261-63
    base de dados do, 54, 79
    diversidade no, 62-163
    empregados civis do, 158
    estudo sobre saúde positiva e, 153, 228
    IAG como escala de aptidão psicossocial do, 145-46
    necessidade de ser psicologicamente apto, 238
    opiniões de Seligman sobre o, 52, 179
    padrão de aptidão psicossocial do, 145
    reuniões de Seligman no Pentágono e no, 142-43
    soldados "supersaudáveis" no, 152, 232
    teste de inteligência no, 151
    Teste GARRA em West Point e, 143
    Ver também Programa de Aptidão Abrangente para Soldados
expectativa de vida, 233
expectativas, 120, 254-55, 257
experimentos com animais, 206
extrovertidos, 24, 260, 294

Facebook, 107, 109-10
Fairbank, J. A., 320
Faith, M. S., 315, 318
família
    Programa de Aptidão Abrangente para Soldados e, 144-45
    Treinamento em Resiliência e, 183
    valorização da, 127-28
Fann, K. T., 306
fatores de risco
    estudo de saúde positiva e, 238, 240
    ligação entre otimismo e saúde física e, 226
Favaron, E., 302

Fawcett, J., 304
Fayed, D., 295, 310
fé, 281-82
Fear, N., 321
Feeney, Charles, 18-19, 29, 292
Fehr, E., 317
Feitiço do Tempo, O (filme), 88, 310
Feldman, Ruth Duskin, 314
felicidade
    51 por cento e, 257
    Agência Espacial Europeia, reunião de Seligman e, 168
    aumento nominal na, 98
    avaliação da, 27, 28-30
    como coisa, 37
    como objetivo da teoria da felicidade autêntica, 24
    contágio de, 233
    definições de, 38
    emoções positivas e, 252
    ensino do bem-estar a jovens e, 54, 59
    estudo da saúde positiva e, 287
    estudo de Framingham e, 163
    exercícios para criar, 145
    humor e, 24
    limitações da, 122
    monismo da, 29
    o repensar de Seligman sobre, 66-68
    objetivos da psicoterapia e, 45, 49
    política pública e, 159
    Programa de Aptidão Abrangente para Soldados e, 143
    riqueza e, 29, 33
    satisfação como padrão para medir a, 97
    saúde física e, 150, 152
    saúde mental como ausência de doença mental e, 201
    termo usado em exagero, 25, 215
    testes sobre, 49
    Ver também teoria da felicidade autêntica
Fernberger, Samuel, 71
Ferramentas da Mente, currículo, 127, 141, 315
fibrinogênio, 227, 229
filantropia, 29, 295
filhos: o que você mais quer para seus, 37, 91, 110-11, 136
filmes, 88, 301
filosofia, 43*n*, 67-70, 77, 135, 235, 249, 281, 297, 306-07, 313, 329

financiamento
    para a ciência, 88
    para o início do programa de psicologia positiva, 16, 18-19
    para o Programa de Resiliência Penn, 94
Finerman, W., 330
Fireman, P., 327
Fischer, S. A., 310
física aplicada, 72
Fitoussi, Jean-Paul, 298
Flanagan, J. C., 316
Fleeson, W., 294
Florença, Itália, 258
florescimento
    51 por cento e, 257-58
    avaliação da prosperidade e, 79, 81
    avaliação do, 55, 79
    benefícios do, 29
    características/componentes do, 33
    como objetivo da psicologia positiva, 12
    definição do, 44-46
    disseminação por computador do, 175
    empresa positiva e, 85, 252
    ensino do, 79, 125
    estudo de Huppert e So sobre, 38-39
    habilidades do, 42
    nova abordagem das curas e, 54, 75
    objetivos da psicoterapia e, 152, 163
    política pública e, 39-40
    principais características do, 27, 29
    saúde positiva e, 153, 228-30
Florida, R., 331
Foa, R., 311, 331
foco, 44, 119, 163, 190, 193
Food and Drug Administration (FDA), EUA, 58, 303-04
forças
    computação positiva e, 107-09, 261
    crescimento pós-traumático e, 154, 159
    diferenças entre a teoria da felicidade autêntica e a teoria do bem-estar e, 25-27
    ensino do bem-estar aos jovens e, 91-93
    Programa de Aptidão Abrangente para Soldados e, 108
    Treinamento em Resiliência e, 145
    Ver também forças de caráter; forças pessoais
forças de caráter, 52-54, 96-98, 104-05, 190-91, 230
forças pessoais
    características das, 154-55
    como exercício para criar felicidade, 208
    computação positiva e, 108-09
    ensino do bem-estar a jovens e, 179-80
    estudo sobre saúde positiva e, 185
    jogos e, 146
    Programa de Aptidão Abrangente para Soldados e, 190
    teste de, 123-24
    Teste VIA de, 147
    Treinamento em Resiliência e, 145-47
forças "usadas em desafios": histórias sobre, 191
Ford, Fundação, 292
Ford, G., 314
Foster, C., 328
Fournier, J., 304
Fowler, J. H., 318, 333
Fowler, Ray, 101, 234, 288-89
fracasso, 119, 127, 164, 240, 314
Framingham, Massachusetts: estudo sobre a saúde em, 163, 318, 333
franco-atirador, 173
Frank, R. G., 101, 303
Frankel, D., 310
Frankfurt, Harry, 249, 331
Frankl, V., 294
Franklin, Benjamin, 66, 77, 306
Fravell, M., 289, 317
Fredrickson, Barbara, 78, 80, 101, 154-56, 289, 308, 311-12, 317
Freeman, Dickie, 88, 122, 314
Freeman, E., 325
frequência cardíaca, variabilidade da (VFC), 227-29, 231-36, 329
Freres, D. R., 290, 312
Freud, Sigmund, 19, 57, 65, 83, 202, 205, 249, 292
Frick, W. B., 303
Friedman, M. J., 319
Frisch, Michael, 309
Frueh, B. C., 321
função executiva, 127-28

Gable, E. L., 312, 323
Gable, Shelly, 59, 191, 289, 295, 304
Gailliot, M., 315
Galea, S., 320
galinha: maximização dos ovos, 161
Gallop, R., 312
Garcia, John, 250, 332
Gardenswartz, C. A. R., 328

ÍNDICE REMISSIVO

GARRA
    autodisciplina *versus*, 130-33
    benefícios da, 138-40
    caráter e, 115-41
    definição de, 117
    idade e, 126-27
    inteligência e, 135
    previsões de Seligman sobre, 132
    produção dos elementos do sucesso e, 140-41
    Programa de Aptidão Abrangente para Soldados e, 142
    realizações e, 115-41
    teste de, 145
Garrison, R., 308
Gasking, A. T., 306
Gates, Bill, 29, 333
Gates, Fundação, 292
Gay, P., 329
Geier, A. B., 315
Geleijnse, J., 326
gene egoísta, 33, 161, 296, 317
Gene Egoísta, O (Dawkins), 160, 296, 317
gênero
    lacuna de realização e, 137, 164
    Programa de Aptidão Abrangente para Soldados e, 142-44
generosidade. *Ver* altruísmo; bondade
genética, 18, 161, 227, 305
genialidade, 134-36, 258
gênio, 78, 255, 308
genocídio: estudo sobre, 16
Gentile, D. A., 327
geografia, professores de, 104
Gernert, D., 293
Giacomino, Rocco, 122
Gienger, A. L., 329
Gilgoff, D., 292
Gillham, Jane, 94, 288, 290, 311-13, 322
Gilovich, T., 332
Giltay, E., 326
Gingerich, W., 309
Gintis, H., 317
Gladwell, M., 314
Glass, R. M., 320
Gleser, G. C., 320
Glied, S. A., 303
Globerson, T., 314
Goals.com, 110
Goetz, R. R., 318

Goheen, Robert, 121, 314
Gold, J., 320
Gold, P. B., 321
Goldberg, D. E., 329
Golembiewski, R., 309
golfe, 134
Gonzaga, G. C., 304
Goodman, P., 298
Goodnight, C., 318
Goodwin, G., 301
Gordon, C., 310
Gordon, J., 323
Gordon, L., 310
Goschke, T., 311
Gottman, John, 79, 289, 309, 317
Gottman, Julie, 154, 158, 289
governo
    51 por cento e, 257-59
    prioridades do, 62
    Ver também nações/mundo; política pública
Grace, M., 320
Grade Point Average (GPA), 115n, 138-39
Grande Depressão, 252-53, 258
Grant, A. M., 295, 309
gratidão
    cartas de, 108, 273
    crescimento pós-traumático e, 178
    ensino do bem-estar a jovens e, 134-35
    ensino sobre, 127
    exercício da visita de gratidão, 41-43
    Programa de Aptidão Abrangente para Soldados e, 108, 143
    psicoterapia positiva e, 51-52
    teoria evolutiva e, 156
    teste de forças pessoais sobre, 233
    Treinamento em Resiliência e, 175
Green, B. L., 167, 320
Greene-Shortbridge, T. M., 317
Greenfield, E. A., 318
Greenhouse, J., 328
Greenspan, Alan, 248
Greenspoon, P. J., 324
Greve, Bent, 333
Griffin, D. W., 332
Griffin, S., 294, 332
Grubaugh, A. L., 321
Gruenberg, E., 330
grupos da internet: benefícios dos, 240
Guantánamo, Baía de, 323-24
Guarda Nacional, 153, 173

guerra
　opiniões de Scales sobre a, 148
　Ver também guerra específica
guerra ao terror, 194, 323
Guerra Civil, EUA, 176, 321
Guerra do Afeganistão, 174, 176, 319
Guerra do Iraque, 146, 158, 173-77, 319
Guerra do Vietnã, 170, 173
guerra etnopolítica, 16-17, 292
Gwaltney, J. M., 327

habilidades
　esforço compensando as, 56, 124
　orgulho pelas, 156
　velocidade da inteligência e, 121, 162
　Ver também realização = habilidade x esforço; velocidade; *habilidades específicas*
habilidades de enfrentamento, 94
hábitos: caráter e, 120, 292
Hackney, Sheldon, 115, 289
Hager, J. L., 298, 332
Hahn, K. S., 320
Haidt, J., 288, 295
Hallowell, E. M., 141, 316
Hamilton, Escala para Depressão, 303
Hamilton, J., 312
Hamilton, V. L., 318
Handbury, Helen, 100, 289
Hankin, B. L., 301, 312
Hardin, J. W., 329-30
Harmer, C., 301-02
Harrell, T. W., 316
Harris, J., 305
Harter, James, 307, 331
Harvard, Estudo de, 295
Hawkley, L. C., 328
Haybron, D. M., 293
Hayes, S. C., 304, 309
Haymarket, Revolta da Praça (Chicago, 1886), 118, 313
Hays, Kate, 101
Healy, A. F., 315
Heaphy, E., 308
Heidegger, Martin, 306
Heisenberg, Werner, 256
Heller, N. J., 313
Helliwell, J. F., 331
Helzer, J., 330
Hendry, John, 100, 289

Higashiguchi, M., 326
Hill, L. K., 323
Hills, P., 294
Hiroto, Donald, 203, 325
Hirschfeld, R., 330
Hirsh, J. B., 311
história do boi, 32
história humana, 257, 261, 333
HIV, 223
Hoekstra, T., 326
Hoffman, C. M., 311
Hoge, C. W., 319
Holford, T. R., 310
Hollon, S. D., 288, 303-04
Holmes, J. G., 332
homens e mulheres holandeses: estudo sobre doenças cardiovasculares em, 211-12
honestidade
　ensino do bem-estar aos jovens e, 91-93
　Programa de Aptidão Abrangente para Soldados e, 108, 144
　teste de forças pessoais e, 233
　Ver também integridade
Honjo, K., 326
Hooker, S. P., 330
hospital de apoio ao combate em Abu Ghraib, 190
Hostetter, A. M., 311
Hough, R. L., 294, 305-06, 308, 310-11, 313, 320, 323
Hudson, H., 295, 310
Hughes, M., 320
Hughes, T., 310
humanidade. *Ver* amor
humildade, 278, 285
humor, 21, 24, 31-32, 35, 57, 81, 93, 211, 217, 246, 257
Humphrey, Nick, 33, 296
Huppert, Felicia, 38, 259, 288, 297-98, 332
Huxley, Aldous, 296
Hyams, K. C., 321
Hyman, Steve, 73

Iacoboni, M., 318
icebergs, 186-87, 192, 199, 323
Ikeda, A., 326
ikigai, 213, 326
imigrantes: caráter moral dos, 118
imparcialidade, 265, 275
Impett, E. A., 304, 312, 323

ÍNDICE REMISSIVO

impotência aprendida, 49, 70, 89, 183, 189, 194-95, 203-05, 208, 228, 325
impulsividade, 131
IMS Health, 302
incentivos financeiros, 320-21
"incorporação" (Projeto da Escola de Geelong), 102-03, 105
Índia, 244, 261
indústria farmacêutica, 57
Inglehart, R., 311, 331
inibidores seletivos de recaptação de serotonina (ISRS), 58
Iniciativa da Saúde da Mulher, 212, 222
Instituto de Tecnologia de Massachusetts (MIT), 107
Instituto Nacional de Saúde Mental (NIMH), 56, 73, 290
Institutos Nacionais de Saúde (NIH), 202
Instrumento de Avaliação Global (IAT), 145, 148, 151-54, 180, 231, 317
integridade, 35, 88, 190, 269, 271, 284
   Ver também honestidade
inteligência
   ansiedade e, 62, 63
   autodisciplina e, 130
   características da, 179
   diferenças entre a teoria da felicidade autêntica e a teoria do bem-estar e, 124-25
   função executiva e, 127-28
   GARRA e, 171
   lentidão e, 141
   peso e, 45, 49
   pessoal, 149
   prática, 155
   realizações e, 79
   social, 77
   sucesso e, 46, 48
   teste de forças pessoais e, 238
   testes do exército e, 94, 238
   velocidade e, 121-125
inteligência artificial, 72, 307
interleucina-6, 219, 227, 229, 327
intervenções
   caráter e, 44
   primárias, dinheiro como, 119
Introdução à Psicologia Positiva (MAPP), 20
introvertidos, 24, 260, 294
Inventário de Crescimento Pós-Traumático (ICPT), 179, 322
Inventário de Felicidade Autêntica, 49

Inventário Multifásico de Personalidade de Minnesota (MMPI), 209, 230
investigação apreciativa, 84-85, 309
Investigação Prospectiva Europeia, 210
Isen, A. M., 311
Iso, H., 326
Itai, K., 326
Itens de "catastrofização", 150, 175, 316

Jackson, A. C., 306
Jahoda, M., 324
James, William, 307
Janoff-Bulman, R., 299
Jayawickreme, E., 288
Jaycox, I. H., 312
Jefferson, Thomas, 21, 293
Jensen, P. S., 316
Jessen, Bruce, 194-95, 324
jogadores de beisebol: longevidade dos, 220
Jogando para salvar o mundo, 109
jogo, estruturado, 15, 22, 69
jogos, 109, 123, 178
Johnson, D. E., 191, 202
Jones, M., 321
Jones, S. F., 317
Jordan, B. K., 320
Joseph, S., 301, 322
jovens: ensino do bem-estar a, 76
justiça
   teste de forças pessoais e, 233
   Ver também liderança; relações; problemas sociais

Kafka, Franz, 104, 313
Kahana, M., 290, 314
Kahneman, Daniel, 253, 288, 294, 331-32
Kaiser Permanent Care Management Institute, 302
Kakizaki, M., 326
Kales, A., 309
Kamen Siegel, Leslie, 292, 329
Kamins, M. L., 323
Kampa Kokesch, S., 309
Kaplan, G. A., 329
Kaplan, J., 329
Karney, B. R., 323
Kauffman, C., 309
Kaufmann, Walter, 69
Kawachi, I., 326
Keane, T. M., 321

Keehan, S., 316
Keller, M., 289, 330
Kelly, D. R., 315
Kelman, H. C., 318
Keltner, Dacher, 161, 317
Kempster, Hugh, 105, 289
Kendler, K. S., 332
Kennedy, John F., 259, 298
Kessler, R. C., 320
Kevin (estudante em Geelong), 105-06
Keyes, C. L. M., 288, 295, 324, 332
Keynes, John Maynard, 306
Khaw, K.-T., 326
Kierkegaard, Søren, 126, 315
Kilpatrick, D., 320
King, C., 220, 296-97, 303
Kinsella, Ray, 89
Kinsella, W. P., 88, 310
Kinzie, J. D., 318
Kirsch, I., 303-04
Kleitman, N., 309
Klerman, G., 330
Koelling, R. A., 332
Koenen, K. C., 321
Koffman, R. L., 319
Konner, Mel, 17, 292
Kors, Alan, 121, 289
Kowalewski, R. B., 328
Kowalewski, W. B., 328
Kraepelin, E., 327
Krafft-Ebing, Richard von, 216-17
Kramer, T. L., 320
Krieger, L. S., 308
Kringlen, E., 332
Krueger, A., 322
Kruger, M., 327
Krysan, M., 311
Kuhl, J., 311
Kubzansky, Laura, 230, 326
Kulka, R. A., 320-21
Kuller, L. U., 326, 328-29
Kupperman, Joel, 122, 314

La Monte, M. J., 330
Labarthe, Darwin, 121, 234, 289, 329
laboratório Stanford Persuasion, 107
Lackey, D., 306
Laditka, J. N., 329-30
Lalani, N., 306
Langfeld, Herbert, 71

Larsen, R. J., 294, 318
Lascher, Marisa, 46
Latham, G. P., 309
Lavori, P., 330
Layard: palestra na Universidade de
  Cambridge, 36-37, 181-82, 259
Layard, Richard, 288-89, 296, 322-23
Leaf, P. J., 310
lealdade, 149, 190
LeardMann, C. A., 320
Leary, M. R., 296
Lee, D. C., 329
Lee, L., 329
Lehman, D. R., 302
lentidão, 125-26, 141, 314
Leonard, A. C., 320
Leong, Deborah, 127
Lester, Paul, 199, 289, 324
Levant, Ron, 73
Levantamento Nacional de Comorbidade
  (NCS), 320
Levantamento sobre Saúde na Nova Escócia,
  211
Levine, B., 323
Lew, A. M., 299
Lewinsohn, P. M., 310
Lewis-Beck, M. S., 330
Lewis, R., 329, 330
liberdade, como construto, 26
Liddell, Eric, 30, 88
liderança
  crescimento pós-traumático e, 154, 159
  ensino de bem-estar a jovens e, 94, 96
  estudo de saúde positiva e, 228-29
  otimismo da, 253
  Programa de Aptidão Abrangente para
    Soldados e, 234, 287
  teste de forças pessoais e, 238
  transacional, 240
  transformacional, 240
  Treinamento em Resiliência e, 145, 175
líderes de grupo
  ensino do bem-estar a jovens e, 99
  treinamento de, 99
Lillis, J., 305
Lin, N., 329
Lincoln, Abraão, 28, 64, 118, 294, 305-06, 313
Lindy, J. D., 320
Linkins, M., 289, 312-13
Linley, P. A., 322

ÍNDICE REMISSIVO

livre-arbítrio, 68, 119-20
Lizonitz, J., 316
Locke, E. A., 309
Loehlin, J. C., 305
London, C., 306
London, M., 310
Lopez, S. J., 301, 324
Losada, Marcel, 79, 308, 312
Lovallo, D., 332
Lu, Chao, 130
Luben, R., 326
Lucas, R. E., 294, 297, 299
Luoma, J. B., 305
"luta contra a montanha", intervenção, 59, 61
luta: resposta ativa e construtiva e, 61, 262
luto: crescimento pós-traumático e, 175, 320
Lygren, S., 332
Lyubomirsky, Sonja, 295, 300, 302

MacArthur, Fundação, 16
Magruder, K. M., 321
Maier, S. F., 203, 288, 325
Malanos, A. B., 294
Mancuso, C., 328
Mandel, W., 308
Manderscheid, R., 325
Mann, T., 299
Manson, J. E., 326
Manual de Campo do Exército, 190
Manual Diagnóstico e Estatístico de Transtornos Mentais (APA), 291
MAPP. *Ver* Mestrado em Psicologia Positiva Aplicada
Markowitz, J. C., 303-04
Marks, N. E., 318
Marmar, C. R., 320
Marmot, M., 329
Marshall, R., 321
Marvin, N., 310
Maslow, Abraham, 297
massacre de My Lai (Guerra do Vietnã), 166-67
Massimini, P., 293
Masterman High School (Filadélfia), 131
Masuda, A., 305
Matthews, K. A., 326, 329
Matthews, M., 289, 315-16, 320
"maximizadores", 302
Mayer, J., 323
Maymin, Senia, 20, 77, 288, 307
McBride, Sharon, 199, 289, 322, 324

McCarthy, Dennis, 17
McCarthy, J., 307
McCauley, C. R., 310
McCrae, R. R., 305
McFarlane, A. C., 319
McGonigal, Jane, 109
McGowan, B. K., 332
McGuire, T. G., 303
McGurk, D., 319
McHugh, P., 289, 321-22
McMahon, D. M., 293
McNally, Richard, 154, 178, 321-22
McQuaid, Michelle, 85, 288
Meacher, Molly, 182
medicamentos
   antidepressivos, 54-56
   barreira dos 65 por cento e, 58-60
   cosméticos, 64
   cura *versus* alívio de sintomas e, 58
   tipos de, 57
remédios curativos, 57
Médicos pelos Direitos Humanos, 194
meditação, 81-82, 87, 141
meditação transcendental, 126
Meek, Stephen, 100-01, 289
Melbourne, Austrália: conferência de psicologia positiva, 85-86
Mellander, C., 331
memórias, 130
Mercado de ações,
   realidade e, 252
   Ver também recessão financeira
Messer, S. C., 319
Mestrado em Psicologia Positiva Aplicada (MAPP)
   chamados e, 71, 87, 90, 217
   coaching e, 87-89
   conteúdo do, 185
   custo do, 77
   diretrizes para treinamento e reconhecimento e, 88
   formato para o, 76
   primeiro, 76
   psicologia aplicada *versus* psicologia de base e, 66-68
   psicologia positiva como vocação para o, 66, 74
   quebras de energia e, 217
   "semana de imersão" para, 83
   transformações e, 83-85

Metalsky, G. I., 326
Metamorfose, A (Kafka), 104, 313
métodos de interrogação, 194
Meyssan, Thierry, 323
Microsoft, 107
Midgley, David, 246
Midlarsky, E., 317
Milette, K., 328
Mill, John Stuart, 104
Miller, Arthur, 104, 313
Miller, Caroline Adams, 83, 240, 288-89, 309
Milliken, C. S., 319
Mindfulness-Based Cognitive Therapy [Terapia Cognitiva Baseada na Atenção] (MBCT), 305
Minich, Peter, 77
Minsky, M., 307
Mischel, Walter, 127, 315
Mitchell, James, 194-95, 324
Mitchell, Shawna, 77, 288
Mockenhaupt, Robin, 202
modelo ABC, 312
modelo ABCDE, 185, 323
"modelo triádico", 203-05, 227, 329
modéstia. *Ver* humildade
Moldawsky, Stan, 73
Moncrieff, J., 303-04
monismo, 19-20, 26, 36-37
Monk, R., 306
Monnier, J., 321
Monroe, K. R., 317
Monterosso, J., 302
Moore, T. J., 303
mortalidade por todas as causas: otimismo e, 208, 219-23
Morte de um Caixeiro-Viajante (Miller), 104, 313
Mosca, Frank, 101, 289
Moss, O., 295
Moss, S. B., 291
Mostofsky, E., 326
motivação
  auto, 167-68
  autonomia funcional dos motivos e, 250
  Programa de Aptidão Abrangente para Soldados e, 143
  seleção natural e, 160
  teoria geral da, 30, 35
mundo. *Ver* nações/mundo

Munro, S., 315
Murphy, D., 321
Murray, Charles, 134-35, 315
Murray, Sandra, 256, 332
Myers, D. G., 318

nações/mundo
  avaliação do bem-estar em, 109, 259
  caráter e, 255-56
  missão da psicologia positiva e, 259
  motivações de Seligman com relação a, 244-47
  ligação entre riqueza e felicidade e, 243-45
  Nova Prosperidade e, 257
  Ver também economia; Produto Interno Bruto; política pública
Nadeau, R., 330
Nakaya, N., 326
Nasser, K., 317
Neale, M. C., 332
Neenan, M., 323
negócios
  altas realizações humanas e, 278, 292
  ética e, 159
  positivos, 23, 27
Neimark, J., 295
Nelson, C. B., 320
Newsom, J. T., 327
Newton, Isaac, 72
Nicholls, S. S., 303
Nicholson, I. A. M., 313
Nicklaus, Jack, 134
Niemec, R. M., 301
Nietzsche, Friedrich, 19, 69, 177, 235, 261-62, 292, 306, 322, 329, 333
Noda, H., 326
noite de cinema, 88
Nolen-Hoeksema, S., 311
Nova Prosperidade, 111, 257
"Novos direcionamentos no estudo da felicidade" (conferência, Universidade de Notre Dame, 2006), 294
Novotny, P., 327
Nowicki, G. P., 311
Nozick, Robert, 69, 287
Nussbaum, Martha, 288, 297

O que correu bem?, exercício, 44-46, 104, 106, 313
O'Clery, C., 292

O'Neil, H. F., 309
O'Sullivan, U., 302
Oaten, M., 315
obesidade, 47, 133, 202, 213, 236-38, 299, 329
objetivos
    da educação, 93
    da psicologia positiva, 102, 107-08
    da psicoterapia, 202, 243
    da teoria da felicidade autêntica, 23, 259
    definição de, 38, 84
    e psicologia como transformadores, 254
    ensino sobre psicologia positiva e, 84-85
    felicidade como, 54
    Programa de Aptidão Abrangente para Soldados e, 108
    realizações e, 179-80
    satisfação com a vida como, 225, 229
    velocidade da inteligência e, 121
    Ver também realizações
Ohira, T., 326
Ohmori, K., 326
Ohsawa, M., 326
Oishi, S., 331
Olatunji, B. O., 320
Oliner, S. P., 317
Oliner, M. P., 317
Olkin, I., 329
Olmstead, B., 316
Onstad, S., 332
oportunidades desperdiçadas, 70
Organização Mundial da Saúde (OMS), 56
orgulho, 157, 176
originalidade. *Ver* criatividade; inteligência
Ortografia, Concurso Nacional, 139
Orvaschel, H., 330
Oswald, A., 333
otimismo
    aprendido, 86, 128-29, 188
    avaliação do, 215
    biologia do, 201-02
    como prognosticador de mortalidade, 230
    críticas à influência do, 228
    delirante, 253
    doença cardiovascular e, 214
    doenças infecciosas e, 214-16
    economia e, 247-48
    ensino do bem-estar a jovens e, 157-59
    estudo sobre saúde positiva e, 221
    excesso de, 248
    experimento de intervenção e, 249
    florescimento e, 234, 259
    ilusório, 234-36
    limites da influência do, 147-49
    previsões da Associação Nacional de Basquete e, 165
    Programa de Aptidão Abrangente para Soldados e, 108, 287, 316
    psicoterapia positiva e, 51-53
    realidade e, 234-36
    reviravolta na medicina e, 201
    saúde física e, 201-02
    teste de forças pessoais e, 233
    Treinamento em Resiliência e, 222, 233, 322
Overmier, Bruce, 203
Overmier, J. B., 325
Owens, J. F., 329
oxitocina, 229

"padaria", projeto de, 106
paixão. *Ver* entusiasmo
Palmer, Arnold, 134, 323
Palmer, S., 134
"paradoxo de Easterlin", 244, 331
parcimônia, 20, 293
Parfit, D., 297
Pargament, Kenneth, 154, 167, 289, 318
Park, Nansook, 147, 177, 289, 293, 295, 298, 300-01, 311, 316-17, 322
Parks, Acacia, 51, 288, 301-02
Parks, Rosa, 269
Patrick, W., 295, 317
patriotismo, 160
Patton, K., 312
Pawelski, James, 77, 259, 288, 307
Pear, R., 316
Peasgood, T., 297
pedômetros, 235
Penn. *Ver* Universidade da Pensilvânia
Pennebaker, J. W., 327
pensamento
    catastrófico, 63, 104, 187
    crítico, 157
    ensino do bem-estar a jovens e, 122-24
    icebergs e, 187
    teste de forças pessoais e, 190
    Ver também emoções/pensamentos negativos
Pentágono: reuniões Seligman no, 142-43, 180
percepções, 178, 254-56, 303
perdão, 53, 105, 161, 282, 302

PERMA, 35, 220, 28, 295
  Ver também realização; compromisso; sentido; emoção positiva; relacionamentos
perseverança/persistência, 91, 97
  Ver também GARRA
personalidade, traços da, 62-64, 136, 146, 210n, 251, 305
Persons, J. B., 297, 300, 327
perspectiva: teste de forças pessoais e, 87, 187, 191, 252-53, 263, 268
peso: inteligência e, 133, 235-36
Peterson, Christopher, 31, 50, 147, 177, 230, 288-89, 293-95, 298, 300-01, 311-12, 315-18, 322, 325-26
Petraeus, David, 169
Phillips, J., 310
Phillips, M., 310
Philos, D. R., 332
Phuc, Kim, história de, 302
Picard, Rosalind, 108
Pietrantoni, Luca, 189, 323
pilotos: seleção de, 63-64, 146
Pinker, S., 305
Pintrich, P. R., 311
Pitt, B., 326
Pittston Company, 176
planejamento: realizações e, 128-29, 140-41, 162, 194
Plous, S., 325
poder, 19, 32, 92, 149, 158-59, 234-35, 258, 292
Poisal, A., 316
Pole, N., 322
política, 18, 37, 69, 118, 164
  Ver também economia; nações/mundo; política pública
política pública
  avaliações do bem-estar para, 248
  avaliação da prosperidade e, 257
  diferenças entre a teoria da felicidade autêntica e a teoria do bem-estar e, 121-24
  florescimento e, 259
  ligação entre riqueza e felicidade e, 248-50
  objetivo da psicologia positiva e, 23, 37-40
  perspectivas de Layard sobre ciência e, 259, 288
  propósito da riqueza e, 41
  teoria da felicidade autêntica e, 22, 23-25
Pope, K. S., 291
Popper, Karl, 67-74

pôquer, 115-16, 164
"portfólio positivo", 108
Positive Psychology News Daily (PPND), 307
Positive Psychotherapy: A Treatment Manual (Rashid e Seligman), 52, 301-03
Post, Stephen, 31, 101, 295, 320
Powdthavee, N., 296
Powell, L. H, 299
Prati, Gabriele, 189, 323
Pratt, M. D., 305
prazer, 22, 27-30, 50, 53-54, 98, 104, 132, 148, 156, 264, 283, 293-94, 296
Prêmio Templeton: Frederickson, ganhadora do primeiro, 78
PricewaterhouseCoopers, 85
Primeira Guerra Mundial, 143, 146, 316
Princípio da incerteza, 256
prioridades: crescimento pós-traumático e, 57, 178
problemas
  enigmas versus 66-74
  Programa de Aptidão Abrangente para Soldados e, 147
  problemas de conduta. *Ver* comportamento/conduta
problemas sociais
  caráter e, 45-47
  cérebro e, 33
  dinheiro como meio de resolver, 62, 85
  teste de forças pessoais e, 233
  Ver também relacionamentos
Produto Interno Bruto (PIB)
  51 por cento e, 257-59
  avaliação da prosperidade e, 257
  bem-estar e, 259
  divergência entre bem-estar e, 249, 256
  Nova Prosperidade e, 257
  propósito da riqueza e, 36
  professores de inglês: ensino do bem-estar aos jovens e, 104
  professores de línguas: ensino do bem-estar a jovens e, 104
  professores de música: ensino do bem-estar a jovens e, 104
  professores do ensino fundamental: ensino do bem-estar aos jovens e, 104
  professores: treinamento na Escola de Geelong, 109, 235
Programa de Aptidão Abrangente para Soldados

aptidão emocional e, 145
aptidão espiritual e, 145
aptidão familiar e, 145
aptidão financeira e, 145
aptidão social e, 145
computação positiva e, 261
confidencialidade do, 153
crescimento pós-traumático e, 154
cursos on-line para o, 180
IAG e, 145-153, 154, 180, 231
início do, 146-47
necessidade de um exército
 psicologicamente apto e, 179-81
objetivos do, 111
opiniões de Seligman sobre o exército
 norte-americano e, 200
resiliência/treinamento em resiliência e, 222
TEPT e, 143
Programa de Psicologia da Aviação, 146, 316
Programa de Resiliência Penn (PRP), 94-102, 155, 199, 224, 228, 312, 323
profissionais da saúde mental: ensino dos, 46
Projeto de Liderança Humana, 292
propósito. *Ver* sentido
prosperidade, 93, 110-11, 241, 243, 257-58
prudência: forças pessoais e, 149, 277-78
psicologia
 ambiente fundamental para a disciplina da, 67
 aplicada *versus* de base, 66-68
 da doença, 203
 objetivo da, 43, 47
 Ver também tipos de psicologia
psicologia aplicada: psicologia de base versus, 66-74
psicologia clínica: curas *versus* alívio de sintomas e, 57, 64, 83, 88
psicologia comportamental, 296
psicologia de base: psicologia aplicada *versus*, 66-68
psicologia positiva
 bambambãs da, 101
 começo da, 43-44
 como autossustentável, 157
 como cura, 159-60
 como transformadora, 81, 84
 como uma vocação, 88
 críticas da, 90, 221
 elementos/conteúdo da, 83
 felicidade autêntica e, 259

financiamento para o início da, 56, 118
florescimento como objetivo da, 141
habilidades da, 146, 149
missão de longo prazo da, 132, 177
objetivos/benefícios da, 138
popularidade pública da, 128-29
primeiros congressos da, 174
reunião em agosto de 2002 sobre, 128
Ver também teoria da felicidade autêntica; bem-estar; pessoa ou tópico específico
psicólogos clínicos: ensinar educação continuada para, 46
psicólogos espaciais, 163-64
psiconeuroimunologia, 16
psicoterapia
 baseada em evidências, 33, 73-74
 como tratamento da depressão, 44
 Consumer Reports, estudo sobre a eficácia da, 73
 cosmética, 62
 cura *versus* alívio de sintomas e, 62-64
 efeito sobre o profissional de, 70
 positiva, 74-77
psiquiatria biológica, 57
PT. *Ver* Atlantic Philanthropies
Pugh, Ed, 125, 290
Putnam, D., 295, 310
Putnam, R., 330

quebras de energia, 81, 82
"questão Seligman", 165
Quinn, P. D., 316
Quinn, R., 308
Quiz Kids (programa de rádio), 122, 314

Rabe, A. J., 322
Rabinowitz, F. B., 300
raça/etnicidade, 37, 212, 217
Ramis, H., 310
rancores, abandono dos, xx, xx
Rashid, Tayyab, 52, 288, 301-03
Rasmussen, H., 328
Rastreador de Aptidão do Soldado (RAS), 152-53, 317
Rath, Tom, 77, 288, 307
Rathunde, K., 293
Rawls, John, 306
Ray Fowler Race, 235
razão Losada, 79-80, 85, 103, 155, 308, 312
realidade não reflexiva, 254-57

realismo/realidade
   Nova Prosperidade e, 116, 257
   otimismo e, 179-81
   perspectiva de Ehrenreich sobre, 221
   reflexiva e não reflexiva, 254-57
realização (*achievement* - A em PERMA)
   51 por cento e, 257-59
   Agência Espacial Europeia, reunião de Seligman com a, e 168
   alta e humana, 134
   autodisciplina/controle e, 147
   avaliação da prosperidade e, 149-51
   avaliação da, 47-49
   buscada por ela própria, 171-72
   caráter e, 79
   como elemento do bem-estar, 170
   computação positiva e, 108
   críticas sobre a ligação entre otimismo e saúde e, 212-13
   cura e alívio de sintomas e, 57-59
   definição de, 84
   desenvolvendo os elementos do sucesso e, 140-43
   diferenças entre a teoria da felicidade autêntica e a teoria do bem-estar e, 25-27
   emoções positivas e, 38, 52-53, 65
   engajamento e, 82, 83
   ensino do bem-estar a jovens e, 98
   ensino sobre, 127-28
   envolvimento e, 293
   felicidade autêntica e, 21-25
   florescimento e, 23, 37
   GARRA e, 117-18
   gênero e, 164
   ilusões sobre, 257
   ingredientes não cognitivos da, 135
   inteligência e, 135
   lentidão e, 140
   o que é, 206
   objetivo da psicologia positiva e, 23, 25-27
   objetivos da psicoterapia e, 53
   planejamento e, 128
   política pública e, 20, 24
   Programa de Aptidão Abrangente para Soldados e, 108
   projeto de Duckworth sobre caráter e, 116
   relacionamentos e, 145
   resumo da, 40-43
   riqueza e, 49
   sentido e, 172
   sucesso e, 87
   verdadeiramente extraordinária, 76
   Ver também objetivos
realização = habilidade x esforço, 124, 126, 128, 130, 140, 314
recessão financeira, 248
Regier, D., 330
"regressão múltipla hierárquica", 133
Rei Lear (Shakespeare), 104, 313
Reich, T., 222, 330
Reilly, R. R., 310
Reino Unido, 39, 94-95, 182, 305, 323
Reis, U. T., 295, 304, 312, 317, 323
Reivich, Karen, 94, 100, 165, 183-84, 195, 288-90, 312-13, 318, 322
relacionamentos (*relationships* – R em PERMA)
   51 por cento e, 116
   Agência Espacial Europeia, reunião de Seligman com a, e, 179
   avaliação da prosperidade e, 281
   avaliação de, 35, 39
   brigar *versus* celebrar e, 149, 151
   cérebro e, 176
   como elemento do bem-estar, 46
   computação positiva e, 112
   crescimento pós-traumático e, 125
   críticas sobre a ligação entre otimismo e saúde e, 127-28
   curas *versus* alívio de sintomas e, 98
   debate sobre a evolução humana e, 79
   delicadeza e, 66
   delírios sobre, 67
   diferenças entre a teoria da felicidade autêntica e a teoria do bem-estar e, 149
   emoções positivas e, 152
   engajamento e, 153
   ensino do bem-estar aos jovens e, 100
   ensino sobre, no MAPP, 172
   estudo sobre a saúde positiva e, 215
   exercício da visita de gratidão e, 237
   florescimento e, 222
   objetivo da psicologia positiva e, 179
   objetivos da psicoterapia e, 122
   política pública e, 62
   por elas próprias, 51
   positivos, características dos, 27
   produzir, 29
   Programa de Aptidão Abrangente para Soldados e, 108
   realizações e, 22

redução nas ligações sociais e, 177
resumo sobre, 164
riqueza e, 222-23
saúde física e, 199-202
sentido e, 29
teste de forças pessoais e, 163-65
Treinamento em Resiliência, 117
religião, 22, 69, 77, 104, 167
Ver também espiritualidade
renda. *Ver* riqueza/dinheiro
Rentfrow, P. J., 331
Reserva do Exército dos EUA, 153
resiliência
51 por cento e, 259
características do florescimento e, 168
central à aptidão psicológica, 212
computação positiva e, 144
definição de florescimento e, 29-32
em "tempo real", 103
ensino do bem-estar aos jovens e, 29-31
previsões sobre equipes vencedoras na Associação Nacional de Basquete e, 170
Programa de Aptidão Abrangente para Soldados e, 170
Ver também Programa de Resiliência Penn (PRP); Treinamento em Resiliência
resistência mental, 185-90
Resnick, H., 320
responsabilidade, 60, 119-20, 145-46, 167, 188, 272
resposta ativa e construtiva (RAC), 59-61, 85, 103, 198
resposta, estilos de, 32-33, 58
Rethink (instituição de caridade no Reino Unido), 305
retórica, professores de, 104
Rettew, D. C., 318
Rice, J., 85, 330
riqueza/dinheiro
altas realizações humanas e, 122
avaliação da prosperidade e, 125-27
avaliação da, 87
como meio de resolver problemas sociais, 49-51
diferença entre a teoria da felicidade autêntica e a teoria do bem-estar e, 212
felicidade e, 135
florescimento como objetivo da psicologia positiva e, 143
ganhar por ganhar, 234

missão da psicologia positiva e, 145
Nova Prosperidade e, 257
objetivo da, 44
propósito da, 45-47
satisfação com a vida e, 179
ritmo de aprendizagem, 128-30, 140-41
Robert Wood Johnson, fundação, 202, 228, 233, 236, 290
Roberts, Margaret, 240
Roberts, R., 328
Robins, L., 330
Robinson, J. G., 289, 326
Robinson, P. A., 310
Rochester, N., 307
Rockefeller, fundação, 15, 292
Rockefeller, John D., 29, 295
Rodin, Judith, 15, 226, 290-92, 329
Rodriguez, M. I., 315
Rohde, P., 310
Rosal, M. C., 326
Roseman, M., 328
Rosenfelt, K., 310
Rosenhan, D. L., 301, 319
Rosenzweig, A. S., 311
Roswell, R., 321
Rotenberg, Vadim, 89, 310
Rowe, G., 311
Rozanski, A., 329
Rozin, P., 288, 310
Rubin, G., 305
Rush, A. J., 316, 323
Russell Sage, fundação, 294
Russell, B., 292
Russell, D. W., 296
Rússia, 39
Ryan, M. A. K., 320
Ryan, R. M., 294, 297
Ryff, Carolyn, 297, 325
Rygh, J. L., 323

sabedoria, 97, 118, 191-92, 263, 268, 284
Sabini, John, 116, 120, 289, 313
saborear, 44, 103
sacrifício, 34, 132
Sakata, K., 326
Saklofske, D. H., 324
Salomon, G., 314
Salonen, J. T., 329
Salonen, R., 329
Samuels, B., 299

Sandburg, Carl, 306
Sanders, Tomas, 107, 288
São Francisco, Califórnia: estudo de homens com ataques cardíacos em, 209, 308-09
sargentos, exército: Treinamento em Resiliência para, 12, 94, 181, 183-96, 200
Sarkozy, Nicolas, 298
Sartre, Jean-Paul, 28, 31, 294
satisfação com a vida
    avaliação do bem-estar e, 257
    como avaliação de felicidade, 25, 79
    como meta da psicologia positiva, 112-15
    definição de felicidade e, 26, 35
    emoções positivas e, 38, 52
    ensino do bem-estar a jovens e, 57
    estudo da saúde positiva e, 55, 62
    ligação entre otimismo e saúde física e, 164
    limitações da teoria da felicidade autêntica e, 89
    Programa de Aptidão Abrangente para Soldados e, 212
    riqueza e, 49
    satisfação conjugal, 230
    Ver também satisfação com a vida
"satisficers", 53
saúde
    ensino do bem-estar aos jovens e, 95-96
    Ver também saúde mental; saúde física; *doença específica*
saúde física
    análise longitudinal de conjuntos de dados existentes sobre, 230-31
    bem-estar como causa e proteção e, 125
    como ausência de doença física, 207
    emoções positivas e, 211, 252
    ética, CRI e, 301
    felicidade e, 27, 45
    genética e, 155
    otimismo e, 37
    psicologia da doença e, 220-21
    relacionamentos e, 210
    reviravolta na medicina e, 201-02
    tristeza e, 44
    vulnerabilidade à doença e, 185
    Ver também doença específica
saúde mental
    como ausência de doença mental, 201-02
    estudo sobre saúde positiva e, 228
saúde positiva
    base de dados do exército como fonte de informação sobre, 231, 328

    como contagiosa, 168, 261
    definição de, 165
    estudo da, 157
Savage, P. D., 329
Scales, R. H., 143, 316
Scheier, M. F., 328
Schiltz, P. J., 308
Schkade, D., 295
Schlenger, W. E., 320
Schmitt, E., 316
Schneider, Gail, 288
Schofield, P., 327
Schoomaker, Eric, 144, 289
Schopenhauer, Arthur, 65, 202
Schouten, E., 326
Schulman, P., 289-90, 326
Schuman, H., 311
Schwartz, B., 288, 302, 310
Schwartz, M. A., 290, 294
Schwarz, N., 294
Science, revista, 206, 301
Scoboria, A., 303
Scollon, C. N., 299
Scripps, Concurso Nacional de Ortografia, 139
Scriven, A., 306
Scudamore, Charlie, 100, 289
Seeley, J. R., 310
Segal, Z. V., 305
Segerstrom, S., 329
Segunda Guerra Mundial, 28, 143, 146, 161, 317
seleção
    de grupo, 33-34, 161-62
    individual, 34, 160-61
    natural, 33-34, 104, 160, 162
Seligman, Adrian, 123
Seligman, Beth, 92, 126
Seligman, Carly, 62, 290
Seligman, D. A., 318, 290
Seligman, Darryl, 61-62, 290
Seligman, Irene, 123
Seligman, Jenny, 290
Seligman, Mandy, 290, 292-93, 295-96, 298, 300-02
Seligman, Martin
    comentários de Meyssan sobre, 323
    comentários de Senior sobre, 296
    como editor convidado da *American Psychologist*, 293
    e suas visões sobre o exército dos EUA, 179-80
    educação e experiência profissional, 24, 135

filho da Grande Depressão, 257-58
fracassos de, 138
motivação para entrar em psicologia, 160
presidente da APA, 234-35
publicações de, 301
reunião de ensino médio de, 102
Seligman, Nikki, 290
Sem Saída (Sartre), 28, 294
Sen, Amartya, 297, 298
Semmel, A., 326
Senior, J., 296
sentido (*meaning* - M em PERMA):
    51 por cento e, 257- 61
    Agência Espacial Europeia, reunião de Seligman com a, e, 168
    avaliação de, 175
    avaliação da prosperidade e, 27-29
    como elemento do bem-estar, 46
    computação positiva e, 108
    crescimento pós-traumático e, 127
    críticas sobre a relação entre otimismo e saúde e, 147
    curas e alívio de sintomas e, 214
    definição de, 49
    definições de felicidade e, 33
    diálogo sobre, 22
    diferenças entre teoria da felicidade autêntica e a teoria do bem-estar, 127-28
    emoções positivas e, 120
    ensino do bem-estar a jovens e, 125
    ensino do MAPP e, 217-19
    florescimento e, 222
    ilusões sobre, 125
    metas da psicologia positiva e, 127-28
    metas da psicoterapia e, 128-29
    política pública e, 142
    Programa de Aptidão Abrangente para Soldados e, 142
    psicoterapia positiva e, 302
    realizações e, 42
    relacionamentos e, 42
    resumo sobre, 127
    riqueza e, 27
    teoria da felicidade autêntica e, 23-24
sentimentos resultantes, 103
Sephton, S., 329
serviço de saúde: custo do, 152
Serviço Médico do Exército, EUA, 144
Serviços Psicológicos e Aconselhamento, Universidade da Pensilvânia, 52
serviços de saúde mental (Programa de Aptidão Abrangente para Soldados), 151, 317
sexo, 137, 153-54, 164-65, 217, 236, 238, 249, 317
Shaffer, E. J., 324
Shakespeare, William, 104, 136, 271, 313
Shane, S., 324
Shanker, S. G., 306
Shannon, C., 307, 324
Shatte, A., 312
Shaw, B. F., 316, 323
Shearon, Dave, 79, 288
Sheldon, K. M., 295, 308, 327
Shelton, R. C., 304
Shenk, J. W., 290, 294, 305-06
Shermer, Michael, 221, 327
Shimazu, T., 326
Shirai, K., 326
Shockley, William, 136, 316
Shoda, Y., 315
Shoeless Joe (Kinsella), 89, 310
Short, Jeff, 190, 289, 316
Siegle, G. J., 326
sífilis, 216
Silberschatz, G., 300
Silver, M., 313
Sirard, J. R., 329
Sisko, A., 316
sistema residencial
    na Universidade de Chicago, 160
    na Universidade de Princeton, 30
site Felicidade Autêntica, 11, 20-22, 48, 80, 177, 293
Skeptic, revista, 221, 327
Skinner, Angus, 77, 288
Skoner, D. P., 327
Skre, I., 332
Sledge, W. H., 322
Slee, Mark, 107, 109
Smirnoff, Yakov, 77, 288, 307
Smith, B., 320
Smith, E. E., 311
Smith, H. L., 294
Smith, H., 297
Smith, J., 327
Smith, P. L., 291
Smith, S., 316
Smith, T. C., 320
Smither, J. W., 310
Smith-Spangler, C., 329

Snyder, C. R., 301, 324
Snyder, T. D., 311
So, Timothy, 38, 259, 288, 297, 332
Sober, E., 317
Sociedade de Pesquisa Preventiva, 311-12
Sociedade de Psicólogos Experimentais, 71
sofrimento, 11-12, 65-67, 127, 162, 173, 202, 206, 243
soldados
    "supersaudáveis", 152, 232
    velocidade da inteligência e, 125-27
    Ver também exército; Programa de Aptidão Abrangente para Soldados
solidão, 32, 160, 163, 295-96, 318
Solomon, Richard, 15, 288
Sone, T., 326
sonho, 126
Sonnega, A., 320
Soros, George, 255, 332
Sparrow, D., 326
Spence, G. B., 309
Spielberg, S., 310
Stack, S., 310
Stave, C. D., 329
Stavros, J. M., 309
Steeh, C., 311
Steen, T. A., 293, 295
Steptoe, Andrew, 223, 328-29
Sternberg, E., 329
Stevens, L., 318
Stevenson, Betsey, 245, 331
Stiglitz, Joseph, 298
Stober, D. R., 309
Strachman, A., 304
Strack, F., 294
Strath Haven High School (subúrbio da Filadélfia), 94, 97-98
Strosahl, K., 309
Stuber, J., 320
Stunkard, Albert "Mickey", 70, 288
sucesso. *Ver* realizações
Suh, E. M., 294, 311
Sui, X., 236-38*fig*, 329-30
suicídio
    Agência Espacial Europeia, reunião de Seligman com a, e, 168
    ensino sobre, 179
    Programa de Aptidão Abrangente para Soldados e, 144
Suldo, S. M., 324
Sullivan, P. F., 332

Sundaram, V., 329
"supersaudáveis", soldados, 152, 232
Surtees, P. G., 326
Susser, E., 320
Sweeney, P., 154, 167, 289, 318, 320
Swick, Deborah, 77, 288, 307
Szydlo, B., 327

Tabachnick, B. G., 291
Tales, 19, 292, 313
Tanno, K., 326
Tarini, Paul, 202, 204-05, 212, 228, 289-90
TDAH (Transtorno do Déficit de Atenção e Hiperatividade), 141
Teasdale, J. D., 326
Teasdale, J. G., 305
técnicas de psicoterapia da fala, 57, 84, 99
técnicos esportivos, 81
tecnologia. *Ver* computação positiva
Tedeschi, R. G., 154, 178-79, 289, 322, 328
temperança, 276, 285
    Ver também autocontrole
tempo como construto, 25-26
tempo de reação de escolha, experimento, 122-23
    Ver também livre-arbítrio
Tennen, H., 328
teoria da "produção e ampliação" da emoção positiva, 78, 308
teoria da "redução dos impulsos", 30
teoria da felicidade autêntica
    "coisas reais" e, 25
    diferença entre a teoria do bem-estar e a, 27-29
    domínio e, 29
    elementos centrais da, 34-35
    elementos de felicidade na, 115-16
    felicidade, tão central à, 222, 228
    fracasso da, 63
    limitações da, 293
    monismo e, 24
    nascimento da, 24
    objetivo da, 23
    política pública e, 24
    satisfação e, 24
    sucesso e, 28
teoria original da felicidade autêntica, 26
    Ver também felicidade
teoria geral da motivação, 30
teoria, 19-30, 33, 35, 83
    Ver também teoria específica

Terapia da Aceitação e Comprometimento
    (TAC), 304, 309
terapia
    como alívio temporário de sintomas,
        127-28
    do futuro, 66
    objetivos da, 82
    padrão de avaliação e, 47
    psicoteria positiva e, 147
    reviravolta na medicina e, 201
    saúde mental como ausência de doença
        mental e, 151, 201
terceiras variáveis: estudos sobre a relação entre
    otimismo e saúde física e, 224-25
Terhakopian, A., 319
Teste de Orientação da Vida (TOV), 212
Thase, M. E., 303-04
Thayer, J., 289, 329
Thomas, J., 21, 135-36, 315
Thombs, B., 328
Thompson, Hugh, 166-67, 318
Tice, Diane, 101, 289, 315
Timbertop. *Ver* Escola de Geelong
Time, revista: matéria de capa sobre psicologia
    positiva, 55, 302
Tindle, H., 326, 328
Tocqueville, Alexis de, 293
tomada de decisão, 94, 302
Tomiyama, J., 299
Toomey, S. L., 315
Torgersen, S., 332
tortura, 177, 194-95, 323
Tough, P., 315
Tov, W., 332
Toynbee, A. J., 332
TR. *Ver* Treinamento em Resiliência
transcendência
    forças pessoais e, 22, 35-36, 48-51, 80, 85,
        97-98, 102-04, 109, 151, 168, 180, 190,
        197, 233
    Ver também entusiasmo; perdão; gratidão;
        esperança; humor; otimismo; religião;
        espiritualidade
transformação: psicologia positiva como
    pessoal e profissionalmente transformadora,
    76, 84, 86
transtorno de paresia geral, 216
Transtorno do Estresse Pós-Traumático
    (TEPT)
    51 por cento e, 157

caso composto de, 173
début do, 173
diagnóstico de, 173
estudos sobre, 189
excesso de diagnósticos de, 181
incentivos financeiros e, 321
inundação de Buffalo Creek e, 174
pensão por invalidez por, 176
prevenção do, 287-88
Programa de Aptidão Abrangente para
    Soldados e, 180
sintomas de, 189
suscetibilidade ao, 214
Treinamento em Resiliência e, 222
vulnerabilidade ao, 185
trauma, 318-20
    Ver também crescimento pós-traumático;
        Transtorno do Estresse Pós-Traumático
        (TEPT)
Treanor, J. J., 327
treinamento
    de atiradores de elite, 68
    de líderes de grupo, 99
    dos professores da Escola de Geelong, 101
    ensino para o MAPP e, 101, 259
    em Resiliência, 189
    Ver também ensino
Treinamento em Resiliência (TR)
    desenvolver relações e, 177-78
    desenvolvimento de, 147, 154
    desenvolvimento de resistência mental e, 185
    estudo-piloto para, 150
    ir atrás das coisas boas e, 150
    luta contra pensamentos catastróficos e,
        188-89
    mestre, 184, 249
    Programa de Aptidão Abrangente para
        Soldados e, 189
    reações a, 189
Três bênçãos, exercício. *Ver* diário de bênçãos;
    diário de gratidão; o que correu bem?
Triagem de Múltiplos Fatores de Risco
    (MRFIT), 209
tristeza, 62-63, 65, 163, 175, 185, 201, 214,
    320
Truffer, C., 316
Tsukayama, E., 315
Tudor-Locke, C., 330
Turner, J. B., 320
Turner, R. B., 327

Turse, N. A., 320
Twenge, J. M., 311, 330

UCLA, Escala de Solidão, 296
Universidade da Pensilvânia (Penn)
    admissões ao doutorado na, 70, 115
    Centro de Psicologia Positiva na, 49, 74, 307
    CRIs na, 215, 217
    Departamento de Cardiologia na, 233
    Escola de Administração Wharton na, 254
    estudo sobre doenças cardiovasculares na, 168
    estudo sobre otimismo e saúde física com a turma de calouros na, 157
    Grade Point Averages (GPAs) de psicólogos da, 136
    MAPP na, 259
    Programa de Doutorado em Psicologia na, 115
    Programa de Resiliência na, 155
    psicologia aplicada *versus* psicologia de base na, 68-69
    Seligman como aluno na, 66, 70
    Seligman como membro do corpo docente da, 99
    Serviços Psicológicos e Aconselhamento da, 57
    sistema residencial na, 121, 122
    Treinamento em Resiliência na, 145
    Ver também Treinamento em Resiliência; Programa de Resiliência Penn (PRP)
Universidade de Chicago, sistema residencial na, 160, 314
Universidade de Cornell: Seligman no corpo docente da, 17
Universidade de Michigan, Centro de Estudos Organizacionais Positivos, 85
Universidade de Notre Dame, conferência sobre "Novos direcionamentos no estudo da felicidade" (2006) em, 294
Universidade de Princeton
    Departamento de Filosofia da, 67-68
    Seligman na, 30, 67, 121, 234
    sistema residencial/clube na, 121, 234, 313
Universidade Johns Hopkins, 308
Usando as forças pessoais de novas maneiras, exercício, 97-102

Vaillant, George, 32, 101, 225-26, 273, 295, 318, 328
valentia, 269-70

validade externa, 206-07, 325
validade interna, 206-07, 325
valores, 167-68, 248, 251
valorização, 178, 180
Van Boven, L., 332
Van Cauter, E., 328
Van der Kolk, B. A., 319
Van Pelt, residência universitária (Universidade da Pensilvânia), 121
"vazio", paciente, 65, 201
Veenhoven, Ruut, 294, 297, 333
velocidade, 25, 121-25
Vernon, P., 313
Veteranos das Guerras Estrangeiras, 177
vícios, 143
vida agradável, 22, 27, 29
vida significativa, 29
Visintainer, Madelon, 205, 325
visualização, técnicas de, 87
vitalidade, 38, 204, 229, 259
vítimas: caráter e, 119, 252
"Vivência" (projeto da Escola de Geelong), 102, 105-07, 155
Vlahov, D., 320
vocabulário: Programa de Aptidão Abrangente para Soldados e, 151
vocação, 88-89
    Ver também chamado
Vohs, K. D., 315
Vokonas, P. 326
Volpicelli, J. R., 205, 325
Von Baeyer, C., 326
Voruganti, L. N. P., 303

Wainwright, N. W. J., 326
Walker, E., 289, 319
Wallis, C., 290, 302
Ward, A., 302
Ward, P., 315
Wardle, J., 328-29
Ware, M. E., 301
Watson, D., 327
Watson, James, 314
Watson, John, 313
Wedding, D., 301
Weinberger, A. D., 323
Weisaeth, L., 319
Weiss, B., 304
Weissman, M., 310, 330
Wells, T. S., 320

Welzel, C., 311
West Point, Academina Militar de, 139, 167, 175, 184, 251
Westling, E., 299
Whalen, S., 293
Whang, W., 326
White, K., 302
White, M., 289, 297
White, R. C., 305
White, R. W., 295
White, Robert, 30, 295
Whitney, D., 309
Wickramaratne, P. J., 310
Wignall, S., 321
Wilbur (sobrevivente de Buffalo Creek), 170-72, 319
Williams, Darryl, 184, 289
Williams, J. M. G., 305
Williams, N. L., 320
Wilson, David Sloan, 33, 289, 317-18
Wilson, Edmund O., 33, 161, 289, 296, 317-18
Wilson, K., 309
Wilson, residência universitária (Universidade de Princeton), 121

Wilson, Woodrow, 314
Wind, Yoram "Jerry", 248, 288
Winfrey, Oprah, 183
Wittgenstein, Ludwig, 67-69, 306
Wolfers, Justin, 245, 331
Wolff, R., 294
Wood, A., 301
Woods, Tiger, 134
Wrzesniewski, A., 310
Wu, S., 333

Xu, J., 328

Yaegashi, Y., 326
Yawar, A., 303
Yehuda, R., 319
Young, J. E., 323
Young, Juan Humberto, 77
Young, M. J., 311

Zautra, A., 317
Zeidner, M., 311
Zencey, E., 330
Zhao, Y., 288, 328
Zitman, F., 326

1ª EDIÇÃO [2011] 15 reimpressões

ESTA OBRA FOI COMPOSTA PELA ABREU'S SYSTEM EM ADOBE GARAMOND
E IMPRESSA EM OFSETE PELA GEOGRÁFICA SOBRE PAPEL PÓLEN DA
SUZANO S.A. PARA A EDITORA SCHWARCZ EM DEZEMBRO DE 2024

A marca FSC® é a garantia de que a madeira utilizada na fabricação do papel deste livro provém de florestas que foram gerenciadas de maneira ambientalmente correta, socialmente justa e economicamente viável, além de outras fontes de origem controlada.